浙江省普通本科高校“十四五”重点立项建设教材

智能财会丛书

智能财务导论

（立体化数字教材版）

INTRODUCTION TO INTELLIGENT ACCOUNTING AND FINANCE

主编 陈俊 董望

中国人民大学出版社
·北京·

图书在版编目（CIP）数据

智能财务导论：立体化数字教材版 / 陈俊，董望主编. -- 北京：中国人民大学出版社，2024. 9. --（智能财会丛书）. -- ISBN 978-7-300-33208-6

Ⅰ. F232

中国国家版本馆 CIP 数据核字第 2024V6V963 号

浙江省普通本科高校“十四五”重点立项建设教材

智能财会丛书

智能财务导论（立体化数字教材版）

主编　陈　俊　董　望

Zhineng Caiwu Daolun

出版发行	中国人民大学出版社		
社　　址	北京中关村大街 31 号	**邮政编码**	100080
电　　话	010－62511242（总编室）		010－62511770（质管部）
	010－82501766（邮购部）		010－62514148（门市部）
	010－62511173（发行公司）		010－62515275（盗版举报）
网　　址	http：//www. crup. com. cn		
经　　销	新华书店		
印　　刷	大厂回族自治县彩虹印刷有限公司		
开　　本	787 mm×1092 mm　1/16	**版　　次**	2024 年 9 月第 1 版
印　　张	21. 75 插页 1	**印　　次**	2025 年 8 月第 2 次印刷
字　　数	459 000	**定　　价**	54. 00 元

序言*

PREFACE

党的十八大以来，以习近平同志为核心的党中央高度重视数字中国建设和数字经济发展。数智技术的发展及其商业应用正在快速推动产业数字化和数字产业化，催生了企业经营管理的数字化变革，深刻影响了当前财会活动的数字化、智能化转型与创新发展。为此，财政部《会计改革与发展“十四五”规划纲要》（财会〔2021〕27号）明确提出，要以数字化技术为支撑，切实推动会计审计工作数字化转型，实现会计宏微观职能的拓展升级。国资委《关于中央企业加快建设世界一流财务管理体系的指导意见》（国资发财评规〔2022〕23号）同样指出，要充分发挥财务作为天然数据中心的优势，努力建设智能前瞻的财务数智体系，使数字化、智能化财务成为企业数字化转型的先行者、引领者和推动者。

财会数字化、智能化的创新发展，是财会行业为适应经济发展需要，主动与新一代信息技术智能管理应用相结合的产物。产业的数字化发展和财会职能的拓展升级，对专业和技术能力兼备的复合型财会人才的需求显而易见且相当急迫，已成为当前财会教育界和实务界共同面临、亟待解决的重大课题。尽管当前智能财务的发展仍处于初级阶段，但实践的突飞猛进和数智化变革的演进逻辑表明，财会行业的未来发展必将在专业引领和业务需求的指引下，由场景、数据和算法驱动，更加重视“用数据来管理、用数据来决策、用数据来创新”。因此，为与时俱进地适应财会行业数智化变革的需要，高校财会专业亟需培养兼备财会专业能力和数字技术认知能力，能够利用数智技术工具和新一代智能财务系统进行高效财会管理、商业分析并支持决策的跨界复合型人才。

为适应数字经济发展和产业数字化转型，我国高度重视人工智能赋能相关专业的创新和复合型人才培养。2017年，国务院发布《新一代人工智能发展规划》强调，“重视复合型人才培养，重点培养……掌握‘人工智能＋’经济、社会、管理、标准、法律等的横向复合型人才”。2018年，教育部出台《高等学校人工智能创新行动计划》，进一步明确“人工智能＋X”复合专业培养新模式，建设“人工智能＋X”复合特色专业。2021年，财政部发布《会计改革与发展“十四五”规划纲要》，要求“切实加快会计审

---

* 本书不区分“智能财务”和“智能会计”两个概念，而是与当前的财会数字化、智能化实践发展保持一致，沿用现实中所普遍采用的“智能财务”的广义称谓，涵盖了会计、财务管理、审计、税务、内部控制等财会相关活动的数字化、智能化发展。

计数字化转型步伐，为会计事业发展提供新引擎、构筑新优势”。籍此，在国家相关政策指引下，我国高校陆续开始了智能财会教育改革的创新探索。其中，浙江大学会计学科依托学校人工智能相关优势学科和学院数智管理与创新研究支撑，在会计学本科专业下率先创设了“智能财务班”，并于2019年实现了高考首届招生。

浙江大学于2018年发布首个“创新2030”专项计划——脑科学与人工智能会聚研究计划，提出推动人工智能与教育学、医学、农学、社会科学等学科的交叉会聚，优化人工智能学科生态。在国家政策号召和学校战略布局的推动下，中国科学院院士、原浙江大学校长吴朝晖教授提出在新文科建设中加快培养“新财务”（人工智能＋会计财务）跨界复合型人才的设想和要求。浙江大学管理学院在原会计学和财务管理专业建设基础上，于2018年底开始着手筹划“智能财务”复合型人才培养方案。2019年5月，管理学院以会计学科为主导，基于“会计财务＋大数据＋人工智能”深度融合的创新培养方案，联合竺可桢荣誉学院推出本科会计学（智能财务班），高考招生连续多年位于全省所有专业最前列，受到社会各界和家长同学的热烈欢迎。在此基础上，为创新构建本硕博多层次的智能财务人才培养体系，2020年，浙江大学MPAcc项目以“智能管控＋战略整合＋价值创造”三大创新能力培养为核心，重塑培养方案，实现了会计专业硕士培养的数智化转型；2023年，浙江大学“文科＋X”多学科交叉人才培养卓越中心设立智能财务文科交叉导师组，招收了智能财务方向首位博士研究生，从而初步实现了浙江大学智能财务人才的本硕博全层次培养。

浙江大学在智能财务人才培养领域的探索，在全国范围内产生了广泛的积极影响。2020年1月，浙江大学发起召开了首届中国会计、财务、投资智能化暨智能财务专业创新研讨会，这是我国首次召开的探讨如何融人工智能于会计、审计、财务和投资专业教育和人才培养的全国性研讨会。原浙江大学副校长周天华教授在大会致辞中指出，为顺应全球科技创新趋势和国家战略需求，用人工智能技术赋能传统专业和教育模式，培养面向未来的复合型人才已是大势所趋。来自全国200多所高校财会学科的300多名专家学者、学科负责人、教师代表以及业界专家参会，并共同发布了《重视AI技术发展共商共创专业未来》倡议书，呼吁全国高校相关专业的教师，直面AI技术发展的挑战，积极探索促改革，主动创新谋发展。

高质量的教材编写历来是专业建设和人才培养的核心，对创新型、复合型人才培养尤为关键。当前，全球范围内现行的财会主干教材均以专业性为主导，适合复合型人才培养的融会贯通式教材十分匮乏。浙江大学作为一所学科门类齐全并且人工智能相关学科实力雄厚的综合性大学，在“人工智能＋”复合型人才培养上积累了较为丰富的经验，因此，智能财务教材开发拥有较好的经验借鉴、技术条件和交叉学科优势。在此基础上，《智能财务导论》教材的编写以当前的财会智能化实践发展为指引，以数智技术在财会审税等主要场景中的应用为主线，以技术驱动与财会专业主干课程知识的融汇为篇章结构，以转型技术路线介绍、智能财务知识点梳理以及相关理论创新发展为基本内容，兼顾综合性、前沿性、引导性和学理性，试图尽最大努力弥补当前智能财务相关专业导论式教材的空白。本教材通过对智能财务发展的演进历程、实践创新、热点问题和发展趋势的全面介绍，使学生对智能财会相关专业有一个明晰和整体的了解，有助于增强学习兴趣和信心，可广泛应用于国内高校会计人才培养，进一步促进会计人才培养向智能财务方向转型。

本教材的编著坚决落实立德树人根本任务，遵循新文科建设要求，以创新型、复合型财会人才培养为目标，全面贯彻了《会计改革与发展“十四五”规划纲要》《关于中央企业加快建设世界一流财务管理体系的指导意见》等重要政策文件精神。编著者在深入理解和准确把握当前智能财务发展趋势和新时代智能财会人才培养需求的基础上，以自己在浙江大学已开设三轮的“智能财务导论”课程为蓝本，通过全面梳理、系统总结课程教学内容并融合最新实践和理论研究成果，以数智技术和财会专业交叉融汇为导向搭建教材篇章结构，充分体现了财会专业引领技术应用、商学与科技交汇、理论与实务并重的教材编写特色，在最大程度上满足了高校现有财会专业师资的教学需求。本书具有以下几个特色：

（1）内容全面系统，宏观与微观结合，会计财务与大数据、人工智能融合。

《智能财务导论》全书共分12章，以智能财务的发展环境和发展趋势为切入点，以财会审税等专业课程体系为引领，科学融入人工智能、信息技术以及数据科学等相关理论与实践，宏观上对于智能财务理论基础和框架、智能财务的技术和方法进行了系统梳理和发展，微观上又将技术应用融入财会智能化转型实践，包括财务会计智能化、管理会计智能化、财务管理智能化、税务智能化、风险管理智能化、智慧审计等，同时也涵盖了数智时代的会计职业道德等重要议题，具有较强的理论前沿性和学科交叉性，基本实现了“会计财务＋大数据＋人工智能”在导论式教材上的深度融合。

（2）篇章结构合理，专栏丰富，立足中国实践，突出技术创新，大案例与小案例结合。

为充分满足教师课程教学和学生学习的需要，本教材每章首先通过给出知识点脉络图、学习目标和素养提升，明确学习要求和内容框架。在此基础上，通过引例引出正文，在正文阐述的同时穿插拓展相关实践案例，并注重图文表并茂。每章结束以关键术语和思考题收尾，突出了重点和难点。这种篇章结构设计能够在便于教师教学的同时，帮助学生学习、巩固和提高，进而提升教学效果。值得说明的是，本教材的编著尤为注重中国财会智能化实践案例的介绍，编著者在广泛实践调研和推动产学研合作的基础上，亲自创作和编写相关案例，通过梳理和介绍中国联通、正泰集团、每刻科技、圣奥集团等本土企业的优秀实践，全面展示了我国企业在财会数智化转型探索方面所取得的显著成绩。为了帮助老师们更好地开展教学，加强师生的互动，让学生进一步思考智能财务在企业中的实践，我们在本书的最后提供了两个综合案例。对于使用本书作为教材的老师，我们还会提供丰富的案例教学说明，以满足老师的备课和教学需求。后续我们还将开发更多的案例提供给广大读者。

（3）数字资源丰富，方便教师教学和学生学习。

为了拓展老师和学生的视野，我们提供了一系列与智能财务相关的数字资源，介绍最新的企业实践和发展前沿，包括由浙江大学ZIFA智能财务团队自主研发的全国首个财会领域开源大模型、智能会计档案、智能票据及应收应付管理、智能报销、智能财务分析与决策等，通过这些场景化的小视频，帮助读者直观感受技术带来的变革。

此外，浙江大学 ZIFA 智能财务团队会定期在线上线下举办智能财务大讲堂，邀请企业家分享他们在智能财务方面的探索和成果，读者扫描以下二维码，即可获取大讲堂的视频资料。随着教学的推进，我们还会陆续更新和补充数字资源，扫描以下二维码可以获得这些资源的最新信息。

本书数字资源

本书由陈俊和董望担任主编。因无成例可循，本书在结构体系、教学内容、理论基础、案例采用以及知识点梳理方面均体现了较大的自主性和创新性。在此过程中，有众多浙江大学博士、硕士研究生和本科生参与了相关章节内容的素材整理、案例研究和内容撰写，这些同学包括（以姓氏拼音为序）：丁雅雯、傅倾云、何子璇、黄烁、贾尉斓、李永康、李志远、潘侯昌、潘雨婷、沈雨涵、沈竹宇、童子馨、王欣玉、王泽锟、魏禄千、徐婧、徐犀月、薛静雯、严涵、余王蕾、詹莅彬。此外，胡雨萱、李姗灿、周欣怡、冯若冰、王雯宇、杨嘉雯、张秋实对本书的校对亦有贡献。

本书得到浙江省普通本科高校“十四五”首批新工科、新医科、新农科、新文科重点教材建设项目，财政部“会计名家培养工程”项目，教育部哲学社会科学研究重大课题攻关项目（20JZD014），国家社会科学基金重点项目及一般项目（21AGL011；24BGL071），国家自然科学基金重点项目（71932003），浙江省哲学社会科学规划重大课题（22QNYC04ZD）以及中央高校基本科研业务费专项资金的资助。

在教材编著过程中，我们参考了大量与智能财务相关的政策规范、最新书刊和网络资料等，并得到了众多学者教授和业界专家的指导，在此一并致谢。当然，智能财务是一个崭新的领域，我们与各界同人均在探索之中，限于学识和时间，书中错漏难免，不足之处甚多。为此，我们诚挚地希望学界和业界同人能够对本教材的编写提出意见和批评，并与我们共同探索和推动智能财务的人才培养、科学研究和前沿实践，助力我国财会行业数智化转型和经济高质量发展。

目录 CONTENTS

第一章

智能财务的发展

知识点脉络图

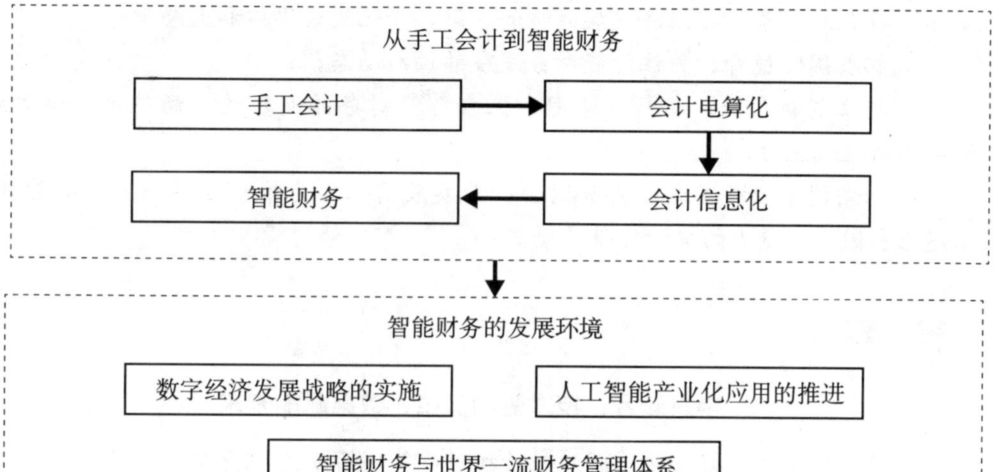

学习目标

1. 了解从手工会计到智能财务的演变历程；
2. 理解技术进步与会计发展的关系及其影响；
3. 了解当前财会数智化转型的发展背景；
4. 理解当前财会行业的发展趋势；
5. 了解当前财会工作发展面临的挑战和机遇。

素养提升

1. 深化对国家数字经济发展战略的理解，强化战略思维和大局观念；
2. 拓展国际视野，关注智能财务发展的最新动态；
3. 树立创新意识，了解、学习、探索智能财务的新理论、新技术和新方法，培养创新迭代能力；
4. 面向国家经济发展需要和财会行业发展需求，为推动世界一流财务管理体系建设和国际竞争力的提升贡献力量。

引 例

中兴新云：技术驱动变革，数据赋能未来

技术进步和商业需求共同驱动会计和财务管理活动的创新发展。目前，我们正处于由工业经济向数字经济转型的阶段，新一代数字技术在商业领域的广泛应用，正在改变企业的经营管理和发展模式，催生并推动财务数字化转型。作为中国财务数智化领域领先的服务机构，深圳市中兴新云服务有限公司（简称中兴新云）致力于成为中国财务共享服务的领导者，正持续帮助其服务过的众多客户从财务信息化走向财务共享服务中心建设，进而迈向未来的财务数字化之路。

中兴新云的财务共享服务中心于 2005 年成立。近十年来，中兴新云帮助中国 100 多家企业建立财务共享服务中心。基于丰富的实践经验，中兴新云提出了财务共享服务模式下的信息系统架构。其中，核心的业务是共享系统，涵盖报账、共享运营、电子影像档案、智能采集和智能审核。为了便于前端提升数据采集效率，中兴新云进一步建设了与前端业财连接的信息系统（见图 1－1）。

在推进财务数字化与智能化的过程中，仍有诸多问题值得思考并有待解决，例如，当前的数字技术发展是否足够成熟，可充分支撑财会工作的数智化转型？当前的技术应用场景包括哪些，如何有效识别？基于这些问题，中兴新云按照应用场景绘制了在财会工作中应用技术手段的热图（见图 1－2）。

举例来说，网银机器人是基于中兴新云自身需求的特殊业务场景。中兴新云在 100 多个国家都设有分支机构，并且开设了上千个银行账户。这些银行账户比较分散，分布在不同银行。基于成本和技术水平原因，中兴新云无法对每家银行进行银

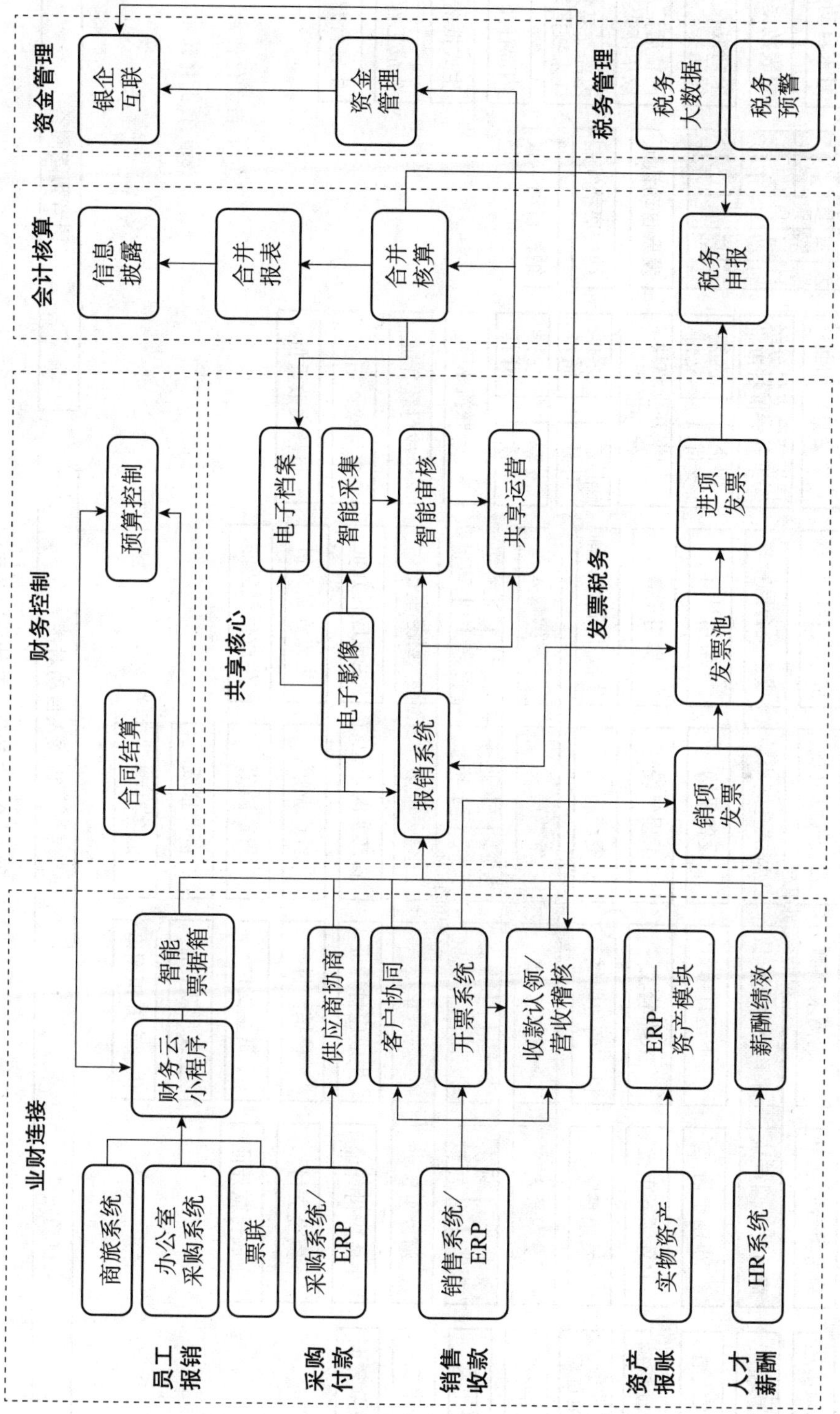

图1-1　财务共享——财务云信息系统架构图

图1-2 自动化、智能化财务热图

企直联。因此，中兴新云把全球 1 000 多个银行账户归集到位于西安的全球共享服务中心进行集中操作。中兴新云的一个日常应用场景是其海外资金有巨大的风险，需要知道 1 000 多个银行账户的日账户余额信息。以前中兴新云把它交由人工去完成，每人要消耗将近 4 个小时来查询所有银行余额。为了提高工作效率，中兴新云开发了具有网联功能的财务机器人，通过网银来完成模拟出纳的账户登录、银行余额查询、资金付款，以及银企对账等相关工作。

根据中兴新云提供的公开资料，该公司在智能识别技术、智能审核技术、自然语言处理（NLP）技术与知识图谱技术等领域的应用探索均取得了一定的成果。在财会活动领域，中兴新云正在持续推动从流程驱动转向数据驱动，通过各种便捷的方式采集数据，以更好地支持企业运营和决策。

延伸阅读

中兴新云区域总经理关于中兴新云智能财务实践的主题演讲

资料来源：https：//www. ztccloud. com. cn/researchreportccontent/2076694/.

近年来，数智技术的发展及其商业应用正在快速推动财务的数字化、智能化发展，财会工作在职能职责、组织方式、处理流程、工具手段等方面发生着重大而深刻的变化，挑战与机遇并存。在这一背景下，智能财务应运而生。财会、技术与业务的不断融合，有力推动着财会工作的创新发展与变革，以实现和拓展财会职能及其战略价值。

第一节　从手工会计到智能财务

不断变化的社会经济需求和迅猛发展的信息技术，为财会管理活动的有效开展和持续创新提供了坚实的经济基础和技术支撑，在确立其基本经济管理角色的同时，不断推动着财会活动的职能拓展和历史演进。从手工会计到会计电算化、会计信息化，再到方兴未艾的财务共享与财务自动化，进而迈向今天的智能财务时代，这不仅是财会工作技术手段与管理模式不断演变的历史进程，同时也是会计行业与时俱进，在创新思想和变革管理的基础上，不断探索新技术应用以服务商业和经济发展的重要体现。

一、手工会计

手工会计，一般指的是不借助现代计算工具，仅采用传统手工作业方式进行会计信息处理的方法。在计算机等现代计算工具出现之前，传统会计人员主要借助纸、笔、算盘等计算工具，对经济数据进行收集整理、书写记录、计算加工和汇总报告。从人类社会的发展来看，随着生产力的发展和剩余产品的增多，原始社会出现了产品交换行为，进入定居及生产型经济的发展阶段。人们创造出堆石刻记、直观绘图、结绳计数等方法，对生产、分配、交换和消费环节的信息进行计量、记录，这便是手工会计的最早雏形。

（一）数字与书写技术的出现

记录工具、计算工具和记录载体的技术发展，是手工会计阶段的重要产物。其中，最早出现的是数字与书写技术。以纸张为载体，以数字为表现形式的手工会计系统逐步形成、不断完善，至今仍有较大的价值。

大约在公元前 31 世纪，古埃及人使用纸草纸记录经济事项，按照各栏项目确定结算关系并进行汇总。这是世界上用植物做书写材料的最早记录，在格式上已经具有会计账簿的雏形。在我国，东汉时期的蔡伦改进了造纸技术，有效降低了纸张的使用成本，为手工会计的诞生创造了有利条件。根据《中国会计史稿》记载，"账簿"的概念在唐朝时期已经得到成熟运用，这与纸张的普遍使用息息相关。北宋年间，毕昇发明的活字印刷术经济实用，促进了出版工艺的完善与世界文明的传播，也使会计信息找到了更适合的载体与传输渠道。

案例 1-1

纸草纸记载的会计事项

藏于大英博物馆的一份纸草文书记载了古埃及人关于分数和普通四则运算的一些说明，相传是由僧人阿摩斯（Ahmose）从第 12 王朝一位国王的旧卷子上转载下来的。这表明，古埃及当时的数学已经达到了初等代数的水平。同时，纸草纸的记载内容还包括土地测量规则及土地面积、仓库容积、粮堆体积等计算。这是由于当时的尼罗河定期泛滥，淹没土地和土地边界，需要重新丈量土地并记录结果。对于古埃及政府而言，这显然是重要的会计事项，由此可以推断纸草纸上记载的内容是早期的官厅会计记录。

资料来源：严行方. 会计简史：从结绳记事到信息化［M］. 上海：上海财经大学出版社，2017：1-262.

阿拉伯数字的出现是手工会计发展历程中的重要变革标志。随着阿拉伯数字得到广泛运用，簿记的基本思想也逐渐成熟，并最终由卢卡·帕乔利在其 1494 年出版的《算术、几何、比及比例概要》中正式确立完备的复式簿记方法，由此开创了会计发展的新纪元。

在阿拉伯数字传入中国之前，算筹计数法是中式会计初期发展的重要基础。会计体数字（大写数字）因其能够有效防止记录内容遭到篡改，成为中国特有的数字书写方式。我国明代时期，朱元璋出于国家对经济领域的整饬，下令在全国范围内大规模强制性实施完整的会计体数字体系，完善并规范了会计体数字的使用。1897 年，作为中国人自办的第一家商办银行，创办于上海的中国通商银行引进了西式簿记方法并在会计凭证与账簿中使用阿拉伯数字。此后，为了更加适应会计信息记录和传递的需求，阿拉伯数字与会计体数字开始更多地共同出现在文本记录中。

（二）算盘与珠算技术的兴起

算盘是会计行业广泛使用的一种计算工具，迄今有 2 600 余年的使用历史。中国算盘属于穿珠算盘的一种，由春秋时期常见的算筹演变而来，是中国古代的一项伟大发明（见图 1-3）。我国使用的穿珠算盘一般为木制，矩形木框内排列一串串等数目的算珠称为“档”，中有一道横梁把算珠分隔为上下两部分，上半部每算珠代表 5，下半部每算珠代表 1。每串算珠从右至左代表了十进制的个、十、百、千、万位等，与一套手指拨珠规则的运算口诀配合，能够解决各种复杂的运算问题，满足财会工作的确认、计量与数据处理需求。

图 1-3 中国明代 21 档楠木珠带底板错银黄花梨算盘

珠算是以算盘为工具，以算理、算法为基础进行数学运算的计算技术，先后被列入国家级非物质文化遗产名录与教科文组织人类非物质文化遗产名录。东汉数学家徐岳在其撰写的《数术记遗》中介绍了珠算方法，这表明算盘在彼时已经具有使用价值。此后，算盘作为主要计算工具在手工会计系统中的重要性不断提升，宋代《清明上河图》、元代《乾坤一担图》都绘制了算盘在传统财会工作中的使用场景。商业经济繁荣的明代涌现出《盘珠算法》《算法统宗》等许多介绍珠算技术的图书，说明算盘已经被广泛地运用在社会生产中。

案例 1-2

“中国珠算”的“申遗”之路

珠算的出现距今已有超过 1 800 年的历史。最早提出珠算申遗的是安徽省黄山市文联副主席、首任程大位纪念馆馆长江志伟。他指出，珠算文化是由会计文化孕育出来的，算盘与珠算是由古代账房先生们在长期的算账、理财实践中，于大量的计算工作中发明出来的。

早在 2003 年 3 月，江志伟就发表了《“中国珠算”应申报“世界非物质文化遗产”保护》的长文。随后，他亲自参与并操办“珠算（珠算文化、程大位珠算法）”的国家级“非遗”申报。2008 年 6 月 7 日，经国务院批准，珠算列入第二批国家级非物质文化遗产名录。

中国珠算心算协会一直致力于珠算的传承保护工作，成立珠算申报代表作名录领导小组和工作组，组织实施具体的申报工作。历时5年，在2013年12月4日举行的联合国教科文组织保护非物质文化遗产政府间委员会第八届会议上，我国申报的中国珠算被正式列入人类非物质文化遗产代表作名录。尽管目前珠算在计算领域的实用功能退居次要地位，但“申遗”成功标志着其教育价值有望被进一步挖掘，文化价值得以接续。

资料来源：刘安天，李嘉亮．珠算申遗路［N］．中国会计报，2013-12-13（1）．

（三）从机械计算机到电子计算器

第一次工业革命爆发后，随着工业化大发展时代的到来，企业的经营规模不断扩大，内部分工日益复杂化，完全的手工操作逐渐不能适应财会工作的计算需求，机械化的计算工具应运而生。

机械计算机由杠杆、齿轮等机械部件构成，是17世纪欧洲出现的计算工具研制浪潮中的重要产物。法国数学家布莱士·帕斯卡发明的滚轮式加法器可以通过齿轮转动来实现显示的输出，尽管只能完成加减计算，但已经体现出计算器的基本原理（见图1-4）。德国数学家戈特弗里德·威廉·莱布尼茨在此基础上加以改良，其设计的莱布尼茨乘法器能够进行加、减、乘、除及开方运算，并实现了计算过程的自动化。此后，机械计算机的设计愈发精巧，并逐渐与电机和按键结合，在19世纪末已经实现量产。操作简单、容易上手的机械计算机很快得到普及，并被广泛使用于财会工作中。

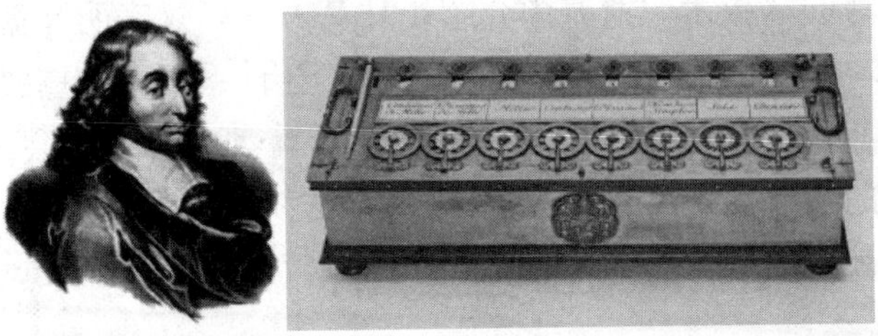

图1-4　布莱士·帕斯卡与其发明的滚轮式加法器

第二次工业革命推动人类社会进入电气时代，计算工具也经历了由简单到复杂的发展变化，电子计算器的出现标志着运算效率的再次提升。最早的电子计算器诞生在20世纪60年代前后。随着微处理器技术被引入电子计算器制程，电源、键盘、显示面板与集成电路芯片逐渐成为电子计算器的基本结构。功能齐全、种类丰富的电子计算器很快被广泛应用于商业交易中。除了通用的计算器外，面向特定市场的科学计算器、统计计算器、房贷计算器、个人所得税计算器等产品层出不穷。惠普公司于1972年推出的HP-35电子计算器是全球第一部手持的科学计算器（见图1-5），同时也是惠普的第一个电子消费产品，被电气与电子工程师协会（IEEE）授予里程碑荣誉。由于其具有便捷、廉价与方便携带等优势，电子计算器迅速成为手工会计系统的重要计算工具，并进一步提高了会计核算效率。

图 1-5　HP-35 电子计算器

（四）手工会计阶段的基本特征

总的来说，手工会计阶段历时漫长，见证了财会工作从简单到复杂、从低级到高级、从不完善到完善的发展历程，具有如下鲜明的时代特征：一是会计信息的收集、处理与交换均依附于以纸张为代表的有形实物载体。具体而言，发票、账单等构成记载会计信息的原始凭证，账簿对会计信息进行汇总存储，报表主要用于会计信息的传递与交流。二是尽管计算工具的发展推动了计算效率提升，但手工会计的信息处理效率仍然相对较低。三是会计核算过程中单次计算的准确性无法得到可靠保障。因此，会计信息在报告前需要经过不同主体、不同方法的多次重复演算与核对。四是会计信息的收集、处理、存储与交换有严格的操作程序要求。这些程序性的操作完全由人工完成，在填制凭证、登记账簿、试算、编制报表等会计信息报告流程中逐渐形成既定的工作方法，且不允许擅自停止或改变顺序。

二、会计电算化

会计电算化，一般指的是以电子计算机为主要工具的现代电子信息技术在会计实务工作中的应用，具体而言，就是会计人员利用会计软件、依靠计算机设备完成全部或大部分财会工作的过程。

会计电算化阶段起始于 20 世纪 50 年代，其实质是利用电子计算机有效替代人工的部分功能，完成记账、算账和报账，以及会计信息的汇总、加工和分析等工作。会计电算化实现了数据处理的自动化，这是社会大生产和新技术革命的必然产物，也是会计发展史的一次重大变革。

（一）财会工作复杂程度提升

20 世纪 40 年代末，随着第三次工业革命的爆发，现代化的社会大生产在全球范围内迅速发展，产业结构发生深刻调整。市场需求的实时变化和生产经营的动态调整对企业会计信息提出数量与质量上的更高要求，客观上要求会计技术随之变革。在这一时期，企业不但要面临经济全球化的生存挑战，也需要适应激烈的市场竞争环境与不断扩张的生产经营规模。基于传统计算工具的手工会计系统具有良好的适应性，但同时也存在效率较低、业务处理较慢、管控有限等弊端，难以满足时代的需要，由此现代企业开始寻求会计技术的新突破。

延伸阅读

全球第一台通用计算机ENIAC的揭幕仪式

（二）电子计算机技术的发展

20 世纪 40 年代中期，约翰·冯·诺依曼提出电子计算机基本结构与工作方式的设计理念，ABC（Atanasoff-Berry Computer，即阿塔纳索夫-贝瑞计算机）和 ENIAC（Electronic Numerical Integrator and Computer，即电子数字积分计算机）先后问世。电子计算机能够按照事先存储的程序，自动、准确、高速地进行大量数值计算和信息处理工作，这使其在财会工作中具有极高的应用价值。1954 年，通用电气公司第一次使用电子计算机核算员工工资，开创了利用电子计算机进行会计数据处理的新纪元。

（三）会计软件产品得到普及

会计软件是专门用于财会工作的计算机软件系统，通常包括工资核算、销售统计、账务处理、报表生成等功能模块，能够提升财会工作的数据处理效率，增强分析评价功能，是电子计算机技术在财会工作中得以实践应用的关键载体。

最初的会计软件只能用于单项业务，不同的功能模块相对孤立。20 世纪 70 年代以来，应收应付、成本核算、报表编制等系统逐步实现有机结合，出现了整体性强、功能完备的会计软件产品。成立于 1984 年的美国财捷公司（Intuit）主营不同类型的会计软件产品，面向中小型企业推出 QuickBooks，面向家庭及个人用户推出 Quicken 及 TurboTax，并为专业会计人员提供高端软件服务。历经多年耕耘，财捷公司从最初的个人理财服务商成长为美国智能财税领域的龙头企业。

中国的会计软件市场起步较晚，早期产品功能集中在基础的会计核算领域。20 世纪 80 年代晚期，财政部财政科学研究所和中国会计学会先后组织研讨会议，推动会计软件向通用化、商品化发展。1990 年前后，先锋通用财务系统、用友财务软件陆续通过财政部的评审，标志着中国会计软件市场的正式确立。随着金蝶、金算盘、浪潮、新中大等会计软件供应商的涌现，中国会计软件的开发与应用进入黄金发展阶段，产品的核心功能模块由核算型向管理型转变，为企业管理信息化奠定基础。

（四）会计电算化阶段的基本特征

会计电算化的发展依托于手工会计系统，运用现代电子信息技术实现自动化的数据处理，改善了财会工作效率效果，促进了会计行业的发展。该阶段表现出了以下特征：一是会计电算化系统充分发挥计算机运行速度快、逻辑运算能力强的优点，能够快速得到会计数据的处理结果，显著提升会计数据的处理效率。二是会计电算化系统由计算机进行数据运算，能够通过内部的校验逻辑运算及时发现数据处理差错，有效控制数据处理的精准度和出错率。三是会计电算化系统的普及能够降低会计信息的传输成本，其采用的磁介质载体存储容量大、检索查询便捷，便于会计数据的存储与管理，可以从整体上优化会计信息的系统性与共享性。四是会计电算化系统是会计人员与计算机共同合作的产物，能够形成优势互补的专业化分工模式，满足不同类型财会工作的差异性需求，产出可靠性与质量要求更具保障的会计信息。

三、会计信息化

会计信息化，一般指的是将会计信息作为管理信息资源，全面运用计算机、网络和通信信息技术对其进行获取、加工、传输、应用等处理，为企业经营管理、控制决策乃至社会经济发展提供相关信息的过程。

会计信息化阶段起始于 20 世纪 70 年代，其实质是利用现代信息技术对传统会计信息处理流程进行重构，是国民经济信息化和企业信息化的基础和组成部分。通过深化开发和广泛利用会计信息资源，建立会计与信息技术高度融合的现代会计信息系统，会计信息在优化资源配置中的有用性得以有效提高。

（一）企业信息化建设全面推进

随着知识和技术不断创新，新兴业态蓬勃发展，企业面临全球化竞争、网络化生存的巨大挑战，日趋复杂的经营环境推动企业管理的信息化进程，企业信息化成为企业核心竞争力的关键。会计电算化是工业经济的产物，侧重对手工会计处理流程的模拟，无法满足企业管理的需求。因此，在管理需求的驱动下，会计向信息化转型，以帮助企业提升经营管理水平和竞争力。20 世纪 80 年代，世界 500 强企业纷纷启动信息化工程，充分整合信息资源，提高经营管理水平，增强技术创新能力。企业信息化的发展以数据共享、信息畅通为重要基础，这要求会计软件与其他软件深度融合，共同构成内外联通的会计信息系统，加快提升会计信息化水平。进入 21 世纪，经济全球化放大了不同国家的经济政策差异，会计信息失真等现实问题也受到广泛关注。为了提高会计信息的可靠性和价值，提升经营管理水平，会计信息化的发展成为信息化建设的关键任务。

（二）计算机网络技术的成熟

计算机网络，是指将地理位置不同的具有独立功能的多台计算机及其外部设备，通过通信线路连接起来，在网络操作系统、网络管理软件及网络通信协议的管理和协调下，实现资源共享和信息传递的计算机系统。早期的计算机网络是以单个计算机为中心的远程联机系统。随着微型计算机的普及，多台电子计算机设备与网络连接设备、网络传输设置共同构成局域网络，能够在一定范围内实现快速、稳定的资源共享与信息交换，与企业办公的客观需求适配。为了营造开放性的标准化实用网络环境，国际标准化组织在 1984 年提出开放系统互连（open system interconnection，OSI）参考模型，为计算机网络技术及产品的研发提供了统一视角。

20 世纪 90 年代，随着互联互通需求的增加，以 Internet 为代表的互联网计算机网络的发展十分迅速。互联网技术通过网络与网络的串联形成庞大的网络互联体系，采用 TCP/IP 协议确保数据的安全、可靠传输，对全球通信领域产生深刻影响。1994年，中国正式接入国际互联网，并建立了国家顶级域名（CN）服务器。此后，移动互联网技术进一步发展，信息传播的多样性、快捷性、海量性得到提升。

计算机网络技术的成熟推动了会计电算化系统的发展，企业可以通过网络实现会计信息的传递与共享，网络会计软件产品开始出现。受益于网络技术的发展，会计信息系统能够更加便捷高效地处理和传输会计数据，进而有助于开展财务计划、分析、预测、决策和管控等工作，其重要性日益提升。

（三）ERP为企业管理提质增效

企业资源计划（enterprise resource planning，ERP），是由美国管理咨询公司Gartner提出的一种供应链管理思想。ERP的提出与现代信息技术的发展紧密关联。相较其前身MRP（material requirement planning，物料需求计划）和MRP-Ⅱ（manufacture resource plan，制造资源计划）而言，ERP进一步拓展计算机辅助企业管理的功能模块，技术应用水平显著提升，能够从供应链范围优化资源配置，适应企业多元化经营与跨国一体化运作的需求。

ERP将企业的物资资源、人力资源、财务资源与信息资源进行整合集成管理，搭建企业信息系统接口，协调不同管理部门实时响应市场需求，更加柔性地开展业务活动。财务模块是ERP的重要组成部分，一般包括会计核算与财务管理两个功能，同时能够与其他系统相互集成，汇集大量的财务信息与非财务信息。在ERP的系统环境中，会计信息系统将实现从部门级系统到企业级系统的升级，是会计信息化的重要基石。

20世纪90年代以来，ERP在全球范围内快速普及，成为知识经济时代企业的核心管理模式。德国的思爱普公司（SAP）和美国的甲骨文公司（Oracle）是全球知名的信息管理软件及服务供应商，在其进驻中国市场后，迅速推动了中国企业的ERP应用进程。同时，在国家“863计划”、制造业信息化科技工程的大力支持下，中国本土ERP软件的研发工作也快速推进，用友、金蝶等会计软件供应商纷纷在2000年前后推出ERP产品。随着本地部署ERP的成本攀升，通过软件即服务（SaaS）交付模式提供ERP，即ERP云解决方案开始出现。

（四）会计信息化阶段的基本特征

会计信息化代表着全新的会计思想与观念，区别于会计电算化的模拟性质，体现了会计与信息技术以及业务活动的融合过程，是财会管理工作发展的必然趋势。该阶段表现出以下特征：一是会计工作流程发生深度变革。会计信息系统采用集成化的软件替代传统会计处理流程，能够将财会工作与经营、业务紧密衔接，出现电子凭证、电子账簿和电子报表等会计概念。作为实时处理、高度自动化的管理工具，会计信息系统的应用冲击着传统会计工作方法，提高了会计工作效率。二是会计信息质量显著提升。会计信息系统的出现极大地改善了会计信息的及时性与预测价值，有助于克服会计信息失真、披露时间滞后的不利影响，增强财务报告的信息属性。同时，计算机网络技术为企业与会计信息使用者进行双向交流提供了可能性，会计信息的使用价值进一步得到提高。三是会计职能范围对内拓展。企业管理信息系统对物流、资金流、信息流进行全面一体化管理，能够及时处理业务数据、实施管理分析。随着会计与企业经营管理深度融合，责任会计、管理会计获得更大的应用空间，财会工作较大程度上得以突破核算与监督的基本职能，成为辅助企业决策的重要工具。

四、智能财务

随着企业面临的内外部环境复杂性和不确定性与日俱增，对提升管理精细度和降低不确定性的要求不断提高，以移动互联网、大数据、人工智能、物联网等为代表的新一代信息技术，在商业和管理领域迅速得到应用，商业数字化、智能化的加速跃升极大推动了财务数字化、智能化发展。2016 年，德勤和 Kira Systems 联手宣布将人工智能引入财会审税等工作中。国内的用友、金蝶等财务软件厂商也相继推出了智能财务相关产品。在智能财务产品不断投入应用的同时，国内众多大型企业、上市公司积极探索智能财务体系建设路径，以华为、中兴、联通、平安、海尔等为代表的企业结合自身业务特点及发展需求，已经初步建立起智能化财务体系。随着人工智能、数据和信息技术在财会领域的广泛应用和有益探索，数字化服务平台和智能化管理决策支持系统得以发展，进一步提升了财会工作的效率和效果，极大拓展了其职能和战略价值。

移动互联网的普及应用和新一代信息技术的迅猛发展，标志着数字经济时代的到来，数据的重要性日益提升并开始成为新型生产要素，推动数字产业化和产业数字化的创新发展，对财会管理工作提出了更高的要求，促使其加速向数字化、智能化方向转型。业财融合建设是企业数字化转型的关键，通过建立财务与业务一体化的信息处理流程，能够最大限度地实现数据共享，实时掌控经营状况。业财融合的管理与决策需求，为财务的数字化、智能化转型指明发展方向。财政部印发的《会计改革与发展“十四五”规划纲要》指出，要积极推动会计工作数字化转型，做好顶层设计，推动会计信息化工作向更高水平迈进。伴随数字中国建设战略的扎实推进、数智技术与财会工作的纵深融合，财务职能边界不断拓展，智能财务的发展方向日益明朗，新一轮以数智化为核心的财务变革浪潮蓄势待发。

智能财务是一个过程，在其早期发展阶段，财务共享与财务自动化的应用借助标准化和流程化为财务转型提供了数据基础、管理基础与组织基础。财务共享，一般是指将公司（或集团）范围内同质的、重复的财务业务集中起来，高质量、低成本地进行标准化和流程化处理。财务自动化是现代信息技术进一步发展与应用的产物。利用机器人流程自动化（robotic process automation，RPA）技术，财务机器人成为财务自动化的核心技术工具，能够按照既定规则处理大量重复、简单、烦琐的财务业务，解放财务人员投入到更具有创造性的工作中。财务共享与财务自动化是企业集团财务管理需求发展的必然产物，有助于提高财务工作效率和准确性，改善财务人员配置的合理性和有效性，缓解信息孤岛问题，为企业业财融合建设创造条件。新一代信息技术陆续越来越广泛和深入地应用在财务管理、分析与决策、风控监督、税务与审计、资本运作等领域，持续推动着财会工作的数智化创新与发展。后续章节将详细讲解智能财务，此处不予赘述。

第二节　智能财务的发展环境

数智技术的发展及其商业应用正在快速推动财会工作的创新变革，经济转型升级中新的商业模式层出不穷，深刻影响会计政策的发展与走向。在技术催生与政策引导的双重作用下，财会工作数字化、智能化发展已成为行业的普遍共识，智能财务作为新一代信息技术催生的智能化变革在财会工作场景中的重要体现，正在引领新一轮的财务变革浪潮。

一、数字经济发展战略的实施

数字经济是以数字化的知识和信息作为关键生产要素，以数字技术为核心驱动力量，以现代信息网络为重要载体，通过数字技术与实体经济深度融合，加速重构经济发展与治理模式的新型经济形态。“数字经济之父”、美国经济学家唐·泰普斯科特在其1996年出版的《数字经济：网络智能时代的前景与风险》中提出数字经济的概念。2016年，G20杭州峰会发布《二十国集团数字经济发展与合作倡议》，将数字经济作为国家创新增长的重要议题。此后，中国国家统计局发布《数字经济及其核心产业统计分类（2021）》，为数字经济核算提供了统一可比的口径和范围，成为中国数字经济领域的重要统计标准。

延伸阅读

欧盟促进数字经济发展的相关战略及政策

数字经济发展之快、辐射之广、影响之深前所未有，正推动生产方式、生活方式和治理方式深刻变革，成为促进经济发展的关键力量，是世界各国重点关注和发展的核心领域。因所处的数字经济发展阶段及国情存在差异，不同经济体制定的数字经济政策也各有特点。20世纪90年代以来，美国正式开启数字战略布局，重点关注信息基础设施建设和信息技术产业发展，其出台的系列数字经济政策的目的主要是维护其在全球数字产业链中的优势。欧盟国家将数字主权作为推动新兴技术发展和数字政策制定的首要目标。在数字领域的全球博弈中，欧盟坚持保护人权、保护中小企业的价值观，并将其贯彻于数据流动、隐私保护、竞争秩序中，重塑全球数字地缘竞争格局中的数据主权独立性。

党的十八大以来，我国数字经济逐步转向深化应用、规范发展、普惠共享的新阶段，重点产业包括云计算、大数据、物联网和工业互联网等。《数字中国发展报告（2022年）》指出，2022年我国数字经济规模达50.2万亿元，占国内生产总值比重提升至41.5%，同比名义增长10.3%。2023年3月，中国重组科学技术部，并于同年 10 月成立国家数据局，统筹推进数字中国、数字经济、数字社会规划和建设，缓解“数据分割”和数据垄断问题，实现数字中国建设“一盘棋”。系列政策表明，我国数字经济在“十四五”时期转向高质量发展，在国民经济中地位凸显，要素链、产业链、价值链、制度链在相互作用中走向深度耦合，也势必对财务变革产生深刻影响。

二、人工智能产业化应用的推进

随着万物互联互通的趋势逐渐清晰，数字技术对经济发展的放大、叠加、倍增作用开始显现，人工智能、云计算、大数据、区块链、量子信息等新兴技术快速发展，充分释放了数据要素和数字技术红利。数字技术的快速迭代升级同时也是财会工作实现突破性创新的重要前提和驱动力。新技术与财会工作不断融合，深刻影响了财会工作的变革进程。

人工智能是数字技术创新体系的前沿和焦点。作为数字经济时代的重要基础设施、关键技术、先导产业以及赋能引擎，人工智能正被视为推动产业转型升级和数字经济发展的核心驱动力，将进一步释放历次科技革命和产业变革积蓄的巨大能量，创造新的强大引擎。随着人工智能产业化应用加速，丰富的行业实践将重构生产、分配、交换、消费等经济活动各个环节，形成从宏观到微观各领域的智能化新需求，催生新技术、新产品、新产业、新业态、新模式，推动人工智能与 5G、大数据等数字技术共同成为经济社会持续发展的重要新动能。

近年来，人工智能在各行各业得到广泛的应用，ChatGPT 和文心一言等通用大模型一经推出便引起社会各界的高度关注。同时，世界各国也在加大对人工智能产业的支持和引导力度，出台一系列积极的产业政策，明确不同技术阶段的发展目标和工作重点，促进人工智能技术的健康发展。世界主要经济体更是将发展人工智能上升为国家战略。

延伸阅读

世界各国推进人工智能应用的相关战略及政策

美国关注人工智能产业发展，在全球人工智能领域布局并连续发力。欧洲同样将人工智能确定为优先发展项目，积极制定人工智能推进政策、研究和投资计划，协同推进战略实施，确保在人工智能领域的全球竞争力。日本依托其在智能机器人研究领域的全球领先地位，积极推动人工智能发展，并设立“人工智能战略会议”进行国家层面的综合管理。值得关注的是，世界各国对人工智能发展的支持和引导已经渗透到经济社会不同领域的法律法规、战略和政策中。

我国正在抢抓人工智能发展的重大战略机遇，加快创新步伐，构筑人工智能发展的先发优势。发展人工智能是国家准确把握新一轮科技革命和产业变革发展大势，加快建设创新型国家和世界科技强国做出的重大战略决策部署。2017 年国务院发布《新一代人工智能发展规划》，将人工智能正式上升为国家战略。近年来，国家高度重视人工智能的技术进步与产业发展，陆续出台关于人工智能产业的发展规划、行动计划、实施方案等落地政策，为引导、推动人工智能健康发展提供政策依据和制度保障。表 1－1 总结了我国推进人工智能应用的相关战略及政策文件。

表 1－1　我国推进人工智能应用的相关战略及政策文件（部分）

发布主体	发布时间	名称	主要内容
国务院	2015 年 5 月	《中国制造 2025》	“智能制造”被定位为中国制造的主攻方向，提出加快推动新一代信息技术与制造技术融合发展，着力发展智能装备和智能产品
国务院	2015 年 6 月	《“互联网＋”行动指导意见》	明确人工智能为形成新产业模式的 11 个重点发展领域之一
国家发展改革委 科技部 工业和信息化部 国家网信办	2016 年 5 月	《“互联网＋”人工智能三年行动实施方案》	充分发挥人工智能技术创新的引领作用，支撑各行业领域“互联网＋”创业创新，培育经济发展新动能
国务院	2016 年 8 月	《“十三五”国家科技创新规划》	人工智能概念进入“十三五”重大工程，重点发展大数据驱动的类人工智能技术
国务院	2017 年 3 月	《2017 年国务院政府工作报告》	“人工智能”这一表述首次出现在政府工作报告中
国务院	2017 年 7 月	《新一代人工智能发展规划》	确立了新一代人工智能发展三步走战略目标，将发展人工智能提升到国家战略层面
党中央	2017 年 10 月	《决胜全面建成小康社会 夺取新时代中国特色社会主义伟大胜利》	提及推动人工智能与实体经济的融合
工业和信息化部	2017 年 12 月	《促进新一代人工智能产业发展三年行动计划（2018—2020 年）》	从培育智能产品、突破核心技术、深化发展智能制造、构建支撑体系和保障措施等方面详细规划了人工智能的重点发展方向和目标
国家标准委	2018 年 1 月	《人工智能标准化白皮书（2018 版）》	促进产业标准化发展
教育部	2018 年 4 月	《高等学校人工智能创新行动计划》	不断提高人工智能领域科技创新、人才培养和国际合作交流等能力，为推动人工智能发展提供智力支撑

续表

发布主体	发布时间	名称	主要内容
中央全面深化改革委员会	2019 年 3 月	《关于促进人工智能和实体经济深度融合的指导意见》	促进人工智能和实体经济深度融合，构建数据驱动、人机协同、跨界融合、共创分享的智能经济形态
国家新一代人工智能治理专业委员会	2019 年 6 月	《新一代人工智能治理原则——发展负责任的人工智能》	突出发展负责任的人工智能主题，提出八项基本原则
科技部	2019 年 8 月	《国家新一代人工智能创新发展试验区建设工作指引》	到 2023 年，布局建设 20 个左右试验区，形成一批人工智能与经济社会发展深度融合的典型模式
教育部 国家发展改革委 财政部	2020 年 3 月	《关于“双一流”建设高校促进学科融合 加快人工智能领域研究生培养的若干意见》	将人工智能纳入“国家关键领域急需高层次人才培养专项招生计划”支持范围，精准扩大人工智能相关学科高层次人才培养规模
国家标准委 国家网信办 国家发展改革委 科技部 工业和信息化部	2020 年 7 月	《国家新一代人工智能标准体系建设指南》	到 2021 年，明确人工智能标准化顶层设计，指导人工智能标准化工作有序开展；到 2023 年，初步建立人工智能标准体系，建设人工智能标准试验验证平台，提供公共服务能力
全国人大	2021 年 3 月	《中华人民共和国国民经济和社会发展第十四个五年规划和 2035 年远景目标纲要》	瞄准人工智能、量子信息等前沿领域，实施一批具有前瞻性、战略性的国家重大科技项目；聚焦高端芯片、操作系统、人工智能关键算法等关键领域，加快推进基础理论、基础算法、装备材料等研发突破与迭代应用
中共中央办公厅 国务院办公厅	2022 年 3 月	《关于加强科技伦理治理的意见》	加快构建中国特色科技伦理体系，健全多方参与、协同共治的科技伦理治理体制机制
科技部 教育部 工业和信息化部 交通运输部 农业农村部 国家卫生健康委	2022 年 7 月	《关于加快场景创新 以人工智能高水平应用促进经济高质量发展的指导意见》	场景创新成为人工智能技术升级、产业增长的新路径，场景创新成果持续涌现，推动新一代人工智能发展上水平

续表

发布主体	发布时间	名称	主要内容
科技部	2022 年 8 月	《关于支持建设新一代人工智能示范应用场景的通知》	围绕构建全链条、全过程的人工智能行业应用生态，支持一批基础较好的人工智能应用场景

三、智能财务与世界一流财务管理体系

财会工作是企业管理的中心环节，是企业实现基业长青的重要基础和保障。随着以人工智能为代表的新兴技术应用体系逐步完善，数字经济的建设浪潮赋予企业财会工作全新“智慧”，财务数字化、智能化建设成为企业提高经营管理水平的重要举措。信息技术与财务系统的多元融合使企业的财会工作向数字化、智能化转变，这就要求企业全面推进基础设施、财务资源及人力资源建设，促进会计信息在不同的流程环节间流通，快速适应财会工作发展的新环境。

延伸阅读

《关于中央企业加快建设世界一流财务管理体系的指导意见》

企业财务数字化、智能化转型是国家数字化战略的重要组成部分。为响应财会工作的变革需求，明确财务赋能与其职能拓展的发展思路，国务院国有资产监督管理委员会在 2022 年 3 月出台《关于中央企业加快建设世界一流财务管理体系的指导意见》（以下简称“指导意见”），强调要建立智慧、敏捷、系统、深入、前瞻的数字化、智能化财务，以高质量财会工作支撑企业的高质量发展，推动企业螺旋式提升财务管理水平。

指导意见以高质量发展为主题，以深化供给侧结构性改革为主线，要求企业财会工作更好统筹发展和安全，更加注重质量和效率，以“规范、精益、集约、稳健、高效、智慧”为标准，以数字技术与财务管理深度融合为抓手，固根基、强职能、优保障，加快构建世界一流财务管理体系，有力支撑服务国家战略。

指导意见全面阐述了完善智能前瞻财务数智体系的实施路径和建设目标，具体包括：统筹制定全集团财务数字化转型规划，完善制度体系、组织体系和管控体系，加强跨部门、跨板块协同合作，建立智慧、敏捷、系统、深入、前瞻的数字化、智能化财务。统一底层架构、流程体系、数据规范，横向整合各财务系统、连接各业务系统，纵向贯通各级子企业，推进系统高度集成，避免数据孤岛，实现全集团“一张网、一个库、一朵云”。推动业财信息全面对接和整合，构建因果关系的数据结构，对生产、经营和投资活动实施主体化、全景化、全程化、实时化反映，实现业、财、技一体化管控和协同优化，推进经营决策由经验主导向数据和模型驱动转变。建立健全数据产生、采集、清洗、整合、分析和应用的全生命周期治理体系，完善数据标准、规则、组织、技术、模型，加强数据源端治理，提升数据质量，维护数据资产，激活数据价值。积极探索依托财务共享实现财务数字化转型

的有效路径，推进共享模式、流程和技术创新，从核算共享向多领域共享延伸，从账务集中处理中心向企业数据中心演进，不断提高共享效率、拓展共享边界。加强系统、平台、数据安全管理，筑牢安全防护体系。具备条件的企业应探索建立基于自主可控体系的数字化、智能化财务。

第三节 智能财务的发展趋势

从经营战略与商业模式的创新，到组织架构与管理流程的再造，再到经营方式与组织文化的重塑，在人工智能、大数据、区块链等新一代信息技术日益发展并得到推广的背景下，持续变革已经成为企业运营的常态，财会工作因此面临全新的发展机遇与风险挑战。随着以规则为导向、重复性高的基础工作逐渐被技术工具取代，业财融合、企业司库、智能财务等正在引领未来财务的变革方向。

一、财会工作的主要发展方向

数字经济的发展和人工智能的应用为财务变革提供了强大的驱动力。目前，财会工作的转型升级尚处于起步阶段，存在较大的探索空间。许多企业着手调整财务部门的组织架构体系，成立财务共享服务中心，推动建设集数据聚合、信息提取、价值分析、流程再造于一体的企业价值创造中心。随着政策引导方向的明确、企业实践经验的积累与数字技术工具的持续深化，财会工作未来的发展方向逐渐清晰。

1. 财务数据可视化

数据可视化是对数据分析结果的最终展示，能够迅速将碎片化的数据整合为信息，并以更为清晰、易懂的可视化形式进行呈现。通过将可视化技术与企业的财会工作结合，传统的财务报表能够以更多元的呈现形式传递会计信息及其内含价值，辅助管理者进行科学有效的经营管理与战略决策，提高企业的经济效益。另外，财务可视化能够实现以用户为中心的数据呈现，这将帮助企业外部的会计信息使用者在海量冗杂的数据中迅速获得所需内容，提升会计信息质量。

2. 财务业务一体化

随着企业信息技术环境的发展与完善，业财融合成为企业管理的重要理念，业务流程、财务流程与管理流程的有机融合是企业需要面临的关键课题。在企业再造理论的指导下，企业财务与业务逐渐向一体化的管理模式发展，建立起基于业务事件驱动的财务数据处理流程，进一步实现数据共享，实时控制经济业务。将财务视角延伸至业务前端的一体化趋势，是维持日常业务稳定经营的重要保障，也是提升财务管理水平、加强财务控制监督的必然要求，对于提高企业经营效益，促进企业可持续发展具有重要意义。

3. 财会工作移动化

新一代信息技术的应用将财会工作从物理空间的限制中解放出来，企业集团日常的审批、报销等业务流程的执行效率显著提升，内部信息沟通机制得到完善。在传统记录载体的基础上，财务共享的管理模式与云计算、移动互联网、大数据等数字技术深度融合，催生出财务云这一全新的服务工具。财务云的出现是业财融合理念与互联互通思维的共同产物。通过构建财经大数据的一站式平台，财务云进一步实现会计信息的云端化，加速财会工作物理世界向数字孪生的演变进程。自 2017 年上海国家会计学院首次举办“影响中国会计从业人员的十大信息技术”评选活动以来，财务云技术连续 7 年入选，深刻影响着财会工作的未来发展。

4. 财会工作敏捷化

商业模式的推陈更新、外部市场环境的复杂演变与数字技术的迅速发展共同促进财会工作从数据管理转向价值创造与决策支持的进程，从而引发了财务对敏捷洞察力的需求。敏捷财务具有灵活性、弹性和高效性，能够适应市场变化、业务调整与监管要求并及时做出决策响应，提供低成本、高质量、高效率的服务。近年来，企业集团相继构建更加灵活的组织战略及业务机制，建设适应新时代的财务体系。

5. 财会工作智能化

随着新一代信息技术的普及，先进的算法模型和算力工具逐渐被应用在财务预测决策、财务风险管控以及财务成本管理等领域，推动财会工作向智能化发展。财务机器人的出现能够替代人类完成批量重复性的工作，让会计人员专注于更有价值的工作，打开了财会工作智能化的大门。在此基础上，现代系统集成技术进一步消除企业内部的信息壁垒，以专家系统、神经网络为代表的人工智能技术的具体场景应用更加丰富，为财会工作带来新的发展契机。

6. 财务人员能力复合化

新一代信息技术在财会工作中的深度应用，推动财务人员重塑自身的知识与能力体系，拓展职能、转变身份，适应企业变革浪潮中的复合型人才需求。

首先，财务人员需要具备扎实的财经类知识基础，能够基于会计准则管控各类型的报表与核算报告。同时，财务人员需要掌握计算机科学与技术领域的专业知识，了解数字化发展趋势，成为兼备财务知识与数字技术的复合型人才。财务的数字化、智能化要求财务人员结合实际需求，在不同的应用场景中高效地利用数字技术，通过对数据的挖掘与分析描绘企业经营状况，用数据支持决策。

其次，财务人员需要具备管理会计的思维与能力，在企业的战略规划、业务管控、风险管理等环节中提供有力支持。未来，财务部门将成为企业的数据枢纽，财会工作与企业的战略决策进一步关联。这要求财务人员具备前瞻的管理意识，能够在复杂的经营环境中进行分析与决策，为企业提供有益的战略建议。

7. 财务组织结构扁平化

层级结构的组织形式带来数据管理的分散与割裂问题，不利于部门间的横向沟通与信息交流。随着业务灵活的数字经济模式出现，扁平化的组织结构能够以更开放的边界理念构建商业生态系统，成为更高效的企业管理模式。财务组织的结构扁平化是财会工作适应数字经济时代运作需求的必然趋势。构建层级简单、项目化、柔性的财务组织能够提升会计信息的传递速度与质量，缓解现存的会计信息失真现象，优化企业的决策流程。

二、智能财务建设面临的挑战

数字经济的发展为财会工作的转型升级带来良好的机遇。然而，作为复杂的系统性工程，财务转型涉及财务部门的战略规划、业务模式选择、流程架构设计、组织与治理、技术与数据、人员与文化等多个维度的综合考量。在日新月异的时代环境中，财务转型不再是一道选择题，智能财务建设所伴生的风险挑战已经成为所有经济主体必须面对的问题。

1. 信息化建设基础不完善

财会工作转型升级的推进需要建立在企业现存的各类信息系统之上。然而，多数企业的信息化建设是以阶段式、分散化的形式开展的，各部门根据实际需要在不同时点搭建独立的信息系统，并未考虑企业整体的信息系统架构设计情况。因此，企业当前面临的一个重大挑战就是信息系统的梳理问题。具体而言，企业内部可能已经存在财务核算系统、采购管理系统、销售管理系统等多个信息系统，但各系统由不同的供应商团队开发建设，彼此相对独立、没有融合统一。在进行跨系统的数据管理时，容易出现信息不兼容的问题，难以实现互联互通。将不同系统、不同标准的数据进行合并、清洗与处理是一项耗时费力的任务，可能会给企业带来额外的负担。企业如何实现内部信息系统的流程与标准统一，基于业务搭建整体信息系统架构，完善信息化建设基础，将是一项艰巨的任务。

2. 业财融合程度较低

业财融合是财会工作发展的重要趋势。业务与财务存在合作与制衡的关系，业务决策需要财务提供数据支持，财务管理同时也是对业务经营的监督与评价。但是，在企业经营管理中比较普遍地存在业财融合不够充分的问题，既无法发挥财会工作职能，也不利于企业整体效益的提升。在传统的企业管理模式下，业务部门与财务部门在关键绩效指标的关注重点和管控要求上各有侧重，缺乏对业财融合的足够认知，导致管理思维比较固化，难以对不断变化发展的市场信息进行及时准确的把握。企业内部存在信息孤岛和数据壁垒，难以实现企业价值和业务量的准确匹配。业财融合程度相对落后的现状，既无法发挥财务数据对业务活动的指导作用，也导致业务数据难以有效体现企业的财务价值。

3. 数据安全充满挑战

数据安全性是保障企业经营管理稳定的重要基础。在数字经济时代，企业的财务数据与会计信息传输依托计算机网络技术及新一代信息技术完成。由于技术应用在当前条件下无法实现全网监管，会计人员的操作不当很可能导致重要信息，如客户名单、客户身份资料信息及其他商业机密等泄露。这些隐私、机密信息一旦泄露，不仅会严重损害企业及客户的经济利益，还会导致企业的信用形象、信用资产受到严重破坏。此外，在企业信息系统建设不断推进的同时，如果系统出现安全隐患并被违规利用，企业的整体发展将会受到严重影响。因此，企业的财会工作需要格外关注数据安全管理问题，加强对于重要资料的保护程度。

4. 复合型财务人才稀缺

财务人员的能力复合化是财会工作发展的重要趋势。然而，传统的会计专业教育侧重基础理论和实务技能，在复合型人才培养，尤其是计算机科学与技术的相关领域存在空缺。当前，许多财务人员在技术应用和数据处理方面存在短板，管理素养也相对薄弱，无法满足数字经济发展需求。为了响应国家经济建设和高质量发展重大问题需求，许多高校近年来陆续开设智能财务专业，建设融合人工智能技术和财务专业知识于一体的复合型专业人才培养模式。但是，人才培养是一种要求长期规划和投入的项目，需要在长时间的实践中逐渐积累。因此，复合型财务人才对于企业现阶段发展而言仍属于相对稀缺资源。

关键术语

会计信息化　　会计电算化　　数字经济

人工智能　　世界一流财务管理体系

思考题

1. 从技术工具的应用层面看，财会工作演变历程主要包括哪几个阶段？每个阶段有哪些特征？

2. 驱动财务智能化转型的新一代信息技术主要包括哪些？

3. 请谈谈你所认识的会计与技术的关系，并举例论述。

4. 当前财会工作呈现出怎样的发展趋势？

5. 当前财会工作面临的挑战主要表现在哪几个方面？

第二章

智能财务的目标、结构与内涵

知识点脉络图

智能财务的目标与原则
- 智能财务的目标体系
- 智能财务的基本原则
  - 目标导向原则
  - 数据质量原则
  - 规则底线原则
  - 人机协同原则
- 智能财务的运行边界

↓

冯·诺依曼结构与智能财务的发展逻辑
- 冯·诺依曼结构
- 智能财务发展

↓

智能财务发展的冯·诺依曼结构分析框架
- 顶层设计
- 系统运行逻辑
  - 控制系统：智能财务的目标体系
  - 输入系统：多源多模态数据输入系统
  - 存储系统：数据及规则中枢
  - 运算系统：智能财务的运算中心
  - 输出系统：多模态信息输出系统

↓

智能财务的定义与内涵
- 定义
- 内涵

↓

数智时代的财会胜任能力模型
- 智能财务人才能力框架
  - 创新迭代能力
  - 财经专业能力
  - 数智技术能力
  - 业务协同能力
  - 战略洞察能力
  - 沟通协作能力

学习目标

1. 理解智能财务的目标和基本原则；
2. 理解冯·诺依曼结构设计思想和财会活动核心工作逻辑的关系；
3. 理解和掌握智能财务发展的冯·诺依曼结构框架；
4. 掌握智能财务的定义和内涵；
5. 理解和掌握数智时代财会人员的能力模型。

素养提升

1. 通过理解智能财务的目标体系和基本原则，增强对数智技术与财会工作关系的理解，把握当前行业数智化转型趋势；

2. 基于冯·诺依曼结构设计思想，拓宽专业视野，深刻理解技术驱动财会行业发展的历史进程；

3. 根据智能财务理论框架，深刻理解财务数智化转型的基本逻辑，服务财会行业和国家经济发展；

4. 聚焦创新迭代能力，与时俱进培养复合型创新型财会人才。

引 例

中国联通：财务重构与再生

当前，人类已经进入工业化的后期，既是互联网的中场时代，也是智能化时代的序章。企业的本质是一种资源配置机制，通过生产、经营、管理三个环节来实现价值。在一个大型企业集团当中有成千上万个主体，如果需要提升企业效率，首先要解决的便是企业的内部效率问题。

中国联通的智能财务实践是提升企业内部效率的重要举措，其以IT技术推动公司管理理念变革和财务转型，先后实现交易与会计的一体化、组织与会计的一体化，并逐步推进生产交易的一体化进程，以订单作为起点，推动供应链订单，建设立体化运营结构。中国联通已经基本构建智能共享服务体系（见图2-1），基于网络而非空间的“横向职能整合、纵向流程共享、内外网络协同”，推动业务共享化和集约化、系统智能化、运营服务化的发展，提高企业经营业务的效率，降低管理成本。

业务和财务的集约化使得分支机构出现各自的业务重点，经营主体下沉，会计主体不变，会计组织集约，财务转型步入快车道。中国联通通过在省分、子公司层面逐步推行“小集中”财务共享服务，最终打造整个集团“大共享”服务模式，形成集团、省两级运营体系。企业实践建立起以战略财务为指引，以运营财务、业务财务和共享财务为核心的三角式财务转型整体框架，提供面向对象的数据服务，协同支撑业务发展。

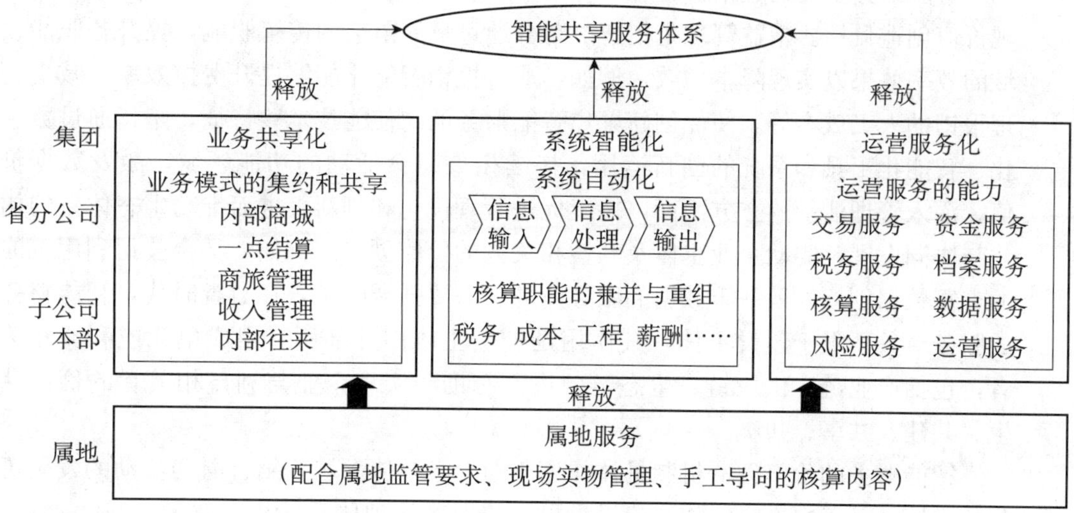

图 2-1　中国联通的智能共享服务体系

以不同财务管理理念和服务内容为基础，全面的智能财务发展趋势也将对各层次人才未来发展提出不同层面的能力要求。

资料来源：https：//mp. weixin. qq. com/s/- z0xBixGdB - 75CauSwvTtA.

随着新一代信息技术加速革新与广泛应用，以数智技术与财会工作深度融合为标志的智能财务快速发展，由此产生的新概念、新原则、新关系和新方法也成为理论研究的关注对象，传统财会的理论与实务的内涵与外延得到进一步延伸。因此，准确把握智能财务的理论基础，有助于全面了解智能财务的内容与方法，更好地理解其现状并预测未来发展趋势，进而为智能财务的发展与实践探索提供扎实的理论指导。

第一节　智能财务的目标与原则

一、智能财务的目标体系

智能财务的目标统领和引导智能前瞻的财务数智体系的构建，其重要性不言而喻，智能财务体系及其内部实现机制亦是围绕智能财务的多层次目标体系来运行和优化。智能财务体系由诸多子系统（如不同职能）构成，从数字化、智能化条件下财会活动功能领域的拓展来看，智能财务的总体目标是为主体及利益相关方创造价值。在总体目标之下，可以根据职能、部门、场景等不同，进一步层层分解为各个子系统的目标，总体目标和子目标共同构成智能财务的目标体系。各个子系统既具有独立性，又贯通融合为一个系统整体，通过子目标的实现支撑智能财务总体目标的达成。

智能财务主要通过精益管理（optimizing）与使能创新（enabling）两个机制实现价值创造目标。精益管理是指智能财务通过赋能财会的传统职能，提升各职能领域的效率效果以实现降本增效，例如，通过报销智能化能够提升费控效率，减少处理报销的人工成本等。使能创新聚焦智能财务的“使能技术”特征，是指通过数字化、智能化工具和系统的创新运用，持续拓展财会活动的功能领域，激发数据价值，深入管理活动的方方面面，持续促进管理优化和创新，进而推动生态体系的构建与协同发展，驱动企业主体及利益相关方的价值创造。例如，平台公司利用沉淀的丰富数据创新开展基于数据的服务业务。需要强调的是，在数智时代，智能财务的服务对象不限于建设主体，其作用延伸到主体内外部所有组成单元或利益相关者，包括产业链、供应链、生态链，进而有助于实现企业与利益相关者的价值共生、共建、共享、共赢。

智能财务的价值创造机制具体作用于财会各功能领域，结合财会活动的发展历程并借鉴《关于中央企业加快建设世界一流财务管理体系的指导意见》（国资发财评规〔2022〕23号），智能财务的功能领域可以划分为核算报告、业务服务、决策支持、风险管控、战略支撑等五个方面。

智能财务通过赋能和拓展传统核算报告，能够更准确、更及时、更高效、更全面地反映企业经济活动，同时以更有效的方式为信息使用者提供所需信息。例如，在技术与业务融合驱动下，能够实现实时会计报告，并以可视化的方式满足各类利益相关者“千人千面”的信息需求。在业务服务方面，智能财务通过信息深度挖掘和多维价值分析，有效促进业财融合，对业务提供数据支持与前瞻性引导，推动业务活动由传统的流程驱动向由流程和数据共同驱动转变。在决策支持方面，智能财务以价值创造目标为导向，以数据为基础，通过构建和持续迭代各类智能化决策模型，为各类决策需求提供精准、高效、及时的信息和报告支持。在风险管控方面，智能财务能够帮助主体及利益相关方更为实时高效地识别、分析、预警和应对风险，有效管理风险，助力企业持续健康发展。在战略支撑方面，智能财务能够通过提升主体战略洞察能力和经营预测能力，有效协调战略选择与资源配置，支撑战略制定与执行。

二、智能财务的基本原则

从根本上讲，建设目标、数据质量、规则要求以及人机关系等四方面构成了智能财务体系有效运行的基础。因此，智能财务发展需要遵循的基本原则具体包括目标导向原则、数据质量原则、规则底线原则、人机协同原则。

1. 目标导向原则

智能财务的总体目标是为主体及利益相关者创造价值，该目标层层分解为诸多子目标，共同构成了智能财务的目标体系。智能财务目标是智能财务理论研究与实践的出发点，指引并协调着智能财务系统及其子系统的运行与优化。例如，核算报告、业务服务、决策支持、风险管控、战略支撑等功能领域，均需围绕着智能财务的目标，从不同方面为主体及利益相关方创造价值。

2. 数据质量原则

数据是智能变革的三大要素之一，高质量的数据是财务智能化发展的基础。智能算法的应用实践已经表明，基于机器学习技术的众多智能财务应用场景对数据的质量有着很高的要求。分析公司 Cognilytica 的一项研究显示，机器学习项目中多达 80%的时间花费在聚合、清理、标记和增强机器学习模型数据上，只有 20%的项目时间用于算法开发、模型训练和调优以及系统部署。当前，机器学习的发展正从以模型为中心到以数据为中心，高质量数据是提升模型产出质量的前置条件，如果数据质量无法保证，即使投入再多资源诉诸数据量的提升及机器学习算法的优化，也不会带来结果准确性的显著提升。因此，智能财务系统的输入数据应以保障质量为前提。

3. 规则底线原则

规则底线原则，是指智能财务须将法律法规、行业规范、道德要求及其他共识性标准内化到规则中枢中，并在系统运行过程中严格遵守该规则底线。智能财务系统的建设须满足：（1）法律遵从，合法合规是对企业经营管理和财会活动的最基本要求；（2）准则遵从，即保障数据加工建立在公允、准确、合理的基础上；（3）道德遵从，即遵从道德要求，符合伦理规范；（4）制度遵从，即遵守企业管理制度、流程控制以及业务运行的基本逻辑。数智技术的应用赋予了财会活动在更广泛空间探索的能力，但技术的无限制滥用若触及规则底线，则会导致严重后果。因而在智能财务系统运行过程中，应当以目标为中心，以规则共识为准绳，严格约束系统技术能力行使的边界。

4. 人机协同原则

人机协同原则，是指人和机器共同协作进行经济管理决策，而非将管理决策权全权交由智能财务系统。现实中由于有限信息集和有限可选算法的约束，在缺乏充分高质量数据支持时，机器做出的决定具有局限性。理论研究表明，在 AI 基础上增加额外的人类判断，在预测缺乏社交媒体信息借款人的未来信用风险方面表现十分出色，这表明人类的判断力在特定领域对人工智能决策有重要的优化作用。智能财务系统应遵循协同决策原则，在高度规则化的功能领域充分享受智能技术带来的效率效果提升，而在非高度规则化、缺乏数据支持、责任较为重大的领域，应相应动态地把握机器裁量尺度，由技术辅助、人类主导做出最终决策。

三、智能财务的运行边界

智能财务的运行边界确定了智能财务的运行范围，对其界定应主要考量下述因素：（1）智能财务系统运行需紧密围绕目标体系的实现；（2）智能财务运行边界的设定应该考虑满足智能财务的基本原则；（3）智能财务是一项建立在内外部多数据源连通和多职能部门有机联动基础上的复杂系统性工程；（4）智能财务体系范围受到管理成本的约束。

智能财务运行的空间范围是，具备经济管理需求的一个或多个单位在一定资源及组织架构支持下，实现目标体系的最优阈。在执行具体的职能目标时，智能财务的运行范围可能大到包括企业产业链、供应链、生态链上的其他单位，也可能仅为企业单位内部某个具体的管理单元。以中国铁塔股份有限公司为例，其智能财务运行范围既可以拓展到整条产业链上下游的所有企业单位、政府等监管部门，也可以细化至单个通信塔，即智能财务的实际运行范围可随目标的不同灵活变化。

第二节 冯·诺依曼结构与智能财务的发展逻辑

一、冯·诺依曼结构设计与财会核心工作逻辑

冯·诺依曼结构是现代计算机的基础，也是计算机组成原理中的重要概念，由被誉为“计算机之父”的约翰·冯·诺依曼（John von Neumann）于1945年提出。该结构首次阐述了现代计算机的基本结构和工作方式，对计算机发展产生了深远影响，是经典的计算机通用理论。

冯·诺依曼结构的基本设计思想是程序存储和程序控制，包含三大基本原则，一是统一采用二进制编码表示数据和指令，二是将程序及执行对象集中存储，三是该结构由输入系统、运算系统、存储系统、控制系统、输出系统五个核心要素组成。图2-2描绘了冯·诺依曼结构的基本逻辑：控制系统用于读取、翻译、分析与发送指令，统筹所有数据、程序的存储与调用；运算系统在控制系统发出的信号下完成数据加工；输入与输出系统主要用于计算机与人或其他系统/设备进行数据交换；存储系统负责保管所有程序和数据。冯·诺依曼结构通过控制流、指令流和数据流协调工作，实现计算机的指令执行和数据处理功能。其中，控制流决定计算机中程序执行的顺序和流程，指令流是计算机中存储的指令序列，数据流负责数据的传输和处理过程。在执行具体任务时，计算机控制系统首先按照控制流中程序执行的顺序依次调用指令，将存储系统中待运算的数据取出，并在运算器中执行运算过程，再将运算结果返回存储系统，最终在输出系统呈现出来。

冯·诺依曼结构对于数据处理的结构化表达与财会活动的核心工作逻辑具有内在的高度一致性，从传统的手工会计处理过程到会计电算化、会计信息化，以及当前的数字化、智能化财务，每个发展阶段的工作程序和关键要素都能利用冯·诺依曼结构加以解构，这使得财会行业可以利用该结构更深刻地认识当前智能财务的发展并预测未来的发展趋势。

表2-1按冯·诺依曼结构中的五大核心要素——输入、存储、运算、控制、输出对财会活动发展历程进行了拆解。在财会活动从手工会计向智能财务的演进过程中，数据输入由简单低效的手工收集和录入，发展到可以利用机器人流程自动化（RPA）、光学字符识别（OCR）、自动语音识别（ASR）等新技术实现多源多模态

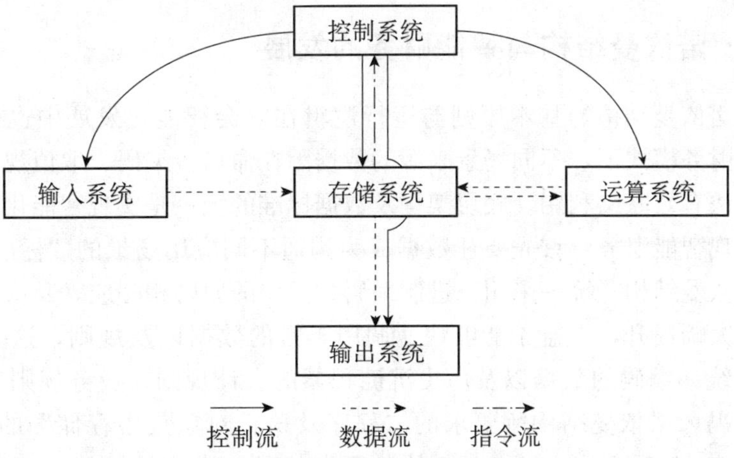

图 2-2　冯·诺依曼结构示意图

数据的高效采集；数据存储从纸质账证表迈向了海量数据的云存储，并实现了对程序规则的数字化管理；数据运算也由算盘、计算器等朴素运算工具及简单计算，向以服务器、工作站及云计算为代表的强大算力系统及人工智能算法持续升级；数据输出或信息呈报的方式同步发生变革，从简单的手工报告，逐步过渡到多模态、人机交互、千人千面的实时管理报告；在数据输入、存储、运算及输出的数字化、智能化实现过程中，财会活动的功能领域在宏微观层面都得到极大拓展，在功能控制要素上表现为，从原来局限于核算报告与监督，进化拓展到核算报告、业务服务、风险管控、决策支持和战略支撑等管理工作的方方面面，从而使得智能财务在管理优化上具有了典型的“使能技术”（enabling technology）特征。

表 2-1　基于冯·诺依曼结构五要素解构财会活动发展历程

核心要素	手工会计	会计电算化	会计信息化	智能财务
输入	手工收集和录入	键盘等输入	键盘等输入及系统导入	RPA/OCR/ASR 等自动智能输入
存储	纸质证账表	磁介质存储的证账表	服务器存储的会计数据和管理数据	云存储或本地存储的多源多模态数据与规则
运算	算盘、计算器传统算法	计算机传统算法	计算机、服务器传统算法	服务器、工作站及云计算等传统算法及智能算法
控制	核算报告与监督	核算报告与监督	核算报告与管理控制	核算报告、业务服务、风险管控、决策支持、战略支撑
输出	简单的手工报告	简单的电子报告	标准化、较为丰富的会计报告	多模态、人机交互、千人千面的实时管理报告

二、冯·诺依曼结构与智能财务的发展

冯·诺依曼结构的基本原则与运行逻辑在财会智能化发展中也得到了很好体现。传统财务模式下，不同场景来源的数据因在命名、编码、取值规则等维度上的差异，无法有效联结利用。底层架构及数据标准的统一是实现智能化转型的先决条件，要实现智能财务，首先要让数据成为沟通不同应用场景的“标准化语言”，这与冯·诺依曼结构“统一采用二进制编码数据”的原则相呼应。其次，智能财务在效率上的大幅提升，得益于能够快速调用丰富的数据以及规则，这要求企业等主体能够将统一编码的数据以及历史沉淀积累的会计规则、业务规则等进行集中管理，这与冯·诺依曼结构所要求的“程序及执行对象集中存储”的原则相一致。最后，如表 2－1 所示，智能财务的各要素与冯·诺依曼结构的五个核心要素高度匹配，五个要素在技术和需求的驱动下不断演进，进而推动了财会的进步与发展。例如，从输入系统来看，技术的发展推动着财会活动从手工会计阶段的手工输入，发展到会计电算化和信息化阶段的键盘、鼠标、系统等输入，再到智能财务阶段的自动智能输入。其他要素在不同阶段也不断演化发展。数据流、指令流与控制流三者共同构成了智能财务的运行系统，将智能财务各要素串联成完整的价值实现过程，支持并指导系统有序高效地完成功能控制目标，最终为主体及利益相关方创造价值。

第三节 智能财务发展的冯·诺依曼结构分析框架

基于冯·诺依曼结构设计思想和财会活动核心工作逻辑的关系，浙江大学陈俊、徐婧、董望、吴飞、周军赞等学者于 2023 年联合提出了智能财务发展的冯·诺依曼结构分析框架，如图 2－3 所示。

该理论框架由智能财务顶层设计与智能财务系统运行逻辑两部分组成。顶层设计部分包括总体目标、实现机制和功能领域，其中总体目标是为主体及利益相关方创造价值，实现机制为精益管理和使能创新，功能领域为核算报告、业务服务、决策支持、风险管控、战略支撑五大方面。进一步，基于实现机制和功能领域，将智能财务的总体目标解构为内部协调一致的分层目标体系，与框架中的智能财务系统运行逻辑部分相连通。智能财务系统运行逻辑以冯·诺依曼结构为基础，以智能财务目标体系为核心，以具体目标为函数，进而通过控制流信息将源数据采集控制、数据及规则抽取控制、运算目标控制以及交互控制，分别传达到多源多模态数据输入系统（输入系统）、数据及规则中枢（存储系统）、运算中心（运算系统）和多模态信息输出系统（输出系统）。经过指令分析，多源多模态数据输入系统捕捉所需源数据，并存储于数据及规则中枢，由数据及规则中枢将抽取的数据及规则传至运算中心计算，后返回至数据及规则中枢，最后将结果数据通过多模态信息输出系统

进行信息呈报。智能财务系统运行边界则基于目标实现最优阈和智能财务原则划定。

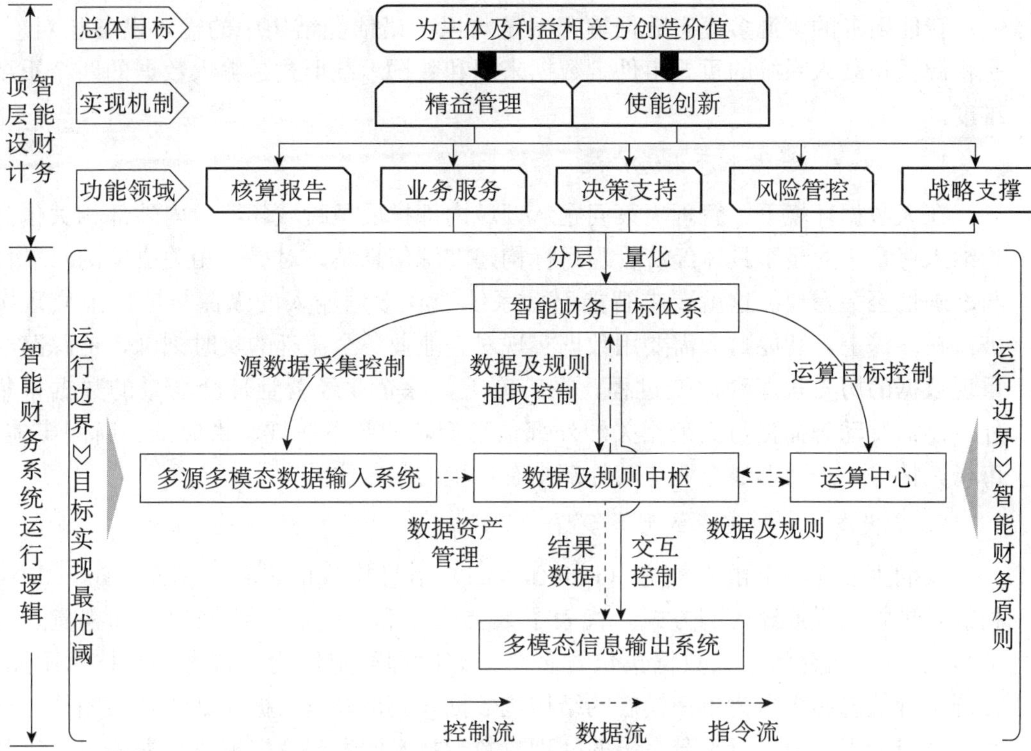

图 2-3 智能财务发展的冯·诺依曼结构分析框架

（一）控制系统——智能财务的目标体系

智能财务目标体系是智能财务系统运行的核心和起点，与冯·诺依曼结构中的控制系统相对应。“现代管理学之父”彼得·德鲁克在其著作《管理的实践》中首次提出“目标管理”概念，他主张“企业的使命和任务，必须转化为目标”。目标管理的核心思想在于，主体的目标需要得到有效分解，形成群体共同参与具体可行的、能够客观衡量的目标体系。这一概念与智能财务目标体系的具体执行过程相契合，智能财务目标体系的构建是一个自上而下的过程，将总体目标层层拆解为具体可执行的目标体系，各层级目标均以为主体及利益相关方创造价值为核心指导，目标体系中各层级的目标协调统一、互相兼容、互不冲突，共同服务于促进目标管理过程的实现。

在系统运行逻辑上，目标体系扮演总指挥的角色，以控制流直接作用于其他智能财务系统：源数据采集控制，保障输入系统数据的目标相关性及数据质量；数据及规则抽取控制，为实现目标匹配最适合的结构化数据集和运算规则；运算目标控制，约束运算中心算法的目标函数；交互控制，保障结果数据以最适合的模态及组织方式高效地传达给信息使用者。同时，目标体系也受到数据及规则中枢传递的指令流的控制，保障所有任务序列有序完成各项任务，且在合理的边界内运行。

（二）输入系统——智能财务的多源多模态数据输入系统

智能财务的多源多模态数据输入系统与冯·诺依曼结构中的输入设备相对应，是将源数据载入系统的重要组件。数据来源和数据承载形式是输入数据的两个重要维度。

1. 多源——数据来源渠道广泛

在大数据环境下，管理决策问题从领域内部扩展至跨域环境，内外部相关信息均纳入考量。立足于具体经济管理目标构建多源信息集，对提升相关决策的可靠性与准确性至关重要。这就要求智能财务系统应在数据输入的纵深与广度上实现突破：在纵深上，智能财务需要用数据实现对企业业务全流程的实时刻画，追踪路径重现数据的历史状态和演变过程；在广度上，除企业经营管理全场景的数据采集外，还需要动态捕捉与决策相关的外部信息源，如政策法规、供应链、新闻媒体、市场舆情等，进而形成企业与其外部生态环境的紧密联结。

2. 多模态——数据承载形式多样

我们生活在一个由多模态（mulitmodal）信息构成的世界。模态（modality）指的是事物发生或经历的方式，代表了人类交流和感觉的主要渠道（如视觉、听觉），当一个研究问题或数据集包含多个模态时即被定性为多模态。受技术限制，传统会计信息源大多为单一模态的结构化数据，其他模态数据（如语音、图片、视频等）只能以人力进行十分有限的处理。数智技术的发展为多模态数据采集提供契机，自然语言处理、物联网感知、机器视觉等技术工具的使用，支持企业敏捷、精准地获取多模态非结构化数据。进一步，通过多模态机器学习等智能技术的运用，企业能够构建处理和关联多种模态信息的模型，捕捉模态之间的对应关系并获得对自然现象的深入理解。在多源数据拓宽智能财务信息广度与纵深的基础上，针对多模态信息的收集和开发将实现智能财务信息源的维度升级。

（三）存储系统——智能财务的数据及规则中枢

智能财务的数据及规则中枢与冯·诺依曼结构中的存储系统相对应，负责系统中数据与规则的存储与管理。

1. 数据管理

数据管理通过消除不一致性、建立规范的应用标准来提升数据质量，服务于数据的高效精准利用，最终实现其资源价值。智能财务系统的数据管理须满足以下要求：统一数据底层结构，为不同来源数据确立统一的数据标准；规范数据加工处理，使数据成为沟通不同应用场景的“标准化语言”；明确数据关系，厘清数据血缘关系以更好地挖掘数据联系与价值；加强数据质量监控，为数据驱动企业管理奠定良好基础。

图 2-4 直观地展现了实践中较为典型的数据集成及抽取过程。来自上游数据

输入模块的多源多模态的源数据首先汇入数据湖中。数据湖是一种兼收并蓄的数据存储架构，允许主体以任意规模存储结构化及非结构化数据，并对这些源数据进行基础的数据整合或模型建设工作，以提升数据质量和价值。数据湖中标准不一、相对分散的数据通过“抽取-转换-加载”（extraction-transform-load，ETL）等过程转变为具备高度一致性的结构化数据，存入数据仓库中。数据仓库是面向主体决策制定的数据管理系统，支持高速查询与高数据量抽取，能够凭借出色的灵活性抽取细分数据，输入运算环节。在面对特定领域决策需求时，数据仓库可进一步分解为数据子集，即数据集市，该子集仅涉及单独部门或业务线数据，因而数据更精简集中，方便提升业务构建敏捷度及响应速度。

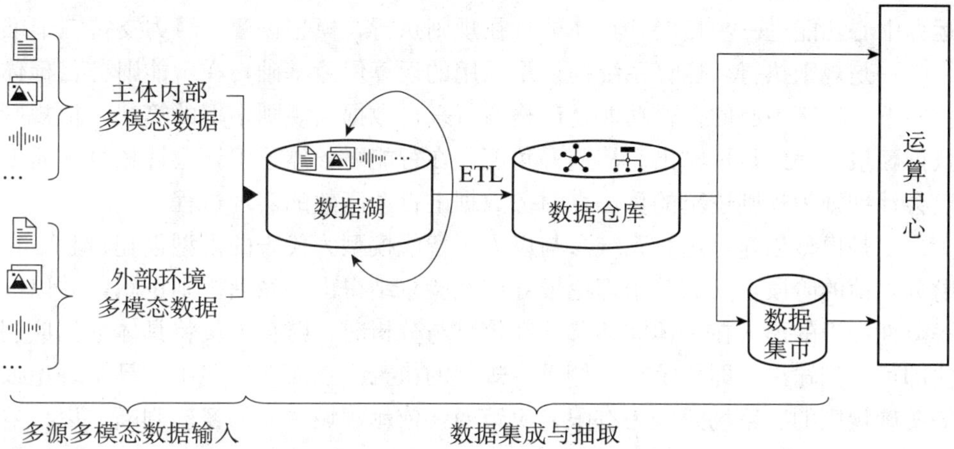

图 2-4 数据集成与抽取过程示意图

2. 规则管理

数据与规则中枢中存储的规则特异于智能财务的运行主体，同时具备复用价值，由一系列面向具体目标的规则体系构成，主要包括以下几方面来源：法律法规、行业规范及其他共识性标准；会计准则、企业会计制度及其他财务规范；企业管理和业务流程；传统算法；基于特定决策场景训练的智能算法模型；内部管理制度等等。传统财会活动以会计准则体系为单一逻辑规则进行核算报告，依赖人力对财会数据反复执行该逻辑；进入会计信息化时代，部分以准则为代表的会计语言被转化为以 ERP 程序为代表的计算机语言，由机器劳动代替人力，实现了规则的部分积累与复用，但该阶段可应用的场景仍十分有限。智能财务系统下，企业需要将各个业务场景背后的规则逻辑转化为计算机语言——“算法”存储在数据与规则中枢中，建立面向目标的规则体系。这一体系应尽可能覆盖可规则化的所有应用场景，并将知识沉淀和经验积累显性化和规则化，在面对特定目标需求时，将数据与抽调的对应规则（在系统中以算法形式体现）输入运算中心，最终得到运算结果。例如，根据管理会计规则将费用按组织、产品自动分摊，依据税务会计规则建立单独的核算报告体系等等。随着企业实际经营中涉及的业务场景逐步多元化与复杂化，服务内容愈发细化，支持服务发生的数据将越来越庞大，对复杂多元化场景规则的积累与复用，有助于保障智能财务系统工作的合理性并提升工作效率。进一步，系统需满足对规则的动态化管理，基于企业需求及时迭代更新规则体系，实现规则与目标体系相适配。

（四）运算系统——智能财务的运算中心

数据、算力、算法是智能化变革的三大技术基础，智能财务的运算中心是算力与算法升级的集中体现。在冯·诺依曼结构中，运算系统是计算机执行运算任务的核心部件，在控制系统发出的信号下按步骤执行既定算法，通过四则运算、与或非逻辑运算等基础操作，实现数据加工目标。这里算法指任何定义明确的计算步骤，是将输入转换为输出的系列过程。与计算机领域的运算系统相比，智能财务系统的运算中心功能进一步拓展，具体体现在规则执行、模型创建、算力支持三个维度。

一是规则执行，运算系统提供了通用的运算保障基础，在智能财务目标体系的控制下，运算中心的首要功能是严格执行来自数据及规则中枢的算法，依规则处理数据，最终得到目标输出。从这一角度，在智能财务体系中，会计核算本质上就是以会计准则为规则逻辑的算法在财务数据上自动高效的实现过程。

二是模型创建，运算系统参与以人工智能模型为代表的模型创建过程。在智能财务之前的阶段，人们基于理论推导或经验总结得出一系列规则逻辑，并以准则这一显性知识的形式在个体间转移。在核算与分析时，财会人员将具体数据应用于算法即可得到输出，即传统算法侧重对规则的执行。然而在实践中，具备理论或准则等明确规则的决策场景较为有限，决策通常依赖领域专家的经验判断。以机器学习为代表的智能算法颠覆了传统算法逻辑。如图 2－5 所示，在给定输入与输出的情况下，监督学习能够从数据中学习到其中隐含的规则（体现为算法），进一步将学习到的规则与新输入结合执行判断并得到输出。智能算法的优势体现在两个方面：一是模仿人类思维及行为，以高精准度及效率完成传统财会中由人力进行的工作，例如发票信息的识别；二是对人类思维的超越，根据给定输入及输出学习出算法，探索人类尚未掌握的隐性知识。以财务舞弊预测为例，将给定舞弊及非舞弊公司的多维数据集输入系统，机器学习可以自动从中学习出算法，再根据新的输入信息判断某公司是否出现舞弊，其准确率显著高于人类专家基于理论知识的判断。本质上，机器学习所学到的算法中隐含了由人类逻辑推理暂时不能阐述和转移的隐性知识，从而打破了基于传统算法的数据挖掘的边界，捕获了数据蕴含的更深层次价值。

三是算力支持，从算盘到计算器，再到计算机、云计算、边缘计算的发展，算力升级历来是财会活动计算发展的最基本要求。人工智能诞生于 20 世纪中叶，但直到 2010 年以后才逐步投入应用，很大程度上是受到算力短板的限制。在人工智能应用领域，算力是新基建时代最具创新性的核心生产力，为智能财务系统的有效运行提供了强大的保障。在实现数据高速计算的基础上，算力与算法可以催生智能财务在更多决策场景中的迭代升级，提升管理决策的实时性，更好地服务于目标实现。

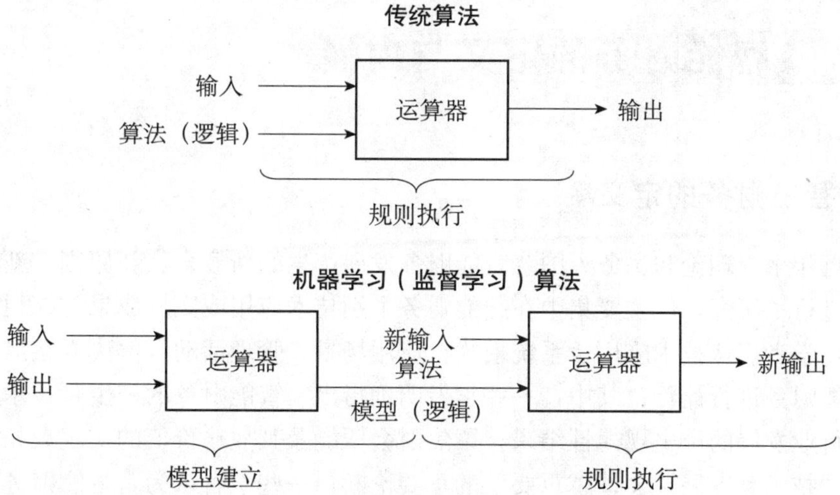

图 2-5 传统算法与机器学习算法差异

(五) 输出系统——智能财务的多模态信息输出系统

输出系统是系统产出信息的展示载体，与输入系统共同构成人机信息沟通的桥梁。传统财务系统的输出以结构化报表及简易分析报告为主，而智能财务的输出系统可以向使用者个性化、高效率、可视化地传递基于目标和使用者需求的决策信息，具备多模态和人机交互两大特点。

1. 多模态

智能财务系统输出的信息不限于结构化表格，而是以使用者易于接受和理解为信息展示的标准，将结果信息以图片、文本、声音等多模态信息有机组合的形式展现。可视化是多模态信息输出的范例，指将高密度信息以简洁易懂的图表形式清晰地表达出来，更加直观快速地展现数据中潜藏的关键内容。多模态信息输出在智能财务场景中具有极大的应用价值，能够直接提升使用者观感，使其更快捷地分析信息关联情况，提升信息接收效率，也为非财会专业人士理解并运用财务数据提供了可能，扩展了信息使用和传播的范围。

2. 人机交互

在传统财务模式下，财务报告是内外部信息使用者了解企业财务状况、经营成果的重要途径，“千人一面”导致了企业内外部利益相关者在决策时经常面临、有效信息不足的情况。基于对多源多模态数据的深度挖掘，智能财务系统能够输出面向使用者身份及信息需求的个性化报告，实现“千人千面”和人机交互。例如，销售经理可以实时了解到当日产品价格浮动对销量的影响，并据此进行次日的产品调价；债务人可以在权限范围内获取企业近期借款与还款情况，进而评估企业的违约风险等。

第四节　智能财务的定义与内涵

一、智能财务的定义

近年来，理论和实务界围绕智能财务发展产生的新概念、新原则、新关系和新方法进行了研究，但主要集中在智能财务个别技术应用或案例成果的探讨。在此过程中，学者们从技术应用、系统模式、应用场景、管理活动、解决方案等多个视角对智能财务进行诠释。其中，一些学者明确指出，智能财务的产生是技术进步驱动财会行业发展的历史规律性结果，聚焦财会职能及其战略价值的实现或拓展，因此得出“技术越发展，会计越重要”的重要论断；一些学者认为，智能财务是运用新一代数智技术对传统财务工作进行模拟、延伸和拓展，以促进财务工作效率的提升，更好地服务于业务工作和管理工作的数字化转型进程；也有一些学者认为，智能财务是一种新型的财务管理模式，通过跨域信息及新技术促进财务管理决策范式的转变，为业务提供多维决策支持及管理服务。

智能财务发展的冯·诺依曼结构框架，为财会理论和实践工作者完整认识智能财务提供了基础。根据该框架，智能财务可以定义为：智能财务是在充分利用数智技术发展和数据资源管理的基础上，通过逐步建设由输入、运算、存储、控制和输出等五个核心要素构成的智能化管理决策支持系统，以实现主体财会活动的精益管理与使能创新，进而为主体及利益相关方创造价值的过程。

值得强调的是，上述关于智能财务的定义包含了如下重要论断：首先，随着财会活动由传统的核算报告向更广阔的风险管控、业务服务、决策支持和战略支撑的功能领域拓展，智能财务将逐步进化为一种“使能技术”，深入管理的各个领域，具有应用面广、复合型和业财融合等特征，通过财会功能的实现，促进主体各项管理和经营能力提升；其次，智能财务的发展将弥合“价值法”和“事项法”会计的分歧并充分发挥各自的优势。智能财务以为主体及利益相关方创造价值为目标，可以从业务场景中获得广泛且高质量的数据，形成业务—数据—算法—业务场景的正向反馈循环，为“事项法”会计的最终实现创造条件；再次，智能财务的发展将财会活动的精益管理与使能创新作为实现机制，强调了财会活动自身发展和功能拓展的重要性，以及对数智技术应用和数据资源管理的引领和引导作用，而不是相反；最后，智能财务不仅表现为技术工具的升级或财务模式的转型，它本身更是一个财会活动不断发展进化的过程，没有终点，印证了“技术越发展，会计越重要”的重要论断。

二、智能财务的内涵

新一代信息技术的快速发展为财务数字化、智能化转型提供技术支撑，科技革命和产业变革也为智能财务的出现和发展创造了机会与可能性。随着丰富实践探索的不断推进，智能财务的内涵体系得到进一步明确，将在未来重塑财会活动的核心能力，引领财会工作发展的大方向、大趋势。

（一）效率导向

智能财务有助于进一步推进业财融合，提高财会工作的效率和效果。数字经济的发展为企业应用技术提高智能化程度的良好机遇，帮助企业实现财务处理的全流程自动化、智能化。同时，企业能够借助数据挖掘、机器学习等技术进行财务预测与分析决策，这不仅影响着传统财务流程，还对财务人员的职能与思维模式进行了再造。

1. 赋能财务流程，提升业务处理效率

传统的财务流程集中在对企业经济业务的确认、计量、记录和报告上。但是，数智技术的引入能够提炼高度场景化的智能财务应用空间，提升财会工作效率。数据平台的构建逐步实现了财会活动的流程再造，在降低数据处理的成本和难度的同时，实现了部分财会工作环节的自动化。

例如，API 技术实现了企业内外部系统之间的对接，如许多企业建立的银企互联系统，能够自动获取银行对账单、交易明细、电子回单等，同时接通企业内部核算、收款、资金管理等系统，实现收款、付款、对账等一系列自动化处理流程。RPA 的应用则改变了传统的财务工作方式，不仅减少了企业的人力成本，还能够降低差错率和操作风险，尤其是在账务处理、费用审核、合并报表等方面，较大程度地提高了业务流程的工作效率。

2. 赋能财务人员，提升管理决策效率

传统的财务人员主要承担财务数据整理、核算与分析的职能，大量低价值的基础工作占用着财务人力资源。随着财务转型趋势的明晰，财务共享服务中心的集中化处理以及数智技术的大规模运用为智能财务提供了高效的解决方案。财务共享在统一会计核算标准与质量的基础上，提高了财务数据的准确性、真实性，也改善了会计核算的效率和效果。机器代替人工处理重复度高的基础性事务，实现了操作层面的效率提升和资源优化，“无人会计”概念也应运而生。智能财务将财务人员的核心工作转向洞察分析、财务预测、战略决策等高附加值的管理领域，促使企业管理效率提升，释放出更大的管理价值。

（二）价值创造

智能财务中所有经济管理过程的目标函数都是价值创造。以创新驱动财务的战略转型，推进财务数字化、智能化，能够有效地拓展和实现财会工作职能及其战略价值，实现价值创造共享共赢。

1. 结构优化

智能财务通过财会工作的结构优化来创造价值，这种优化体现在其于三个具体维度对传统财会工作进行了延伸。

其一是价值创造基础，即数据的延伸。财会工作的开展是基于其所掌握的数据进行的，掌握的数据越全面越有价值，企业就越有可能站在竞争市场的信息制高点。智能财务将丰富财会工作的数据来源，提升对结构化和非结构化数据的捕获能力，同时增强数据获取的及时性，使得会计信息不但能够反映交易结果，更能反映交易的过程。智能财务能够对企业价值链中的内外部数据进行实时采集、处理、分析和传递，获得最细颗粒度的交易结果和过程数据，实现基层业务单元层面和流程环节层面的精细化管理。

其二是价值创造能力的延伸。传统的财务分析就财务论财务，与企业的竞争环境、发展战略、业务运营存在一定的脱节现象；同时，数据冗余和信息过量使经营管理者迷失在信息的海洋里。数智技术与财会工作的深度结合，将充分发挥大数据的优势，提升对海量数据的挖掘与分析能力，将海量数据转化为更有价值的信息资源。在大规模数据的基础上，企业进一步融合业务与财务，能够更好地贴近市场和客户的需求，凝练出有效信息，提升数据的运用质量，及时、精准地做出经营分析与管理决策，充分发挥数据的价值创造力。

其三是价值创造范围的延伸。智能财务将大幅提升财务规划指导和规范管理的实践效果，拓展其实现价值创造的功能领域。一方面，智能财务提升传统财会工作的精细度和前瞻性，如财务会计、审计、税务管理等，更深入地实现会计核算与业务管理的有效整合；另一方面，为增强价值链的管控力度，智能财务更加注重管理会计、财务管理、风险管理等领域的技术应用与角色创新，充分挖掘财会审税活动的价值提升空间，合理降低经营成本，实现价值创造。

2. 拓展职能

智能财务的使能创新在传统财会工作的基础上拓展了新的职能，为财会工作创造了新的价值。智能财务综合运用新兴的数智技术，能够发现纷繁复杂的数据间的聚集效应和关联关系，进而探索数据本身蕴含的经济规律，为财务人员提供更宏观和全面的视角去审视企业的财会活动。进一步地，智能财务的出现促使财务人员实现从本位思考向换位思考和全局思考的转换。智能财务的发展趋势意味着财务人员的工作将逐渐转型至业务财务、战略财务领域，在更丰富的数据支撑下积极参与企业的管理决策，实现企业的全过程风险管理，大幅提升财务对业务部门和管理部门的决策支持能力，实现企业价值的有效提升。

3. 技术溢出

技术溢出是技术创新活动创造的技术知识跨过组织边界向外界传播所产生的正外部效应。智能财务的实施进一步提升财会工作的开放性，不仅可以高效地处理企业内部的核心业务，对企业管理层负责，还能够基于外部市场需求开展精准服务，达到企业技术溢出的效果，实现更高层面上的价值创造。

（三）技术驱动

财会工作的数字化、智能化转型主要依靠人工智能、大数据、云计算、区块链等新一代核心信息技术的驱动，共同构成智能财务架构的底层技术支持。

人工智能技术发挥类似人脑的功能，通过生物特征识别、计算机视觉、自然语言处理、知识图谱、机器学习、虚拟现实以及人机交互等七项关键技术，实现数据自动识别搜集、数据智能分析处理等核心功能，赋能智能财务建设。大数据技术以数据生成、数据获取、数据存储和数据分析四个阶段为价值链，通过对海量数据的采集、整理、存储和分析，为会计信息系统提供强劲的存储和计算能力，并能够洞察数据中隐含的意义，为智能财务建设提供源源不断的数据支持。云计算技术是一种基于互联网的计算方式，通过包括网络、服务器、应用软件在内的可配置的计算资源共享池实现信息的按需共享，可以优化财会工作的账务处理、核算管理流程，建立账务追溯等工作机制，助力企业财务云系统的建设。区块链技术采用去中心化的基础架构及分布式计算范式，应用点对点传输、共识机制等核心技术，具有实时共享、可追溯和不可篡改等特点，提高了财务信息的准确性，同时拓宽了实时会计的发展空间。

（四）数据智能

数据智能是指依托机器学习、人机交互、可视化等多种数智技术工具，从数据资源中获取、发掘、提炼有价值的信息，进而为主体制定决策提供有效支持的过程。数据智能属性是智能财务与传统财会工作的核心差异，主要表现为数字化和智能化两大基本特征。其中，财务数字化是智能财务的基本要求，而建立在其基础上的财务智能化是智能财务的核心内容。

财务数字化是将财务或非财务信息转化为数据的过程。在会计电算化和会计信息化的发展阶段中，大部分财务流程和部分业务流程已经实现标准化，产生了大量的结构化数据。而随着新一代信息技术的不断发展，企业对视频、音频、图像等异源异质数据的处理也成为现实。财务数字化主要包括数据采集和数据处理两个环节。其中，数据采集是指运用传感器、数据接口、OCR 等技术，自动采集业务数据、财务数据及庞大的外部数据，并用可以保存、处理和检索的方式来进行记录、存储以及管理；数据处理是指基于强大的算力与丰富的算法模型对数据进行清洗、提炼、关联和融合，赋予其一定意义进而产生会计信息的过程。

财务智能化表现为智能化分析与管理决策支持系统。传统的财务自动化利用机器和软件解决了许多重复烦琐的工作，但管理决策依旧是基于个人经验和主观判断进行，易于形成经验依赖，决策失败的风险较高。智能化分析是在财务分析中应用人工智能技术，挖掘财务数据背后的新信息和新知识，从中提炼对决策有价值的信息。管理决策支持系统则是利用智能化分析的结果，支持管理者分析、预测和决策的重要工具。实现财务智能化主要依靠机器学习和深度学习等核心技术，已实现的应用包括用户行为分析、商业智能（BI）、可视化、知识图谱等。

数据智能的具体实现主要依托于数据中台、技术中台与业务中台的协同精准作战。根本而言，中台建设是企业综合能力持续优化和提升的重要途径，其最终目标是实现企业级不同板块能力的联通和融合。其中，数据中台旨在实现对数据的收集和管理，统一数据标准，实现业务数据化和数据业务化；技术中台是具体应用数智技术并构建强大的技术组件支撑，旨在分析数据资源并获取对决策有价值的信息；业务中台承载企业的核心关键业务，其建设是在数据中台和技术中台的基础上，面向企业所有的业务场景和领域实现能力复用和流程融合。

自 2015 年阿里巴巴提出“大中台，小前台”的中台战略以来，其正是从数据中台、技术中台和业务中台建设开始，逐渐发展出移动中台、研发中台等企业级数字化能力平台，找到能够快速应对外界变化，高效支撑业务创新的机制。

第五节　数智时代的财会胜任能力模型

视频

数智时代的财会胜任能力模型

随着数字经济的不断发展，财会人员的结构正在经历着重大变化。基础会计核算工作将逐步被技术替代，而决策支持与管理控制将在企业战略与决策制定及经营中扮演愈发重要的角色。当前以交易处理和核算为主体的财会人员结构将会转变为以管理控制和决策支持为主体的人员结构（见图 2-6）。

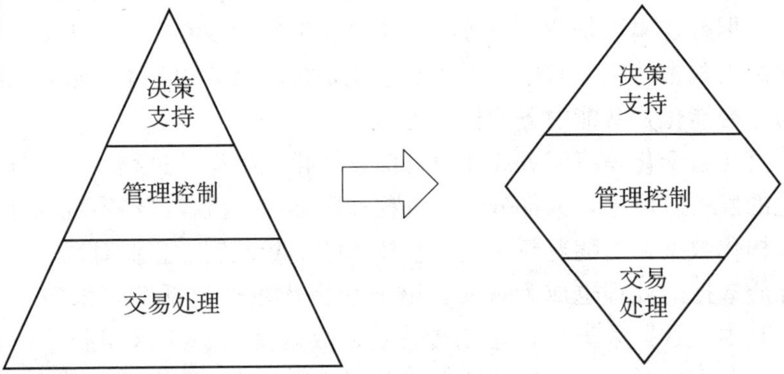

图 2-6　财会人员结构变革方向

能适应数智时代的财会人才，不仅需要具备扎实的财会审税专业基础，同时也急需兼备技术创新和数据分析的理论基础和应用能力，能够利用智能化技术和系统敏捷、高效、精准地服务于专业需求、业务需要和战略决策。智能财务工具和系统的大范围应用将使得数据的收集、信息的加工和传输以及决策支持能力变得更强、更有效率，“用数据来管理、用数据来决策、用数据来创新”，将会使智能财务成为财务、技术、业务的跨界沟通者、企业及利益相关者的信息和价值中枢，并在组织管控和决策中发挥重要作用。

在智能化变革背景下，智能财务的发展对财会人才的素质和能力提出了新的要求。创新迭代能力随着新时代的到来将成为复合能力框架的核心，也将持续驱动智能财会人才在复杂环境和多元需求下，提供更高效的财经专业服务、更强大的战略洞察支持、更精准的数据分析利用、更敏捷的业务协同支撑和更友好的沟通协作配合，进而生成包括六大能力的智能财务人才能力框架（见图 2-7）。

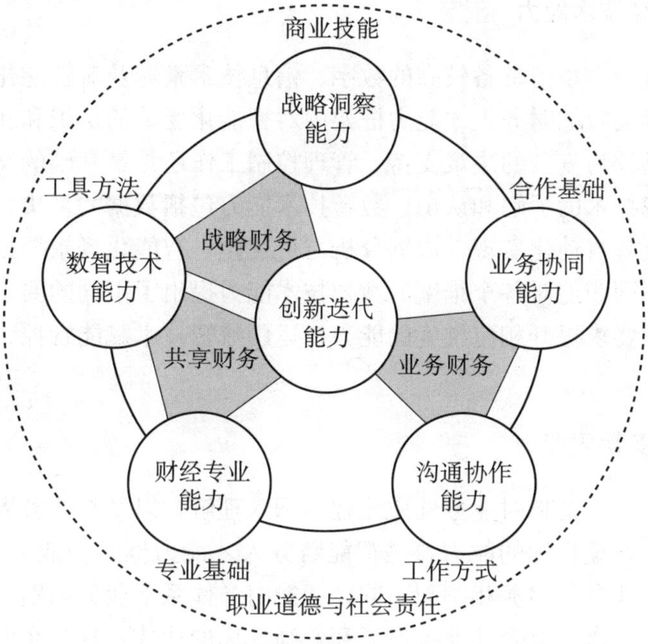

图 2-7 智能财务人才能力框架

（一）创新迭代能力

创新迭代能力是智能财务人才能力框架中的最关键内核。党的十九大报告指出，创新是引领发展的第一动力；党的十九届五中全会再次明确，要坚持创新在我国现代化建设全局中的核心地位。创新，是民族进步的灵魂，是国家发展的不竭动力。在智能财务当前和未来的发展中，持续的创新迭代无疑扮演着最核心的“发动机”角色。财务数字化、智能化发展中的创新包括批判性思维、跨界思维和场景化思维。新型财会人才需要持续学习并运用批判性思维在传统、常规性的业务中发现问题、痛点与机遇，运用跨界思维融合新的技术工具与方法，运用场景化思维将新技术、新方法在这些痛点场景中进行创新性应用或优化，即“新方法—新思维—新理论—新场景—新应用”，通过反馈信息不断审视和迭代优化应用，最终实现正向反馈循环。

（二）财经专业能力

财经专业能力是指提供财经专业服务、洞察商业实质进而运用财会专业知识解析并重构规则的能力，是智能财务人才能力框架中的专业基础。智能财务的发展对财会专业知识和专业能力提出了更高的要求。现有的大量会计从业人员主要集中在基础核算领域，专家型的财会人才非常缺乏。随着财务的数字化、智能化转型，技术的应用需要专家识别需求、解析场景并指引相关平台和系统的发展。同样，智能财务体系需要专家对会计规范、会计政策以及企业知识和流程等进行研究，建构或重构规则，充分挖掘该系统的专业潜能并最大化其价值。

（三）数智技术能力

数智技术能力是指具备较高的数字、信息技术素养及对智能化工具和系统的深入认知，以解决智能财务人才能力框架中对智能化变革的认识和新工具方法的应用问题。无论是较为复杂的决策支持、管理控制工作还是最基础的交易处理工作，都离不开对数智技术的了解和认识。数智技术能力包括数据的采集、管理和挖掘，流程的标准化及其自动化实现，数据分析与可视化，智能化场景挖掘，智能化体系建构等维度，不同职能对各个维度的数智技术能力提出了不同的要求。财会人员需结合岗位和工作要求提升相应维度的能力，运用数智技术赋能管控、分析和指导相应的专业需求。

（四）业务协同能力

业务协同能力是指对业务性质流程的深入理解，以及与业务人员协同配合进而支撑业务达成业绩目标的能力，是智能财务人才能力框架中业务财务合作的基础。与传统模式中业务与财务相割裂不同，智能财务体系下业务与财务必须进行深度合作与交流，以直接支撑企业业务发展和业绩目标的达成，这是企业数字化转型的必然要求，也是财务职能拓展的必然结果。在智能财务逐步向中高级阶段发展的过程中，财务人员不仅可以支持和指导业务活动，还可以成为业务方案的设计者以及经营全过程的管控者，真正完成从事后反映向事前预测、事中控制、事后监督的角色转变。

（五）战略洞察能力

战略洞察能力是指对企业战略、商业模式与战略一致性、行业风险和市场机遇等的评估和洞察能力，是战略财务人员需要具备的一项重要商业技能。长期以来，财会活动因其紧扣业绩目标并面向价值活动的全过程，因而与生俱来地具有战略价值。智能财务发展在数据层面进一步打通财务活动与业务活动的联系，在技术层面进一步深入管控和决策的各个领域，有助于更有效地提升财务人员的战略洞察能力和战略反馈价值。

（六）沟通协作能力

沟通协作能力是指和企业其他部门人员及利益相关者进行有效沟通、良性协作的能力，决定了智能财务人才的工作方式。智能财务的发展依托企业的数字化建设，在实践层面将天然成为企业数字化的核心。企业数字化水平的提高将有力推动业财一体化、服务共享化，在提升财务人员沟通协作能力的同时也对其沟通协作水平提出了更高的要求。在智能财务体系下，敏捷高效的沟通协作将大幅提升企业整体工作效率，是智能财务体系的“润滑剂”和“加速器”，能使其最大限度地发挥效用。

“一大核心能力＋五大基础能力”共同构成了智能财务人才能力框架，核心能力持续驱动五大基础能力成长，六大能力彼此联系、相得益彰，形成一个有机整体。针对不同职业发展和职能定位，考虑智能财务的发展阶段和社会需要，智能财务人员的能力培养应当有所侧重，体现差异化需求和特色。例如，对于决策支持型的战略财务人才，应更强调出色的战略洞察能力和数智技术能力；对于管理控制型的业务财务人才，应更着重发展业务协同能力和沟通协作能力；对于交易处理型的共享财务人才，应更注重财经专业能力和数智技术能力。但是，新时代的智能财务人才都必须具备核心的创新迭代能力，通过学习和创新持续保持战略应变能力，以适应技术进步快速推进的商业变革和更加不确定的内外部环境变化。

关键术语

智能财务	冯·诺依曼结构	使能创新
人机协同原则	数据智能	创新迭代能力

思考题

1. 什么是智能财务的目标体系和基本原则？
2. 如何利用冯·诺依曼结构设计思想来解释财会工作的历史发展进程？
3. 智能财务的功能领域包括哪些？
4. 如何理解智能财务的两大实现机制，即精益管理和使能创新？
5. 简单阐述智能财务发展的冯·诺依曼结构分析框架。
6. 根据智能财务的定义能够得出哪些重要论断？
7. 智能财务对财会人才培养提出了哪些新的要求？

第三章 智能财务的技术基础

知识点脉络图

智能财务技术概述

- 智能财务技术的三要素基础
  - 数据
  - 算法
  - 算力

↓

智能财务数据技术

- 大数据
- 区块链
- 物联网
- 数据可视化

↓

智能财务算法技术

- 人工智能
  - 生物特征识别
  - OCR与计算机视觉
  - 自然语言处理
  - 知识图谱
  - 机器学习
  - 流程自动化

↓

智能财务算力技术

- 云计算

学习目标

1. 理解智能财务发展的技术背景，理解智能财务相关技术的“数据—算法—算力”三要素关系；

2. 了解以人工智能为代表的智能财务技术的特点、功能和作用；

3. 理解智能财务技术在财会中的应用价值，并能够将技术与财会融合应用。

素养提升

1. 理解技术发展对财会行业的深远影响，体会技术创新与行业及国家发展的紧密联系；

2. 引导学生对技术发展中价值导向与伦理责任的思考，如数据隐私保护、算法公正性等，使学生能够在技术应用中坚守伦理底线，积极承担社会责任；

3. 通过对智能财务发展过程中技术方法的学习，培养跨学科融合的思维方式和创新能力。

引 例

德勤：财务机器人“小勤人”

2017 年 10 月，德勤推出了财务机器人“小勤人”。“小勤人”在几分钟内就可以完成财务人员需花费大量时间完成的基础性工作，且可以 7×24 小时不间断运行，在业内引起轰动。

具体功能上，“小勤人”可以完成费用报销、发票开具、采购付款、订单收款、固定资产管理、纳税申报、银企对账、信息问答及出具报告等工作。比如，基于机器人流程自动化技术，“小勤人”可以根据指定银行账号登录不同网银，下载流水后对 SAP 数据进行校验，并制作未达账项余额调节表。基于光学字符识别技术，在企业增值税发票管理工作中，财务人员只需将增值税发票放入扫描仪中，“小勤人”就能自动识别、查验、匹配、核对发票信息并判断能否抵扣，大幅降低操作时间并提高准确率。基于自然语言处理技术，“小勤人”可以与用户对话、交流，理解用户意图，检索准则、政策、法规内容，提供咨询服务等。综上，“小勤人”可以完成大多数的机械性、重复性工作，让财务人员可以从事更高级的分析与决策工作。

资料来源：周亦杨．论人工智能对管理会计的影响及应对：以德勤“小勤人”为例 [J]．全国流通经济，2019 (28)：191-192.

“小勤人”财务机器人的设计与运行，离不开涉及数据、算法和算力等方面的智能财务新技术。在数智时代，对这些新技术的了解与应用是财会人员不可或缺的素质。本章将对智能财务中涉及的代表性技术及其特点进行介绍，并阐述这些技术在财会工作中的应用场景。

第一节 智能财务技术概述

智能化发展依赖于数据、算法和算力三个核心要素。新一代信息技术快速突破，有助于从场景中获得更为广泛和更高质量的数据，从而促进算法、模型的不断迭代和优化，进而为管理和决策提供更强大的支持，此过程需要强大的算力保障。当前，在数据、算法和算力三大关键要素支撑的智能化变革浪潮中，商业活动正在形成“一切业务数字化，一切数字业务化”的发展态势。同样地，智能财务理论与实践的发展和变革也建立在对数据、算法、算力的应用和相关财会场景基础之上（见图 3－1）。

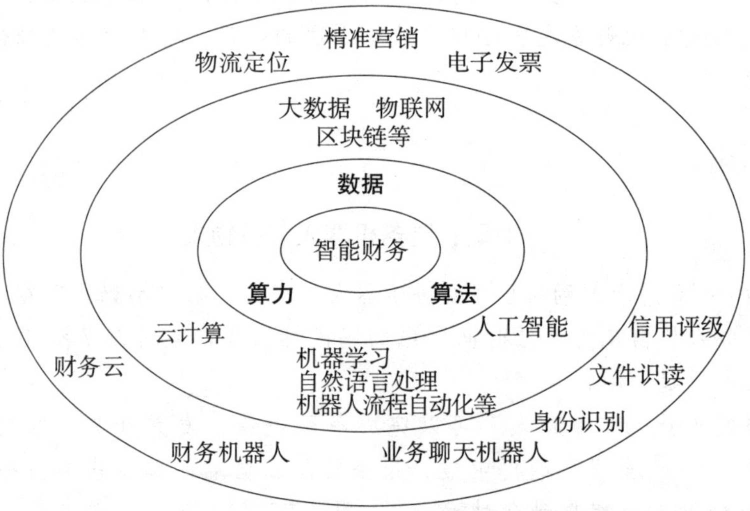

图 3－1 智能财务“数据—算法—算力”三大要素基础

首先，数据是财会工作的基础与核心要素。传统财务场景下，对数据的应用主要是在会计信息的基础上进行收集与加工，但在智能财务时代，数据的边界扩大，对海量多源多模态数据的采集与治理成为基本要求。物联网、大数据等技术提高了财会领域的数据采集能力，实现了财务和业务数据、内部和外部数据、结构化和非结构化数据的融合。

其次，数据能够驱动算法和规则的不断迭代和优化，同时，算法能够通过对数据进行处理，提升财会的效率和效果，实现和拓展财会职能及其价值。在实务场景中，许多业务场景依靠特定的智能算法实现了执行速度与执行效果的双重优化，比如核算报告、风险预警等。

最后，以云计算为代表的算力技术，为高效处理海量数据与复杂算法提供了基本保障。财会领域的算力与社会和技术的发展高度相关：人类经历了从算盘、计算器到计算机、服务器的计算工具迭代，互联网的出现则催生了云计算，使得计算能力实现了爆炸式的增长。

相关技术的飞速发展与应用推动了数据的拓展、算法的完善和算力的提高，财会领域由此受到深入而广泛的影响。上海国家会计学院自2017年起举办“影响中国会计从业人员的十大信息技术”评选活动，2021—2023年的评选结果如表3-1所示。

表3-1　“影响中国会计从业人员的十大信息技术”2021—2023年评选结果

<table>
<tr><th></th><th>2021年</th><th>2022年</th><th>2023年</th></tr>
<tr><td rowspan="10">影响中国会计从业人员的十大信息技术</td><td colspan="3">财务云</td></tr>
<tr><td colspan="3">电子发票/数电发票</td></tr>
<tr><td colspan="3">会计大数据分析与处理技术</td></tr>
<tr><td colspan="3">中台技术</td></tr>
<tr><td colspan="3">新一代ERP</td></tr>
<tr><td colspan="3">电子会计档案</td></tr>
<tr><td>数据挖掘</td><td>在线审计与远程审计</td><td>数据挖掘</td></tr>
<tr><td>移动支付</td><td>在线与远程办公</td><td>数据治理技术</td></tr>
<tr><td>机器人流程自动化（RPA）</td><td>商业智能</td><td>商业智能</td></tr>
<tr><td>智能流程自动化（IPA）</td><td>流程自动化（RPA＋IPA）</td><td>流程自动化（RPA＋IPA）</td></tr>
<tr><td rowspan="5">潜在影响会计从业人员的五大信息技术</td><td>深度学习与智能决策</td><td>金税四期与大数据税收征管</td><td>生成式人工智能（AIGC）</td></tr>
<tr><td>基于法定数字货币的智能支付与结算</td><td>业财税融合与数据编织</td><td>大数据多维引擎与增强分析</td></tr>
<tr><td>数据中台、业务中台与管理中台</td><td>大数据多维引擎与增强分析</td><td>AI信任、风险和安全管理</td></tr>
<tr><td>数据治理和数据资产的管理与应用</td><td>机器人任务挖掘与智能超级自动化</td><td>多模态预训练大模型</td></tr>
<tr><td>分布式记账与区块链审计</td><td>分布式记账与区块链审计</td><td>自适应人工智能</td></tr>
</table>

评选出的技术与数据、算法和算力三个要素紧密相关。基于此，本章将分别从这三个要素方面选取重要代表性技术进行介绍。其中，与数据相关的技术包括大数据、区块链、物联网等；与算法相关的技术包括人工智能范畴下的自然语言处理、机器学习等多项技术和流程自动化技术；与算力相关的技术包括云计算等。值得注意的是，其中部分技术与多个要素相关。

第二节　智能财务数据技术

数据技术是与数据生产、采集、存储等过程相关的技术。本节主要介绍大数据、区块链、物联网、数据可视化四种与数据相关的技术。大数据技术是数据技术的基础与核心，覆盖数据的采集、存储、分析等环节。广义上，本节介绍的技术都是数据技术的一种具体应用。区块链是一种去中心化的数据库技术，在数据的加密传输方面有重要作用。物联网扩展了传统信息技术的边界，将现实世界中的实体纳入了大数据的作用域。数据可视化是一种对数据进行内容展现与价值输出的手段。

一、大数据

在使用短视频类 App 时，随着浏览的视频数量增加，你是否会觉得平台推送的视频越来越合你的胃口？为了了解使用者的喜好，App 运营商会采集使用者观看视频的类别，甚至观看时长、点赞、关注、上下滑动、评论区互动等数据，并进一步分析，以便更精准地进行视频推送。这就是大数据的基本应用场景之一。

狭义地说，大数据是以容量大、类型多、来源分散、存取速度快、总体应用价值高为主要特征的数据集合。大数据时代，近乎全样本的数据让使用者能在更高的层面上看待问题，更宏观、更全面地进行大数据分析，不断发现并解决新的问题。大数据技术不仅能获取海量数据，更重要的是能对这些数据进行专业化“加工”，从中挖掘出有用的信息，实现数据增值。因此，更广义地说，“大数据”一词也可以指代大数据技术，即对狭义大数据进行采集、存储和分析，并从中发现新知识、创造新价值、提升新能力的新一代信息技术和服务业态。

（一）大数据的分类

狭义的大数据是指海量数据的本身，可以从数据来源、存储形式等角度进行分类。

1. *按数据来源分类*

（1）企业产生的数据。企业生产运行过程中产生的数据，比如企业数据库和各业务系统中的数据。

（2）人类产生的数据。人类个体活动产生的数据，比如微博、微信等社交网络数据、短信与邮件数据、网络留言与评论数据等。

（3）机器产生的数据。有输出能力的机器或系统在运行过程中产生的数据，比如各类传感器数据、图像数据、视频监控数据、二维码扫描数据等。

2. *按存储形式分类*

（1）结构化数据。有固定格式和有限长度的数据，通常由二维表结构来表示，并由关系型数据库进行存储、管理。企业的客户关系管理（CRM）数据、企业资源计划数据、财务系统数据库、行政管理数据库等往往属于结构化数据。

（2）半结构化数据。可识别、可解析的文本数据文件，即表面上非结构化但包含明显规则的文本数据，例如 HTML 文件、员工简历和网页邮件等。

（3）非结构化数据。不定长、无固定结构的数据，例如音频、图片、视频、长文本等。企业在经营过程中产生的数据大多是非结构化数据。

（二）大数据应用的关键流程

广义的大数据不仅包括海量数据，也包括与采集、存储、处理这些数据相关的技术和流程。大数据技术应用的关键流程一般包括：大数据采集、大数据存储及管理、大数据预处理、大数据分析和挖掘、大数据展现和应用等。

1. 大数据采集

大数据采集通常指采用多种手段采集各种类型的数据。常用的数据采集方式包括：

（1）数据抓取。从现有的资源中通过程序提取相关网页信息和内容数据，录入数据库中。

（2）数据导入。将指定的数据源导入数据库中，支持数据表、Excel、XML、文本等格式。

（3）物联网传感采集。传感器接收信号并对获取的信息进行解析、量化和传输，常见的包括利用无线射频识别（RFID）技术识别并读写数据（详见后文物联网部分）。

2. 大数据存储及管理

大数据存储及管理是为了存储海量数据，建立相应的数据库以对其进行管理和调用的过程。在这个过程中，需要解决大数据的可存储、可表示、可处理、可靠性及有效传输等关键问题。例如，谷歌自行研发了一系列大数据技术和工具用于各种内部大数据的存储及管理，并将这些技术以论文的形式公开，同时还催生出以Hadoop为代表的大数据开源工具。从功能上划分，这些工具包括分布式文件系统、NoSQL数据库系统和数据仓库系统，用来存储和管理结构化、半结构化和非结构化数据。

3. 大数据预处理

为了对大数据进行高质量分析和挖掘，需要对具有多种结构和类型的原始数据进行预处理，以便将接收到的数据转化为相对规范且便于快速处理的构型。通常，大数据预处理包括四个部分：数据清洗、数据集成、数据变换、数据规约。

（1）数据清洗。清除异常、重复的数据，并纠正数据中的错误，以提高其有效性。

（2）数据集成。把多个数据源中的数据整合并存储到一个数据库中。

（3）数据变换。对数据进行内容变换或格式转换，便于后续使用。

（4）数据规约。在理解数据的基础上，缩小数据规模，同时保持数据结构的完整性。对规约后的数据集进行挖掘，能够提高挖掘效率，并得到与使用原数据集近乎相同的分析结果。

4. 大数据分析和挖掘

大数据分析主要指对通过前述步骤获得的数据进行观察与分析，发现其特征与规律的过程。通过大数据平台，使用者可以利用观察能力与专业知识，对同行业国内外情况、财务现状及生产经营等各方面的数据进行分析、整理、对比，以满足经营管理的需要。

大数据挖掘是创建模型以便从数据中提取有用信息的一种方法。与大数据分析不同的是，使用者将通过统计学、机器学习等方法，建立相关模型，从数据中发现特定的模式、规律和趋势。大数据挖掘常用的方法包括分类、回归、聚类、关联规则等。

（1）分类和回归主要是按照数据的特点，将不同类别的数据项映射到特定类别或特定值上的过程，主要用于预测等任务情境。可以近似地认为，分类和回归的主要区别在于，分类获得的结果变量是离散的，而回归获得的结果变量是连续的。

（2）聚类分析的目的是把具有相似属性的数据归集在一起，使同类数据相似度高，不同类别数据的差异尽可能大。

（3）关联规则是为了挖掘隐藏在数据间的关联关系，获得无法通过逻辑分析得出的信息，比如在客户关系管理中找出影响产品销售的关键因素以便为产品定价等提供依据。

5. 大数据展现和应用

对大数据进行分析和挖掘后，如何将获得的信息加以运用则取决于企业自身的业务需求。企业一般会将数据可视化，用于企业的经营决策、报告展示等场景。这可以帮助企业实时展示客户关注的各项业务指标和变化趋势，使绩效一目了然，辅助企业制定管理决策，提高品牌展示效果。企业还可以将数据用于各方面的机器学习模型与优化推荐算法，比如短视频个性化推荐、淘宝商品推荐等，在业务中继续创造价值。关于机器学习的详细内容，将在本章第三节介绍。

（三）大数据技术的特点

1. 存储海量数据

大数据时代，企业日常运营中产生的数据呈指数级增长。大数据技术能够帮助企业应对大量数据存储的问题。

2. 处理多类型的数据

大数据技术不仅能处理大量的简单数据，还能够处理文本数据、声音数据以及图像数据等复杂数据。

3. 处理速度快

当下，决策对数据信息的时效性要求更高，对数据生成和处理速度的要求也不断提高。大数据技术能够实时追踪事件并捕捉数据，并在极短的时间内将其纳入决策数据集中。

4. 挖掘能力强

大数据中，并不是每一条数据都有很高的价值，真正有用的可能只是一小部分，或是海量数据中蕴含的潜在规律或现象。大数据分析技术能挖掘出海量信息中潜藏的价值并加以利用。

（四）大数据与其他技术的关系

近年来，由于多项新兴技术同时爆发，技术之间的融合也成为未来的必然趋势。后续将介绍的云计算、人工智能和物联网等技术，都与大数据息息相关（见图 3-2）。

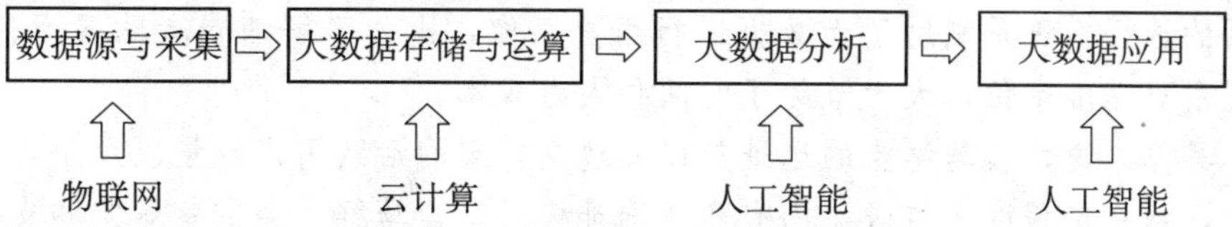

图 3-2　大数据各环节涉及的其他技术

1. 大数据与物联网

物联网技术扩大了数据源范围，为企业提供了可持续数据来源，且补全了线下数据和机器数据。以成本管理为例，物联网技术能够让企业制造全过程的数据得到更完整的采集，从而有助于进行更精细的成本核算、分析与管理。

2. 大数据与云计算

随着云计算的发展，数据存储和计算的成本降低，企业能够保存、沉淀更多的历史数据，从而发掘数据之间的关联和价值。因此，云计算为大数据搭建了更好的基础设施。此外，大数据依赖分布式架构对海量数据进行处理，而云计算能够让百万台计算机进行运算，为大数据提供了廉价、可靠的算力支撑。最后，随着 SaaS 的普及，海量数据可以共享到云端，更容易实现数据互通互联。

3. 大数据与人工智能

大数据让人工智能获得"智慧"。例如，AlphaGo、苹果语音助手 Siri 的成功运行都离不开背后海量数据的训练与支撑。可见，基于大数据的使用，人工智能提升了对数据的理解与应用能力，使这些数据产生了新的价值，甚至能够完成以前人类和程序都无法完成的任务。

（五）大数据在财会工作中的应用

大数据能帮助企业思考如何改变运营现状、扩大竞争优势。对于数字化转型进程中的企业而言，应以海量数据为基础，通过数据分析、挖掘和应用来获取更高的价值，从而实现更高效的数字化、智能化转型。

大数据在商业中被广泛应用于用户画像、广告推销和互联网金融等方面。在财会领域中，大数据能帮助管理会计更好地发挥预测功能，比如预测市场、预测客户需求、预测风险等；也能将成本、收入、风险分析等经营分析方法从面向结果转变为面向过程，从数据中找出可能解释结果的原因；还能帮助使用者在应用过程中获取更多的非财务指标，比如顾客满意度、市场占有率等。

技术创新

盒马鲜生利用大数据选址

在新零售行业，大数据助力选址是一项精准、高效的工作，能够摆脱个人经验和其他因素带来的偏差。盒马鲜生作为新零售的典型代表，它的成功不仅靠其独特的营销模式，同时也与其大数据精准定位选址密切相关。盒马鲜生一直以来都注重商圈的选择，正是利用了大数据进行用户画像，比如了解消费者购买力、偏好等，实现了更精准定位，大大节约了时间和人力成本。

具体来说，盒马鲜生的选址是以周边支付宝的活跃用户数量以及用户购买力决定的，从一定程度上打破了固有商业选址模式。盒马鲜生会借鉴淘宝和支付宝的用户数据，了解整体用户画像及用户线上购物活跃度。具体来说，盒马会对门店 3 公里范围的人群数量、质量，商超的配合能力、物业特点等进行整体考量，而不是单纯看重位置和流量。所以选址的时候，盒巴鲜生既会选择商超多的繁华之地，也会选择相对偏僻的地方。

资料来源：https：//www. mp. weixin. qq. com/s/9bCLCWlzGiySDpHr3pNIRQ.

亚马逊大数据精准营销

亚马逊借助大数据获得了市场优势，借助海量电商数据，实现了更为个性化的精准营销，给予顾客更独特的购物体验。

首先，亚马逊利用大数据为顾客打造了个性化的网上商店。当顾客登录主页后，亚马逊设置了“为我推荐”的链接，该区域包含顾客以往的购买历史，亚马逊能够利用算法寻找相似商品，生成顾客可能感兴趣的商品推荐列表，顾客可以对这些推荐商品进行评级，还可以查看商品被推荐的原因。

在数据分析方面，亚马逊会对顾客产生的即时数据、行为数据、社交数据以及属性数据进行多方面的分析。其中，即时数据指顾客搜索的关键词、访问的商品页面等数据；行为数据指顾客购买的商品、顾客关注或收藏的商品以及顾客的浏览记录等数据；社交数据指顾客的评论、观点等；属性数据则是顾客的性别、年龄、职业以及地域等数据。亚马逊会对上述全流程的顾客数据进行采集与分析，并重点分析顾客偏好信息。

此外，亚马逊借助大数据分析技术，通过推荐引擎对细分顾客群进行商品推荐，不仅帮顾客缩短了决策时间，也提升了购买的转化率，实现了对特定顾客群的精准营销。为了对相似顾客群体进行分类，亚马逊基于大数据开发了聚类模型，以便将每一个顾客分配到最为相似的已有顾客群中，并通过算法分析该群体的历史购买记录与商品评价，从而生成商品推荐列表。

资料来源：杨丽英，林丽新．大数据背景下的跨境电商选品策略研究：以亚马逊网络平台为例［J］．沿海企业与科技，2023（4）：96－102.

二、区块链

中国人民银行在《区块链技术金融应用评估规则》[①] 中，将区块链定义为一种由多方共同维护，使用密码学保证传输和访问安全，能够实现数据一致性、防篡改、防抵赖的技术。简单地说，区块链就是一种去中心化且去信任的储存数据和信息的数据库。这种数据库使得参与系统的任意多个节点可以将全系统一段时间内的信息交流数据通过密码学算法存储到一个数据块中，生成该数据库的指纹用于链接下个数据块并实现校验，以使系统内所有的参与节点可以验证记录的真实性。

以网络购物为例，传统的网络购物活动中，店家和消费者通常都以淘宝或京东等电商平台为中介，交易信息在平台内部处理；而区块链的理念是要去除此类平台中介，直接在所有节点处记录该项交易，让所有参与者都可以在自己的账簿里查看该业务，参与该业务的记账工作。

（一）区块链的特点

区块链最明显的两大特征是去中心化与去信任。

去中心化主要强调整个数据系统中的任意节点之间不存在绝对的领导与服从关系，所承担的权利与义务不存在本质性差异。任一模块的损坏都不影响整个数据系统的正常运行，系统内的各个节点都可以参与整个信息系统的维护工作。

去信任则体现了区块链的安全性。区块链内部的信息系统运行高度公开透明，参与整个系统的每个节点在信息的使用过程中不存在信任危机，各节点间不存在因信息不对称而产生的“信息茧房”。

除以上两点之外，区块链还存在开放性、独立性、安全性、匿名性等特点。开放性指区块链的技术基础是开源的，除某些机密性私有信息之外，整个数据库的信息都可以在权限内由信息使用者使用；独立性则指整个区块链系统不存在第三方参与，所有节点都按协商一致的规则参与系统运行，在整个区块链系统的运行中不受人为因素的影响；安全性强调区块链技术的不可随意篡改性，只要无法掌握所有数据节点的51%，任何节点都无法随意地对系统内部的信息进行篡改，这就保证了信息系统的相对安全性；匿名性则点明除法律要求之外，各节点的身份信息无须公开验证，具有可匿名使用的特殊性质。

（二）区块链的基础架构

区块链系统共分成数据层、网络层、共识层、激励层、合约层和应用层六层，每一层负责不同的任务（见图 3-3）。

- 数据层负责完成区块链系统内数据结构、数据模型和数据存储的基础算法。

---

① 《区块链技术金融应用评估规则》是2020年7月10日实施的一项行业标准。

• 网络层负责连接各个节点，构建分布式组网机制、传播机制和验证机制。

• 共识层利用各类算法解决分布式一致性问题，设定系统内部的共识机制。

• 激励层设计了激励相容的合理众包机制，使得共识节点在最大化自身收益的同时也能保障区块链系统内部的安全性和有效性。

• 合约层利用算法和程序在系统内按照既定规则完成数字化协议。

• 应用层则覆盖区块链各类具体的应用场景。

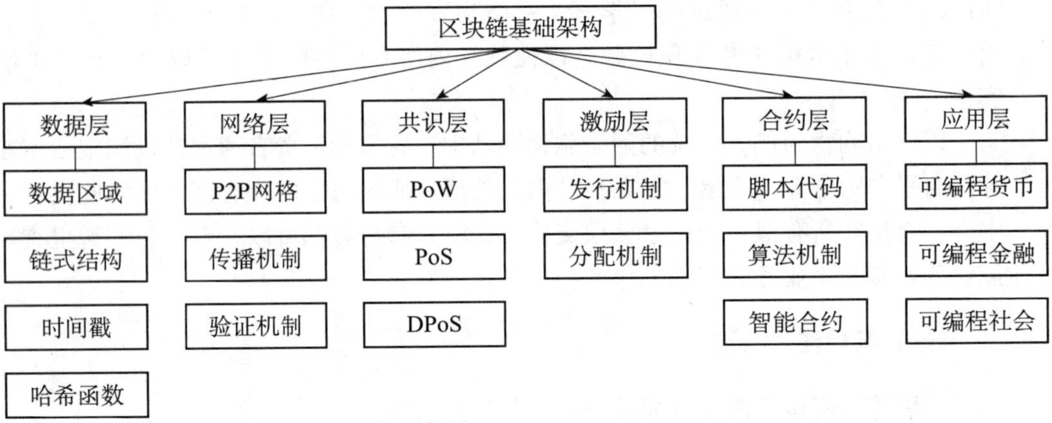

图 3-3 区块链基础架构

（三）区块链的核心技术

区块链的应用依赖多种核心技术，主要包括分布式账本、共识机制与智能合约等。

1. 分布式账本

分布式账本（distributed ledger）是一种能在网络成员之间共享、复制和同步的数据库，在该数据库中存有各交易者的相关信息。与传统的记账模式相比，这种共享的分布式账本并不依赖于中心化的集中管理，而是利用分散化的数据共享来完成记账工作。区块链的分布式记账法嵌套在区块链自身节点化的分布式结构中，因为区块链内部存在多个相互连接且保持独立的节点，所以每一次交易完成后的数据都能在这些节点中以链式结构被高效存储，为区块链系统内部提供了一种高效且安全的信息存储技术。

2. 共识机制

共识机制（consensus mechanism）是根据系统内部某些节点的决断结果来判定交易成功与否的一种机制，常见的共识算法包括 PoW 算法、PoS 算法等。共识机制的运行基础为：如果系统内若干互相独立的节点都对一项交易的结果保持认可，那么该交易被认定是成立的。区块链内部各节点的独立性为共识机制提供了运行环境，共识机制也为区块链内部信息的有效性和安全性提供了技术支撑。

3. 智能合约

智能合约（smart contract）是一种以数字形式定义的合约。由于区块链内部各节点之间的信息不存在壁垒且高度独立，如果交易双方提供的信息是高度可信且透明的，那么在不存在第三方介入的情况之下，系统可以按照某些设定的规则自动进行交易，这保证了智能合约技术的可操作性。

（四）区块链的分类

根据账本准入机制的不同，区块链可以分为公有链、私有链和联盟链。

（1）公有链。这是去中心化程度最高的一类区块链，任何人都可以参与其分布式账本的记账，所有的交易都在公开环境中进行。比较知名的公有链包括比特币、以太坊等。

（2）私有链。与公有链相比，参与私有链记账工作的准入门槛较高。大部分私有链在公司或机构内部被应用，链内的各主体能在私有链内部自由地使用信息、完成交易，其节点数较少，追溯功能也更强。这种模式在金融机构内部被使用得较多。

（3）联盟链。联盟链在私有性上介于上述两者之间，常见于一些机构群内部。在联盟内经过授权的企业或机构能够根据联盟内设定的既定规则参与整体的共链，信息也在权限内共享。典型案例包括 R3、Hyperledger、金链盟等。

（五）区块链在财会工作中的应用

区块链可以在金融投资、物流管理、公共事业、数字版权、娱乐社交等领域应用，为用户提供降风险、保安全的服务。财会工作方面，区块链可以参与财务部门的各类业务循环，包括针对应收账款与应付账款的自验式子分类账、订单到现金以及采购到付款流程的整合、收入循环管理、融资、营运资本与现金周期优化等。具体来说：

（1）财务信息管理。区块链能够简化记账流程，使整个财务流程更加透明和高效，为报表使用者提供实时的财务报表数据。

（2）支付清算。区块链能够提高结算效率、减少对支付终端的依赖性，辅助跨境结算等特殊业务活动。

（3）价值链管理。区块链能够连接企业供应链上下游，为管理者的决策制定提供更高效的业务信息。

（4）税务管理。区块链电子发票能让企业更好地适应无纸化税务体制改革。

技术创新

深圳开出全国首张区块链电子发票

全国首张区块链电子发票于 2018 年在深圳落地，这是我国政府和企业在

"互联网＋税务"上做出的一大尝试。区块链发票的操作相对简单，只需在手机移动端操作完成无纸化的一键报销入账，发票云就能将报销信息通过区块链实时同步到国家税务总局深圳市税务局的区块链云计算节点，生成区块链电子发票。

对于企业与监管部门而言，在区块链赋能下，区块链电子发票具有全流程完整追溯、信息不可篡改等特性，发票的来源、真伪和报销等信息都可以追溯，解决了发票流转过程中一票多报、虚报虚抵、真假难验等难题，保证了入账的真实性，也能打击退税漏税行为。对于用户而言，与传统发票相比，区块链电子发票实现"交易即开票，开票即报销"，用户可以实现链上存储、流转、报销，大大简化了开票及报销流程。总的来看，这种新模式对各方都有益。

一些软件公司也顺势开发出了对应的财务软件平台，协助企业逐步建立区块链电子发票的财务构架。如金蝶开发的金蝶云·星空软件就率先对接深圳市税务局区块链开放接口，实现了用户的区块链报销和入账，企业在对接金蝶最新的财务区块链账本后就基本可以实现全流程无纸化智能财税管理。

资料来源：https：//www.shenzhen.chinatax.gov.cn/qhswj/gzdt/202101/4ad90ff203cf45b1ac65c6ed49f49574.shtml.

德勤 Rubix 平台

德勤发布的 Rubix 平台中有一项名为 Deloitte's PermaRee 的应用。通过该应用，德勤可以和被审计单位的财务系统进行实时对接，建立一个全球性的分布式账本，利用区块链技术支持审计工作，在系统内对被审计单位的财务状况进行实时监控。在这种较高的财务安全性的支撑下，德勤的业务人员能够大大提高审计效率，减少审计过程中欺诈和灰色交易的发生，避免做出错误的审计决策。

同时，在接入该平台后，被审计单位的内控质量也可以得到有效提升，其日常的所有交易活动都已经实时、真实地集中记录并存储在了财务系统私有链上。区块链具备不可逆性和时间戳功能，减少了虚假贸易、账目欺诈的可能性和对相关查验工作的依赖，也保障了企业财产的安全完整。

资料来源：敬志勇，尹佳佳."区块链＋会计"应用研究：基于德勤 Rubix 平台的分析［J］. 会计之友，2020（9）：149-154.

三、物联网

你是否体验过这样的场景：开灯不用按下开关，锁门不用扭动门锁，开空调不用遥控器……只需要在手机上进行简单操作，就可以在任何地方实现对家具的控制。这就是物联网的应用之一。

国际电信联盟（ITU）对物联网的定义为：物联网是通过二维码识读设备、无线射频识别装置、红外感应器、全球定位系统和激光扫描器等传感设备，按签订的协议，将任何物品与互联网相连，进行信息交换和通信，以实现智能化识别、定位、跟踪、监控和管理的一种网络。

顾名思义，物联网即“万物相连的互联网”。使用者将各种传感设备与实物相连，最终将该类实物的信息利用传感器在互联网上归集，形成物联网这个巨大的网络。利用物联网，使用者能够在任何时间、地点实现对人、机、物的实时控制或监管。逐渐走入大众生活的智能家居、智能交通都是物联网时代下的产物。

物联网是新一代信息技术的重要组成部分，又称作“泛互联”。从本质上讲，物联网的核心和基础仍是互联网，依旧是在网络平台上对信息进行汇集。但具有创造性的是，它将互联网的概念和范围延伸到了现实生活中的具体物体上。

（一）物联网的功能

作为一种特别的传输数据信息的渠道，具体而言，物联网可以涵盖获取信息、传输信息、处理信息与施效信息四个功能。

1. 获取信息的功能

该功能主要指对信息的感知与识别。信息的感知与识别指先利用传感器等设备对事物属性状态及其变化情况进行初步知觉与观察，随后再将所感知到的事物与具体信息以特定方式进行展现。

2. 传输信息的功能

该功能主要指对信息的传输，即将上一环节获取的关于事物状态的所有相关信息从一个节点向另一个节点传输。

3. 处理信息的功能

该功能主要指对信息的加工。使用者可以将自己通过物联网获取的信息在这一过程中进行处理、分析，从而发现某些有利于进一步决策的新信息。

4. 施效信息的功能

该功能即信息最终发挥效用的过程。使用者可以利用所获取的信息对具体的物理实体施加影响，使其达到自己预期的状态。

（二）物联网的层级结构

物联网通常包括三大层级，分别为感知层、网络层与应用层。

感知层属于整个系统的基础层，负责完成信息的采集与识别工作，利用传感设备将环境信息传输至系统内。

网络层则由各种网络传输系统与计算系统构成，包括物联网中间件和域名服务两大板块，负责将采集到的数据传输到信息系统与服务器中。

应用层是整个体系结构中的最高层，用以满足终端用户的具体需求，是用户与物联网的接口，也是物联网系统中最为个性化的部分。

这三大层级体现了物联网采集信息、传输信息、处理信息与施效信息的运行机制，是信息在整个系统内流转的体现。

（三）物联网的核心技术

物联网的核心技术涵盖了其信息传输的完整机制，具体包括感识技术、通信技术、计算技术与管理技术。

1. 感识技术

感识技术是物联网获取数据信息的技术，也是让物联网与物理实物产生关联的基础，是物联网系统最为核心的部分，具体包括射频识别技术、传感网等。

（1）无线射频识别技术。无线射频识别（radio frequency identification，RFID）技术是一种非接触式的自动符号识别技术，通过将电子编码附着在固定物体上来识别对象，并实现信息传输、物体追踪等功能。与传统的二维码相比，RFID存储空间更大、识别速度更快，通过该技术，使用者可以及时掌握物体的准确位置以及周围的环境信息。

（2）无线传感网络。无线传感网络是一种通用的传感器网络，通常由数据获取网络、数据分布网络和控制管理中心三部分组成。传感网可以利用各节点内置的细小传感器感知外部环境，并获取、处理信息，赋予物体数据传输通路，使这些物体具备存储、操作等功能。一个构建完整的传感网能够对外部环境进行实时信息采集，实现对人或物的监护等功能。

（3）微小化与灵巧化技术。微小化与灵巧化技术通常作为其他传感技术的辅助技术使用。微小化与灵巧化技术应用了微米与纳米技术，将传感器微缩到更小的外部躯壳中而不会影响其正常运作，在保证感识功效的同时降低其外部负荷与材料费用。

2. 通信技术

通信技术与物联网传输信息的功能相呼应，将感识技术获取的信息传输到其他设备中，从而实现进一步的互联互通。典型的传输形式包括同轴电缆、双绞线、光纤等有线接入方式和ZigBee、蓝牙、WiMAX、Wi-Fi、4G、5G、卫星通信、LoRaWAN等无线接入方式，这些技术都被用来提升物联网传输信息的速度，以满足大数据时代庞大的信息传输需求。

3. 计算技术

在获取信息之后，需要解决的问题是如何对海量信息进行进一步的分析处理，以得到更有价值、更有助于决策的新信息。在此基础上，可以通过大数据、云计算等技术（详见本章大数据、云计算部分）使物联网系统具备更强的计算分析能力，对数据进行分析、挖掘，获得有助于进一步决策的信息。

4. 管理技术

在采集数据、分析数据的同时，还需要保证物联网系统整体的稳定运行，因此物联网系统需要辅以一定的管理技术，具体包括能量管理、拓扑管理、QoS管理、移动控制、网络远程管理以及数据库管理等。

（四）物联网在财会工作中的应用

根据麦肯锡的报告，截至 2024 年，全球物联网供应和商业使用的市场规模将达 4 万亿～11 万亿美元，生物识别支付、智能家居、工业互联网等物联网相关产业将在世界经济中占据重要地位。

对于财务领域而言，物联网将对财务信息管理产生重大影响。物联网的发展联通了整个业务流程中的各个设备，有助于企业在产品的完整生命周期内实时掌握信息，以应对潜在经营风险，支持未来决策。

在供应链管理上，物联网的出现拉近了各用户端之间的距离，整合了各节点间的资源，提高了企业的实时追踪管理与事后问责能力，使企业能更灵活地完成个性化的生产任务、更及时地联动上游研发与下游采购。

在资产管理上，物联网的出现为动产融资等融资行为的安全性提供了保障。

在日常的内外部审计监管活动中，物联网提供的实时数据能协助会计、审计人员更加便捷地了解资产的真实情况，在一定程度上避免了资产注水等情况。

技术创新

宝供物流

物流行业受到了互联网的巨大冲击，为了迎接信息时代的来临，部分物流企业开始转型，宝供物流就是其中的一家。为了提升物流服务的质量，实现向“互联网＋物流”的转型，宝供物流尝试利用物联网等信息技术改善原有的物流系统。

为了对物流产品进行更精准的追踪，宝供物流利用移动互联、RFID、传感网等物联网技术对产品进行锁定，实时进行信息传输。通过这种信息联动，宝供物流能够实现订单处理、仓储发货、运输全程追踪的可视化订单处理，同时还能利用电子标签技术完善仓储分拣业务管理。

对于财务工作者而言，获得了业务的精确信息，就能够在财务系统里对其进行正确的财务处理，一方面避免了财务工作信息的缺失，另一方面也能减少财务工作者人为篡改真实业务记录的可能性。

资料来源：顾小昱．物联网技术在全程供应链管理中的应用研究［J］．物流技术与应用，2019（5）：140－143.

海尔“衣联网”生态

物联网时代的生态，是将身边的万事万物都连接到物理实体中的互联环境。各大企业都在试图开发和建设更广阔的物联网生态圈，整合周围资源，形成更为紧密的商业合作体。

海尔作为中国物联网生态圈开发的领头企业之一，正在极力推广自身的生态圈建设，试图利用自身的产品优势，完成将家用电器升级为物联网智能设备，再从物联网智能设备升级为网络社群的目标。

从海尔旗下的“衣联网”生态中，可以观察到物联网在企业财务领域的发展潜力。从工厂制造端开始，以海澜之家为代表的生产厂商在物联网技术的协助下能够更加高效地完成物流工作，实现对工厂生产的智能管理，可以更加快捷地制订生产计划，减少信息不对称对生产端的影响。根据商业数据统计，物联网使收发货的效率提升了200%，人力成本下降了50%。而在门店端，利用物联网的零售门店能通过实时的销售数据更新来迅速调整库存比例，针对销售片区的顾客偏好做出对应的销售结构调整，从而减少存货积压造成的资金浪费。具体的商业实践也发现，这种衣联网的模式能有效提升销售门店的库存管理效率，有效改善企业的资金流状况。

资料来源：https：//www.haier.com/haier-ecosystem/list/20200618_130360.shtml.

四、数据可视化

柱状图、折线图、饼状图……这些随处可见的基本图表就是数据可视化应用的体现。数据可视化是指将信息用简单易懂的图形清晰地表示出来，并将隐藏在数据中的关键信息以更加直观的形式展现，使人们能够对数据进行快速查看和理解的过程。

传统的数据可视化，聚焦于以统计图表的形式呈现数据，以实现信息传递的功能；而数智时代，财务数据可视化可以通过更先进的软件和相关数学模型，将更抽象复杂的概念、数据和信息呈现出来。鉴于其巨大的应用价值，一经推出便赢得了财会工作者和企业管理者的青睐。

（一）数据可视化的作用

数据可视化在数据管理、业务赋能、信息披露等方面具有显著的作用。具体表现为以下几点：

1. 实现数据与图表实时报送

许多可视化工具可以将图表和数据库链接起来。数据库中的数据如果发生变动，图表也会实时变动。在德勤、普华永道等公司里，不少部门都在使用此类即时数据可视化工具。例如，销售部门的分析人员会将关于区域销售情况的可视化图表实时发送到销售人员手中，销售人员可以及时在手机、电脑等设备上查看，以便做出即时分析和策略调整。

2. 简化数据信息，帮助管理者、投资者理解

数据可视化通过更加直观的图表形式展现数据。相较传统的用表格或数字的方式，图表更具说服力、更加简洁可靠、更能够满足不同使用者的需要，能帮助人们快速理解和掌握数据信息。

不论是在企业理财还是投资分析领域，数据可视化都起着重要作用。企业聘用财务分析人员就是为了能够通过更为直观易懂的方式，帮助管理层了解企业的发展

情况，科学制订发展计划。因此，财务分析人员需要透过复杂的财报、经营数据分析得出直观的结论，而 Tableau 等数据分析工具就有了用武之地。

面对广大投资者，数据可视化的作用更为明显。中小投资者对于财务分析的理解相对浅显，需要更直观的信息展示方式。尽管单纯对企业财务数据和技术指标进行可视化整理不一定能保证投资成功，但成功的投资者一定是那些善于发现数据中的隐藏信息的人。

3. 改善使用者的视觉感受

数据可视化动态地将相互分离的各种信息传播形式有机地融合在一起，进行有节奏的信息处理与传输。图形和色彩能够丰富受众的视觉感受，将信息内容更加深刻地传达给受众，使信息传输过程更加高效。任何形式的数据可视化都由丰富的内容、引人注目的视觉效果、精细的制作三个要素组成，具有新颖、充实、高效、美观等特征。

在所有应用场景下，数据可视化有一个共同的目的，即明确、有效地传递信息。图形能将不直观的信息转化为直观的图形符号，表达方式更直截了当和清晰，而人类右脑记忆图像的速度比左脑记忆抽象的文字快 100 万倍，因此，数据可视化能够加深人对数据的理解和记忆。

（二）数据可视化的工具

数据可视化的工具可以大致分为两类。

（1）可编程的开源工具，如 R 语言、Python、Processing 等。

（2）商业化产品，如 Tableau、Qlikview、SAS、SAP Business Object、IBM Cognos、Microsoft Excel 等。其中，Tableau 是桌面系统中最简单高效的数据可视化工具软件，实现了数据运算与美观的图表的完美结合。用户只需要将大量数据拖放到数字“画布”上，便能创建各种图表。

（三）数据可视化的流程

本·弗莱（Ben Fry）在他的著作《可视化数据》里把数据可视化的流程分为七步：获取、分析、过滤、挖掘、表示、修饰、交互。为使该流程更易于理解，本书将这七步归纳为原始数据的转换、数据的视觉转换以及界面交互三部分（见图 3-4）。

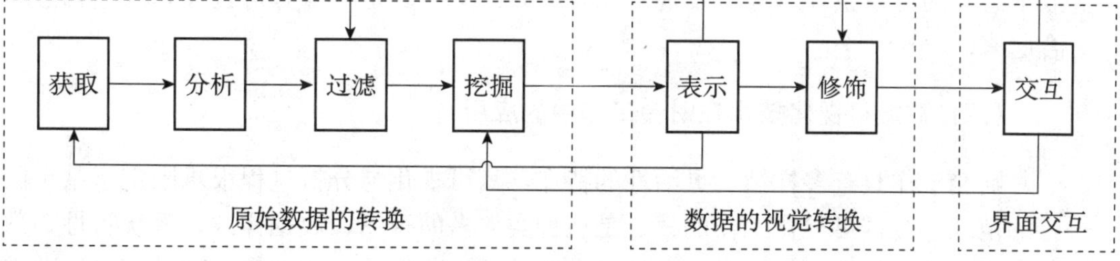

图 3-4　数据可视化流程关系图

1. 原始数据的转换

可以把数据可视化的结果比喻为一幅具有交互功能的图画，而数据就是构成图画的最基本的内容。原始数据的转换，即是一个选择性地表达、有目的性地组织绘图对象的过程。原始数据的转换包括获取、分析、过滤和挖掘四个步骤，可繁可简，主要取决于待处理对象的类型和复杂程度。

首先需要获取数据，主要有本地数据和网络获取两种数据来源。获取数据后，可用筛选、排序、分类、观察等方法对数据进行分析，了解数据的意义与价值。基于分析获得的结论，可以有目标性地留下需要的数据，删除多余数据，缩小数据处理量的同时确保数据质量，提高数据精准度。完成过滤后，可用数据挖掘或统计学方法进一步分析数据的特征，或挖掘其中的潜在规律，以在后续的可视化步骤中传达更多有价值的信息。

2. 数据的视觉转换

数据的视觉转换，即将数据以可视化的图形、图表等方式显示的过程。数据的视觉转换包括表示和修饰两个步骤。

表示是指选择基本的视觉模型，相当于绘制草图。对视觉模型的选取需要结合数据的维度考虑合适的表示方法，如列表、树状或其他结构，同时，表示也是对前述数据转换部分的审查和检验，特别是数据的获取和过滤环节。

修饰是完善在“表示”步骤中获得的草图，并尽可能地使之变得更加清晰有趣。这一步骤就像对草图上色，突出重点，弱化辅助信息，使数据的表示简单清晰、丰富美观。

与原始数据一样，可视化“画作”的内容也应具备层次结构，而为将这些层次结构合理而美观地表达出来，需要理解数据内容、明确数据意义、洞悉用户需求，这对可视化的设计者提出了较高的要求。

3. 界面交互

界面交互是在视觉转换基础上的改进步骤，它在图表的每个层次上给予用户选择权、操控权等，同时在三维视图中提供各种可能的视角，让普通用户了解数据、读懂数据，也让专家用户更深层次地理解数据、分析数据。

不仅如此，在心理层面，界面交互也能给可视化的使用者带来感受上的变化。此前，可视化绘图的步骤主要由计算机完成，而在界面交互阶段，使用者从被动接收信息转为可以主动思考、发现、探索。界面交互真正将计算机智能和人类智慧结合起来。

（四）数据可视化技术在财会工作中的应用

财会工作具有多样性、灵活性的特点，其可视化与分析过程很难限定于某个固定的范式。数据可视化工作的核心是从种类繁多的视图、数据样式、系统特性、数据本身属性、任务目标出发，选择最合适的可视化形式，传达最有效的信息，并选择合适的角度对信息进行分析、挖掘、提炼。

本部分的重点不在于介绍财会可视化过程中的一些基本图形的画法和识读方法，而是将可视化与具体的业务场景、分析法则相融合来介绍财务可视化的作用及思路。

传统财会工作中，财务报表等多以专业术语或形式表示，非专业人员通常难以理解并有效利用这些数据，这不利于企业内外部交流、协作、管理或决策。因此，财务数据可视化及其分析在财务工作中的多个领域显得尤为重要，下文将从审计分析、市场分析、财务预算分析等角度介绍财务可视化的作用及分析流程。

1. 审计分析

财务报表可视化在审计方面的应用主要包括结果性展示和探索性分析两方面。数据可视化可以把数据分析结果以更加简洁的方式呈现出来，图表更加美观，具有较强的可读性。

在审计数据挖掘探索方面，数据可视化可以根据数据特点选择不同的图形进行数据呈现，利于审计人员从整体上把握数据特征，明确审计思路，发现审计重点。此外，可视化图形分析和运算功能强大，可通过对数据的趋势分析等，使疑点数据的提取更加容易。财务报表作为内外部审计重要的数据源之一，审计人员可以通过可视化方法对这些数据进行挖掘探索，通过添加交互等效果帮助审计人员洞察数据内在的关联性和存在的异常点，从而快速识别财务报表数据中存在的问题或重大错报风险。

2. 市场分析

市场分析对企业经营决策至关重要，它是针对企业所在行业市场规模等调查资料所进行的经济分析，也是企业管理者调整经营策略的重要依据。通过市场分析可视化，企业可以及时了解和更新行业基本信息的实时变动情况（如规模、增长、领先者占有率等等）、产业链上下游企业的经营情况和重大变动、合作企业和竞争企业的经营情况和重大变动等信息，同时也有助于揭示现象、关系和趋势等，增加管理者的洞见。

3. 财务预算分析

财务预算是财务管理中的重要工作，通过有效实施预算管理，可以更好地根据组织的发展战略和目标，加强各类要素的科学配置与优化利用，进而促进企业高质量发展。在此过程中，通过利用可视化分析，可以及时综合分析收入与成本等相关数据，并进行多维度多形式呈现，有助于提升财务预算的科学性、经济效益、人力物力资源的利用效率，有助于管理者分析和管控企业运营，找出企业运营过程中的矛盾，发掘其潜力，促进企业价值提升。

中国企业实践

中国联通：智能财务可视化平台

SmartBI是企业级商业智能和大数据分析品牌，满足用户在企业级报表、数据可视化分析、自助分析平台、数据挖掘建模、AI 智能分析等方面的大数据分析需求，提供场景化、行业化数据的分析应用。

通过 SmartBI 搭建企业智能财务可视化平台，用户可以在全面采集财务数据的同时，支持各个主题的数据分析与逐级下钻。同时，平台采用多种可视化展示方式，提供直观、美观的用户界面，满足管理层的分析需要。管理过程中，对用户的数据权限进行统一的管理，不同的角色对应不同的权限。此外，该平台还可以对数据进行挖掘，提升数据价值，建设财务看板和专题看板，为企业管理提供决策支持。

中国联通以自动智能、协同开放、价值共享为目标，大力推进数据运营 IT 能力建设。其中，智能财务可视化平台是其数据运营体系的重要组成部分。

智能财务可视化平台应用范围广泛。组织范围上，联通智能财务可视化平台涵盖从集团到省、地市三级分公司或子公司；业务范围上，智能财务可视化平台涵盖从采购到支付、销售到收款的价值链全过程。

智能财务可视化平台在首页通过财务共享运营全景视图直观展示多项关键性运营指标，如报账单总量、报账总金额、付款总金额、业务用户数、付款单据质量与效率等。

具体可视化内容方面，智能财务可视化系统包含多种场景，覆盖全面：业务数据方面，系统包含合同、订单、项目等业务量数据；财务循环数据方面，系统包含发票、凭证、账户以及财务报告等数据；分系统数据方面，系统包含支撑财务共享的内部商城、结算、报账、税务、核算、资金、报表、档案等系统的分类数据；共享运营数据方面，系统包含业务集约化程度、会计核算智能化程度、共享运营效率、财务风险预警等数据。上述数据较全面地覆盖了企业业务与财务的管理流程，提高了企业财会人员与管理人员的工作效率，为他们提供了价值与洞见。

资料来源：https：//www. finance. sina. com. cn/tech/2021 - 12 - 27/doc-ikyakumx6658494. shtml.

第三节　智能财务算法技术

在算法方面，人工智能等技术的发展和应用对财务智能化转型产生了重要的推动作用。人工智能（artificial intelligence，AI）诞生于 20 世纪 50 年代，是计算机学科的一个重要分支，已发展成为当前最前沿、最热门的高新技术之一，在第四次工业革命中处于核心地位。国家标准化管理委员会将人工智能定义为：利用数字计算机或者数字计算机控制的机器模拟、延伸和拓展人的智能，感知环境、获取知识并使用知识获得最佳结果的理论、方法、技术及应用系统。

人工智能的应用拓展了财会行业的发展领域，把财会人员从烦冗复杂的重复劳动中解放出来，大大增强了财会行业的数据处理能力，提高了财会工作的效率和质量，还能够进行财务监督、预测和判断，形成完整的财会数据处理网络。

在人工智能技术方面，生物特征识别技术主要用于识别使用者身份；光学字符识别技术与计算机视觉主要用于识别并提取图片中的文字；自然语言处理技术主要用于自然语言的生成、分析与处理；知识图谱主要用于对知识的理解与推理；机器学习主要用于任务分析与决策。此外，主要用于解决流程化、重复性工作的流程自动化技术，通过与人工智能技术结合，也可以进一步提升其效率与应用范围。上述技术对智能财务的发展均具有重大意义，本节将对其分别进行介绍。

一、生物特征识别技术

生物特征识别技术早已走进我们的生活中，如指纹解锁、刷脸支付等。中国电子技术标准化研究院的《生物特征白皮书》将生物特征识别定义为：为了进行身份识别而采用自动技术对个体生物特征或个人行为特点进行提取，并将这些特征或特点同数据库中已有的模板数据进行比对，从而完成身份认证识别的过程。此处的生物特征通常具有唯一性、可以测量或可自动识别和验证、遗传性或终身不变等特点。

（一）生物特征识别技术的主要系统

生物特征识别技术主要涉及四大系统：采集子系统、预处理子系统、数据存储子系统以及匹配子系统。

（1）采集子系统。该系统通过传感器对人体的生物表征信息进行采集，如利用图像传感器对指纹和人脸等光学信息、说话声音等声学信息进行采集，唯一的特征会被提取并转化成数字符号。

（2）预处理子系统。该系统利用数据预处理以及特征提取技术对采集的数据进行处理，提取并分离特征，这些特征符号被存储并作为个人的特征模板，模板可能会在识别系统中，也可能在各种各样的存储器中，如计算机的数据库、智能卡或条码卡中。

（3）数据存储子系统。该系统在生物特征数据库子系统中，建立生物特征与身份信息的关联关系，并保证数据存储的安全性和可靠性。

（4）匹配子系统。该系统先经过采集子系统与预处理子系统对待识别的个人进行信息采集、数据预处理和特征提取，然后通过模式识别算法，把待识别的生物特征与数据库子系统中先前存储的生物特征进行比对，并按照事先确定的筛选条件（阈值）判断是否匹配成功。如果匹配成功，输出系统中的人员身份信息完成识别。

（二）生物特征识别技术在财会工作中的应用

目前，生物特征识别技术在财会领域被广泛应用在移动支付客户端、超市、金融类 App、银行等情景。用户只需利用人体特征进行身份识别，便可轻松完成各项业务。

技术创新

支付宝

支付宝（中国）网络技术有限公司是国内的第三方支付平台，是当前全球最大的移动支付厂商。2018 年 12 月，支付宝发布第一代刷脸支付设备“蜻蜓”，从此开启了“刷脸支付”时代。开通刷脸服务后，商家可以通过扫描人脸来识别支付宝账户信息，并完成折扣核销、线下支付、预约订餐等业务。开通刷脸服务后，客户可以在开通了刷脸服务的商家处直接通过商家收银设备（或其他支持扫脸的设备）扫描人脸，而不需要输入支付宝账户和密码。

资料来源：http：//www.it.people.com.cn/n1/2019/0418/c1009－31035873.html.

二、光学字符识别技术与计算机视觉

拍照翻译早已成为翻译软件的必备功能，那么，机器是怎么识别出图片上的文字的呢？这就与光学字符识别技术（optical character recognition，OCR）和计算机视觉高度相关。

在财会领域，OCR 技术的应用最为广泛。光学字符识别技术是指运用扫描仪、数码相机等光学设备将纸质文档上的文字转化为图像，再利用算法把图像信息翻译成可编辑的计算机文字的过程。其本质就是利用光学设备去捕获图像并识别文字，将人眼的能力延伸到机器上。财会场景中，使用者可以通过摄入设备扫描单据上的文字，并转换为可以进行编辑和统计的文本数据，大大提高了文件输入和单据录入的效率。

计算机视觉是使用计算机模仿人类视觉系统的科学。计算机视觉的目标是使计算机能通过二维图像认知三维环境信息，并能像人类一样提取、处理、理解和分析图像以及图像序列。计算机视觉技术主要包括识别技术、运动技术、场景重建技术和图像恢复技术等。

（一）OCR 技术的执行过程

OCR 技术识别文字的过程大致分三步。

（1）文本区域检测。寻找完整图像当中含有文字的区域，切分出各区域中的图像，并对其进行预处理。

（2）预处理。对获得的图像当中含有文字的区域进行进一步处理，主要包含灰度化、二值化、降噪、文本校正（透视、扭曲、旋转等）。图像经过二值化处理后，有黑白两种颜色，一种是背景的颜色，一种是文本的颜色。由此，单据上的文本可以更清晰地显示在图像中。

为了获取高质量的数字图像，还需要对图像进行降噪处理，即在保留原始信息完整性的前提下，去除数字图像中的无用信息。例如，二值化获得的黑白双色图像中可能有许多无用的小黑点，将这些黑点去除即是一个降噪的过程。

（3）特征提取与数据库比对。完成对图像的预处理后，要对每个文字进行特征提取，进而实现区分与识别文字。对于数字和字母类型的字符来说，特征提取相对容易，而汉字具有个数多、形近字多、结构复杂等特点，其特征提取也相对复杂。完成特征提取后，将特征与数据库中的标准字符进行匹配，以获得最相近的字符并将其作为输出结果。

（二）计算机视觉技术在财会工作中的应用

计算机视觉技术在财会领域中主要用于将影像文件转化成结构化数据，并进行测量、判断、核对和验证。会计核算方面，OCR 技术可以获取票据结构化信息，自动审核会计原始凭证的重复、真伪及合规性等问题，并实现自动记账、价税分离等。财务报表数据采集方面，OCR 技术可以实现快速数据采集，帮助银行、税务、审计等部门提高效率和准确度，构建自动化的信审系统。

技术创新

中兴新云票联系统

如今，我们处在一个不断迭代变化的时代，大数据、人工智能、移动互联网、云计算及物联网等新兴技术正在改变着财务的工作方式，自动化、智能化、数字化成为财务转型的新趋势。在财务共享服务领域深耕十余年，中兴新云凭借在管理创新、共享服务、信息技术等领域的领先实力以及对中国企业跨国发展的深入研究，推出了新一代 FOL 财务云信息系统——企业实现财务共享服务、推动企业数字化转型的重要工具。财务云信息系统分为智能采集、报销 & 报账、财务运营、税务共享、资金共享和平台六类。其中智能采集系统中的票联系统用到了 OCR 技术。中兴新云票联系统可通过微信卡包或拍照识别等方式采集多类票据的信息，利用 OCR 技术获取票面结构化信息，集成税务局系统自动验真验重，无缝对接企业内部报销系统，提升财务工作效率。

资料来源：https：//www. ztccloud. com. cn/classicalarticle _ content/1751239/.

译图智讯财务报表 OCR 自动识别方案

译图智讯已为安徽征信、北京金融资产交易所、黄河农村商业银行、绵阳商业银行、长安银行等多家企业提供财务报表 OCR 自动识别方案。该识别方案首先扫描财务报表，存储报表图像，利用 OCR 技术对表格和文字进行分析、校验和汇总结果后，导出 Excel 或 CSV 格式的文件。这些文件中包含着从冗长的财务报表中提取的重要信息，它们对于企业分析客户情况或银行识别客户风险等具有极大的使用价值，因此会被继续导入信审等系统，作为进一步分析的依据。

资料来源：http：//www. 103. 139. 212. 40：8090/solutions/financial. do. 有改动。

三、自然语言处理技术

你是否尝试过与ChatGPT等大型语言模型对话？此类大型语言模型实际上就是自然语言处理技术最先进的应用之一。

自然语言处理（natural language processing，NLP）技术，指具备对人类语言进行识别、理解、分析、处理等能力的计算机程序或技术。NLP技术能够实现以自然语言交流为特征的高级人机交互，使机器能“阅读”或“聆听”所有以文字或语音形式记录的内容，并提供各种高层智能服务的基础和关键技术。

技术创新

人人差旅

金蝶云·苍穹开发的人人差旅可以通过NLP技术优化出差申请、报销等流程。员工在系统中可以使用自然语言发起出差申请，系统将基于NLP技术抽取用户的意图自动生成出差申请单；管理者对出差申请进行审批，通过NLP技术可以自动进行内审数据分析及疑似点风险控制；基于员工的出行习惯数据，新系统通过NLP技术为员工推荐最佳出行方案；当员工进行费用报销时，可以基于NLP技术提取设定的报销规则，并进行精确的补助标准计算；在财务审核阶段，系统基于NLP相似度分析算法进行连号、重复、相近号和相近金额的查验。

资料来源：https：//www. vip. kingdee. com/article/272104793361991680？productLineId＝1&isKnowledge＝2&lang＝zh-CN.

毕马威KIIS

毕马威智慧之光利用自然语言处理技术，开发出了KIIS平台（智能人机交互解决方案）。该平台本质上是一个机器人应用赋能平台，可以针对具体的业务场景快速匹配聊天机器人，帮助客户解决简单的业务需求。KIIS包括智能问答、智能助理和领域专家三种典型的应用方式。

智能问答可以用人类可以理解的方式回答客户的咨询；智能助理可以协助企业高效处理各种日常业务；领域专家能够利用系统内部的数据库和专业知识储备，将企业的过往业务记录与商业分析模型相结合，进行数据处理后，协助企业做出财务决策和风险决策。

资料来源：https：//www. assets. kpmg. com/content/dam/kpmg/cn/pdf/zh/2020/03/future-of-banking-with-ai. pdf.

（一）自然语言处理技术的主要功能

NLP技术在涉及文本的多种任务情景下有广泛的应用空间，能够实现的主要功能如图3-5所示。

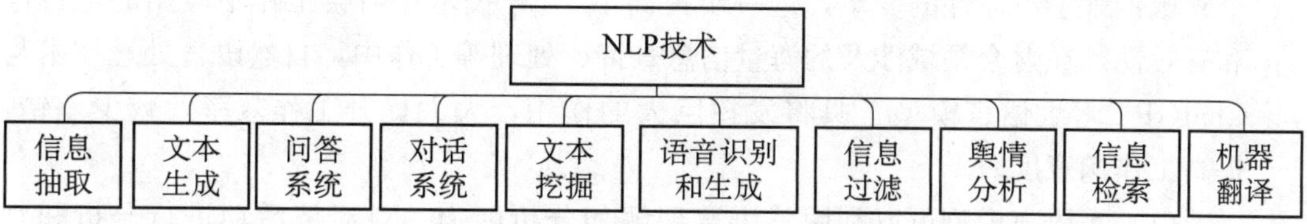

图 3-5　NLP 技术的主要功能

（1）信息抽取：从给定文本中抽取重要信息的功能。例如，通过对一段对话的识别与分析，从中提取时间、地点、人物、事件、原因、结果、数字、日期、货币、专有名词等信息。

（2）文本生成：模仿人类使用自然语言进行表达、写作的功能。根据输入的不同，文本生成技术主要包括从数据到文本的生成和从文本到文本的生成两种。从数据到文本的生成，是指将包含键值对的数据转化为自然语言文本；从文本到文本的生成，是指对输入的文本进行转化和处理，从而产生新的文本。

（3）问答系统：对一个由自然语言表达的问题给出对应答案的功能。实现这一功能需要对自然语言查询语句进行某种程度的语义分析，包括实体链接、关系识别等，而后形成逻辑表达式，并在知识库中查找可能的候选答案。

（4）对话系统：通过与用户进行系列对话，完成聊天等任务的功能。对话系统涉及用户意图理解、通用聊天引擎、问答引擎、多轮对话管理等技术。

（5）文本挖掘：对文本进行聚类、分类，以及分析和挖掘文本中的情感等要素的功能。目前，文本挖掘技术是以统计学方法与机器学习为基础的。

（6）语音识别和生成：语音识别指将输入计算机的语音符号识别、转换成书面语的功能；语音生成又称文语转换、语音合成，指将书面文本自动转换成对应语音的功能。

（7）信息过滤：通过计算机系统自动识别和过滤符合特定条件的文档信息的功能。通常指对网络有害信息的自动识别和过滤，主要用于信息安全和防护、网络内容管理等领域。

（8）舆情分析：收集和处理海量信息，自动对网络舆情进行分析的功能。主要用于实现及时感知、应对网络舆情的目标。

（9）信息检索：对大规模的文档进行更智能的检索的功能。查询时，对输入的查询表达式、关键词或语句进行分析，在对数据库进行过分析与理解的基础上，查找匹配的候选文档并根据匹配度排序输出。

（10）机器翻译：将一种文本自动翻译为另一种语言文本的功能。

（二）自然语言处理技术在财会工作中的应用

随着人工智能生成内容（AIGC）技术的高速发展，OpenAI 公司推出了 ChatGPT、DALL-E、Sora 等产品，这些产品通过文字描述分别能够生成所需的文本、图像、视频等模态的数据。其中，以 ChatGPT 为代表的大语言模型的出现，为多个领域带来了革命性的变革，进一步提高了 NLP 技术在财会工作中应用的可行性和有效性。在财会领域涉及的海量信息查询、处理等工作中，自然语言处理技术与 ChatGPT 等大语言模型工具将发挥巨大的作用，大大提升工作效率，减少差错，提高工作满意度。

（1）大语言模型可以利用其语言理解和分析能力，对经济活动进行分析和判断。例如，根据企业的财务数据和业务信息分析财务状况和经营状况，并进一步提供相关的管理建议等。

（2）大语言模型可以利用其强大的计算和分析能力，快速有效地进行会计数据处理。例如，根据财务数据和可供借鉴的会计准则条款，生成资产负债表和利润表等财务报表，或帮助完成纳税计算和申报工作等。

（3）大语言模型可以利用其文本处理能力，组织和管理会计工作。例如，帮助整理账务、编制财务报表、提交税务申报材料、撰写工作计划和总结，或以文本形式帮助财会人员与内外部关联方进行沟通和协调等。

（4）大语言模型可以利用其分析和判断能力识别及应对财务风险。例如，大语言模型可以高效地获取和分析相关的财务与经营数据，借鉴历史和同行经验准确识别及判断风险点，还可对存在的风险提出应对措施等。

（5）大语言模型可以帮助会计教育工作者和会计咨询人员提高工作效率。例如，大语言模型可以帮助教师实现智能辅助教学、提升学生参与度、客观评估学生表现，帮助会计咨询工作者快速响应客户需求、整理数据、总结咨询经验、设计流程和模板、优化咨询程序等。

ChatGPT 认为，它可能在重复性任务的自动化与智能化方面提供帮助，但在复杂决策、合规任务、客户关系等方面，依然是无法取代会计师的（见图 3－6）。

你
ChatGPT在未来会取代人类会计师吗?

ChatGPT
ChatGPT及其类似的技术在未来可能会改变会计行业的某些方面，但是否会完全取代人类会计师则取决于多种因素。

1.自动化和智能化：自动化和智能化技术已经开始改变会计领域。人工智能可以处理重复性任务、数据输入、分类和分析等工作。ChatGPT及其类似的技术可以在某些任务上提供帮助，例如，解答常见的会计问题、处理一般性的数据输入等。
2.决策和复杂分析：尽管人工智能可以处理许多重复性任务，但在处理复杂的会计问题，制定战略性决策以及与客户沟通方面，人类会计师的专业知识和经验仍然是非常宝贵的。
3.法规和合规性：会计工作往往涉及复杂的法规和合规性要求，这需要深入的理解和专业知识。虽然人工智能可以帮助识别潜在的合规性问题，但在解决这些问题和确保符合法规方面，人类会计师的专业判断和解释能力是至关重要的。
4.人类因素和客户关系：会计工作不仅仅是技术性的任务，也涉及与客户的沟通和理解他们的需求。人类会计师能够提供个性化的服务，并建立长期的客户关系，这是人工智能无法完全替代的。

因此，虽然人工智能和自动化技术可能会改变会计行业的工作方式，但人类会计师在未来仍然会发挥重要作用，尤其是在涉及复杂决策、法规合规性和客户关系方面。

图 3－6　ChatGPT 关于自己对会计影响的预测

四、知识图谱

当你使用搜索引擎时，是否注意到“相关搜索”栏中可能列出了更符合你需求的搜索词条？这就是知识图谱的应用场景之一。

知识图谱（knowledge graph，KG）由谷歌在 2012 年正式提出。知识图谱是一种基于图的数据结构，由若干节点和边组成，每个节点表示一个“实体”，每条边为实体与实体之间的“关系”。知识图谱本质上是把所有不同种类的信息连接在一起而得到的一个关系网络，展示了一种从关系的角度去分析问题的能力。

知识图谱的核心是它具备对知识进行学习和推理的能力。以知识图谱为基础对数据进行分析计算并得出结论时，可以回溯计算机推导出这一结论的过程，并与人类的经验知识相验证。从应用层面来看，知识图谱是描述真实世界中存在的实体以及它们之间关系的技术。比起传统的关系型数据库，知识图谱更擅长建立复杂的关系网络，而且有更高的关联查询效率。

（一）知识图谱的构建

知识图谱的构建过程如下。

1. 知识体系构建

该过程的核心是构建一个知识描述框架。这个框架定义了知识的类别体系、每个类别下所属的概念和实体、某类概念和实体所具有的属性，以及概念之间、实体之间的语义关系。

知识体系构建有两种方法，一种是自上而下，即先构建一个完善的知识体系，再将知识填充到这个知识体系中；另外一种是自下而上，即在知识抽取的过程中，自动扩充和构建知识体系。

知识图谱中的数据可以采用 RDF 数据模型进行描述。这是一种三元组的模式，形式为“关系（实体 1，实体 2）”。例如三元组学生（小明，浙江大学）中，小明和浙江大学是实体，学生是关系，表示小明是浙江大学的学生。

2. 知识获取

知识获取是从海量的文本数据中获取结构化知识的过程。对不同的数据来源而言，知识获取的难度和手段也不同。对结构化数据和半结构化数据，知识获取的过程相对容易；对非结构化数据，知识获取的难度较大。这时，需要用各种信息抽取手段去获得文本中隐藏的三元组，如实体识别、实体消歧、关系抽取、事件抽取等。

3. 知识融合

知识融合主要应用于需要使用不同系统来源的知识的情景。知识融合的过程，大致包括知识体系的融合和实例的融合，以及在原有知识图谱的基础上不断更新和去重。

4. 知识存储

知识存储指对获得的知识图谱进行存储。目前的知识图谱存储基本基于 neo4j 等图数据库。

5. 知识推理

通过知识体系构建、知识获取和知识融合，可以构建出基本的知识图谱。由于知识的不完备性等原因，获得的图谱往往存在缺失，此时需通过知识推理的方法补齐图谱中的关系缺失和实体缺失。

（二）知识图谱在财会工作中的应用

作为智能问答功能中最关键的技术之一，知识图谱构建的复杂知识体系使其能够根据问题从知识图谱或目标数据中找出用户问题的答案，并以最具亲和力的方式回答财务人员提出的关于准则、条例、数据查询等方面的问题。

在决策支持方面，图谱可视化技术可以帮助使用者对创投图谱中的公司发展情况、投资机构投资偏好等信息进行解读，并通过节点探索、路径发现、关联探寻等分析技术全方位展示公司的信息，在投资、财务管理、供应商选择、供应商风险管理领域有较大的应用空间。

在金融方面，知识图谱可以进行信息的不一致性检查、预警组团欺诈、异常检测、客户关系管理、信贷审核投研分析等。

在审计方面，知识图谱可以协助使用者掌握账户交易情况，并通过账户、账户间交易、交易特征（交易时间、形式等）等信息挖掘循环交易网络。

技术创新

阿里巴巴藏经阁计划

2018 年 4 月，阿里巴巴联合清华大学、浙江大学、中科院自动化所、中科院软件所、苏州大学等五家机构联合发起藏经阁（知识引擎）研究计划，涉及领域为商品知识图谱、旅游知识图谱、客服体验知识图谱、安全知识图谱等。该计划可以提供从数据、信息、知识到知识服务的一整套技术平台化服务。

资料来源：https：//www.cloud.tencent.com/developer/article/1162689.

财务数据查询对话机器人

对话机器人是以智能对话系统为核心，应用于客服、营销、企业信息服务等多方场景的产品。金蝶云·苍穹对话机器人平台（以下简称对话平台）则是在企业场景下提供开发、部署和管理对话机器人服务的低代码平台。企业客户可基于自身业务需求，通过零/低代码可视化操作，快速自主搭建对话机器人产品，并在后续运维中实现数据与知识库的更新优化 。金蝶云·苍穹基于知识图谱开发了财务数据查询对话机器人。当需要企业的财务数据、经营数据、业务数据时，可以通过

RPA 口令或自然语言阐述进行查询，并通过 NLP 技术转换成计算机语言，最终通过企业知识图谱提供答案（见图 3－7）。

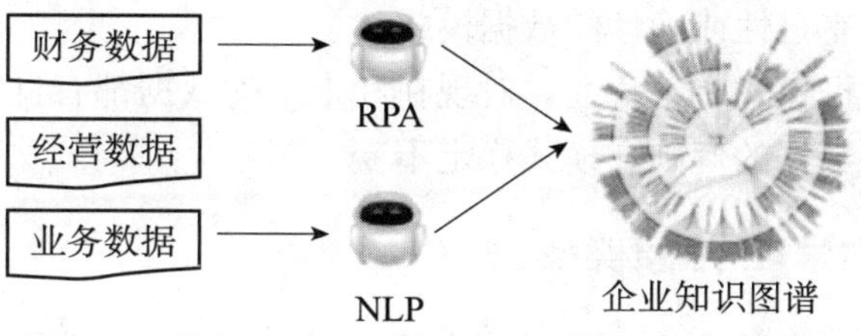

图 3－7　金蝶云·苍穹知识图谱构建流程

资料来源：https：//www. vip. kingdee. com/article/272106506567403520? productLineId＝1&is Knowledge＝2&lang＝zh-CN.

五、机器学习

2017 年，AlphaGo 击败世界冠军柯洁，举世轰动。机器能按照规则简单地下围棋并不奇怪，可它是如何实现战胜人类顶尖棋手的呢？其背后的原理正是机器学习。

机器学习（machine learning，ML）是人工智能的一个核心研究领域。1997 年，学者汤姆·米切尔（Tom Mitchell）提出了机器学习的经典定义：计算机利用经验改善系统自身性能的行为。机器学习研究的是计算机怎样模拟人类的学习行为，以获取新的知识或技能，并重新组织已有的知识结构使之不断改善。简单地说，就是计算机从已有的数据中概括和抽象出规律与模式，以普适地在新场景上应用的能力。

值得指出的是，前文提及的生物特征识别、OCR、自然语言处理等技术，在一定程度上都属于机器学习的范畴，是机器学习在特定任务场景中的应用；而本部分则主要从源头上介绍更加一般化的机器学习内容。

（一）机器学习的一般流程

机器学习的一般流程可分为训练与预测两个阶段。训练指的是机器学习模型将历史数据通过机器学习算法进行处理后，获得特定参数；预测指的是在该机器学习模型的应用下，根据新的输入数据输出相应的结果（见图 3－8）。

图 3－8　机器学习的一般流程

（二）机器学习的应用条件

适用机器学习的场景需要具备三个条件：

（1）场景有显性或隐性的数据模式；

（2）该数据模式有泛化性，对现在和未来的数据都有良好的拟合能力；

（3）外界数据的规则和模式稳定不变。

（三）机器学习的主要类型

机器学习通常被分为三种类型（或称学习场景），即监督学习、无监督学习和强化学习。

1. 监督学习

监督学习是在实践中运用最为广泛的一种机器学习方法，其目标是给定带有输入和输出数据的训练集合，使模型学习一个从输入到输出的映射。在很多简单的场景下，监督学习输入为若干维数值向量，该向量的维度代表输入场景的某些特征。例如，在预测明天是否会下雨的场景中，输入可以是明天的气温、湿度、风力等。监督学习一般被应用在分类或回归任务中。在分类任务中，监督学习的输出通常是分类标签，其取值是有限的，如根据历史的天气数据判断明天是否会下雨，输出为“下雨”和“不下雨”两个分类标签；在回归任务中，监督学习的输出通常为数值，如根据历史人口数据预测下一年的人口数量，输出为预测人口数。

2. 无监督学习

无监督学习最大的特点是给定的数据没有输出（即没有“标准答案”），无监督学习的目标是挖掘数据中的有用信息，这种方法一般被应用在聚类或若干降维任务中。例如，对一些客户的个人数据进行聚类，可以将他们分成个人特征较为相似的几类，以便精准营销。另外，在监督学习和无监督学习之间还存在半监督学习，这种方法依赖于部分被标注的数据。

3. 强化学习

强化学习是一种序列数据决策学习方法，一般从与环境之间的交互中学习。该方法通过“试错”的方式进行学习，通过与环境进行交互获得环境反馈的强化信号（奖励或惩罚），并更新模型参数，以实现预期利益最大化的目标。当有良好定义的回报值与惩罚值时，强化学习可以让模型（或智能体）很好地学习到在不同的状态下如何选择行为方式。例如，一个应用了强化学习的自动倒水机器人，会在与环境的交互中学习到当前行为是否合理：当移动到饮水机前时，可以得到回报值；当撞上墙或移动到死路时，会得到惩罚值。

（四）机器学习在财会工作中的应用

机器学习在财会工作中具有广泛的应用，涉及财会判断、预测、风险识别与预警、智能决策等诸多方面，下面举例介绍部分应用。

1. 智能会计引擎

会计引擎是连接业务数据库与财务应用系统并最终输出会计信息的数据处理器，它能够按照内嵌的核算规则将业务信息自动化、无差错和高效率地转换为包含复式会计分录的规范化记账凭证，实现交易明细和会计总账的互联，对于业务与财务的高度融合具有重要意义（见图 3-9）。

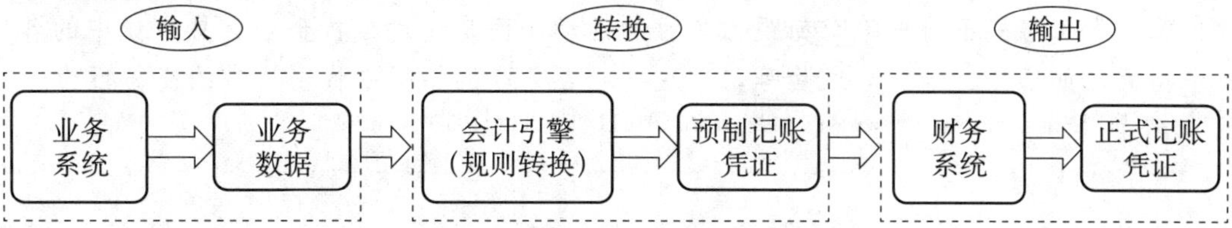

图 3-9　会计引擎的基本原理

2. 算法交易

算法交易是在无人为干预的情况下，利用软件根据预先设定的交易标准（如时间、价格、交易量等）下达交易订单的过程。通过机器学习，算法交易可以分析历史市场行为，确定最佳市场策略，实现交易的智能化。

3. 财务风险管理

机器学习为风险分析与预测提供了解决方案。它不仅可以描绘公司的真实财务状况，还可以预测外汇市场、银行流动性、通货膨胀和其他金融风险，为处理与预测财务风险提供强大的支持。许多单位和金融机构已使用这一系统辅助财务决策流程及风险防范流程。

4. 供应链管理

机器学习能够赋能供应链管理的各方面，如需求预测、市场趋势、贸易促销和新产品评估等。目前，人工难以实时高效评估不断变化的市场模式及其波动，而机器学习可以通过不断的训练，为业务决策提供信息与实时预测的结果。

技术创新

人工智能信用风险评估系统

由于买卖双方的不确定性和交易风险的存在，信用风险在经济领域一直非常重要。2016 年 7 月，百度与美国热情金融公司（ZestFinance）合作开发了人工智能信用风险评估系统。该系统将机器学习与大数据分析结合，核心是利用人工智能挖掘大数据并开发信用评估模型，通过分析搜索方式、网页浏览习惯与客户行为模型等 21 个风险因素，确定个人信用等级并判断是否发放小额贷款等。

资料来源：https：//www.m.huanqiu.com/article/9CaKrnK0IIw.

新加坡华侨银行：风险管理智能专家系统

基于人工智能的智能专家系统，为预防金融风险提供了一个快速、完善的解决方案。2016 年 10 月，新加坡华侨银行运用机器学习技术，大大提高了预测金融犯罪风险的准确率。通过人工智能技术“过滤”过去一年的企业交易大数据，同时将企业交易活动进行风险分类，可以提高辨别可疑交易风险的正确率。人工智能可快速处理巨量交易信息，准确评估金融交易风险，帮助企业制定科学的风险防范决策。人工智能不将每笔交易视为单独的活动，而是通过分析金融交易市场中的各项指标，如产品、客户与风险等，从这些相互关联的指标中找出反常的交易行为。

资料来源：https：//www. pe. pedaily. cn/201611/20161122405709. shtml.

六、流程自动化

你是否使用过“按键精灵”等软件来自动对鼠标和键盘进行操作，实现连续点击、连续按键与组合点击等功能？事实上，这就是流程自动化的最基本应用之一。

最常见的流程自动化是机器人流程自动化（robotic process automation，RPA），又称为数字员工（digital labor），指通过使用用户界面层中的技术和功能，模拟并增强人与计算机的交互过程，完成基于一定规则的可重复性任务的软件解决方案。具体地说，RPA 技术能通过预设的程序模拟人类在电脑上的键盘录入、鼠标移动、触发程序等操作，从而高效率自动完成一系列标准化工作，例如读取邮件、对账、生成报告等。

（一）RPA 的特点

（1）自动化处理与执行。RPA 能通过编程语言代替人工进行自动化任务处理，实现 7×24 小时不间断工作，降低了人力成本。

（2）基于明确的规则。RPA 的执行需要有基于明确规则的脚本，适用于可被数字化指令触发的流程，能更好地减少人为失误。

（3）非侵入式。RPA 可以嵌套在其他软件中运作，不会侵入和改变企业原有的 IT 系统，因此更具稳定性。

（4）模拟人的操作及交互。RPA 机器人可以模拟人的日常基本操作，例如鼠标点击、键盘输入、复制、粘贴等。

（5）跨系统协同。RPA 可以打通系统间的数据，通过触达 ERP、CRM、Excel 等软件自动进行数据收集、提取、生成报表等操作，实现系统互联和业务线自动化。

（6）开发简便。相比于传统软件，RPA 具有开发周期更短、设计更加简单的优势。RPA 的开发不需要集成不同的系统，也无须使用复杂的编程语言，即使是普通业务人员也可以通过图形界面简单地开发 RPA 机器人。

（二）RPA 的主要功能

（1）数据检索与记录。RPA 可以跨系统进行数据检索、数据迁移以及数据录入，比如自动访问内部和外部安全站点、自动开票和生成会计分录。

（2）图像识别与处理。借助 OCR 技术等外部图像识别工具，RPA 可以识别信息并将其加工成能够结构化的数据，在此基础上根据预设规则检查和分析其中的文字，比如对发票信息的识别。

（3）平台上传与下载。RPA 能按照预先设计的路径上传和下载数据，比如自动接收和下载邮件、自动下载银行账单等。

（4）数据加工与分析。RPA 可以对获得的数据进行检查、筛选、计算、整理、校验和分析，比如自动对账并进行差异分析等。

（5）信息监控与产出。基于预设的规则和判断流程，RPA 可以进行分析和决策，出具标准报告，分配与交接工作，并自动向关联各方发送文件与通知等。

在实际应用场景中，RPA 往往承载了多项功能（见图 3－10），以共同实现某一流程的自动化。

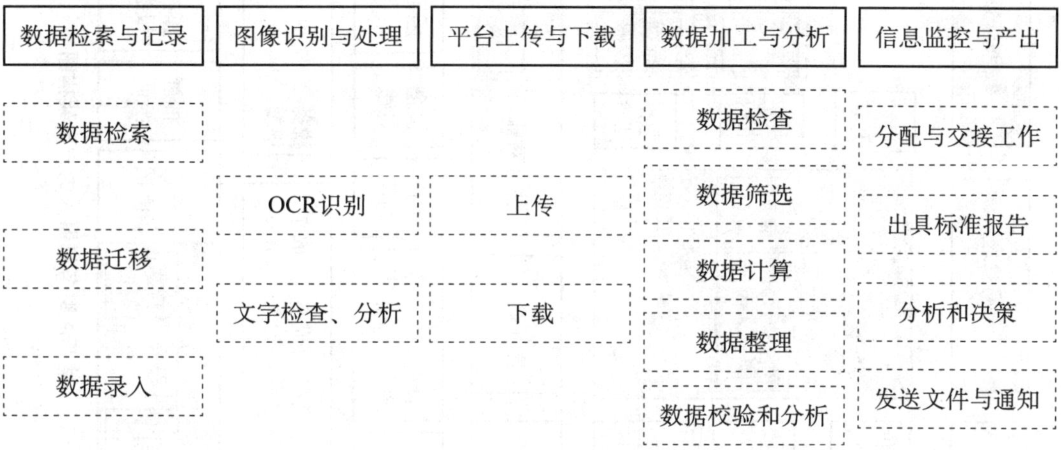

图 3－10　RPA 的功能

（三）智能流程自动化

传统的 RPA 和人工智能在一定程度上替代了人工劳动，但二者在原理上有较明显的区别：RPA 主要依靠固定、明确的脚本执行命令，并进行重复、机械性的劳动；人工智能则是让机器像人一样思考，在解决问题时注重机器的自主学习能力与认知能力，以帮助人们完成预测、规划、调度、决策等任务。

但是，如果将 RPA 和人工智能结合，利用 RPA 能够解决流程性重复工作优势的同时，辅以人工智能技术，就有可能解决其应用场景固定、执行模式单一、开发学习成本较高的问题。业界的前沿探索中，已经出现了将 RPA 与人工智能结合的智能流程自动化（intelligent process automation，IPA）技术。这种技术克服了传统 RPA 难以处理复杂、非结构化、具有不确定性等问题的缺点，扩展了传统 RPA 的覆盖范围，进一步提升了流程自动化技术的使用价值。图 3－11 展示了一种 IPA 财务机器人的方案架构。

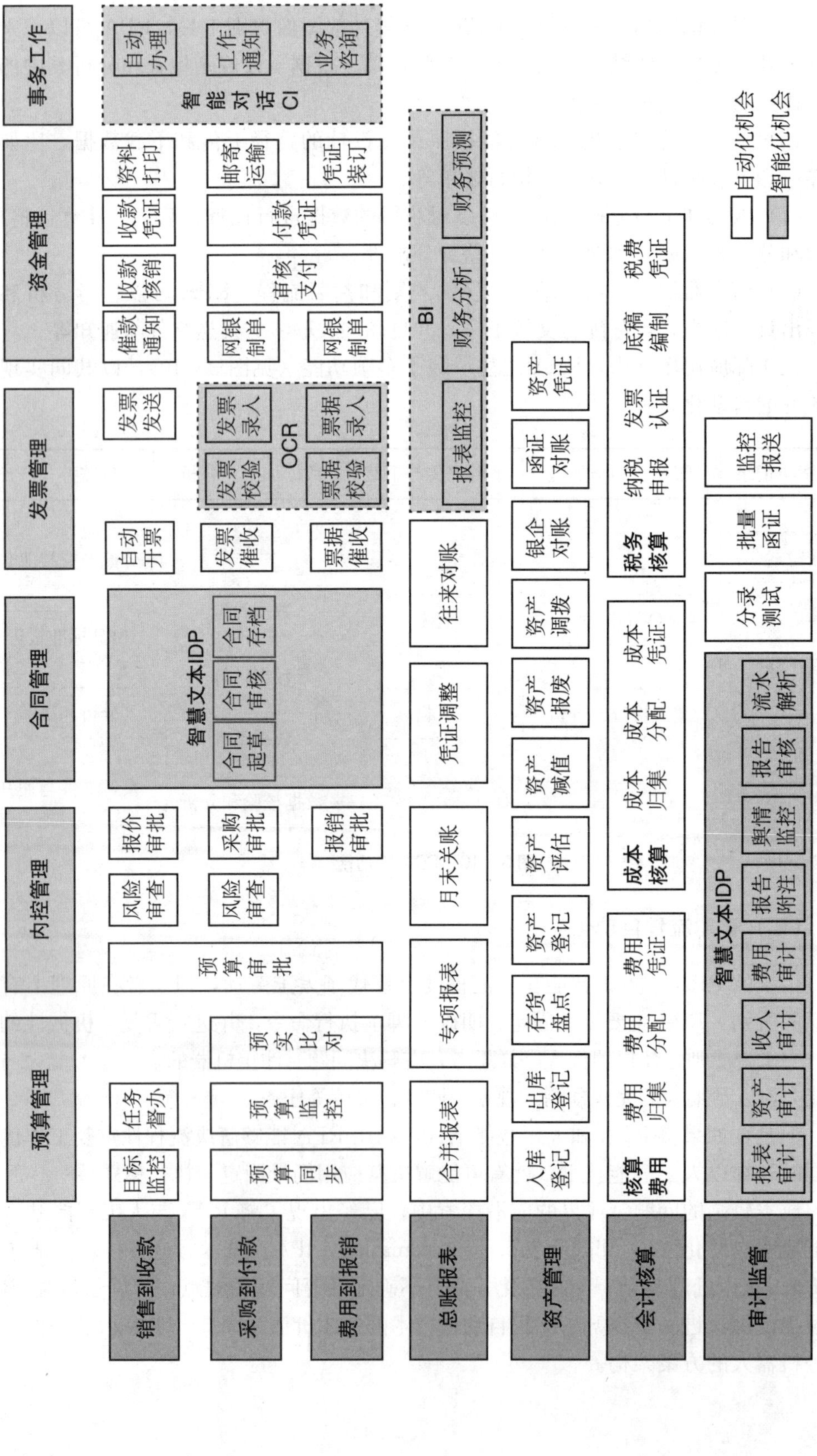

图 3-11 某 IPA 财务机器人的方案架构图

（四）RPA 在财会工作中的应用

财务机器人是 RPA 技术在财务领域的具体应用。对于现有的 RPA 使用者来说，使用 RPA 的驱动力主要是对成本和工作效率的考量。

传统 RPA 的应用场景需要符合两大要点：大量重复、规则明确。而财会工作中存在许多类似场景：流程清晰且固定，规则较为明确的月度结账、凭证自动转账、资产折旧计提、内部交易对账等工作；传统方法下要耗费较大的人力和时间成本，且可能伴随很多人为错误的数据录入、核对、发票登记等工作；以及同时满足这两大要点的费用报销、采购付款、出具报表、税务管理等综合性工作。这些工作都非常适合应用 RPA 技术进行自动化，以提高工作效率和工作质量，让财务人员从繁重枯燥且低价值的事务中解放出来。

进一步地，对于 IPA 而言，通过结合 RPA 与人工智能技术，还可以承担合同起草与审核（自然语言处理）、票据校验与录入（OCR）、财务分析与监控（机器学习）、交互对话与咨询（自然语言处理）等工作。IPA 是 RPA 在数智时代的一个重要发展方向，其后续开发和大规模应用有待进一步探索与实践。

中国企业实践

京东：自动录单 RPA

京东 RPA 已能承载京东商城“6·18”“双十一”等电商大促业务场景，能够全面接管京东及各商家重复度高、耗时多、易出错的人工操作。在京东集团内部，RPA 为京东零售、物流、数科等业务板块提供了场景化的服务。

比如物流售后环节，京东采用了自动录单机器人。当用户在京东下单后，京东物流自动将商品售后单据发送给供应商，用户可以与供应商联系。然而，京东的供应商和用户信息十分繁杂，依靠人工进行售后单据分发将耗用大量的人力成本。在采用自动录单机器人后，回单效率是之前的 15 倍。过去每天只能完成约 400 个回单，在采用 RPA 以后效率提升，每天能完成 6 000 多个回单。

资料来源：https：//www. developer. jdcloud. com/article/1269.

第四节 智能财务算力技术

算力技术主要强调提高计算设备的计算能力，在智能财务领域，云计算技术具有广泛的应用。

你是否体验过云游戏？与传统的电脑游戏不同，云游戏玩家在打游戏过程中，会将键鼠等设备的操作发送给云端服务器，由其进行相关运算与处理，并将游戏画面以视频的形式返回，实时在玩家的显示器上播放。通过这种方式，即使配置较差的电脑也能流畅运行一些大型游戏，而其背后的原理就是云计算。

云计算的概念于2006年8月在搜索引擎大会上被首次提出。美国国家标准与技术研究院（NIST）对云计算的定义为：一种可以实现无处不在、方便快捷、通过网络按需访问的可配置的共享计算资源池模型，资源能够快速供应并释放，管理资源的工作量和与服务提供商的交互减少到最低限度。

就其本质而言，云计算就是将原先需要线下处理的工作转移到“云”上，通过集中的算力来解决，而这里的“云”就是计算资源共享池。云计算系统集中了大量的计算处理资源，利用内置的各种软件来进行自动化处理，只需相对较少的主体参与，便可以得到高效的数据处理结果。

企业财务分析的情景可以反映传统算力与云计算提供的算力之间的差异：如果某企业以月为周期进行财务盘点，为完成盘点而购置了某些设备，但在除盘点日外的其他时间段，这些设备都处于闲置状态，它们的价值会在各月中产生折旧摊销，产生较大的浪费；而在云计算的理念中，企业可以向云计算系统的资源池租借该服务，并仅在需要使用时支付租赁费用，而不需要实际购买这种设备。因此，云计算能够提高设备的利用效率，减少不必要的资源闲置。

一、云计算的特点

云计算具有资源池化、服务弹性、安全可靠等特点。

1. 资源池化

云计算系统的算力来源不仅限于单一的物理资源，而是源于资源池。“池化”即利用软件平台将物理实体的计算设备封装成虚拟化的计算资源，从而为企业提供算力的过程。这种虚拟化能够突破以往传统算力设备在时间、空间上的局限，提升计算的适用性，使得计算资源的选择与调用变得更加灵活。

2. 服务弹性

云计算资源的可利用程度是有弹性的，并不限于使用者自身持有设备的实际算力。企业在利用云计算时会按照自己的实际使用需求按需租用，一般云计算服务的收费也都以使用量为基础。跟购买设备相比，云计算租用资源的支出更平滑，也会更适合企业的真实需求，减少不必要的资金浪费。

3. 安全可靠

云计算的计算资源都集中存储在大型互联网数据中心，它在安保、基建等方面比大部分企业自己持有的设备更为安全稳定，因此能为服务租用者提供稳定的持续计算服务，避免计算中断给企业造成损失。同时，云计算的技术团队能为资源租用者提供更成熟的技术服务，而且自身分布式的布局架构也可以更好地保护计算资源和客户信息不被恶意利用者损害，安全可靠。

二、云计算的核心技术

云计算的核心技术包括虚拟化技术、数据存储管理技术、节能技术等。

虚拟化技术是云计算的核心，云计算系统的基础设施源于虚拟化技术。各种实体的异构硬件设备通过虚拟化，可以归集为统一的虚拟资源池，成为云计算服务商的算力来源，为上层的云计算和云平台提供支撑。

云计算在运行中需要对数据进行存储、处理和分析，因此，高效的数据存储管理技术也是云计算的核心要素。云计算中的数据存储管理技术常采用分布式的存储方式，能够进行高效的读取与压缩，降低系统的运行负荷。

同时，云计算还是一种集中化的数据处理模式，因此集中的数据中心很可能需要承担巨大能源消耗。基于此，云计算服务商会利用服务器整合、数据副本管理等节能技术降低系统能耗，在不影响运行速度的同时合理降低自身的运行成本。

三、云计算的分类

根据云的归属，云计算可以分成公有云与私有云两类。公有云是将虚拟化和云化的软件部署在服务商的数据中心内，租用服务商所提供的算力服务以满足自身的需求。私有云则是将虚拟化和云化的软件部署在使用者自己的服务器和数据中心内，需要承担较高的初期建设成本，但后续的日常支出更少，安全性更强。

然而，部分企业既希望获得私有云所提供的高安全性服务，又希望获得公有云提供的庞大的计算资源和敏捷的运作效率，于是出现了“混合云”这种将公有云与私有云结合的新模式。混合云通过结合多个公有云和私有云，创造出了兼具两种云的特点的云环境，并根据不同的需求选择适合的云来使用。这种模式具备经济与安全的双重优点，受到广泛推崇，但其管理流程也更为复杂。

四、云计算的服务类型

市场上的云计算服务提供商的业务范围包括弹性计算、数据存储、网络安全、物联网和云通信等，几乎覆盖了企业所有的商业需求，能够满足各行业、各层次的算力需要。按照服务业务的差异，我们又可以将云计算服务商按所提供服务的层级依次分成 IaaS、PaaS、SaaS 三类（见图 3-12）。

IaaS（Infrastructure-as-a-Service，基础设施即服务）是云计算提供的主要服务，它向个人或组织提供虚拟化计算服务，例如服务器、存储、网络等，提供的服务层级较低。

PaaS（Platform-as-a-Service，平台即服务）是为开发人员提供互联网应用程序的运行与开发环境以及应用开发组件的服务，具体包括数据服务平台、流程服务平台、开发服务平台等。

SaaS（Software-as-a-Service，软件即服务）是为企业提供信息化所需要的所有网络基础设施及软件、硬件运作平台，并负责所有前期实施、后期维护等一系列

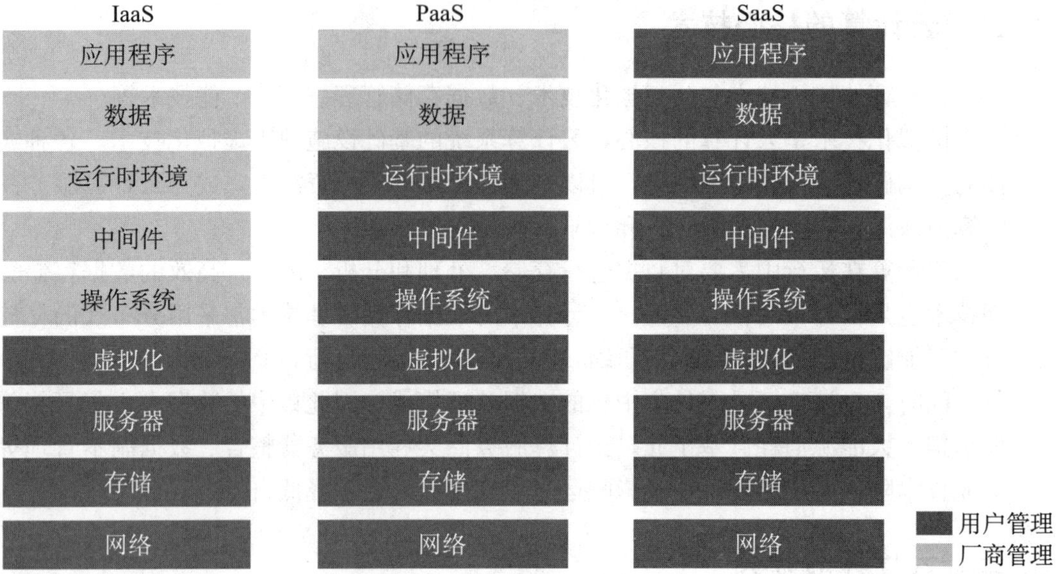

图 3-12 云计算服务类型

服务的模式，它直接为企业提供各类应用软件等实际解决方案。

五、云计算技术在财会工作中的应用

在实际应用场景中，云计算往往随着云平台一起出现。通常，企业会将云计算的算力嵌入整个云平台的建设中，并伴随着区块链、大数据等其他技术的辅助性支持，为各类型企业或机构的运行提供算力支撑。目前成熟的应用包括工业云、政务云、金融云、医疗云等。

对财务领域而言，企业可以利用云计算构建财务云平台，利用自身虚拟化的资源池实现财务资源共享，减少财务人员岗位与软硬件系统的重复设置，利用云平台将不同地理位置的服务功能与机构实现云共享，从而降低企业的运营成本；同时，企业也能够运用财务平台进行决策预演，利用更精准高效的计算结果对企业的运营决策做出预测与规划，减少潜在的财务危机等风险，提高财务稳定性。

具体地，对于企业的财会工作而言，在云计算平台部署相关的自动化软件，能够简化企业的账务记录与核对工作，自动记录已经发生的业务，减少手动入账的时间。此外，由于云计算系统中的财务数据时效性强，审计线索完备，企业也能利用云计算在核算时通过反向分录进行纠错，实现高效率的账目追溯等内部审计过程。

中国企业实践

金蝶云服务平台

金蝶作为开发云服务平台的先驱者，一直在尝试利用云计算为各类企业提供新型的财务服务，陆续推出了云·苍穹、云·星空和精斗云等云平台，为不同的企业提供云服务。云·苍穹是为自主可控的大企业提供服务的企业共生平台，可以为大企业提供完整的SaaS服务和PaaS服务，不仅可以协助企业实时处理业务和分析数据，还能够帮助企业制订供应链管理、库存管理、销售管理等各领域的智能化应用方案。云·星空面向的主要是多组织、多利润中心的大中型企业，可以利用云计算的资源整合技术实现多组织的财务集中管控，实现多组织的业务协同。而精斗云是金蝶利用云计算技术为小微企业提供SaaS和PaaS服务的云服务平台，具体可以为其提供财务云、税务云、进销存云等SaaS服务；同时也可以为小微企业提供全面的API，提供轻量级PaaS平台服务。

资料来源：https：//www. heshuyun. com.

YonBIP财务云

用友公司于2020年8月发布了战略级新品——YonBIP用友商业创新平台，其中的YonBIP财务云能够为用户提供各种财务服务（见图3-13）。该财务云系统内部采用了云计算技术，可以为企业在集团内部建立起统一的核算系统，例如财务共享平台和中央财务仓等，为企业提供营销、采购、供应链等多方位的业务服务，将原先分散化的财务工作集中到独立的财务中心完成，提高企业内部的业务效率。鞍钢集团等都在使用其提供的云服务。

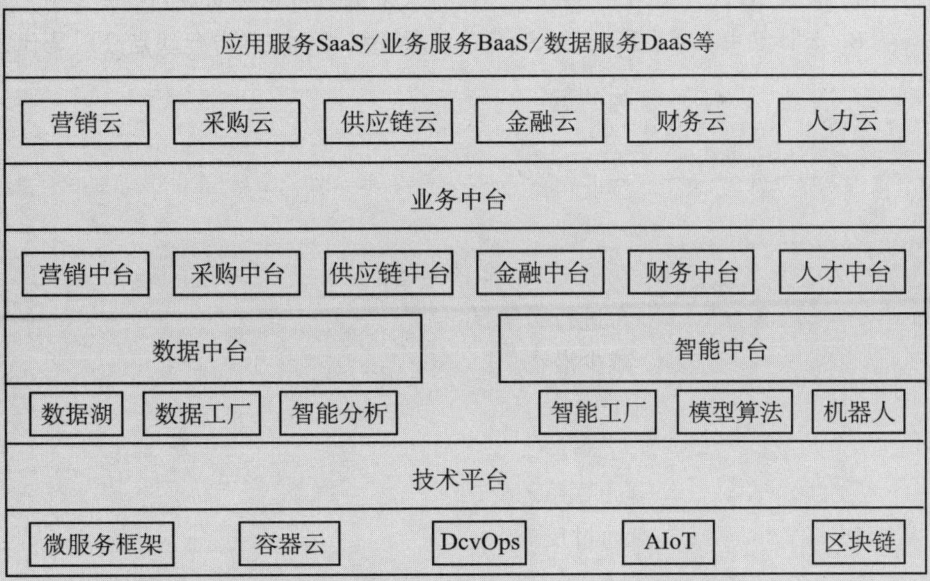

图3-13　YonBIP财务云架构图

资料来源：https：//www. yonyou. com.

关键术语

数据—算法—算力	大数据	物联网
区块链	数据可视化	人工智能
流程自动化	云计算	

思考题

1. 谈谈数据、算法和算力三者的概念与相互间的关系。

2. 谈谈大数据的特点，以及大数据与其他技术的关系。

3. 区块链在财会工作中的应用有哪些？其应用价值是什么？面临的阻碍有哪些？

4. 物联网主要有哪几种功能？物联网在财会工作中有哪些应用？

5. 数据可视化的流程可分为哪三个步骤？每个步骤的功能是什么？

6. 人工智能在财会中的应用主要包括哪些关键技术？这些技术分别能解决传统财务领域的哪些问题？

7. 谈谈 RPA 与 IPA 的关系。你认为未来 IPA 在财务领域还有哪些应用前景？

8. 云计算中 IaaS、PaaS 和 SaaS 三种服务模式的差异与优缺点分别是什么？

第四章 财务会计智能化

知识点脉络图

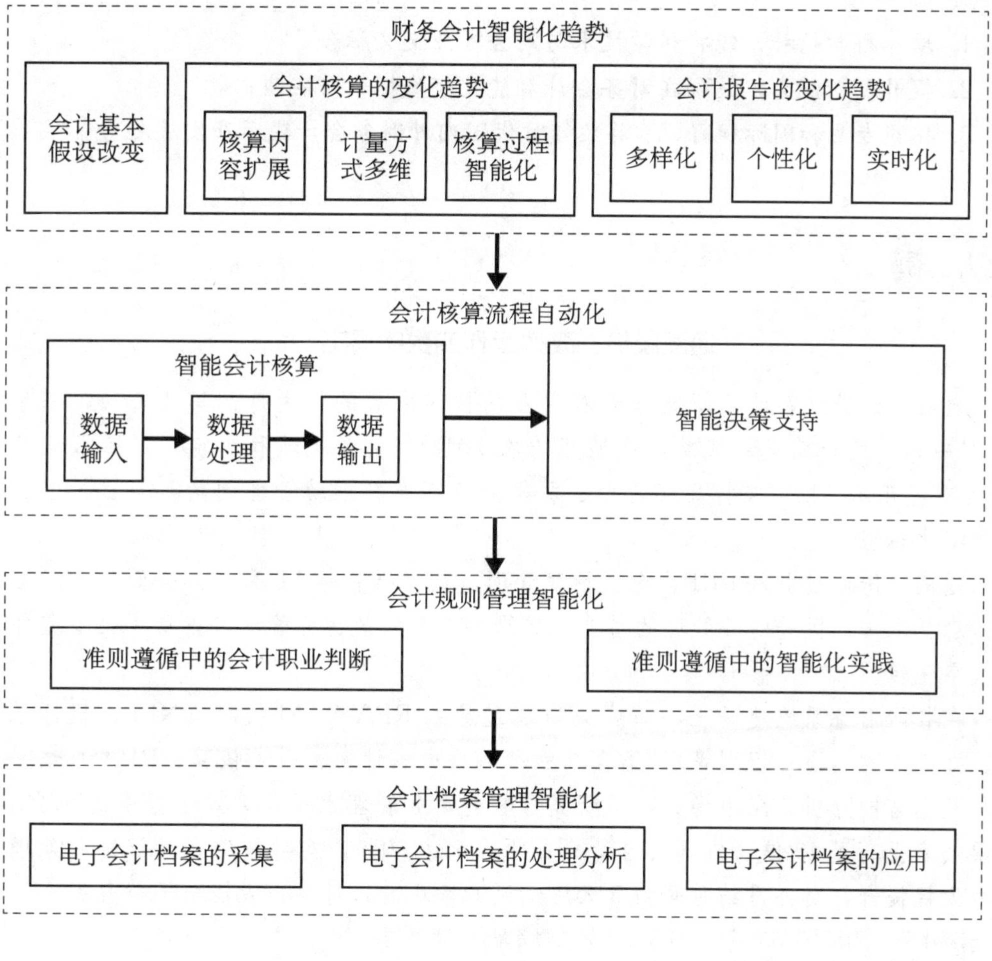

学习目标

1. 了解财务会计智能化趋势及前沿问题；
2. 掌握当前智能技术在财务会计数据输入、数据处理、数据输出过程中的应用；
3. 理解准则遵循中的智能化实践；
4. 了解企业在财务会计领域的智能化实践。

素养提升

1. 培养科学精神，能将科学技术与财会专业交叉融合；
2. 提升创新能力，鼓励在财务会计智能化领域探索与实践；
3. 拓宽专业和国际视野，了解数智时代国内外财务会计变革及发展趋势。

引 例

通威股份：高效运作的数字员工

通威股份是以农业、新能源为双主业的快速发展的大型跨国集团公司，基于“渔光一体”的长期发展战略，通威股份在2018年重新梳理和制定了通威股份的IT战略，开始了以“支撑战略转型、引领业务变革、推动管理创新”为目标的企业数字化转型。

通威股份通过引入ERP、全面预算管理、数据智答等IT系统，全面提升了会计信息化水平，促进财务管理的智能化转型和业务绩效达标管理，推动了企业整体的数字化转型。

在智能财务系统建设上，通威股份通过导入RPA和AI技术（NLP、机器学习、知识图谱和语音识别等），结合全面预算、成本计算、财务核算、RPA月结平台和数据智能分析等应用场景，不断提升智能财务管理水平，绩效达标率达97%，开票效率提高了49倍，机器人自动检查项占比达90%，对异常的自动识别和处理能力大幅提升，财务月结时间由5天压缩到6.5小时，可以当天输出损益表等。

资料来源：智能财务研究院．2021年中国智能财务最佳实践案例汇总.

在上述引例中，通威股份以数字化转型为目标，通过引入多种智能技术手段，例如RPA和AI技术等，不断提升财务管理的智能化水平，大大提高了绩效达标率、开票效率、对异常的自动识别和处理能力等。这反映了数智时代财务会计中越来越多地应用数字化工具和技术来提升效率和效果。例如，智能财务系统可以帮助企业提高数据准确性、降低成本并加快财务审批流程，从而为企业提供更高效、便捷和精准的财务服务。

第一节　财务会计智能化趋势

技术进步改变了财务信息的处理和利用方式，推动了会计核算和报告创新发展。例如，计算机技术和软件系统提高了财务报表的准确性和可靠性，数据采集技术和云计算能够推动实时会计实现，区块链技术可以提高财务数据的安全性和透明度等。财务会计需要适应数智时代的需要和挑战，充分利用技术工具和创新方法，为使用者提供更为可靠和及时的财务信息，提升并扩展财务会计的职能和价值。

一、会计核算的变化趋势

财务会计的目的在于提供可靠且相关的财务信息，以满足使用者决策和评价管理层受托责任的需要。由于会计确认和计量的自有技术性限制以及新技术带来的影响，部分资产往往因不能满足确认计量的基本条件而被排除在财务报表之外。部分资产虽然得到确认，但并不能被合理计量，所提供的信息也难以帮助使用者做出正确决策。事实上，在过去数十年中，财务信息对决策的相关性受到广泛的质疑，与此同时，一些表外信息在决策中越来越重要。在新技术的影响下，未来财务会计在会计核算方面会进行演变，以更好地满足使用者的需求。

（一）核算内容不断扩展

在数智化发展过程中会产生新资产形式、新业务形式等，同时，随着企业业务活动不断多元化、复杂化，管理层需要更多的信息进行决策，这些将会对财务会计核算内容提出新要求。例如，企业在数字化转型过程中会形成大量的数据要素，数据要素对企业的重要性越来越大，如果不能有效核算这些数字要素，可能会对财务报告使用者产生误导。因此，对数字要素等新交易或事项进行合理核算是未来财务会计发展的一个趋势。此外，在数智时代，商业模式和技术不断创新，技术、人才、生态网络等在企业发展中体现出更关键的价值，这些信息对于利益相关做出决策也十分重要。

（二）计量方式更多维

大量有价值的会计信息无法在表内确认，其中一个重要原因就是难以选择恰当的方式对其进行可靠的计量。即使某些资产项目在财务报表中进行了确认，也往往不能反映其真实价值。目前的财务会计计量往往重成本而轻价值，尽管公允价值计量属性已经应用了很长一段时间，但多数资产和负债项目仍然是按照历史成本进行计量的。历史成本虽然具有可验证性、可靠性等优点，但无法解释资产的未来经济利益，该劣势在数字资产方面尤为突出。随着大数据技术的广泛运用，海量数据会提高会计人员对商誉、人力资源、数据等资产的经济利益的预测能力，准确度也会不断提升，这些资产在未来可以合理列入资产负债表，以历史成本计量的资产也可以转换为以未来经济利益流入的现值进行计量，表内资产与其实际价值的偏差会逐步缩小。基于不同使用者和使用目的，投资者对于相同项目可能从不同维度来计量，供投资者选择。

此外，会计追求形式上的精确，但精确并非准确，不准确的精确数据不一定具有价值。事实上，很多会计数据都是估计的结果，受条件局限，估计不准确的现象大量存在。大量有价值的信息无法在财务报表中进行适时的确认，例如人力资源、顾客满意度、竞争优势等等。对这些项目可以采用模糊计量的方式，甚至可以不用货币衡量，虽然这些信息并不精确，但这些信息对投资者决策的作用并不亚于财务报表上按照货币计量的其他项目。

（三）核算过程智能化

财务会计往往遵循标准的核算流程，并按照会计准则的要求进行核算。智能技术与财务会计的融合创新，能够推动财务核算的流程自动化运行，同时对于核算中的判断事项，能够智能化判断并处理。当然，随着核算自动化和智能化发展，以及数据的实时采集和分析，会计核算的时效性可以得到大大提升，甚至能够实现实时会计。

二、财务报告的变化趋势

随着人工智能、大数据在会计中深入应用，会计报表所展示的信息会发生巨大变化，未来财务报告的发展将趋于多样化、个性化和实时化。

1. 多样化

财务报表的多样化主要体现在信息披露形式的多样化。现行的财务报告是一种通用的财务报告，它主要以报表方式反映信息，但缺乏灵活性，难以满足不同信息使用者的要求。这将促使未来的财务报告披露形式从单一的表式信息向多模态的信息（如表式信息与图像、视频等信息结合）发展。以图像、视频等不同模态方式展示的信息直观明了，尤其是可视化技术，更容易为各类使用者所接受。

2. 个性化

财务报告的个性化是指财务报告能够根据报告使用者的不同需求而呈现不同的内容。具体而言，是指报告使用者出于不同的使用目的，在决策时可以依据自己的知识结构、决策模型、偏好来获取自己需要的、与决策更为相关的会计信息。例如，债务人可能更倾向于看到企业的资产状况，因此会选择以企业历史成本来衡量的资产信息，而投资者可能倾向于看到企业未来的盈利前景，因此会更多地使用未来的预测信息。财务报告的个性化主要体现在以下几个方面。

第一，分层次财务报告模式。财务报告可以分为以下四个层次：第一个层次是财务报告的核心内容，涵盖符合相关性、可定义性、可计量性和可靠性标准的全部信息；第二个层次是财务报告中涵盖所有符合相关性、可定义性和可靠性标准的信息，以及不能可靠计量的无形资产、知识资本等信息；第三个层次是财务报告中涵盖所有符合相关性和可靠性标准的信息，以及不符合可计量性、可定义性的衍生金融产品等信息；第四个层次是财务报告中涵盖所有符合相关性标准的信息，以及不符合其他三项标准的信息，如社会形象、市场占有份额、社会责任履行等非财务信息。分层次的财务报告模式可以有效防止因公允价值失真带来的决策失误风险，从不同层次满足使用者的个性化需求。

第二，交互式报告系统。交互式报告系统可以提高信息使用者的参与度，让利益相关方能够及时了解或监督财务信息，以提高信息的可靠性和相关性。交互式报告系统以通用的财务会计报告模式为基础，在满足信息可比性的前提下，按照信息使用者的使用需求构建交互式按需报告模式，平衡标准报告与按需报告之间的关系，从不同角度体现多样化报表要素、财务信息和非财务信息。

更进一步，会计可以尽可能提供与各种决策模型相关的经济事项的信息，由使用者从中选择对自己有用的信息，即将数据综合的任务交给信息使用者。交互式报告系统的建立也有助于解决财务信息相关性问题，极大地提高财务会计信息在决策中的作用。

3. 实时化

基于会计分期假设，传统的财务报告往往是定期提供的，以平衡财务信息需求和成本。随着财务信息决策有用性要求的增加，定期的信息披露远远不能满足使用者决策时对信息及时性的要求。定期财务报告主要受会计信息成本效益原则的约束，而现代信息技术的快速发展使得信息成本大幅下降，从而使得财务信息的日常披露成为可能，甚至可以实现实时呈报。

第二节 会计核算流程自动化

会计核算职能是通过确认、计量、记录、报告等环节，对特定主体的经济活动进行记账、算账、报账等，为有关方面提供会计信息（见图4-1）。

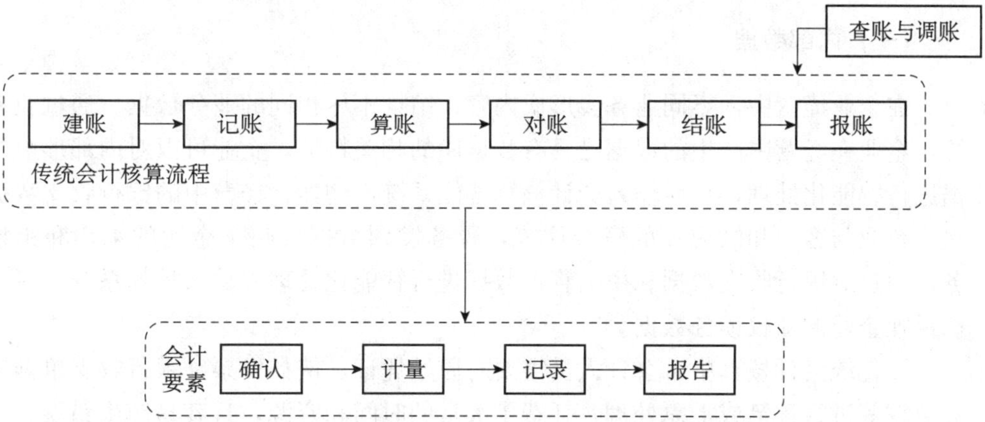

图4-1 传统会计核算流程

在智能技术的推动下，企业会计核算处理效率越来越高，核算结果也更为准确，为会计人员节省了大量处理重复性基础会计工作的时间，释放了财务创造力，为最终实现会计核算与报告的智能化创造了条件。

会计核算与报告的智能化，是指在大数据、人工智能等技术的支持下，通过智能会计核算系统实现会计信息处理的一体化，基于数据、算法和场景，在各业务系统整合的基础上，实现对会计信息的收集、确认、计量、记录与报告流程的优化，高效、准确地完成记账、算账和报账，为管理者决策提供可靠、及时、全面的数据和依据（见图 4－2）。

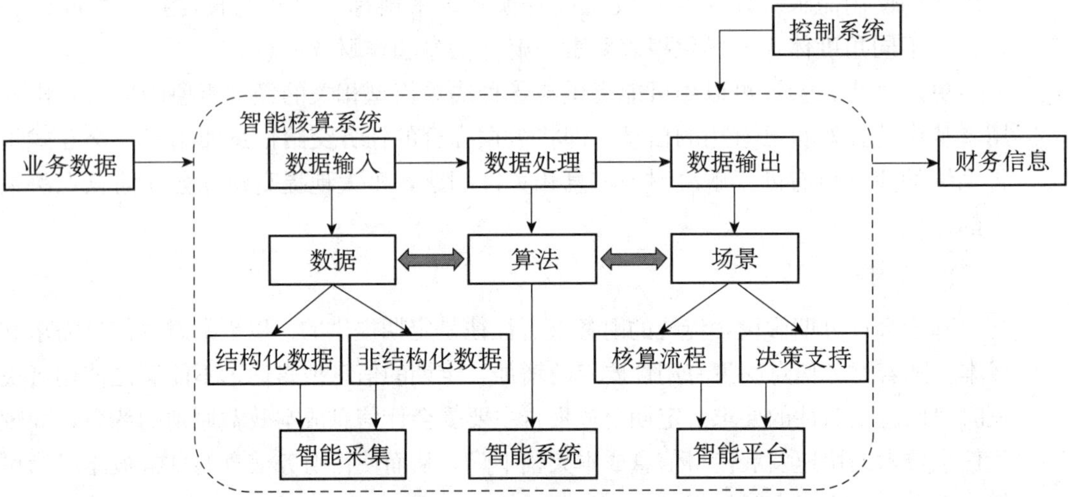

图 4－2 智能会计核算流程

一、数据智能化输入

在财务会计智能化变革下，不论是企业内部数据还是外部数据，在输入过程中能够借助智能技术实现不同程度的自动化。这些技术包括但不限于第三章中的物联网、OCR、RPA 等技术。

（一）内部数据

在企业经营中，不同业务会形成内容、结构不尽相同的业务数据。通过业务系统，企业在经营中产生的数据已具有数据库的相关特征，企业可以对内部形成的数据进行智能化处理，然后输入会计核算智能系统，例如，经营中的银行收支数据反映了企业与客户和供应商的资金往来，税务发票数据反映了企业的采购和销售业务，通过对银行收支数据和税务管理数据进行智能化处理并输入核算系统，可以准确反映企业的债权债务数据。

在传统会计核算中，会计人员需要对原始凭证，例如发票、银行收支单据及业务单据等进行逐笔或汇总处理，耗费了大量的时间和资源，且容易产生错误。在会计智能核算系统中，智能系统通过相应的数据接口或技术方法采集业务信息，将业务信息中的结构化数据、半结构化数据转化为核算系统中的结构数据库，并自动完成会计核算，实现智能化处理。例如，对于销售业务，系统可以结合生产数据和价格数据，在获取量、价的基础上，建立业务逻辑校验，在自动采集数据的同时也实现了对源头数据的风险把控，有效减少错误的发生。

对企业内部数据的智能化处理往往意味着需要对企业各个系统中的数据进行集成，特别是非财务数据的集成。如库房商品入库时，仓库管理人员需要核对入库实物，生成入库单等凭证和单据。会计智能核算系统通过集成库存管理系统、税务管理系统、资金管理系统的数据可以综合付款信息、发票信息和入库信息以判断采购业务情况，及时、准确地完成会计核算，生成财务信息。

因此，智能核算下的数据输入方式可以显著降低人为误差，并极大降低从业务信息到生成财务信息的时间间隔，随着目前无纸化办公条件的不断完善和成熟，智能会计核算下的数据输入优势更加显著。

（二）外部数据

用于会计核算的数据除了来自企业内部系统，还有来自系统外部的原始单据和凭证等。对于系统外部的数据，智能核算系统首先应将不同内容、不同性质的业务单据输入核算系统中，实现数据的结构化、信息的数字化，再进行相应的会计核算。在此过程中，物联网、OCR、RCA 等技术发挥了重要作用。

OCR 可识别纸质资料或单据信息并将其输入核算系统。以 OCR 技术应用于发票识别为例，OCR 技术可以自动识别发票承载的各类数据，将汉字、数字等翻译成计算机文字，并将所识别的数据输入数据库中。财务机器人还可循环批量识别处理，效率远超过人工逐张识别。

二、数据智能化处理

在财务会计数据处理过程中，其智能化往往体现在借助技术进行智能判断和核算、自动编制凭证以及对账簿进行智能化登记等。

会计引擎（accounting engines）在智能核算中起着十分重要的作用，会计引擎是用于采集、处理、输出会计相关信息的数据处理器，可连接数据库和其他应用系统，按照核算规则将业务信息转换成复式会计分录（见图 4-3）。

在传统的会计核算过程中，从业务数据到财务数据的转换依赖人工实现。随着大数据、人工智能、云计算和区块链等技术的革新与实践，会计引擎将逐步走向智能化，将业财融合推向新的高度，从而驱动企业完成数字化转型。

推动会计引擎智能化的关键技术为机器学习。机器学习对会计引擎的智能化改造主要围绕记账凭证的生成展开，应用机器学习技术后，会计引擎将在大量历史数据的训练之下持续提升性能。机器学习的应用效果在于两个方面：一是通过对大量原始凭证图像和文字的学习过程提升智能会计引擎对业务信息的识别能力，使财务人员在记账时不再基于经验判断来选择会计科目，在最大程度上实现自动化记

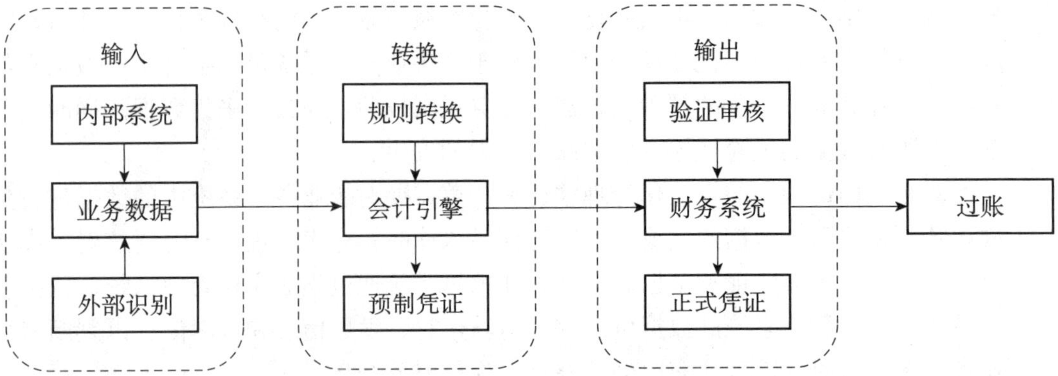

图 4-3　会计引擎流程

账，提高记账的效率和准确性。二是不断改进现有记账凭证的转换规则，随着用于训练的业务数据量的增大，智能会计引擎内嵌的转换规则将处于持续不断的动态调整和优化过程中，大大增强了企业会计核算工作与相关业务的同步性和协同性，提高了会计核算效率（见图 4-4）。

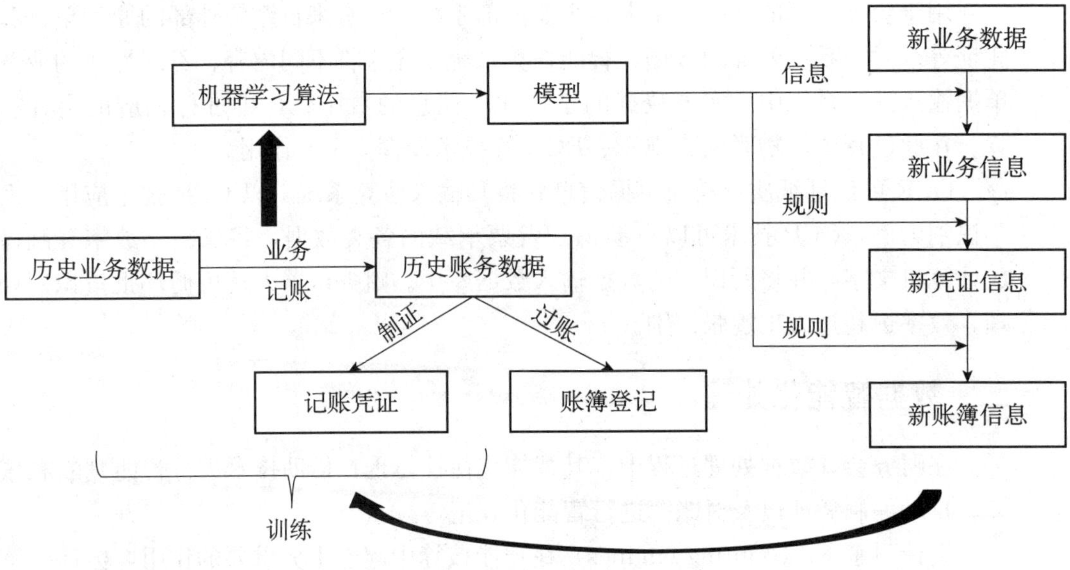

图 4-4　基于机器学习的智能会计引擎流程

三、数据智能化输出

数据输出是会计核算的最后一个环节，通过输入和处理的数据最终进行整合输出，形成的财务信息助力企业经营管理活动的开展，并为相关决策者提供支持。财务数据输出的典型场景即为报账，广义的报账是指在记账和算账的基础上，通过财务编制等方式将企业的财务及运营状况报告给相关人员或部门，具体而言，又可以分为对账和报账两个环节。智能技术在整个数据输出的数字化转型中发挥重要作用。

（一）对账

RPA 技术可以应用于对账流程中。RPA 技术的非侵入性让它可以在不影响其他系统正常运行的情况下完成跨系统工作，并且能够全天候执行常规任务。RPA 技术可以从不同系统中获取数据并自动进行格式转换，随后输入指定的模块中。RPA 机器人在数据采集中可以自动采集所需的账表和数据，并对数据采集过程进行详细、实时的跟踪，极大改善了传统账表核对过程中效率低下的问题。

（1）账表数据自动化提取阶段。RPA 机器人按照预先的规则设置自动登录财务系统或业务系统，使用计算机自然语言读取业务系统中相关业务单据，并结合自动读取的财务系统会计凭证及报表数据进行批量抽取和自动分类。随后，运用 OCR 技术、数据关联等机器学习算法处理业务单据，并与财务数据进行匹配，根据匹配结果从会计凭证及业务单据中抽调数据进行保存。如果发现数据项存在于财务报表中，但不存在于会计凭证或业务单据中，RPA 机器人则根据预设规则将其自动标记为异常项。该自动化流程与传统人工提取账表数据方式相比，不仅简化了操作过程、缩短了操作时间，还提高了核对效率。

（2）账表数据自动化核对阶段。RPA 机器人自动检查财务报表中的关键事项与相关总分类账期末余额的一致性，实现财务报表与会计账簿的数据对账；检查财务报表中的具体项目与相关明细账的发生额、期末余额的一致性，实现会计账簿与业务单据的数据对账。

对账的 RPA 操作，不仅可以实现财务报表与会计账簿、会计账簿与业务单据的双重对账，还能够实现企业业务部门与外部单位的数据核对。通过关联规则等算法，RPA 可以快速匹配不同格式的数据项，检查数据之间是否一致，并将核查结果进行自动反馈。例如，RPA 机器人在业务部门与外部往来单位、外部银行金融机构对账的过程中，可以自动将上述单位的数据项核对至会计账簿和业务数据，输出异常并更新（见图 4-5）。

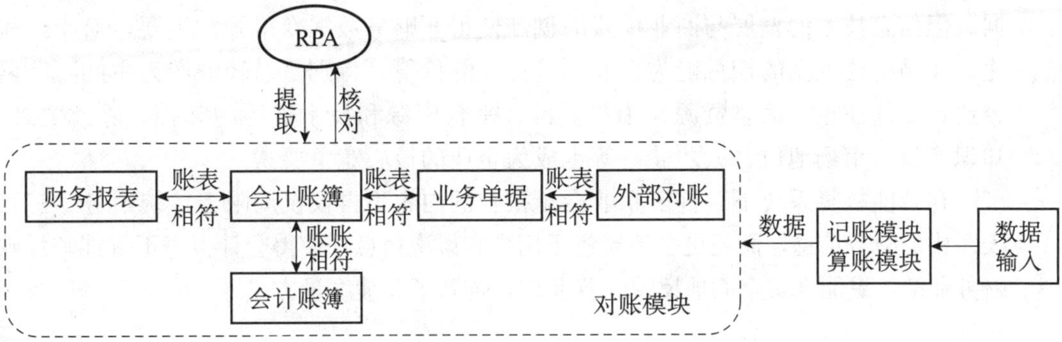

图 4-5 基于 RPA 的智能对账流程设计

（二）报账

会计核算中的报账流程是以财务报表的编制为目的，根据会计核算结果公允反映企业在某一时点或某一时间的财务状况、经营成果和现金流量。

1. 报表编制效率

会计智能核算系统降低了繁重的财务报表编制工作量，使得会计主体能够根据会计核算结果迅速、实时地生成财务报表。

技术创新

德邦快递：管理报表核算效率的提升

德邦快递在财务信息化建设过程中以快速出具财务合规性报告和管理精细化报告为核心，以财务核算共享为基础，建立集团财务管理与监控信息系统，实现数据集中、信息透明、管理高效。德邦快递从四个方面提升财务报表编制效率：一是基础资料系统对接同步，并一键分配；二是开发统一对外端口，归集业务数据自动生成凭证；三是内部往来核销业务自动化，涉及往来的业务在凭证审核后自动触发往来接收；四是合并报表自动处理，通过设置调度任务的方式实现个报到集团合并操作的自动化。

此外，德邦快递也运用智能技术从三方面提升管理报表核算效率：一是数据整合，系统所有数据通过系统对接取数，线下数据统一端口导入、提升业务数据的整合，从痕迹管理和数据质量方面提升财务核算工作质量；二是财务报表与管理报表科目分离，通过财务报表与管理报表的分离，减少管理报表手工还原和线下操作，提升报表出具时效性；三是新增管理报表利润中心，通过搭建管理报表的组织架构、凭证取数实现报表出具的灵活性。

资料来源：郭欣，谭敏诗．信息化技术在德邦快递财务管理中的应用[J]．商场现代化，2020（19）：181-183.

2. 报表编制内容

传统财务报表主要服务于工业时代的商业模式，着重披露会计核算的财务数据。但信息技术的发展与商业模式的创新使得非财务数据变得异常重要，对半结构化、非结构化数据的挖掘能为企业创造更大的价值，特别是以轻资产为主的互联网企业，更加注重对信息资源、用户资源、平台资源和技术资源的掌控。除此之外，知识产权、市场地位、人才储备等也成为企业的核心竞争要素。

在智能核算系统下，许多企业会计报告的内容不再仅仅局限于传统财务“三张表”中的财务信息，而是更多地聚焦于用户和渠道信息，使得会计报表不仅能够反映财务业绩，更能真实全面地反映经营业绩，创新了业绩度量方式。

中国企业实践

海尔：传统报表之外的共赢增值表

以海尔为例，财务报表更多地反映了“人单合一”背景下经营的实质——通过满足用户的个性化需求来获得用户对产品或服务的黏性。因此，在对业绩的度量上，海尔创新地使用第四张报表——共赢增值表，不但涵盖了传统财报评价体系中的利润指标，更突出了用户资源的重要性，强调对用户及用户转化收入的度量，聚焦于用户向交互用户、交互用户向终身用户的转化。

表 4-1　海尔共赢增值表

项目	本月	上月	同期
1. 用户资源			
一体验迭代			
一预约预售			
一用户创客			
2. 用户增值分享			
一利润			
一硬件利润			
一生态利润			
一增值分享			
一平台分享			
一生态圈分享			
一资本分享			
一用户分享			
3. 收入			
一硬件收入			
一生态收入			
一游戏竞技			
一直播			
一广告推广			
4. 成本			
一硬件成本			
一生态成本			
5. 边际收益			
一硬件边际收益			
一生态边际收益			

通过使用共赢增值表，海尔的财务系统发生了一系列变化。从关注企业内部到注重供应商和用户的价值；从关注产品、服务到注重生态的建立；从关注收入、成本到注重用户需求迭代升级；从关注传统财务数据到注重增值分享的衍生数据。在这些变化中共赢增值表自然地推动了管理模式的升级，各方共同向最佳资源利用效率、最优交互成果和最佳管理模式的方向演进。

案例来源：袁天荣，王霞．物联网时代企业数字化财务创新研究：以海尔集团为例［J］．航空财会，2021，3（5）：4-10.

3. 报表利用方式

企业的会计核算信息主要反映财务结果而较少反映产生的原因和过程。通过将智能技术应用于会计核算，能够提升企业的数据分析水平和时效性、精准性，有助于实现从基于成果的分析转向基于过程的分析，使得企业能够穿透财务报表后的业务获得，从而有针对性地进行管理、控制和决策。

智能核算系统的另一个显著变化是报表的实时化和可视化。在智能技术的支持下，企业从业务数据到财务信息的过程均由智能技术实现，报表的生成时间可大大缩短，业务数据的时效性得到增强。因此，智能核算促使阶段性定期会计报告向需求性实时会计报告转变，这得益于智能核算对各类数据准确、及时的系统集成。传统会计按照月报、季报、半年报及年报时间段报告，而智能核算系统可以随时随地生成报表，供需求者实时实现财务踪迹回溯，满足需求方各种目的和用途。

中国企业实践

华为：快速高效的智能财务报告

华为在智能核算的基础上，通过智能技术支持实现了报告生成的自动化和智能化，如图 4-6 所示。通过会计报告的智能化处理和生成，华为根据 170 多个复杂税则，管理全球 140 种货币和 1.5 万亿美元的现金流，实现在 5 天之内能够出具全球各维度报告。同时，通过实时技术，如数据透明、知识共享、信息实时、报告自助等，华为实现了在最需要的时间，以最正确的方式将最可靠的信息传递给前端业务员及各领域用户，全面把握经营状况及风险，最大化信息价值。

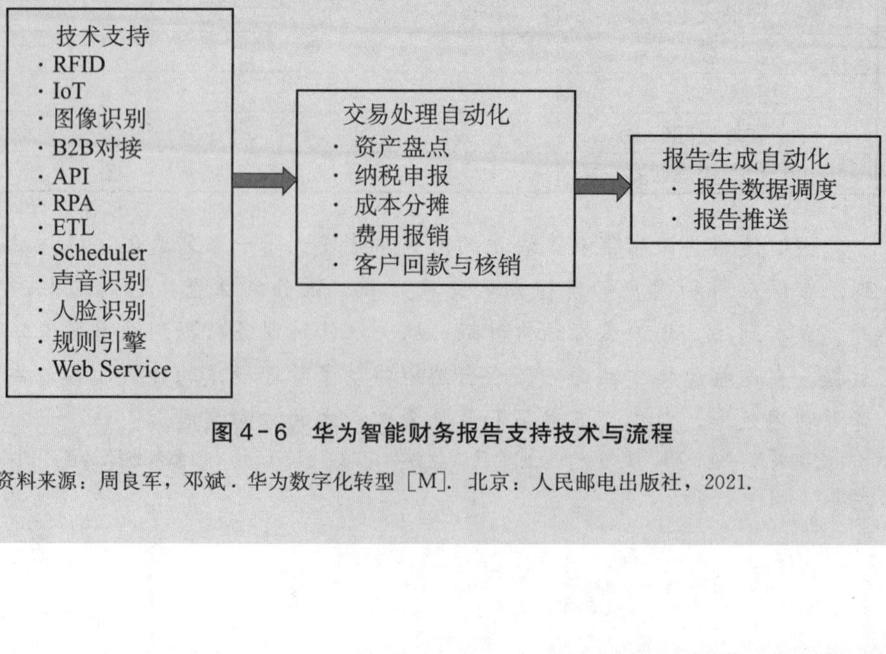

图 4-6　华为智能财务报告支持技术与流程

资料来源：周良军，邓斌. 华为数字化转型［M］. 北京：人民邮电出版社，2021.

第三节　会计规则管理智能化

一、准则遵循中的会计职业判断

会计核算流程自动化和会计规则管理智能化之间存在着紧密关系。通过自动化的核算流程，会计数据可以更加高效地收集、处理和汇总，而智能化的会计规则管理系统则可以确保核算流程的准确性和合规性。在二者共同作用下，会计人员能够更好地利用智能技术的优势，提高核算效率、降低错误发生的风险，并及时适应法规和准则的变化。这为财务会计提供了更强大的工具和支持，帮助企业做出更准确、更可靠的财务决策，推动企业的持续发展。

会计准则是企业进行会计处理所必须遵循的原则，新会计准则在政策选择和运用上给予企业较多的选择权，在具体操作执行中需要依赖会计人员的职业判断，对会计人员的专业能力提出了较高的要求。

会计职业判断是会计人员在会计制度、会计准则等相关法律法规的约束下，结合企业实际经营情况，运用所学的会计技能和知识，以公正严谨、客观诚信的原则处理会计实务，并如实编制会计报告的过程。正确的会计职业判断要求会计人员坚持独立性与客观性，在掌握会计理论知识的基础上，加深对宏观经济环境的了解，分析企业管理目标，深刻理解会计职业判断的内涵。因此会计职业判断一方面具有较强的专业性，另一方面具有较强的主观性。

从会计职业判断的内容来看，会计职业判断主要包括会计政策选择、会计核算原则、会计估计三方面。其中会计政策选择是指企业在会计核算中所遵循的具体原则以及所采纳的具体会计处理方法，即如何选择适当的会计政策，保证会计信息的真实性。例如长期股权投资的核算方法中成本法与权益法的选择与转换；投资性房地产关于成本模式或公允价值模式的选择；固定资产折旧方法的合理选择；无形资产寿命的确认以及相关资本化的条件等。在会计核算原则方面，一是谨慎性原则，即合理地估计各种风险和损失，对资产负债表中的项目进行准确的评估；二是实质重于形式原则，这对会计业务的核算、判断至关重要。在会计估计方面，主要涉及坏账准备的计提，固定资产使用年限和净残值大小的判断，无形资产、长期待摊费用的摊销，资产减值准备的计提等。

智能技术的应用一方面为会计确认与计量提供了新的路径，另一方面也为会计要素的确认与计量规则提出了新的要求。在会计确认与计量的过程中存在一系列的会计估计和会计判断，如图 4－7 所示：①从经济业务转为会计信息的初次确认和计量；②从记账凭证到编制会计报表的再确认；③对成本核算、固定资产折旧计提、费用分摊等的后续确认；④对资产减值等的会计确认和计量等。

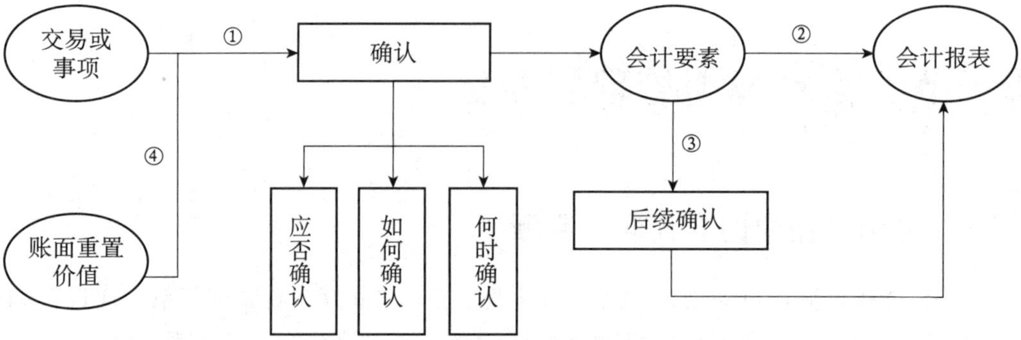

图 4-7 会计确认与计量过程中的估计与判断点

随着智能技术的进一步发展，财务会计系统中的各要素在传统会计的基础上发生了重大变革。会计准则遵循的智能化的关键在于各节点会计职业判断的智能化，主要体现为会计估计与会计判断的自动化和智能化，接下来借会计确认和会计计量的过程详细介绍智能时代下会计准则遵循的智能化进程。

（一）会计确认

传统会计中，会计人员在将经济事项向会计信息转化的过程中发挥了核心作用，此阶段经济事项的会计确认完全依靠人工对会计处理流程及规则的判断与执行。账务处理以纸质的原始凭证为起点，由会计人员对各部门的凭证进行汇总和审查，并编制相应的记账凭证。

在 ERP 系统中，会计确认主要通过预先设置的模板对经济事项进行“是”或“否”的直线式逻辑判断实现自动化。ERP 系统有效地整合了企业的业务流程、基础数据、控制制度、计算机软硬件及通信网络等环境要素，使企业成为一体化的管理系统，原始凭证得以在各个部门之间传递，会计人员无须再编制会计凭证，只需调取凭证进行审核以完成会计信息的转化工作。ERP 系统通过对记账凭证模板的预设置，即开发人员结合企业发生的经济业务设置若干符合企业经营的凭证模板，将企业的每项经济业务对应到一个凭证明细中，详细定义业务事件与记账凭证在摘要、借贷规则、会计科目、金额计算公式等凭证项目之间的逻辑对应关系。随着企业经济业务复杂程度的提高以及 ERP 系统自动会计数据转化程度的提高，开发人员需要在系统中预设更多的明细模板进行匹配。

神经网络能够通过非线性映射的能力以及机器学习能力，实现经济事项会计确认的自动化和智能化，会计信息系统成为企业价值链中的中枢环节。人工神经网络技术以网络节点模拟大脑的神经元，以网络连接权值模拟大脑的激励电流，使得计算机可以实现非线性映射而非直线型的逻辑判断。在人工神经网络的技术支持下，会计信息系统可以自动收集相关经济事项的原始凭证或协议，并将其储存于事件接收器中，通过人工神经网络的机器学习功能对企业的经济事项进行大量的训练，建立起业务数据输入与会计要素记录之间稳定的网络连接权值，同时新经济事项会对企业的事项库进行不断的补充与迭代，从而形成一个动态学习、不断更新的会计信息系统，实现通过神经网络模型进行会计确认的自动化和智能化（见图 4－8）。

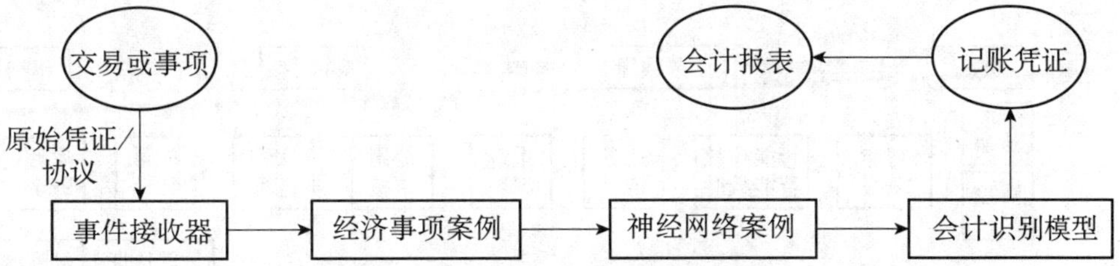

图 4－8 会计自动确认识别的原理图

中国企业实践

科大讯飞：员工费用的会计确认

长期以来，科大讯飞员工报销实践中存在痛点，例如依靠会计人员人工判断的长审批流程造成报销业务效率低下，异地报销处理不及时，降低了会计信息的质量。而在会计人员的人工判断中，发票核验和支出核验工作占据了大量时间。因此，企业为解决员工报销审批流程复杂、耗时长的问题，创新设计报账模式，在人工智能、机器人流程自动化等智能技术的加持下，员工的报销问题得到了有效改进，图 4－9 为科大讯飞对智能技术的具体应用。

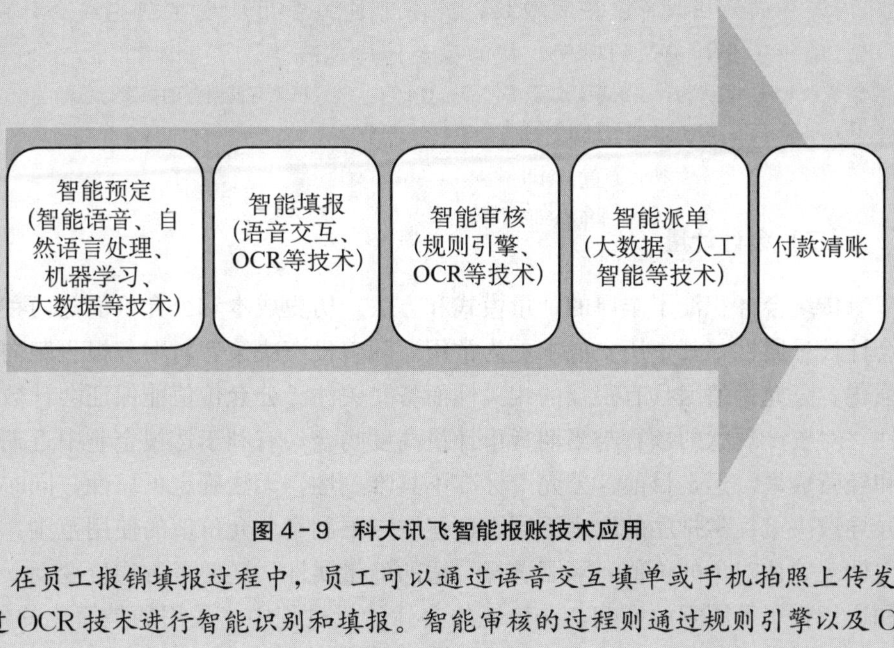

图 4－9 科大讯飞智能报账技术应用

在员工报销填报过程中，员工可以通过语音交互填单或手机拍照上传发票，通过 OCR 技术进行智能识别和填报。智能审核的过程则通过规则引擎以及 OCR

识别等方式推动单据审核自动化。科大讯飞自动化审核的单据已经达到60%以上，大大提高了审核的效率。

通过应用智能技术，科大讯飞重塑了员工费用确认流程，并从线上端和线下端重新梳理了完成会计核算的步骤，如图4-10、图4-11所示。

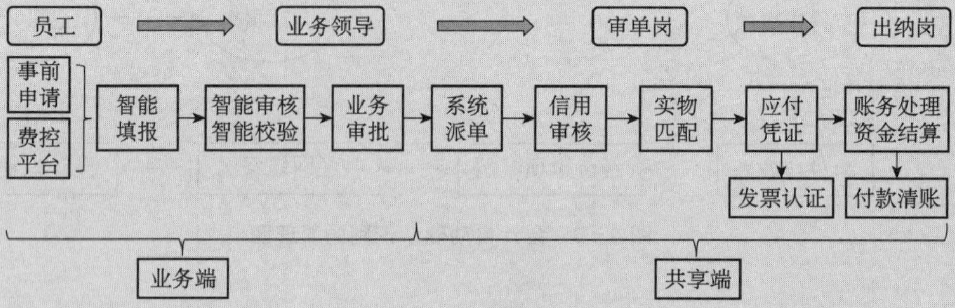

图4-10 科大讯飞员工费用确认线上流程

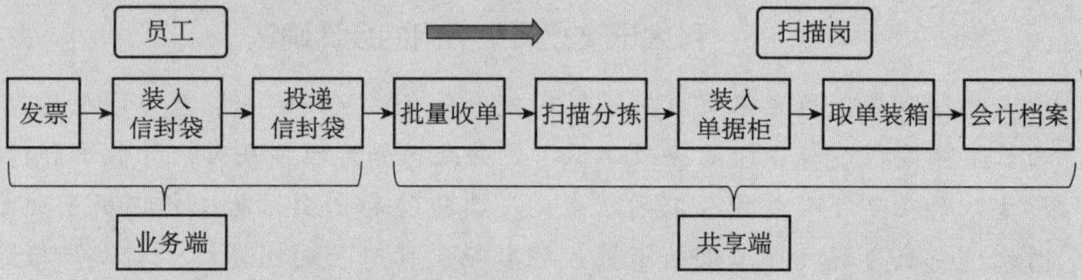

图4-11 科大讯飞员工费用确认线下流程

科大讯飞通过实行智能费用报销流程，提升了员工侧报销满意度，同时实现了财务侧的减压减负、提质增效，提高了员工费用从发生到完成会计确认的效率，缩短了会计确认的时间，提高了会计信息质量。

资料来源：段大为，王宏星，钱金平，等．AI+IT：科大讯飞智能财务的探索与思考［J］．中国管理会计，2020（1）：51-62.

（二）会计计量

传统会计积淀了丰厚的计量模式和方法，历史成本和公允价值是两种最基本的会计计量属性，其中历史成本更为常用。随着投资决策者对财务报告靶向性要求的强化，公允价值因具有很强的相关性而备受关注。公允价值能保证会计数据的相关性，对资产现状的核算与当期货币计量高度吻合，有利于透视企业中近期资产状况和经营成果。但是目前“公允”标准不具唯一性，无法确定可靠性，同时理解的差异导致决策优劣排序的取舍不同，这些缺点限制了公允价值的使用范围。此外，如何体现确认对象的价值，除了选择合适的计量属性，还要考虑物价变动、汇率变动和通货膨胀等因素的影响。在传统的会计计量过程中，采用的是简化的处理方式，对于以上因素并没有很好地体现。从计量单位角度来看，按照法律法规及会计准则的要求，传统会计用人民币记账，计量单位是元，资产、负债、所有者权益及会计科目都用“元”来计量。

对于公允价值计量属性而言，新技术提高了公允价值计量的可靠性和可操作性。大数据克服了公允价值计量存在的障碍，一方面获取数据方便快捷，各种渠道的数据可以相互对比印证；另一方面在信息源、技术手段、传播方式等的推动下，数据开放已是社会共识，这无疑使公允价值在人们的比较和市场流动中提高了透明度，从而增强了公允价值计量模式的可量化、可参照、可感知程度。例如，在对计量模式的选择上，区块链的协同共享机制可以使影响财务数据生成、处理、修改等不同阶段财务信息计量的因素被使用者清晰地观察到，系统基于时间序列和交易属性自动选择计量模式并计算科目余额，以全节点审核认可来确保财务信息准确完整。此外，物联网强大的计算和信息处理能力解决了传统会计中无法综合考虑会计环境因素变动影响的难题，提高了会计计量的准确性，使得会计计量同时考虑会计业务本身和会计环境的影响，计量结果将更为精准。从计量单位的角度来看，由于非结构化数据的比重越来越大，会计的计量标准将随对象不同而采用不同单位，计量单位可能随着业务重点、主体目的、产业特质而具象化，不再局限于国家主权象征的人民币“元”，可能扩展到物理常数、生物钟、长度、容量、时间、重量等多维度的计量单位。

二、准则遵循中的智能化实践

（一）会计确认的智能化实践

在收入的确认方面，智能技术的应用可以降低人工判断的参与程度，并通过输入企业其他系统中的数据和信息，自动完成对收入的判断和确认过程。收入确认的智能化流程如图 4－12 所示。

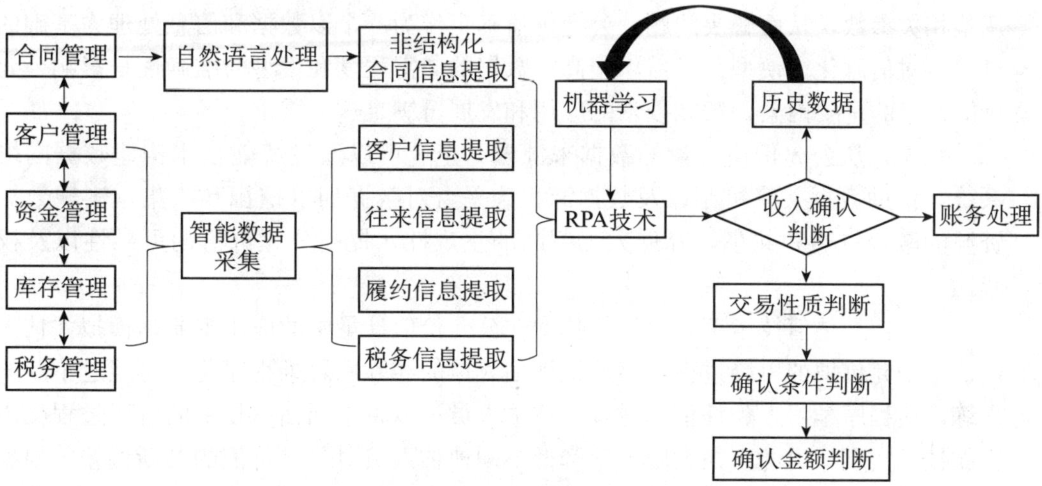

图 4－12 收入确认的智能化流程

根据收入准则，会计人员在收入确认中需要做出许多会计估计和会计判断，例如售后回购交易性质的判断、主要责任人或代理人交易特点的判断、合同对价的确定及分摊、预计产品退货的可能性和金额、预计产品保修的可能性和金额等。对于企业而言，特别是商品贸易类企业，需要进行判断的销售业务数量众多，智能技术的应用可以将会计职业判断的主体由“以人为主”转化为“以机器为主、人为辅”。

从收入的确认起点来看，企业的收入确认取决于若干业务信息。以企业内部系统为例，收入的确认需要合同管理系统提供关于合同条款的相关信息以确定交易的性质，需要客户管理系统提供客户的相关信息以进行准确的颗粒度核算，需要资金管理系统提供关于销售业务的赊销或现销信息以确定准确的交易金额，需要库存管理系统提供发货信息以确定收入确认的时间，需要税务管理系统提供关于相关税种的纳税义务发生时间并准确处理税会差异。因此收入确认是一个结合企业内部多个要素的综合性会计判断过程，需要对会计准则和业务交易有深刻的理解。

在智能技术下，收入确认的若干会计判断都可以由智能化的流程实现。智能技术首先可以实现数据采集的智能化，为确认过程提供数据支持。智能技术实现了基于特定标准和格式的数据采集，采集的数据分散在企业各个系统中，包含结构化数据和非结构化数据。对于非结构化数据，常用光学字符识别和文本分析技术进行视觉识别，用自然语言处理和语音技术进行听力识别。

对于交易性质、确认条件和确认金额的判断可以通过 RPA 技术和机器学习结合实现。在对数据进行采集后，流程自动完成条款分析以判断交易性质，并结合发货信息判断收入确认的条件是否满足，通过往来信息、合同信息和发货信息判断收入确认的金额是否正确。整个流程通过机器学习技术的自我学习与迭代不断提高收入确认的准确性。

（二）会计计量的智能化实践

智能技术通过算法建立模型，利用机器学习自行从庞杂数据中提取有用信息、调整相关参数，从而解决问题。公允价值确定作为一个以数据和信息处理为基础的过程，对信息化、模型化的需求很高。数据的丰富程度和模型的准确性是影响公允价值计量的重要因素，智能技术的应用和发展可满足这一需求。

首先，从公允价值计量的数据来源看，企业可以通过智能技术构建数据网络系统，借助数据共享机制以及数据源积聚平台对数据加以挖掘和收集，实现数据资源的融合贯通和共享，降低人工判断的主观性，提高公允价值的可靠性以及权威性。

其次，从估值技术上看，智能技术在公允价值计量中的应用本质是模拟评估人员评估公允价值的思维过程，然后把评估人员的经验和思维程序化，再经过不断的训练，使程序学习人类评估的过程。评估人员可以将不同估值技术的应用过程交由智能技术实现，由此来最大限度地降低不同评估人员对公允价值的判断偏差。根据会计准则规定，公允价值计量的估值技术主要有三种，分别为市场法、收益法和成本法。不同估值技术下的关键估值因素如表 4－2 所示。

表 4-2　不同估值技术下的关键估值因素

估值技术	关键估值因素
市场法	参照案例的获取
	可比因素的确认
	可比因素的修正
收益法	折现率的确定
	未来收益额以及获益年限的预测
成本法	重置成本的获取
	综合成新率的确定

以成本法为例，成本法是反映当前要求重置相关资产服务能力所需金额（通常指现行重置成本）的估值技术。重置成本的获取是一个广泛收集数据信息的过程，需要对市场资料和财务资料以及不同资产在计量基准日的相关参数进行收集。数据源多样复杂、时间跨度大等问题都增加了数据收集和处理的难度，在智能技术的应用辅助下，可以由计算机自行分析评估对象的基本信息从而给出其重置成本，降低了重置成本的获取难度。

此外，综合成新率的确定往往需要经验丰富的评估人员对评估对象实体各个主要部分和功能进行技术性和经济性的现场鉴定，并且对评估对象的市场发展前景进行分析。在综合考虑实体性贬值、功能性贬值和经济性贬值的基础上，对综合成新率做出判断。但是现场勘察往往需要耗费大量的人力和物力，存在评估效率低下的问题。中联评估研发出的“摩估云”App 为这一评估过程带来了便利，App 具有数据自动转换功能，可以自动将财务数据转换为评估数据，方便评估人员对数据信息的处理；同时具有协助评估作业的功能，可供现场人员勘察和访谈使用，它所支持的外勘数据自动导入功能可以帮助调查人员实时采集和回传现场资产查勘信息，大大提高了现场调查以及勘察的工作效率，并且可以根据勘察结果来自动生成评估报告和评估说明，在很大程度上减轻了评估人员的工作量。

（三）准则遵循中的专家系统

专家系统在进行账务处理的基础上进一步优化了会计处理中人机交互的体验。专家系统通过自然语言理解等技术使其可以使用文字、图像、语音甚至表情与用户进行沟通和交流，回答用户的各种提问。该系统表现出强人机交互的特点，在决策制定前，工作人员向系统输入需要解决的问题，系统分析问题的复杂度，并通过假设分析逐步寻求答案，最终做出决策。在该系统中，各类问题以模块化的形式呈现，工作人员只需在系统中输入相应的字母作为简单反馈，就能实现该系统的稳定交互与运行。对比于传统会计处理方法，该系统更具实用性，而且能在规避传统方法弊端的同时提高会计处理的效率和质量。

技术创新

“智海-大禹”财会大模型

视频

“智海-大禹”模型

“智海-大禹”由浙江大学 ZIFA 智能财务研究团队自主研发，是全国首个财会领域开源大模型。《史记》等诸多史料记载：“禹始也，忧民救水，到大越，上茅山，大会计，爵有德，封有功，更名茅山曰会稽”“会稽者，会计也”。禹王开山，创大会计治国之道，成为中国会计发展经世济民的文明之源和唯实励新的精神内涵，故将财会大模型命名为“大禹”（见图 4－13）。

图 4－13　“智海-大禹”财会大模型 logo

当前发布的“智海-大禹”1.0 版本主要聚焦会计分录编制这一财会领域最为基础也最为重要的任务场景。为了解决现有大模型编制会计分录时存在的会计事项内容理解能力不足、会计科目确认不准确、数值计算公式的正确性与计算精准度无法保证等问题，研发团队创新性地设计了“分录 DSL”这一半结构化数据格式，从会计事项文本中提取事项内容、科目名称、分录结构与数值计算方法等抽象的会计逻辑，并将其作为“智海-大禹”的标准输出格式。“智海-大禹”收到用户输入的会计事项文本后，会根据已知的会计知识对其进行解读，并输出对应的分录 DSL，再通过 DSL 解码器进行解码，最终输出在会计科目确认、数值计算、分录格式等方面更为精准的会计分录并呈现给用户。“智海-大禹”的整体架构及界面如图 4－14 和图 4－15 所示。

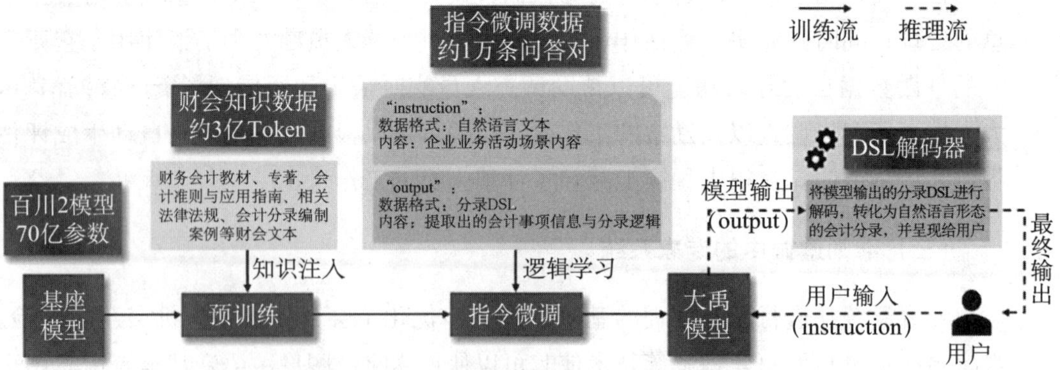

图 4－14　“智海-大禹”模型整体架构图

同时，还发布了全国首个大模型分录编制能力评测标准与测试数据集。研发团队根据会计分录编制任务的特征，针对性地设计了科目确认、数值读取、数值计算、分录格式、借贷平衡、解析说明六大评测维度，以对大模型编制分录涉及的相关能力进行全面、完整的衡量与评价。研发团队根据基础会计实务教学阶段涉及的主要内容，整理编写了共含 100 道会计分录题的测试数据集；研发团队还将 2024

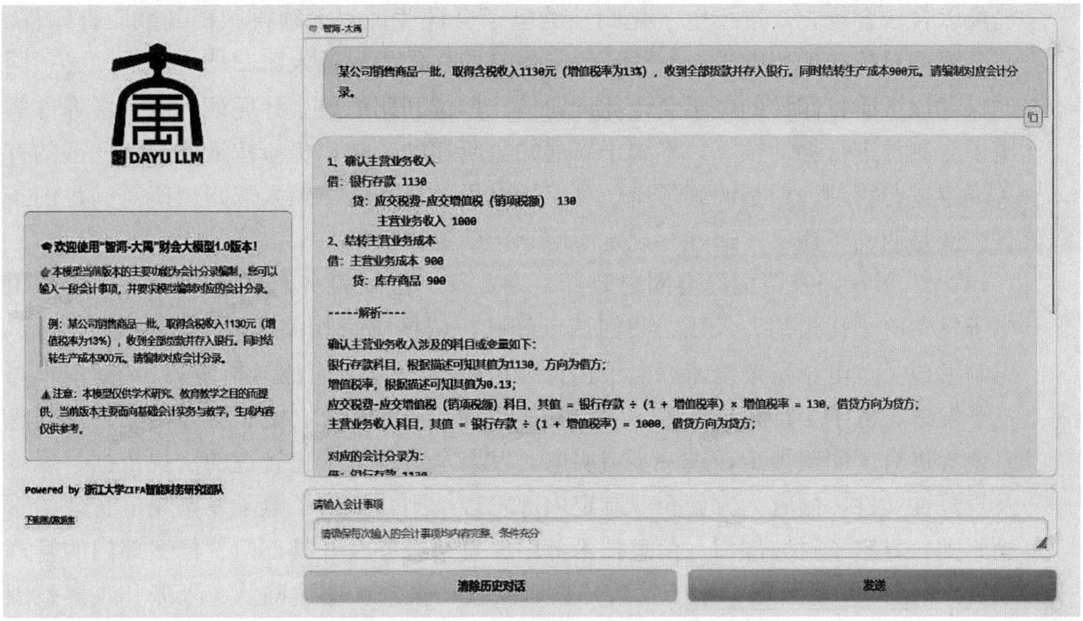

图 4-15　"智海-大禹"财会大模型界面

年初级会计实务试题（演示版）的内容改编为含 22 道会计分录题的测试数据集。测试结果显示，"智海-大禹"在会计分录编制任务上的各项能力均已显著超越 ChatGPT 4.0、Baichuan2-7B 等通用大模型，反映了"智海-大禹"财会大模型及其适配的"分录 DSL"数据格式在解决传统会计分录编制任务上的有效性。

目前，"智海-大禹"1.0 版本已在魔搭社区在线开放，地址如下：https://www.modelscope.cn/studios/DayuLLM/DayuLLM-v1.0。

第四节　会计档案管理智能化

从财政部和国家档案局 2015 年颁布的第 79 号令《会计档案管理办法》[①] 到 2020 年《关于规范电子会计凭证报销入账归档的通知》[②]（以下简称《通知》），陆续出台的会计档案管理文件不断提升了会计电子凭证和档案在财务工作中的重要性。《通知》重点围绕电子会计凭证报销入账归档的合法性、规范性，从五个方面提出了具体要求。一是对此次予以规范的电子会计凭证进行了界定，即为单位从外部取得的电子形式的各类会计凭证。二是明确了合法的电子会计凭证、电子会计档案与纸质会计凭证、纸质会计档案具有同等效力；除法律、行政法规另有规定外，

---

① 2015 年 12 月 11 日，财政部、国家档案局令第 79 号发布修订后的《会计档案管理办法》，自 2016 年 1 月 1 日起施行。

② 2020 年 3 月 23 日，财政部、国家档案局发布《关于规范电子会计凭证报销入账归档的通知》。

已经以合法合规方式进行电子化归档的电子会计凭证，无须再归档其纸质打印件。三是强调单位如使用电子会计凭证的纸质打印件作为报销入账归档凭证的，必须同时保存该纸质打印件的电子会计凭证原件。单位利用纸质会计凭证的电子影像件等电子复制件进行会计核算，不属于《通知》所述的范畴，仍应按纸质会计凭证的有关规定进行管理。四是明确了单位可仅用电子会计凭证报销入账归档所需满足的条件。五是明确了违反《通知》规定所应承担的法律后果。

2023年，国家档案局会同财政部、商务部、国家税务总局总结了三批增值税电子发票电子化报销、入账、归档试点经验，依据国家相关法律法规和标准规范，编制形成了《电子发票全流程电子化管理指南》①（以下简称《指南》）。《指南》对电子发票、电子会计凭证、电子发票开票系统、业务系统、电子会计档案管理信息系统等进行了明确界定，进一步指明电子发票全流程电子化管理的法规依据、规章及规范性文件，同时为方便企业制定内部管理细则，提出了电子发票规范管理的管理原则，界定了财务部门、信息技术部门、发票经办及开具部门、档案部门的管理职责。《指南》还细化了电子发票开具、接收、报销、用途确认、入账、收集整理归档、档案保管利用及鉴定处置诸多环节的操作规范，并为电子发票线上管理、线下管理提供了文档模板、系统存储结构建议及四性检测要点建议。企业可依据《指南》内容，建立符合自身需求的内部管理规范及信息系统。

数智时代的到来，加快了会计档案从传统的纸质媒介存储向数据形态的电子化管理转变的步伐。在企业数字化转型和电子发票不断推广的大背景下，会计档案工作也将朝着数字化的方向转型。数字化转型下的会计档案管理往往与财务共享服务中心结合在一起，近年来，财务共享服务中心的建设改变了传统分散的会计档案管理环境和属地化的会计档案管理体系，基于财务共享模式下的电子会计档案管理，是将不同区域的会计档案集中于财务共享服务中心，采取统一保管的方式，实现电子会计凭证的获取、报销、入账、归档以及保管和利用的电子化管理。

基于财务共享的电子会计档案管理框架模型，首先以档案采集为主，收集存储会计大数据的电子档案，然后以档案分析处理为主，统计分析会计大数据电子档案，最后进行数据挖掘，实现会计大数据电子档案的价值（见图4-16）。

一、电子会计档案的采集

电子会计档案包括数据类档案和程序类档案两大类。数据类档案主要是会计凭证、会计账簿、会计报表、银行回单以及各类会计核算资料等。电子会计档案的采集就是将各类电子会计文件经过采集、整理，并确定其文件属性后，从各分子公司上传至财务共享平台。建立财务共享服务中心的集团企业，可以通过影像管理系统对各类原始凭证影像化，即各分子公司只需对收集的纸质原始凭证进行扫描识别，就可以上传至财务共享平台，为会计处理、业务审批以及后续管理提供电子档案信

---

① 2023年3月22日，国家档案局官网公布了《电子发票全流程电子化管理指南》。

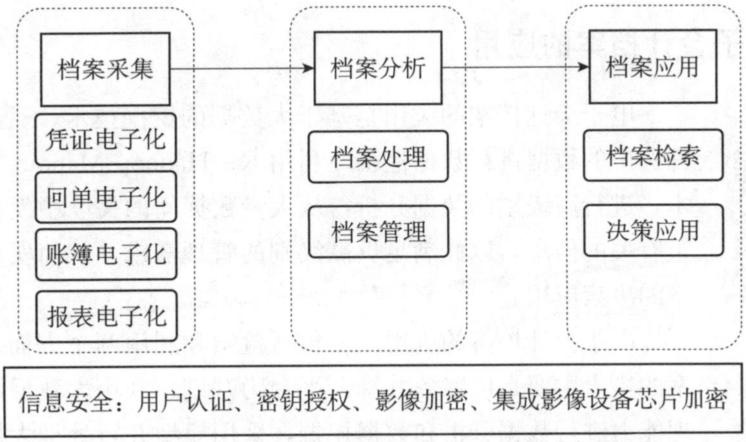

图 4-16　基于财务共享的电子会计档案管理框架

息支撑。企业通过 Oracle、SAP、用友、金蝶等财务核算系统对原始数据信息进行处理，自动生成电子会计凭证。电子会计凭证经过相关会计人员的审批后，就可以登记相应的总账、明细账、现金日记账、银行存款日记账等各类账簿，随后通过财务报表系统生成企业的电子财务报表。银行回单主要通过银企直联系统取得经过稽核确认的完整银行电子回单支付数据，同时完成电子回单与电子记账凭证之间的信息集成和关联，并支持后续电子会计档案的信息利用。利用电子银行回单汇总表替代传统银行对账单，并据此形成电子银行余额调节表、多账户汇总审批的单位收支报告，可以实现电子对账结果与报表数据的直接校验。

二、电子会计档案的处理分析

财务共享服务中心是建立在大数据、云计算、物联网等技术基础上的一个数字化平台，基于财务共享的电子会计档案管理也应当实现会计档案的数字化和网络化，使得档案信息的接收、传递、存储和利用实现一体化，促使档案信息高度共享，令档案管理更加高效快捷。因此，企业应当结合实际情况建立电子会计档案管理体系，形成标准化的电子会计档案管理制度，规范电子会计档案的业务流程，做好电子会计档案的分析处理工作。

基于财务共享服务模式下的电子会计档案的分析处理工作主要包括维护电子会计文件之间的有机联系，使采集的电子会计文件形成一个完整、有序的信息资源统一体，发挥电子会计档案的价值。传统电算化条件下的电子会计档案之间的联系可能更多存在于结构化数据之间，而财务共享环境下的电子会计档案，通过大数据的海量数据分析技术可能会存在跨结构的联系，并挖掘出更多数据间的历史联系，从而形成更有序、更有效的结果，也将有利于后续会计处理。在电子会计档案的分析处理环节，主要通过技术将来自各分子公司端的海量电子会计档案数据快速导入一个集中的数据库和分布式存储集群，利用对存储于其中的海量数据进行查询、分类、汇总等，以此满足后期电子会计档案的应用。

三、电子会计档案的应用

视频

电子档案

视频

纸质档案扫码上架功能演示

电子会计档案的应用是基于大数据的挖掘技术，通过对前期分析筛选出的数据进行数据挖掘，利用 R、Hadoop Mahout 等数据挖掘技术，进行高级别的数据分析，从大量数据间的关联中发掘出与企业决策有关的信息，以此满足更高级别的管理需求，从而实现电子会计档案的决策应用。

电子会计档案的应用主要包括检索和利用两个方面。电子会计档案的检索主要是以财务共享云平台为基础，利用大数据的海量数据管理能力进行数据分析和数据挖掘，采用模型并行处理大规模的电子会计档案数据集，同时对存储在私有云、公有云以及混合云等各类云端的电子档案信息进行查询，满足企业各类用户的需求。相比传统会计档案的检索，财务共享下的会计检索方法不仅提高了会计档案的检索速度，而且提高了检索的精确度。电子会计档案的利用是指用户通过财务共享云平台检索出所需的电子会计文件信息后，将其转化为实际应用价值的过程。传统会计档案的检索利用是较为单调的，检索出的数据大都是原始数据，且最多只能进行简单的数值统计运算，不能用其他数据类型来描述，也不能进行人工智能化的运算。此外，随着检索数据量的增加，检索速度和处理速度会减慢。而财务共享服务模式下的电子会计档案管理可以通过并行处理技术来提高数据的处理速度。此外，数据分析、数据挖掘技术下产生的数据结果可能不仅仅是表格，还可能包括其他格式的输出方式。通过大数据、物联网以及社交互联网之间的联系，还可以将电子会计档案与其他档案联系，起到人工智能化数据分析的作用，分析产生的结果不仅有利于电子会计档案的管理，也对企业管理层利用电子会计档案做进一步的决策有更实际和更广泛的效果。

成熟的会计电子档案管理系统的出现，将为会计档案管理流程带来根本性的重塑。在未来，基于规模效应和统一管理的需要，会计档案管理势必会从属地管理模式向财务共享服务中心管理模式转变。会计电子档案形成过程链条逐渐延长，越来越多的角色参与到会计档案形成过程中，容易产生电子会计档案管理交叉的现象，因此，针对会计电子档案管理的流程和标准也将更为严格。

智能技术改变了会计记录的方法、方式、载体，创新了会计记录的内容，提高了会计记录的效率和效果，同时也为会计档案的管理带来了新的改变。一方面，智能技术通过改变记录经济交易的流程，缩减人工并引入自动化、智能技术，提高了工作效率，大数据、区块链技术为业务流和资金流在会计记录中的合二为一提供了可能。另一方面，智能财务进一步促成了企业的档案集中管理，促进了会计档案从信息采集、档案管理、档案查询借阅到财务信息安全的全流程自动化与智能化转型。

中国企业实践

中兴新云：会计电子档案的全流程解决方案

从会计电子档案的实际运用看，中兴新云研发了集团企业会计电子档案全流程的解决方案。第一，在档案采集方面，对接企业业务系统，构建财务电子仓库。中兴新云电子档案系统支持通过数据接口获取档案资料，例如，可从票联系统获取查重验真后的发票信息，从会计核算系统获取会计凭证、会计报表、会计账簿等资料，从银企直联系统获取电子回单等。第二，在档案管理方面，系统自动匹配凭证使得库房管理精准高效，电子档案系统根据影像编号、单据编号等信息确定同一业务各单据之间的关系，实现各系统之间单据的自动、精准匹配，自动进行凭证分册，档案上架入库后，可利用条码技术实时追踪纸质档案的位置和状态信息，实现库存虚拟化管理。第三，在档案查询借阅方面，实现了查询借阅的电子化，档案流转全程可控，中兴新云电子档案系统支持电子档案和实物档案的借阅申请，支持用户通过多口径检索不同法人、不同账簿、不同类别的档案资料，系统内置动态水印可有效防止篡改、截屏、拍照等，保证信息安全。第四，在财务信息安全方面，系统通过用户认证、密钥授权、影像加密、集成影像设备芯片级加密等方式，为财务信息安全提供保障。

该解决方案具有减少原始凭证、规范档案流转、明确岗位分工等特点，并有助于会计档案管理流程中数字流始终与实务流保持一致。

资料来源：https：//www. ztccloud. com. cn/headline/5e8eda0e1acce1796f32162c/.

关键术语

数据要素　　智能会计核算　　智能决策支持
会计引擎　　人工神经网络　　准则遵循
电子会计档案管理

思考题

1. 在智能技术的支持下，会计确认的范围有何变化趋势？
2. 未来企业的财务报告将呈现怎样的变化？
3. 基于机器学习的智能会计引擎如何实现其功能？
4. 收入确认的智能化流程主要包括哪些步骤？
5. 电子会计档案管理框架模型包含哪些步骤？

第五章

管理会计智能化

知识点脉络图

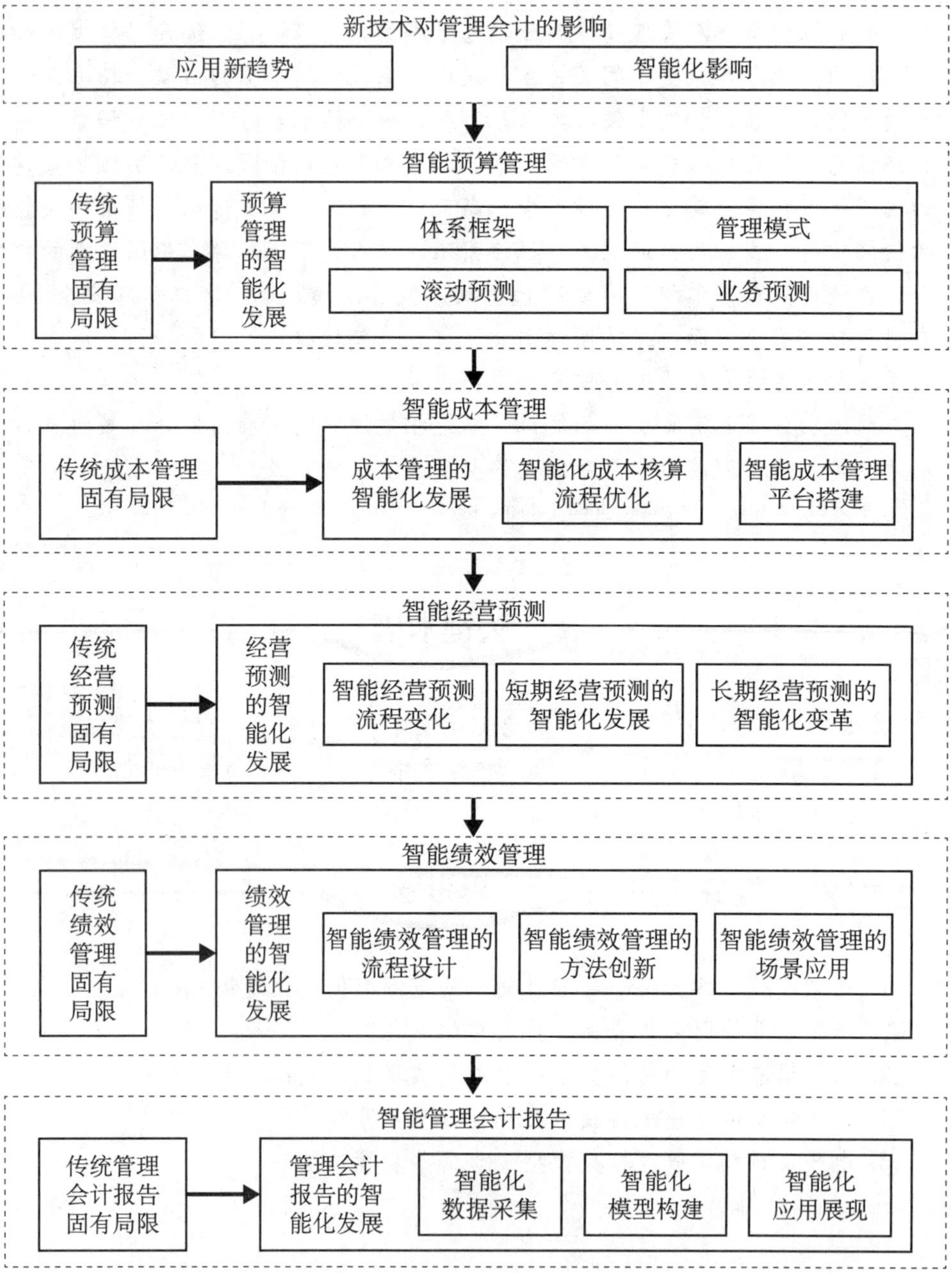

学习目标

1. 了解管理会计智能化的背景及发展；
2. 了解新技术对管理会计的影响；
3. 理解管理会计各职能存在的痛点，并能够结合技术进行改进；
4. 了解管理会计智能化实践案例。

素养提升

1. 开阔专业视野，关注智能管理会计发展的最新动态；
2. 树立创新意识，了解、学习智能管理会计的新方法、新技术。

引 例

吉利控股集团：智能财务助力企业发展

吉利控股集团（以下简称“吉利”）是一家全球化企业，总部位于中国杭州。吉利创建于1986年，于1997年进入汽车行业，目前已发展成为一家集汽车整车、动力总成和关键零部件的研发、生产、销售及服务于一体，并涵盖出行服务、线上科技创新、金融服务、教育、赛车运动等业务在内的全球化企业。

吉利在不断扩大品牌影响力的同时，坚持两步走的战略，一步是自力更生，另一步是海外并购，通过海外并购获得技术、市场、人才，实现全球合作伙伴协同发展。围绕不同的目标职能，吉利建立了战略、管理、共享三大财务中心（见表5-1）。

表5-1 三大财务中心职能职责

战略财务中心	● 位于集团架构的管理层 ● 强化集团资金管理、投资管理、税务管理等战略财务管理，充分支持、协调各子集团财务管理工作，发挥战略财务职能作用
管理财务中心	● 位于集团架构的中间位置 ● 为经营管理提供全面财务支持，强化对各业务单位及职能系统的支持与管控，发挥管理财务职能作用
共享财务中心	● 位于集团架构的最底层 ● 用于推进财务共享服务中心体系建设，建立健全相关制度，持续优化业务流程，统一财务共享服务标准，发挥共享财务职能作用 ● 为财务智能化奠定基础

要实现智能财务，就要有一个科学、合理、完整的管理财务核心业务设计。吉利的管理财务核心业务设计是围绕着业务规划中心（BPC）系统设立的，销售管理系统、财务管理系统、人力资源管理系统等都以BPC系统为基础。管理财务强调

全面与业务融合，深入业务运作的各个环节，为业务决策、风险防控和业绩考核提供全方位的支持，尤其强调以过程管理为主。企业的商业智能（BI）系统类似于管理驾驶舱，企业管理中的任何一个数据都会输入该系统，为推动企业的经营发展而服务。

吉利通过在绩效管理、风险控制和经营预测能力方面的提升，使财务渗透到业务环节并重新解构企业业务，为业务部门提供高质量的数据信息，为企业管理层赋能，提高其洞察力，使其真正成为业务的伙伴。

资料来源：https：//www. mp. weixin. qq. com/s/HdZQ0 _ - 1KSR2W2Rx9SxETQ.

管理会计作为财会领域的重要分支，主要为企业的经营管理提供决策支持，服务业务高质量发展。随着数智技术的进一步应用，管理会计在技术应用、组织转型、核算对象、内部报告、人才建设等多方面均面临着创新与转型的变革需求。智能管理会计能够帮助企业深度挖掘价值、提高全要素生产效率，建立持续盈利的经营模式与全流程实时的风险预警机制，对企业的价值创造具有积极意义。

第一节　新技术对管理会计的影响

管理会计一直在不断适应时代的变化中创新。19 世纪末，“科学管理之父”泰勒（Taylor）提出标准成本的概念，开启了对企业成本进行量化管理的先河。1922 年，美国会计学者奎因坦斯（Quaintance）在其著作《管理会计：财务管理入门》中首次提出“管理会计”一词。1924 年，美国会计学者麦金西（McKinsey）在其出版的《管理会计》一书中系统地阐明了管理会计学的基本框架。这两本书的出版标志着管理会计学科在西方的兴起。

随着管理理论和实践的发展，本量利分析法、变动成本法、最佳存货法、弹性预算法、责任会计、杜邦分析法等会计分析技术被发明和应用，现代会计开始区分为财务会计与管理会计两大分支。美国会计学会下属的管理会计委员会在 1958 年将管理会计与企业决策联系起来，扩大了管理会计的外延，为更多的技术工具应用提供了可能性，作业成本法、平衡计分卡等现代企业管理中的重要方法陆续出现。国际会计师联合会 1988 年提出了管理会计的广义定义，对经济社会的发展产生了深远的影响，更多企业认识到财会工作与业务经营的紧密联系，进而将管理会计运用到制定管理决策、计划和实施绩效管理的完整流程中，以协助组织战略的制定与实施。

延伸阅读

《财政部关于全面推进管理会计体系建设的指导意见》

我国对管理会计的认识与应用起步相对较晚，早期的关注点集中在成本管理领域。随着改革开放，管理会计逐渐引入并在国内广泛应用。各方共同努力推动着我国管理会计实践的发展，责任会计与承包经营责任制开始引入企业内部管理流程，成本管理的理念逐渐得到认可与重视。随着全面预算管理、平衡计分卡等理论兴起，我国企业管理会计体系建设不断深入。

当前，全球企业都面临着数字化转型的机遇与挑战，管理会计变革正在进入新阶段。经济全球化与数字经济时代的到来，推动我国的管理会计体系创新发展，在很多领域都有与技术深度融合的创新应用，成效明显，智能管理会计发展未来可期。

一、管理会计应用新趋势

数字经济时代，人工智能等新一代信息技术推动着管理会计的深入应用。随着会计数据呈现爆炸式的增长，管理工作的范围越来越大。企业的有效经营需要对海量数据进行充分的挖掘和利用，业财融合也需要将前端业务的开展与后端的财务管理相结合，进而对如何提升企业价值进行综合考量。企业交易业务处理由财务会计流程完成，而价值信息的衡量由管理会计进行评价。因此，管理会计也需要转型，与财务会计相融合，顺应数字化与智能化的发展趋势。

智能管理会计往往以业财融合为导向，以财务共享服务中心为平台基础，以数智技术为支撑，以数据分析和辅助决策为目的。管理会计想要真正实现智能化，就要不断探索如何更好地为企业提供管理决策服务，根据需求确定目标及问题，由此提出对策、培育能力并整合资源，最终实现智能决策。

目前财务领域数字化、智能化的应用深度仍然不够，管理会计往往只反映结果信息，忽视了过程信息。由于仍然使用历史数据、结构化数据和货币性信息，管理会计难以反映企业经济活动全貌，业务信息价值尚未得到充分挖掘。因此，管理会计应面向企业价值链的各种业务场景，通过持续建设和升级信息系统，广泛应用管理会计工具方法，不断扩大智能应用的深度和广度。智能时代下，管理会计发展存在以下新趋势。

（一）新一代财务共享与管理会计深度融合

如今，越来越多的企业建立了财务共享服务中心，基于标准化、流水线的作业模式对财务会计工作进行集中式处理。基于 RPA 等技术的应用，企业的大量重复性任务均可由机器自动完成，推动财务共享服务中心向虚拟化、无人化发展。同时，基于移动互联网和云计算技术，企业可打通与交易伙伴、客户、供应商的数据共享渠道，实现财务在线化、交易透明化、流程自动化和数据真实化。随着财务共享与新一代信息技术相结合，提高效率的手段不再主要依靠人员集中和专业化分工，管理会计向数字化、智能化方向升级转型。

在智能管理会计的模式中，财务共享服务中心通过三种方式可以有效解决传统财会工作的痛点，推动财会工作向业务管控和价值创造转型。其一是将财务管理的重心移到前端业务环节，在政策、规则、流程、系统、数据标准统一的基础上，实现更广泛层面上的业务、财务与管理一体化；其二是在交易的核算与计量过程中建立财务数据中心，打通底层数据并实现数据共享，使管理会计信息和财务会计数据同时产生、相互校验，保障数据的实时性与各部门间的深度协同；其三是将管控手段布局到交易发生过程中，实现信息收集与分析的连续性及周期性，面向交易过程的预算、成本分析等应用滚动频率不断加快，支撑企业业务模式、竞争策略与财务规划的有效执行。

（二）中台战略指导管理会计系统架构建设

在传统的信息系统架构中，企业内部数据各自分散在不同子系统中，形成大量的数据孤岛，造成资源浪费和数据损耗。财务、业务、管理等不同口径的数据分散在各个系统中，也容易出现口径不一致的问题。随着数字经济的发展，新一代信息化架构——数据中台应运而生。构建基于数据中台架构的管理会计系统成为智能管理会计应用的大势所趋。

数据中台打破传统的企业业务架构，通过在前台业务与后台支持部门之间增加一层系统，将企业信息系统由不同平台下分散的烟囱式系统集群变革为部署在同一平台下基于服务的应用系统集群。在数据中台的架构中，各个子系统产生的业务和财务数据、结构化和非结构化数据全部汇入数据中台，经过集中存储管理再输出到前端的预算管理、成本管理等应用系统中，更好地开展其场景化应用。在中台战略的指导下，智能管理会计要求企业从全局出发，树立全面、系统的管理思维，为预决策提供科学合理的建议，并依据总体数据、复杂多样化的数据进行综合、分析、判断、推理等，实现精细化管控。

（三）高质量数据赋能管理会计价值创造

受限于参差不齐的数据质量，企业管理会计的作用在较长的发展阶段中未能得到充分发挥。企业的海量数据往往以杂乱无序、口径不一的状态分布在企业内外部的各个信息系统中，难以从中挖掘应用价值。

通过数据中台的建设，管理会计系统可以对来自不同应用系统的结构化、半结构化、非结构化数据进行实时、动态梳理，开展主数据、元数据与数据质量管理，使杂乱无章的数据变得清晰有序，并将前端应用产生的新数据再次输入到整个数据全生命周期中，大幅提升了企业数据的质量与治理效率，使管理会计与业务经营的融合更加紧密。

基于高效的数据治理体系，管理会计能够更好利用内外部的高质量数据开展工作，更好地赋能企业经营管控和业务决策。小颗粒过程数据与交易数据的出现让精细化成本管理、差别化营运管理具有实现的可能，会计信息处理的速度与精度显著提升。可视化的应用能够提升管理会计系统的输出效果，能够更好地服务业务，支持决策和支撑战略等。在此基础上，管理会计进一步应用于销售、生产、供应链管理等具体的业务场景中，主动为业务运营赋能。

二、智能化对管理会计的影响

智能化对管理会计的影响体现在以下四个方面。

(1) 发展动力增强。受成本、技术方法和数据等限制，管理会计的价值往往受到限制，例如，在利用作业成本法核算成本的过程中，精细化地记录成本动因的成本往往较高，从而限制了该方法的应用。当前处于不确定时代，企业对精细化管理要求更高，管理会计也日益重要。同时，随着大数据对海量数据的挖掘使用，也将进一步放大管理会计的价值。管理会计不断得到企业的重视和支持，也推动了管理会计的实务发展。

(2) 技术环境改善。数字经济的发展能够在一定程度上缓解信息不对称的情况，为管理会计获得准确全面的数据，提供完全信息和数据支持奠定基础。海量数据及发达的信息传输、处理技术的出现使得管理会计在数据的获取、分析和处理等方面更加高效和便捷，管理会计使信息增值成为可能。数智技术支持下的会计数据和非财务指标使用具有更高的可靠性，管理会计的预测功能得以扩展，企业能够面向过程进行分析，实现企业对大数据的精细化管控。

(3) 预测能力提升。管理会计的主要作用是解决企业经营管理中的经营预算、决策控制和责任考评等问题，为企业提供最优决策，改善企业经营管理，提高企业经济效益。一般而言，决策由信息输入、预测、判断、行动、结果等要素构成。其中，预测作为决策活动的关键部分，本身是一种利用现有数据生成尚未掌握的信息的过程。在管理科学思想的影响下，管理会计已经实现数学模型和计算机技术在管理决策中的应用。随着数字经济时代的到来和人工智能技术的发展，机器学习凭借丰富的数据和高速运算的计算机实现快速发展，相较传统的回归分析技术而言，能够更有效地将数据用于相关预测，为有效的管理决策制定奠定了基础。

(4) 决策机制优化。管理会计主要服务企业内部经营者，可以为内部管理者的预测、决策、管理、控制提供必要的信息和支持。随着企业数字化程度的提高，数据收集、处理与分析的水平显著提升。智能管理会计依靠各类数智技术的应用，能够为经营管理提供更多全面、客观、有洞见性和前瞻性的信息。在决策过程中，智能管理会计还将推进人类智能与机器智能的互补，在人机交互机制的支持下做出更好的决策，实现资源的最优化使用目标。

第二节　智能预算管理

预算管理产生于 20 世纪 20 年代。1921 年 6 月，美国国会颁布《预算和会计法》，使预算管理的职能普遍为人们所了解。美国杜邦、通用电气等企业纷纷引入预算管理制度，预算管理成为一种重要的企业管理工具。预算管理理论传入中国后，先后出现财政预算、定额管理、责任会计制度以及经济责任制等多种企业管理方法。

20 世纪 80 年代初期，西方的管理会计理论被广泛采用，推动了全面预算管理在我国的应用。随着市场经济进程的加速与多项行政规章的颁布，国内企业开始积极探索适合我国国情的企业预算管理模式，企业全面预算管理这一科学的管理理念在我国得到广泛认同，并进入规范和实施阶段。它通过整合企业的资金流、人力流、业务流、信息流和实物流，对企业的资源配置进行优化，有效提升企业运营效率，从而有效促进企业实现战略目标。对企业而言，预算管理是配置资源的方式，其在企业中的地位如同“导航仪”，指导企业朝着战略目标前进。

全面预算已经从最初的计划、协调活动，发展成一种兼具控制、激励、评价等功能的系统性、综合性管理活动。从流程来看，预算管理分为预算编制、预算执行和预算分析三个部分（见图 5-1）。

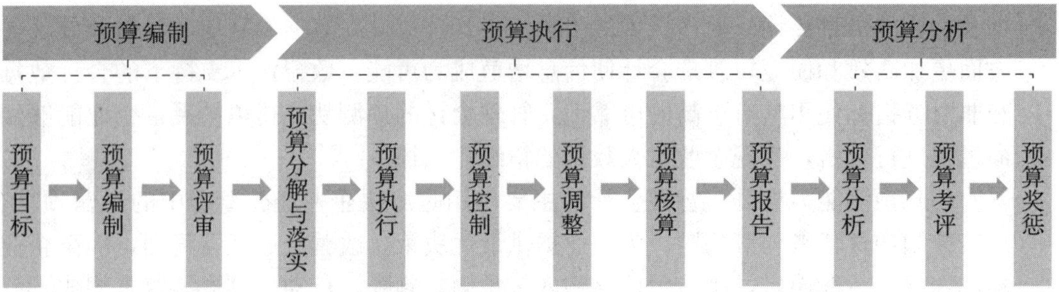

图 5-1　全面预算管理基本流程

随着智能财务时代的到来，全面预算管理越来越受到重视。很多大中型企业以及跨国企业应用全面预算管理，充分挖掘大数据的内在价值，提升了企业的管理会计工作效率，取得了良好的经济效益，创造了更大的价值。

一、传统预算管理的局限

在传统财务模式下，财务与业务融合程度不足，自动化程度低，同时，预算管理依赖的信息在准确性、时效性和预测性方面存在不足，使得传统预算管理的价值大打折扣。

（一）预算目标难以科学合理确定

一般而言，公司每年年初编制预算，由于缺乏高质量数据支持、外部变化太大，以及未来发展趋势难以预测等原因，年初设立的预算目标到了年末往往不再合理。在传统年度预算管理的背景下，企业往往难以设立准确的预算目标。由于年度预算是基于总体预算目标进行分解而确定的，而企业在编制下一年度预算时各项经营尚未开展，因此制定年度预算和绩效目标较为困难，预算结果往往失真，这就大大降低了预算对于企业业务经营的指导作用。

（二）预算编制质量不高、效率较低

企业预算的编制较多基于历史数据分析。在传统的财务管理中，集团企业下属机构众多，财务数据核算标准不一，很多依赖人工编制，使得集团预算的编制工作繁重，也让集团在制定统一预算方案时更加困难。此外，企业业务部门对预算编制

的参与态度往往比较被动，原因主要在于预算对其更多的是承担指标，部门为了防备额外的预算压力，往往选择宽松的预算指标，缺乏准确编制预算的动力。

（三）预算控制欠佳、监督滞后

全面预算管理是包括预算目标制定与分解、预算编制、预算执行、预算控制、预算分析、预算考评等环节在内的闭环系统。然而，很多企业的预算管理往往只落实到事前预算编制，缺乏对预算执行的事中控制，缺乏执行预算差异追踪及绩效考核，缺乏数字化手段有效洞察预算执行情况。

一方面，信息的不公开与不透明使得预算控制难以实现。由于传统预算体系存在缺陷，预算数据孤立地存在于预算系统和核算系统中，只有财务人员才能了解到预算执行情况，并且多数时候财务人员只有在核算系统中做账时才知道预算执行情况。即使一些企业使用了费控系统并将其与预算系统进行了对接，也只能对费用类科目的预算执行情况进行控制，无法涵盖企业的全面预算。

另一方面，企业缺乏对预算执行过程的监督。预算管理部门往往只注重预算执行的结果，很少关注预算执行的具体过程，并且多数企业尚未建立定期进行预算分析的机制，导致分析结果滞后且适用性低。同时，在集团企业中，由于各下属公司独立经营与核算，预算的具体执行与监控责任也由各公司自行承担，集团很难对各公司的预算执行情况进行管控，无法保证预算的执行效果。

（四）滚动预算方法难以全面实施

滚动预算具有动态性、技术性的特点，可以提高预算的准确性，通过不断修正与调整，预算金额更接近实际，更好地实现预算与业务发展实际需求相结合，从而有效缓解传统年度预算的弊端，它是预算管理的有效手段和年度预算的必要补充。尽管企业已经日益认识到滚动预算的重要性，滚动预算在企业中的应用却并不理想，这主要是因为滚动预算需要人人参与，资源消耗大，同时预算的定期更新及预算数据的频繁修正使得编制过程更加复杂，工作量大。当前新技术有助于缓解以上问题。

二、预算管理的智能化发展

（一）智能预算管理的体系框架

智能化的预算管理体系框架通常包括原始数据层、数据中台层、数据建模层、数据应用层和数据展示层，并与业务系统相协同。这也体现了“数据－算法－算力”的逻辑，并且与业务场景相结合。

（1）原始数据层。智能预算系统数据采集范围比手工预算和普通的预算系统大得多，预算管理对数据的需求范围更广，颗粒度更细。智能预算平台从企业内外部获得多源多模态数据，以支持预算管理需要，这些数据包括社会数据、行业生态交易数据以及从企业业务系统采集的业务过程数据等。

（2）数据中台层。企业数据中台通过数据湖技术从互联网、第三方数据提供者、企业自有信息系统中采集数据，数据的类型包括结构化数据、非结构化数据、舆情数据、外部数据、手工数据等。采集的数据通过 API 等方式提供给预算系统及其他需要中台数据的业务系统。

（3）数据建模层。预算建模是智能预算系统的核心，通过逻辑规则和算法对数据进行分析。

（4）数据应用层。预算应用层面向涉及的相关人员，企业开展预算管理活动应用的功能主要在这一层。全面预算管理应用是一个由目标确定和分解、预算编制和评审、预算执行和控制、预算分析和考评构成的动态、闭环的管理循环体系。

（5）数据展示层。智能预算平台根据使用者的需要采用多种方式进行展示，包括可视化方式、人机互动等，输出多模态数据或信息。

（二）智能化全面预算管理模式

智能预算管理与传统预算一脉相承，但又在诸多方面表现出新的特点。例如，得益于业财税多系统互联和信息共享，企业的各个业务环节不再割裂，财务业务数据更加融合等。因此，智能预算管理的预算目标确定、预算编制、预算执行、预算分析等在流程和数据共同驱动下得以更好实现或拓展智能。

（1）预算目标制定和分解。预算目标制定和分解是预算管理流程的起点，也是预算发挥作用的行为导向。预算目标是基于企业战略导向制定的，需要对企业内外部环境进行数据分析。传统的预算管理数据主要来源于企业内部，而数据分析也通常以财务部门为主完成，在这样的数据分析方式下，存在预算管理与企业业务脱节、数据缺乏时效性、数据存在局限性等弊端。

从企业战略规划出发，结合企业自身条件与长远发展目标，通过数据智能分析模型进行辅助决策，基于当期的业绩规划与历史数据以及预测，制定出人力、生产、投资、经营等各个维度的预算目标，为企业各部门管理工作提供指导。在这一过程中，可以通过构建目标测算量化模型实现预算目标制定和分解的科学性，通过发掘预算目标与影响因素之间的关系，有效提高预算数据的准确性，制定与企业战略相适应的、切实可行的、精准的预算管理目标，从而对企业实际工作和发展发挥指导作用。

（2）预算编制和评审。随着市场环境和经营环境的不确定性的提高，预算编制对预测数据的时效性与准确性要求越来越高。以智能技术为核心的新技术让数据存储、数据计算、数据分析能力大幅提升，在预算编制过程中，基于历史数据和过往经验，采用机器学习构建多因子模型，通过算法和模型建立与编制主题指标相关联的其他指标的相关性，查看历史关联变化走势，企业高层管理者可以及时掌握预算指标情况。系统通过算法推荐多套相关指标的调整方案，选择系统推荐的方案后，企业管理者可以查看相关指标的调整变化情况，并将指标变化拆解到维度上，在预算指标分解与内部资源分配方面发挥重要作用，大大提高预算编制和评审的效率与质量。

（3）预算执行和控制。预算执行和控制是为了及时掌握预算的执行情况，发现预算执行过程中存在的问题，及时采取措施、纠正预算执行偏差。数智时代，基于自然语言识别、语音转写、多轮对话等新技术的应用，企业管理者可以通过人机交互直接发起对话，灵活实现对相关数据的查询、运算及分析；结合预设预警规则，可实时面向业务相关者推送数据异常预警信息，从而第一时间让业务相关者知晓预算执行异常；利用预实归因、时序归因、差异归因等分析算法，挖掘数据深层含义，解释预算执行变化及异常原因，及时采取预算控制措施，提升预算执行与控制的效率，保证预算管理目标的顺利实现。

(4) 预算分析和考评。预算分析和考评发挥着预算执行情况“指示灯”的作用，预算分析的主体应当与预算编制、执行、控制的主体保持一致。在预算执行过程中，对预算执行进度和结果进行定期及实时检查、跟踪，以分析报表、分析报告和专题报告等形式，为企业管理者提供探讨问题症结的平台，帮助管理者迅速获得各种有用的信息，增进管理者对公司运营状况的把握。在传统模式下，业务情报系统通常只能提供预制的数据可视化报表，对于灵活的数据查询与深层次的数据分析需求，还需要依赖 IT 部门与分析师团队，业务情报系统无法快速响应业务部门的需求。

智能时代，通过将机器学习、知识图谱、自然语言识别等人工智能技术与商业智能技术整合，深度挖掘数据价值，提升用户与数据间的交互能力。企业管理者可通过简单的人机交互，根据业务逻辑与业务需求，基于业务周期、业务描述等维度生成图文并茂的业务分析报告，如某产品在某地区某时段的销售额，随时了解预算执行情况与差异产生的原因，从而实时辅助业务决策；通过对移动社交软件的应用集成，实现分析报告与相关人员的实时信息共享及业务协同调整；结合机器学习技术，实现对市场环境、企业运营数据的预测，帮助企业管理者进行前瞻性分析，助力企业管理与运营决策的制定。

随着智能数据分析技术的发展与应用，企业管理者越来越容易获取到更简洁、更直观、更及时的可视化预测信息，基于场景化大屏做出战略决策和经营管理决策，及时响应复杂业务变化并快速做出调整，充分发挥企业预算对经营活动的指导作用。

（三）智能预算管理的滚动预测

传统管理会计体系中，滚动预测的落地效果往往并不理想。其中的原因除了管理层的认识和重视程度不够、员工协同和参与的积极性不高之外，更重要的是传统预算信息系统的性能难以满足滚动预测的工作要求。滚动预测建立在对预算数据的随时更新及频繁修正的基础上，计算量大，编制过程复杂，对预算系统与其他业务系统之间的集成性，以及预测数据的时效性和准确性都有较高的要求。具体来说，滚动预测系统每天都面临不断增加的数据量和数据处理、数据分析事项，系统需要快速对这些事项做出反应。而大多数预算信息系统的性能本身不足以满足滚动预测的这些要求。

随着以智能技术为核心的新技术的迅猛发展，系统的数据存储、数据计算、数据分析能力均大幅提升。无论企业多频繁地改变预测数据，也无论企业对多大规模的预测数据进行调整，系统都可以确保数据读、写、计算、存储、交互的敏捷性。

基于新一代智能预算管理平台，预算管理的周期从过去以年、季度为基础，快速向以月、周、日甚至实时转变。这就为滚动预测创造了前所未有的应用基础。滚动预测具备了快速发展和被广泛应用的理由与条件。

中国企业实践

元年科技：基于大数据 AI 的 $T+3$ 滚动预测

元年科技融合了大数据和人工智能技术，推出了全新的 $T+3$ 滚动预测应用，基于数据实时批量加载、机器学习、知识图谱等，进一步提升了滚动预测的应用价值（见图 5-2）。

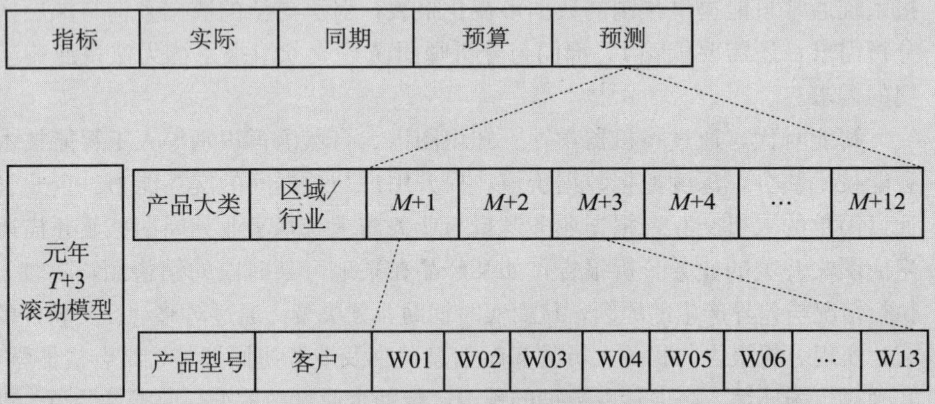

图 5-2 元年 $T+3$ 滚动模型

$T+3$ 滚动预测体系中，年度预测侧重全年目标制定与分解；月度滚动预测更细致，强调规划业务、配置资源和指导运营。该滚动预测采用“上月实际数+后 3 个月精确滚动预测+剩余期间粗略滚动预测”模式。企业可以将预测精力放在最近 3 个月，放弃 3 个月以上预测的精细度，从而降低滚动预测编制的难度。

$T+3$ 滚动预测具有“频率快、数据细、眼光远”的特点。通过将大数据分析纳入滚动预测中，更容易发现运营流程的标准模式，推出更科学的管理手段来提升运营效率，也能使滚动预测的重点转移到战略管理和运营管理上。同时，大数据强化了企业对外部数据的运算分析能力，能够及时跟上市场变化，更容易缩短预测期间。

当下，为提高预测对动态环境的适应度，月度滚动甚至以周、天为单位的短滚动已是大势所趋。未来，滚动预测将被赋予更高的战略内涵，帮助企业识别动态商业环境下的风险和机遇，根据新的业务场景重审战略，在激烈的竞争中获得优势。

资料来源：https：//www. mp. weixin. qq. com/s/oOo5JQQglY3JY0R9CsCZ1g.

（四）智能预算管理的业务预测

业务预测是预算管理的基础，基于预算研究和实践，可以总结出如下的业务预测智能化流程（见图 5－3）。

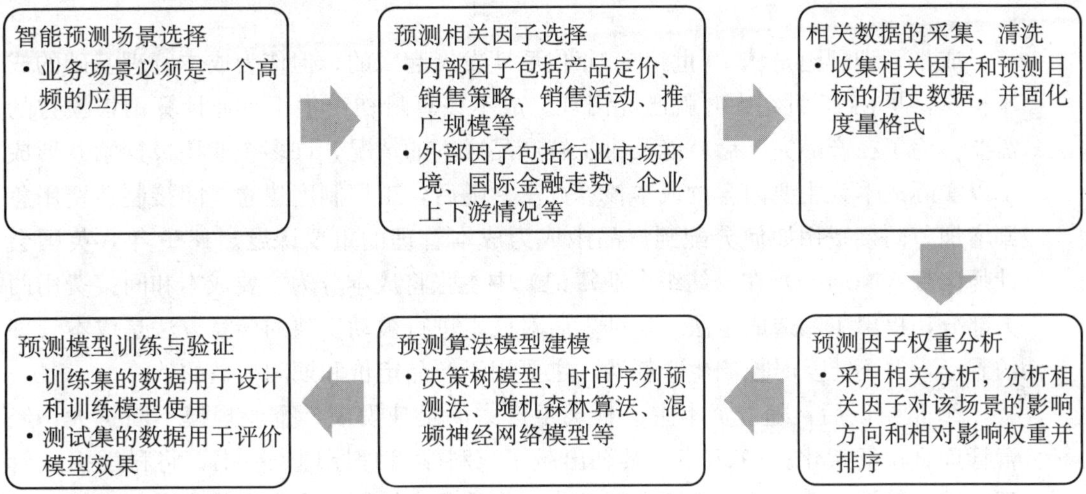

图 5－3　业务预测智能化流程

（1）智能预测场景选择。并非所有行业、公司的业务场景都适合用数据驱动做智能预测。智能预测的前提是必须有足够的数据供算法模型建模、推演、测试使用，这就要求该业务场景必须是一个高频的应用。

（2）预测相关因子选择。分析出影响该预测场景结果的历史相关因子。这些因子一般分为内部因子和外部因子。内部因子包括产品定价、销售策略、销售活动、推广规模等，甚至还包括奖金制度这类影响人的因子；外部因子包括行业市场环境、国际金融走势、利率汇率走势、投资环境、投资者偏好、企业上下游情况等。这些因子在不同行业不相同，即使相同行业不同公司由于经营模式、管理特点、业务特性不同，因子和因子影响权重也不相同。

（3）相关数据的采集、清洗。收集相关因子和预测目标的历史数据，并固化度量格式，清洗后供建模和模型验证使用。

（4）预测因子权重分析。采用相关分析（时间序列法、回归分析等），分析相关因子对该场景的影响方向（正向影响或负向影响）和相对影响权重，影响因子放在一起排序。

（5）预测算法模型建模。智能预测建模都采用数学模型方法，例如决策树模型、时间序列预测法、随机森林算法、混频神经网络模型等。

（6）预测模型训练。用大量的测试数据训练模型，模型结果经过拟合，不断调整模型参数，最后得到一个参数配置最优的模型。

（7）预测模型验证。之前采集的数据分为训练集和测试集两部分，训练集的数据用于设计和训练模型使用，测试集的数据用于评价模型效果，评价过程也会使用一些统计学的方法，最后得出模型的预测效果是否通过，如通过即可以导入预算系统，上线使用。

第三节 智能成本管理

成本管理理论是从19世纪20年代后期发展起来的，但作为成本管理基础的成本核算，早在15世纪中叶就已经出现。成本核算最初产生于企业计算销售损益的需要。为了在产品完工后就能及时了解产品成本的情况，许多企业积极探索并形成了以实际成本为主要内容的成本核算方法。随后，工厂制度建立，间接制造费用急剧增加，间接费用如何分配到产品中成为成本管理的重要课题。1889年，英国会计师诺顿（Norton）在《纺织工业簿记》中主张将成本分为主要成本和间接费用两大部分，提出了制造成本法。这种事后对成本进行被动反映的核算方法是成本管理的雏形，并不能及时控制生产耗费，主要用于产品定价和期间损益的计算。

20世纪以后，随着资本主义社会生产力的迅速发展，企业规模不断扩大，经营管理日益复杂化。1911年，泰勒出版了《科学管理原理》一书，将科学引入管理领域，并提出“以计件工资和标准化工作原理来控制工人生产效率”的思想。随后，会计中的标准成本、差异分析和预算控制等技术方法应运而生。标准成本制度经历了由理想标准成本到现行标准成本的发展过程，将成本管理从事后成本核算向前移到事中成本控制，至今仍是控制产品成本的重要手段。

第二次世界大战以后，企业在成本管理控制方面不断开拓新的领域。价值工程使产品成本大幅下降，同时也扩展了成本控制的空间范围，完善了成本管理方法，迅速为世界各国采纳和运用。1954年，美国管理学家德鲁克提出的目标管理理论又推动了成本管理思想的革新，形成了目标成本管理的理论体系。此后，责任成本管理、变动成本法、质量成本分析等成本管理理论陆续出现，推动了成本控制发展为重视事前控制的综合性目标成本管理。

传统的成本管理活动更强调事中和事后两个部分，但是在智能财务建设的影响下，智能成本管理不但要注重事中的成本核算、事后的成本分析，更要重视事前的成本预测与计划。从流程来看，成本管理分为成本预测、成本计划、成本核算和成本考核等几个主要部分（见图5-4）。

数字经济的发展与新一代信息技术的广泛应用，推动企业产品成本结构的重大变化，以寻求企业持久竞争力为核心的战略成本管理应运而生，并在动荡变革的环境中迎来全新的发展机遇与挑战。将成本管理与数智技术融合和改造，有助于实现智能成本管理的创新驱动。

一、传统成本管理模式的局限

现代企业的生产经营环境在不断变化，成本管理观念也要与时俱进，以满足企

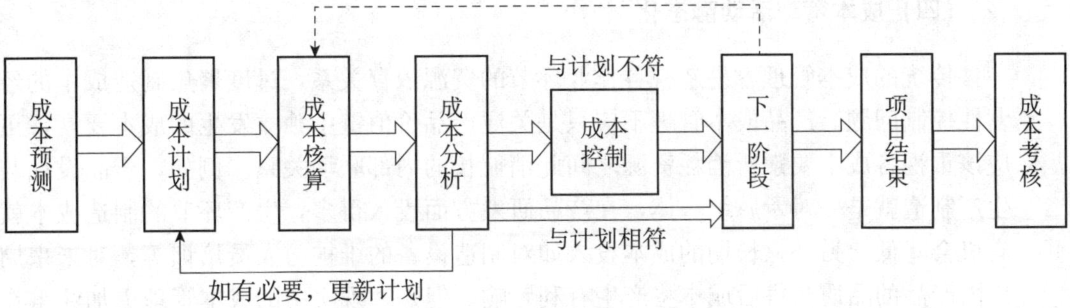

图 5-4 成本管理基本流程

业的管理需求。然而，传统的成本管理具有重核算、粗放式、静态化等特点，有待改进。

(一) 成本控制效果不理想

在传统的成本管理过程中，成本管理的信息采集和核算工作依赖于财务人员的人工活动，工作效率较低且质量难以把控。财务人员在资源消耗核算方面花费了大量的时间。尽管部分企业已经利用计算机来部分替代人力，但对电子计算机技术的应用还处于初步阶段，赋能效果不理想。降本增效是企业经营管理的重要目标，在成本管理上更需要克服信息采集与核算困境，通过高效的自动化流程来降低成本重复产生的可能性。

(二) 产品成本核算不全面

成本管理作为管理会计的重要环节，其本质是为了提高企业内部的生产经营效率和效果。但是，在传统观念下，衡量产品的盈利状况主要基于营业收入与营业成本，过于关注可以对象化的毛利，而忽视了产品总成本的概念。现有的成本核算方法如作业成本法、标准成本法等，同样无法对企业内部的无效成本和有效成本进行区分，对企业经营效率的监管存在盲区。在产品的投产决策中，企业也应该关注设计、设备改造、生产准备、营销、售后等一系列环节的资源消耗。

(三) 成本信息相关性不强

在以往的成本管理活动中，企业时常会混淆财务会计成本和管理会计成本的概念，无法正确地对企业的经营状况做出很好的判断。实际上，管理会计的成本项目在核算目的、核算对象和核算资料等方面都与财务会计存在差异。

受财务会计程序的影响，管理会计报表的个性化不强或报表呈现过于复杂，大量的成本信息难以与经营活动形成对应关系，无法直接依据报表制定经营决策。例如，管理会计报告在标准成本设定或成本分摊方面多以直接人工工时为标准。但是，当直接人工在产品成本中所占的份额较小时，容易出现成本失真的现象，企业管理者就无法依据此成本结构做出正确的决策。

（四）成本管理活动静态化

传统的成本管理容易忽视各作业环节的资源依存关系，过度聚焦制造成本的经营性控制问题。产品成本管理不应只是关注产品价值链中独立发生的成本要素，更应该重视各成本要素所消耗资源之间此消彼长的内部联动关系。例如，产品设计与生产制造就是一对矛盾统一体，在产品研发方面投入得多，生产环节的制造成本就有机会降低。另外，长期的成本投入如对制造设备的维护与人员培训等，对未来周期内产品的品质与售后成本将产生有利影响。但是，现实中的成本管理更加注重在绩效考核范围内的成本改善，其静态化严重影响了成本管理效率。

二、成本管理的智能化发展

（一）智能化成本核算流程优化

传统成本管理中的成本核算流程包括：对生产费用支出的审核、确定成本计算对象和成本项目、进行要素费用的分配、进行综合费用的分配、对完工产品成本与在产品成本的划分、计算产品的总成本和单位成本等。

在智能时代，智能技术对于成本管理最大的两个助力点就在于成本的自动采集与自动计算。这大幅度压缩了成本采集的人力成本，也减轻了自动计算的工作负荷，助力企业的生产经营能力提升。在智能时代下，成本核算的流程可以简化为三个步骤：自动采集数据、自动结转数据、自动转账成完工成本（见图 5-5）。原来各环节的分配工作可以交由系统内部结转，无须人工单独分列成各个生产环节独立核算后再录入系统。在技术的驱动下，成本管理的效率和效果能得到大幅提升。

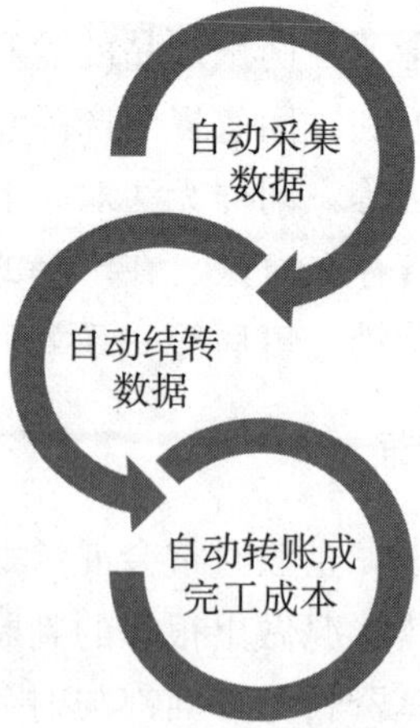

图 5-5　智能化成本核算流程

首先是自动采集数据环节，人工智能在数据采集上的优势是简化流程，提升效率，在新的人机交互技术和条码、RFID、采集器等物联网技术的帮助下，企业成本库的归集工作可以由不同的识别方式自动完成，数据到各系统中就自动传输到处理系统中，等待结转流程。

其次是自动结转数据环节，企业可以利用智能建模、大数据和云计算等技术提高自身的数据处理能力，将数据采集的结果根据不同的目的导入系统并进行分配和归集，具体的分配和归集方式可以通过事先的人为设定或直接使用由历史数据的分析处理而产生的预测值，最终经过成本模型处理后的数据就会自动导入系统的下一环节。

最后是自动结账环节，企业对数据进行结转后可以利用处理平台和核算系统将最终数据录入对应的成本账户，云计算平台可以自动转换数据的格式，自动生成明细账、财务报告，给成本管理者和信息使用者提供更大的便利。

智能技术的出现从流程上大大缩减了成本管理中人工活动的决策空间和手续，能够在保质的基础上压缩企业成本管理活动的经营成本。

（二）智能成本管理的平台构建

智能成本管理通过灵活的数据归集模型，实现对内外部数据的高效采集，依托中台模式的分摊规则管理、驱动成本数据分摊处理自动化，并充分应用大数据技术开展嵌入式的多维洞察分析，将数字化能力融入数据采集、加工和应用全过程。

1. 成本基础设置

（1）成本核算支持多方案、多维度。智能成本管理系统支持按照成本核算要求，在不同的核算方案下配置不同的成本核算对象，在费用归集时归集到所定义的任一成本核算对象维度。同时，支持按成本费用数据流向，定义不同核算方案下多维度、多路径的费用分摊模型，形成多维度信息反映体系。

（2）成本归集数据池支持多源获取。智能成本管理系统支持从不同的数据源归集成本数据，包括账务数据、单据数据、第三方集成实体表数据等。例如某医院的成本数据收集平台实现了从不同的源头获取人力成本、物资成本、药品成本、风险基金等不同类型的成本数据，满足医院全成本费用归集的需要。

（3）成本分摊规则支持多场景灵活定义。智能成本管理系统支持根据实际需求灵活定义分摊规则。例如某医院的成本管理系统可以根据科室成本三级四类、医疗服务项目作业模型、病种、疾病诊断相关分组（DRG）分摊成本，支持设置不同的分摊规则，分摊方法支持按分摊系数、动因指标等多种方式分类，以实现作业模型分配法和分摊规则多场景的灵活定义，精细化核算方案。

2. 成本归集分摊

（1）成本分摊智能化、过程可视化。智能成本管理系统每月自动调用分摊规则执行分摊任务，完成后可立刻查看分摊过程数据和分摊标准，可查看来源数据，清晰直观地了解分摊数据的计算逻辑和分摊标准，并进行溯源核对，便于及时发现问题并追溯原因，驱动业务改进落地。

（2）成本核算分层分级自动化处理。智能成本管理系统支持按照不同的核算对象和核算路径来核算成本。例如某医院的成本管理系统可以将成本费用先在科室之间进行分摊核算，再将科室成本在医疗服务项目之间进行核算，最后将各项成本叠加分摊至各患者，并归入对应的 DRG 分组，按照加权平均法计算出 DRG 分组的单位成本，实现科室、医疗服务项目、病种、DRG 成本分层分级一体化自动核算（见图 5-6）。

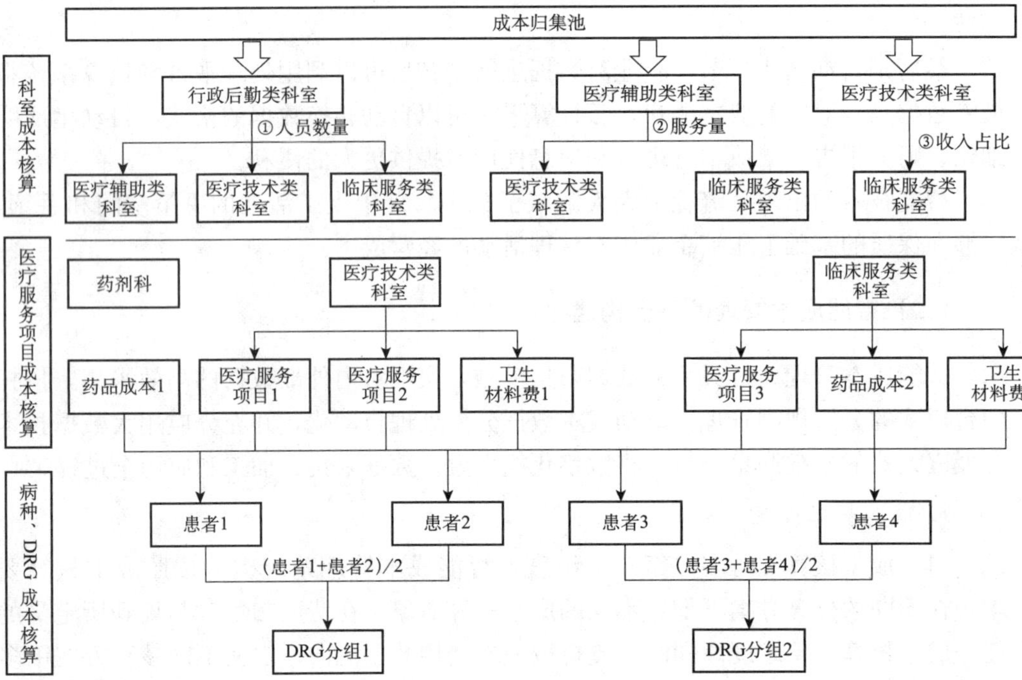

图 5-6　某医院智能化成本核算

3. 成本分析

基于成本分配结果，智能成本管理系统支持对成本数据按期间、部门、项目等维度自由组合查询，包括成本性态分析、成本构成分析、收益分析、本量利分析等，实现不同角度的成本分析，为管理决策提供数据支持。

中国企业实践

海底捞的成本管理

作为国内餐饮行业的“长红”名片之一，海底捞从一家本土火锅店走向国际市场并成功上市，其成功不仅取决于产品质量，成本管理也是其扩大市场、稳定利润水平的重要战略决策之一。海底捞成本分类如图 5-7 所示。

优秀的员工服务一向是海底捞笑傲市场的自有资产，2019 年上半年的财报显示，其人力成本占到了营业收入的 1/3。在餐饮行业不断压缩营业成本的发展趋势下，海底捞意识到了这一问题的潜在威胁，并尝试利用人工智能来破除

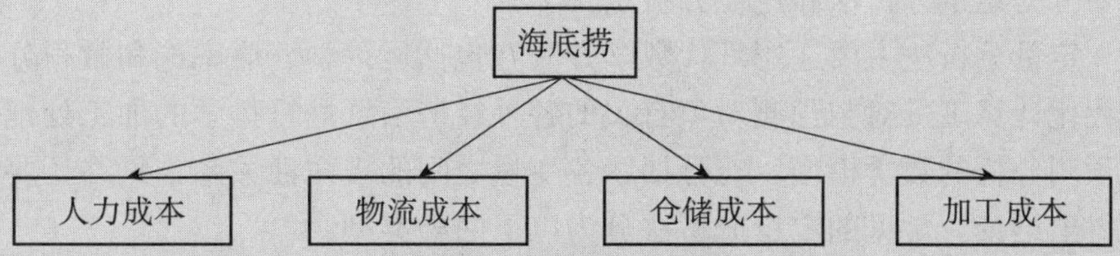

图 5-7　海底捞成本分类

这一困境。具体举措包括：在门店的上菜服务、结账服务、清点业务等环节利用机器人来替代人力，只在门店留下部分优秀服务员，压缩自身的人力成本。

优质的线上服务业务也是其一大竞争优势。在外卖餐饮行业迅速发展的背景下，海底捞原先的线上服务系统出现了运行负荷过大的情况。因此，海底捞积极推进与阿里云的合作，提高线上营销能力，利用云计算技术实现精准的营销对点，并利用大数据计算外卖顾客与门店的最近距离，减少了配送时间并降低了配送成本，实现了产品配送的智能化，从而实现了对物流成本的管理。

海底捞还积极推进对仓储成本和加工成本的智能化管理。例如，在原料采购和仓储上，海底捞能够在第一时间从最近的仓库调货，减少采购成本，并利用算法进行门店销量预测以及实时的库存跟踪，预测出每家门店每天需要的进货量以最大限度减少库存并保证供应。

在材料加工上，海底捞与阿里云合作的智能化云平台和智能厨房管理（IKMS）系统利用大数据、物联网等设备实现对后厨的实时监管，对海底捞厨房整体的运行状态、生产状况、库存状况、保质期状况等信息进行实时上报，提高了菜品的加工效率，规避了经营过程中菜品腐烂等情况，降低了加工活动中的纠错成本。

海底捞的成本管理活动基于其自身的业务特点，并结合市场优势进行合理布局，在最大限度保留自身服务优势的前提下实现了智能化改革。大数据、云计算等智能财务技术的出现也为海底捞的数字转型提供了坚实的技术基础。

资料来源：https：//www. mp. weixin. qq. com/s/DZKIb4E2DLFwvOgZJG2v7Q；https：//www. mp. weixin. qq. com/s/DZKIb4E2DLFwvOgZJG2v7Q.

第四节　智能经营预测

经营预测是企业根据现有的经济条件和历史资料以及事物的内在联系，对企业生产经营活动的未来发展趋势所进行的预测和推算。经营预测是企业制定发展规划并进行科学管理的依据，有利于企业充分了解竞争形势和自身优势，从而提高竞争力。

传统经营预测通常从销售、利润、成本、资金等四个角度进行预测。预测方法主要分为定量分析法和定性分析法。

定量分析法主要运用现代数学方法（包括运筹学、概率论和微积分等）和各种现代化计算工具对与预测对象有关的各种经济信息进行科学的加工处理，并建立用于预测分析的数学模型，充分揭示各变量之间的规律性关系，最终还要基于计算结果得出结论。常见的定量分析法分为以下两种类型：

（1）趋势预测分析法。这是根据预测对象过去的、按时间顺序排列的一系列数据，运用一定的数学方法进行加工、计算，借以预测其未来发展趋势的分析方法。它的实质就是依据事物发展的延续性原则，采用数理统计方法来预测事物发展的趋势。常见的方法包括算术平均法、移动加权平均法、指数平滑法、回归分析法、二次曲线法等。

（2）因果预测分析法。这是根据预测对象与其他指标之间相互依存、相互制约的规律性联系来建立因果数学模型的预测分析法。它的实质就是依据事物发展的相关性原则来推测事物发展的趋势。常见的方法包括：本量利分析法、投入产出分析法、经济计量法等。

定性分析法主要依靠预测人员的丰富实践经验以及主观判断和分析能力，是一种更主观的预测方法，通常不涉及或少量涉及计算。企业通常会邀请熟悉行业经济业务和市场情况的专家，根据经验做出分析判断，提出预测的初步意见，然后通过召开调查会等方式，对上述意见进行修正补充，并作为提出经营预测结论的依据。

一、传统经营预测的局限

传统的经营预测大多依靠人工录入的数据信息，数据偏差等问题导致信息数据的准确性不够，这使得经营预测形同虚设。具体来说包括以下三方面原因：

第一，传统预测方法偏差较大。定性的预测方法存在较多主观因素，而定量的预测方法对数据量要求较高，需要企业具有非常完整、系统的数据采集方法，而且预测过程比较复杂，受到外界因素的影响非常大。

第二，企业经营预测的应用不够深入。多数企业未能系统地进行经营预测，在应用中，大多数单位重视销售预测、成本预测及利润预测，对资金预测一般凭经验。

第三，不能准确提供数据信息。由于经营预测需要结合多方面的信息，如利润、负债、成本和支出等，数据的交叉分析难度较大，传统方式并不能准确提供数据信息，因此经营预测缺乏数据支撑。

二、经营预测的智能化发展

（一）智能经营预测流程变化

预测对企业管理和决策而言至关重要。在传统的财务工作中，成本、收入等相关预测首先需要根据企业长期经营的历史数据、财务人员的工作经验等对经济活动进行归纳总结，然后结合下一阶段的经营方案、财务规划等进行类比，由此得出预测结果，但这种做法往往具有很大的偏差，需要不断调整。

智能技术能够帮助财务人员捕捉到更难以观测的信号，快速挖掘多源多模态数据，协助批量处理所获得的继承数据，提高采集和利用数据源的水平。在技术运用过程中，经营预测系统的开发人员还可以对传统模型进行修改，将算法不断优化从而提高传统算法模型的预测准确性。

相比传统的人为预测，企业通过智能技术收集企业内外部信息，包括海量的行业数据以及宏观环境信息，然后提炼影响因子，根据影响因子对数据进行属性归纳，通过机器学习的智能算法对以上数据进行建模、模型训练，由此得到智能预测模型，最终具备对企业未来经营状况的预测能力。这种模型不光能对企业未来的整体财务状况做出预测，还能针对特定市场的供给与需求建模，构建基于产品特点的、可配置的复合模型，根据使用者的需求对信息进行分类，同时自动选择预测方法。智能经营预测不是一成不变的，它处于不断更新学习当中，随着时间推移，企业经营状况和外部环境不断变化，这些变化反映在收集的数据当中，系统会实时修正、更新、拓展影响因子，以更好地适应快速变化的经营环境。图 5－8 体现了人为预测和智能预测的差异。

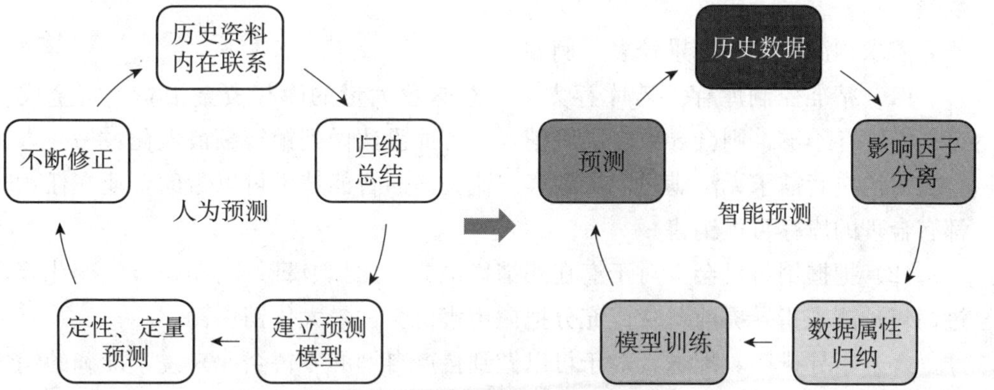

图 5－8　人为预测和智能预测

相比传统的经营预测，智能预测能够减少人的主观经验判断和知识局限的影响，完全基于企业内外部海量的信息进行判断，比传统的预测工作更加客观和准确，能帮助管理会计更好地发挥预测的功能。

（二）短期经营预测的智能化发展

1. 智能需求预测

智能需求预测是使用数据来预测客户在特定时间段内想要购买多少特定产品或服务的行为，企业可以从这些数据中获得可行的商业洞察，比如预测新产品的需求水平、营销活动的效果以及新消费趋势的萌芽。波士顿咨询公司曾与谷歌携手开展了一项研究，结果显示，通过大规模使用人工智能和高级分析工具，消费品企业可以实现超过10%的营收增长。其中，需求预测对拉动企业业务增长的重要性排在了第一。

在企业的业务环节中，一切后端的生产计划、销售计划、营销计划都依赖于精准的需求预测。而传统的需求预测主要存在以下几个弊端：

（1）依赖人。从销售端给出销量反馈，到渠道端、供应链端提出需求响应，最后到生产端安排生产，过去都是依赖管理者的行业经验和统计分析去做判断决策。而管理者的行业经验常带有主观色彩并且过于依赖个人能力，经常出现误差较大的情况。

（2）难扩展。大部分需求预测都是按照规则来，当规则越来越多，几百甚至上千条时，需求预测工作就只能集中在少数人手里，难以交给其他人。

（3）效率低。分析过程需要进行大量的数据填报、反复沟通，费时费力。

（4）精度差。随着需求的影响因素越来越复杂，精准的预测愈发难以实现。

智能需求预测综合利用内部数据、外部数据和行业经验，结合先进的预测算法，给出满足高准确度要求的需求预测结果。此外，算法还能够根据实际的业务反馈，不断迭代，提升预测准确度。内部数据包括历史销售、促销活动、广告投入、人流等数据，外部数据包括行业趋势、消费趋势、天气情况，甚至竞争对手等数据。

需求预测的应用场景较多，例如：

（1）精准控制库存。若库存太多，意味着大量的库存资金浪费，资金成本提升；若库存不够，则会导致产品脱销，一方面没法做到销售额最大化，另一方面还会因为消费者需求无法满足，导致客户流失。而智能技术可以帮助企业在任意时刻都有合理的库存可供销售。

（2）把握销售机会。对于潜在的销售机会，比如节日、活动、天气变化等，通过销售预测来指导提前备货，充分把握销售机会，最大化销售额。

（3）指导排产、配送。对于可以做到自产自销的零售企业来说，准确的销售预测还能将预测数据倒推到生产、配送环节，指导生产和物流活动。

（4）指导人员配置，优化排班。通过分时段的销售预测指导门店进行更为合理的数据化排班，最大化地利用人力资本，同时保障客户消费体验。

（5）预测顾客需求。通过市场调查、专家意见等定性预测或基于市场营销活动的因果模型来预测客户需要的产品与需要的量，挖掘客户消费潜力。

（6）衡量业务情况。通过对门店纵向与横向多指标的定量评估，衡量门店业务情况，给出指导建议与发展目标。

（7）评估销售目标的完成进度。通过对当前累计销售额与未来销售预期的分析，评估销售目标的完成进度与质量。有需要的还可以及时调整销售目标，做到敏捷运营。

（8）增强客户体验。通过对进、销、存各个环节的预测，增强客户体验，避免因缺货、延迟交货、延迟发货等情况导致客户消费体验下降的情况发生。

2. 智能应收账款风险预测

企业能否收回应收账款？客户能否偿还所欠贷款或者货款？企业是否要承担坏账风险？坏账风险有多大？对客户了解得越充分，企业预测的准确度越高，避免坏账出现的概率也就越大。

传统的客户风险预测一般为企业根据掌握的关于客户的有限信息人工进行定性或定量分析，或是邀请信用评估机构对客户进行信用评级。信用评估机构对征集到的客户信用信息，依据一定标准进行信用等级评定，所需信息主要包括客户的财务信息、发展趋势、与信用相关的经营记录等。企业再通过客户信用等级，决定给予客户相应的信用额度和结算方式。总的来说，有关客户的信息渠道单一且不够全面，处理过程依赖人的主观判断，无法及时预警。

随着企业规模的不断扩大，企业面对的客户背景也愈加复杂，传统的风控模型已无法满足需求，因此，企业需要创新升级风控模式，在非结构化数据应用、客户行为挖掘分析方面实现新突破。另外，在关联客户识别、测算违约风险沿各类关联关系传导的路径和条件概率方面，传统风控手段已无法满足要求。

大数据可以从不同的渠道获得反映客户不同方面的信息，而不仅仅是财务状况的数据，大数据可以深度挖掘存量风险、客户集群性等共性特征。针对已发生逾期不良的客户及款项，从客户资质、合作机构抵押品担保等方面分析其存在的共性特征，提取、量化、训练特征因子变量，构建风险特征因子库。应用机器学习分类算法，预判客户违约概率，生成预警客户名单，同步智能输出客户风险成因，即触发的特征因子。

延伸阅读

LightGBM是什么？

应用人工智能算法和知识图谱技术，可构建客户关联网络，整合客户资金结算、上下游供应商、投资主体、实际控制人、高管、经营实体等信息，应用关联网络分析算法，构建个人客户关联关系模型，自动批量生成并输出关联体结果。基于关联网络，可构建关联关系传导机器学习模型，有效测算违约风险沿各类关联关系传导的路径和条件概率，预测客户违约概率。

中国企业实践

阿里巴巴金融

阿里巴巴金融的贷款对象是天猫或淘宝上的店铺或阿里巴巴上的批发企业，对这些贷款对象的信用评级，除了使用常见的财务数据外，还使用了反映这些贷款对象信用情况的数据：一是这些贷款对象在什么时间、在哪里、与谁做生意以及商品数量变化的数据；二是网络交易平台认证与注册信息、留下的痕迹、贸易平台表现，如登录管理、广告投放、社区行为等；三是贷款对象与客户交互行为数据，如顾客的收藏、反馈、评价等；四是与深圳一家进出口数据认证服务公司的合作，掌握贷款对象有关海关、税务方面的数据；五是对小企业主进行分析，判断其特质，并将得到的结果进行定量分析，通过模型测评小企业主对假设情景的掩饰程度和撒谎程度。

阿里巴巴金融利用网络平台的优势，获得了许多传统企业得不到的数据，对其贷款对象进行360度全方位的信用评级，从而在有效控制贷款风险的同时，提高了贷款的效率。这正是阿里巴巴将大数据技术应用到企业风险管理中的结果。

资料来源：https：//www.sohu.com/a/141334575_671562.

3. 收入、成本、利润预测

收入预测作为集业务、资金、财务、信息等于一体的综合性预算体系的一部分，对于企业进行战略管理、资源配置、协调各部门的关系等具有重要作用。机器学习可以利用算法从样本数据中寻找规律，这一特征使智能财务可以将收入预测与全面预算管理相结合，最大限度地提高预算的科学性。收入预测可以通过数据挖掘、回归分析、机器学习等手段对历史数据进行处理，同时结合智能需求预测进行综合分析，预测市场需求，确定资源配置，对业务收入情况进行科学预测，优化企业管理过程。企业的经营成果与供应链上的其他企业息息相关，知识图谱技术可以分析上下游企业及其关联方关系，为企业评估业务的可持续性、未来收入的走向提供有力的依据。

企业可以搭建智能化平台，监控预测的执行状况，形成基于数据预测并实时调整的收入预测体系，利用可以得到的尽可能多的数据进行收入预测，以避免前期资源投入的浪费。

成本预测需要分析大量的成本数据，这背后需要人工智能技术的支持，特别是与机器学习相关的数据挖掘技术。阿玛尼（Amani）等对数字挖掘技术在成本管理应用中的几个层面进行了综述，分别是设备层、流程层、施工层、产品层和项目层。其中，在设备层，可以用数据挖掘技术来评估设备制造成本，从而提高设备检查和维修的精确度，追踪设备更新成本；在流程层，数据挖掘技术可以用来在成本核算中确定成本驱动因素，并有助于制定转移定价的决策；在施工层，通过创建神经网络系统，实现快速并足够精确的成本评估；在产品层，挖掘出的数据可用于预测产品单元的成本、评估产品生命周期成本；在项目层，数据挖掘技术可以协助建立成本评估体系，包括有形产品和无形产品，如软件和应用等。因此，基于全过程、多层次的原则，智能财务可以在数据挖掘技术下实现对成本的预测和管理。

利润预测是对企业经营状况进行预判的重要方式，具体的预测方法是先对整体的销售情况进行预测，然后通过对产品产销量、价格、结构等因素进行分析评估，测算企业未来可能达到的利润水平及其变动趋势。就目前而言，企业利润预测模型面临许多不确定的因素，借助智能技术构建的预测模型，企业可以丰富更多影响因子，帮助企业获得更准确的利润预测。

技术创新

萝卜投资的AI盈利预测

萝卜投资设计开发的AI盈利预测就本质而言即是在为它所预测的每只个股定制统一的预测模型框架，先从基本面投研逻辑出发，对该公司的主营业务结构等基础财务信息进行拆分，再在新的预测系统里引入宏观、行业和个股这三个方面的影响因子，并将对应数据搭载进框架之中，最后通过寻找适合小数据的预测引擎，实现偏差小十不确定性低的预测效果。与此同时，在整个预测框架内，萝卜投资还增加了自主编辑功能，用户可结合市场环境和自身的从业经验在框架中融入自己对市场未来走向的预判，通过编辑新变量、挂载特色数据等方式，提高盈利预测的准确性。

例如，在对恒顺醋业的年报预测中，萝卜投资就在其构建的知识图谱中先对恒顺醋业的财务结构进行剖析，随后引入宏观、行业和个股三个方面的影响因子，将社会消费品零售数据、食醋行业普价和线上电商的特色数据等引入整体预测框架中，再结合专家人员的从业经验，最终得出恒顺醋业的盈利预测结果。

资料来源：https：//www.finance.ifeng.com/c/7wRD16WFNGy.

（三）长期经营预测的智能化变革

1. 智能宏观环境预测

大数据的应用一方面可以挖掘客户需求，另一方面还可以通过对天气、社会事件、环境等数据的分析，预测一些社会事件的发生，如谷歌成功预测流感在美国哪些地区发生。根据预测即将发生的社会事件，可以向终端客户提供采购商品的建议，从而由挖掘顾客的需求，进一步变为“创造”消费需求。

2. 智能利率预测

在智能化风险定价方面，利率市场化的推进挤压了银行利润，这就使得银行不得不根据客户利率敏感程度、金额、周期、信用风险预测等因素，通过智能化手段建立差异化的定价模型，对不同人群推出不同的信贷利率，从而获得更高的收益。

同业拆放利率是银行同业之间在货币市场上融通资金的利率。作为市场化核心利率，上海银行间同业拆放利率（Shibor）能准确、及时地反映货币市场的资金供求关系，其变动会迅速传导和影响我国金融市场。因此，预测Shibor的波动和走势具有重要意义。

延伸阅读

Shibor是什么？

隔夜Shibor日数据的预测中，一种方式是建立基于BP神经网络算法的对照性预测模型，接着将小波神经网络应用于预测中。基于布谷鸟搜索（CS）优化的小波神经网络预测模型，能进一步提高预测精度，较好地拟合隔夜 Shibor 的日波动。预测隔夜 Shibor 的月均值时，从影响利率走势的因素出发，预选取货币供应量（M2）、美元折合人民币平均数、上海证券交易所成交额、金融机构人民币存贷款差、居民消费价格指数（CPI）、采购经理人指数（PMI）、银行间质押式回购利率、新增信贷数据、外商直接投资（FDI）共 9 个指标建立回归型支持向量机（SVR）预测模型。利用粒子群优化算法（PSO）改进 SVR 算法，建立 PSO-SVR 预测模型，提高预测精度，模型基本可以对隔夜 Shibor 的走势进行预测。

针对日数据和月数据的特点，选用适宜的算法建立的预测模型在隔夜 Shibor 的日数据和月均值预测中具有一定的科学性和应用价值。建立隔夜 Shibor 决策系统，整合预测模型，对货币市场参与主体具有一定的指导作用。

3. 智能汇率预测

随着经济的不断发展，越来越多的企业开始发展对外贸易，对外贸易涉及不同币种的交换，汇率的变动是企业的经营业绩的关键影响因素之一。因此，如何准确地预测汇率变动的方向和程度是外汇风险管理的基础，汇率预测对于企业提升汇率风险管理水平意义重大，可通过汇率预测增强自身适应和应对汇率变动的能力。

传统的汇率预测方法是宏观分析法，根据政治经济等形势，基于以往的历史数据总结计算及分析汇率。但是由于当时的计算能力不强，因此这样的技术并没有得到很好的应用。随着计算机的发展，尤其是计算机的计算及处理数据的能力越来越强，加之预测方法不断推陈出新，人工智能、智能识别及归纳总结数据的能力越来越显现出来，并应用到实际的汇率预测领域。

关于汇率预测的方法大致可以分为三类。

（1）时间序列分析法。该方法是将某一个指标按照时间的先后顺序排成数列。随着高级数学工具的引入，时间序列分析方法引入贝叶斯向量自回归模型（BVAR）等。

（2）线性模型法。以现有的回落决定理论（如购买力评价假说、利率平价假说、国际收支说、资产市场说等）为基础，通过对影响汇率的经济因素建立线性模型，再利用计量等工具对模型进行检验、矫正。

（3）组合预测法。所谓组合预测法就是综合利用各种预测方法，虽然在汇率预测研究中，可选择的方法有很多，但单一模型难以全面反映汇率的变化规律，各种模型都有其偏重和特长。以适当的加权平均形式得出组合预测模型，能有效利用各种模型的优点，产生更好的预测效果。

近年来，人工神经网络技术开启了汇率预测的新时代，它大大提高了汇率预测的样本内拟合程度。其中反馈过程的优异表现使得 BP 神经网络能够更直接、更生动地反映系统的动态特征。神经网络借助其较强的自学习、联想、识别等功能，收集数据，训练网络，用其算法建立数学模型进行预测。BP 神经网络是其中最具代表性且运用相当广泛的一种按误差逆传播算法训练的多层前馈网络。通过学习历史数据和训练数据的生成机制，即可对汇率进行预测。

技术创新

联合利华：AI 需求预测

联合利华是全球最大的日用消费品公司之一。面对不断变化的零售消费环境，营销策略、市场推广渠道和竞争格局都需要基于数据快速做出决策。而人工预测会带有主观色彩且过于依赖个人能力和行业经验，AI 算法在商业决策类问题上又面临很大的落地挑战。联合利华与观远数据合作，打造“人工智能十商业智能”的新零售需求预测解决方案，用更高效准确的市场需求预测赢得更多的决策反应时间和更大的计划可行性，并推动 S&OP（销售与运营规划流程）管理的良性发展。

该方案一键式应用机器学习模型，基于历史销量、日期、节日、商品、促销、仓库、销售终端等多种特征预测 SKU 商品在未来四个月的销量，打造了“数据获取—数据分析—模型搭建—数据预测—智能决策—新数据融入”的完整数据闭环，通过快速精准的销量预测制订订货和出货计划，减少人工决策带来的偏差，平衡商品产量与市场需求。

决策者通过 AI 预测助手不仅可对最细粒度的预测值进行微观调整，也可对预测总量进行宏观调整，利用高效稳定的预测系统和方便快捷的调整功能来应对商业战略的变更，提高成效。同时，AI 预测助手会记录每一次的调整，将专家经验沉淀在系统模型中，使其成为企业长久的数据资产。另外，预测结果可以以报表或者图表的形式呈现，辅以预测模型的可解释性，快速评估模型效果，并对异常预测值快速抓取，提高了跨部门的协作效率。

区别于常规的需求预测方案，该项目灵活运用了人工智能和商业智能来挖掘、探索零售数据里隐藏的逻辑与信息，使数据的可利用率最大化，并将经验沉淀在系统中，使供应链管理的决策变得智能化、数字化，帮助联合利华脱离原本繁杂的人工统计预测，让产出变得更高效。同时，机器学习模型可以快速准确地捕捉人工无法识别的数据规律，辅以特定的行业规则和专家经验，用精准的市场预测和可靠的智能决策为联合利华带来新的长期竞争优势。

资料来源：https：//www. unilever. com. cn/news/2020/winning-three-ecr-titles-unilever-accelerate-sinnovation-in-smart-supply-chain/；https：//www. m. thepaper. cn/baijiahao _ 9754410.

第五节 智能绩效管理

绩效管理是指各级管理者和员工为了实现组织目标，共同参与的绩效计划制订、绩效辅导沟通、绩效考核评价、绩效结果应用、绩效目标提升的持续循环过程，通过绩效管理能够实现对企业内部各责任中心的监督、提高各部门的最终产出效率，对企业整体战略规划具有驱动性意义。①

对于整个企业组织架构而言，绩效管理贯穿于整个业务活动中，企业从上至下各个主体都能成为绩效管理活动的参与者。其中，高层管理者负责制定未来的战略；人力资源部负责整个绩效管理体系的设计和组织实施；财务和经营部门发挥数据供给、决策辅助、细化目标的作用；员工则是绩效管理的参与者和意见反馈来源。

一、传统绩效管理的局限

以往企业的绩效管理通常包括计划、实施、评价和反馈四个步骤（见图 5－9），企业从制定整体大目标、细化各部门小目标，再到实施绩效管理和对各部门进行绩效考评，最终再到根据考评结果进行管理优化，企业在不断循环的绩效考评体系中发现问题、分析问题、解决问题。

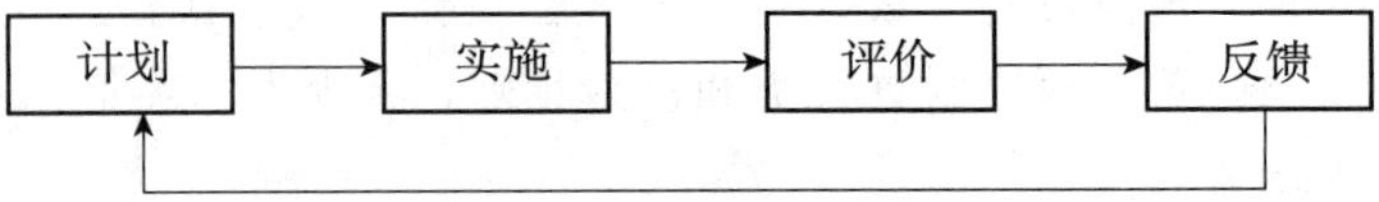

图 5－9　传统绩效管理流程

在整个绩效管理流程中，企业常用的绩效管理方法包括平衡计分卡、关键绩效指标法、目标管理法等。平衡计分卡是从财务、客户、内部运营以及学习与成长四个维度来考察企业各层面的绩效水平；关键绩效指标法是将企业的整体目标细化为各个具体的关键指标来单独考核的管理方式；目标管理法则是将寻找绩效目标的主动权下放到各员工，通过加大员工对绩效管理流程的参与权，提升企业整体业绩水平。

但是因为受到信息收集难度较大、成本效益等因素的影响，企业绩效管理会因公司规模而有所不同，规模更大、组织架构更完善的企业一般会采用更全面的绩效管理方法，而一些小微企业和不规范企业则更倾向于采用一些易于操作的绩效管理方法，最终的绩效管理效果也因此产生差异。随着大数据、区块链、云计算等技术的不断发展，企业内部的绩效管理活动出现了新的发展契机，也让实现精益管理、优化资源配置的目标成为可能。

二、绩效管理的智能化发展

（一）智能绩效管理的流程设计

智能绩效管理流程分为目标制定、战略细化、预警监督、追溯分析、绩效考评和总结改进六个步骤（见图 5－10）。

① 王梦绮．企业绩效管理在区块链 3.0 时代下的融合发展［J］．辽宁经济，2020（6）：94－96.

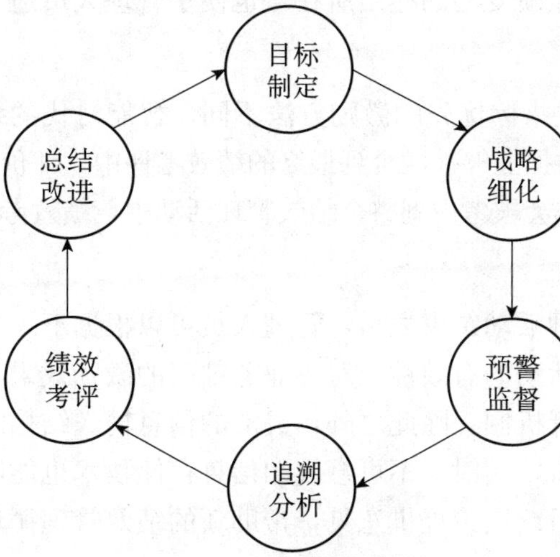

图 5-10　绩效管理流程

1. 目标制定

确立目标是企业绩效管理的起点，具体目标又以对企业原有运营状况的详细分析为基础。在智能技术赋能下，企业能够利用物联网和大数据对企业既有经营状况进行数据采集，并能对获取的内外部数据进行结构化整合，为后续的数据分析提供数据源。随后这些数据会被带入设定的预测模型中得出具体的结果，这些结果即是企业后续绩效管理的战略目标。

2. 战略细化

在整体目标确立之后，企业需要将整体目标落实到各业务部门中去，如何量化这些目标是本环节的重心所在。利用知识图谱等技术，企业能够对各业务部门的具体业务有更直观的了解，也能根据宏观经济发展态势和企业整体发展战略对各部门的真实经营情况进行预测和实时调节，克服以往目标制定者和实际业务职能部门之间的信息脱节问题，让更多员工可以深度参与到企业的绩效管理活动中，而不是成为被绩效管理约束的工作机器。

3. 预警监督

业财融合是企业财务转型的趋势，在智能技术赋能下，企业财务部门能够摆脱以往财务监督活动往往集中于事后管理的尴尬境地，管理人员能够对一些简单错误进行快速追踪认责，对业绩水平和工作态度不佳的业务部门进行预警，获得更明显的激励效果。

4. 追溯分析

对于实时监控无法直接溯源的业绩异常现象，管理人员可以复盘整个企业的财务系统，运用同比、环比、标杆对比等一系列方法分析业绩变动趋势，而具体的分析结果也可以在绩效系统中通过经营业绩分析报表、经营仪表盘等形式展现出来，便于管理人员找到业绩变动的症结所在，也便于管理人员适当地调整绩效活动。

5. 绩效考评

与传统的以某些指标优先的激励方法不同，智能时代的绩效考评更为综合和全面，一些非结构化数据能够被融合到最终的绩效考评中，评价对象的差异性、工作岗位的特殊性等因素都会被考虑到整个绩效管理活动中，绩效考评更加灵活和人性化。

6. 总结改进

在整个绩效管理活动结束之后，管理人员可以根据下一年实际的业绩波动准确地识别出绩效管理活动的有效性及对各业务部门的激励效果，从而也能够调整整个绩效考评系统的运行机制。除此之外，灵活的信息输送结构能够对员工的反馈结果进行更好的采集分析，实时、不可篡改的信息存储技术也能够提高反馈意见的真实性，为管理人员的后续决策提供意见，帮助新的绩效管理循环扬长避短。

（二）智能绩效管理的方法创新

企业经营中常见的绩效管理方法包括平衡计分卡、关键绩效指标法、经济增加值等。部分智能绩效管理方法如图 5－11 所示。

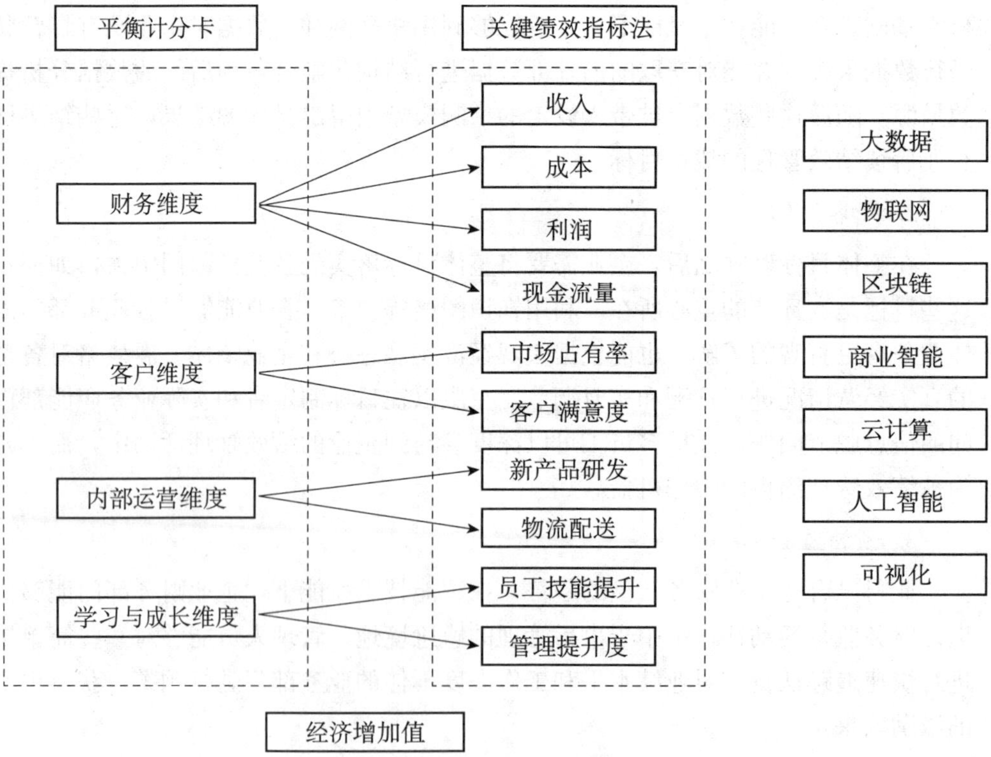

图 5－11 部分智能绩效管理方法

1. 平衡计分卡

平衡计分卡（BSC）的本质即在追求企业财务、客户、内部运营以及学习与成长的四维平衡，是企业在经营管理中常用的一种绩效管理方法。在绩效管理活动中，平衡计分卡在应用时存在大量关键业绩指标难以获取的问题，在企业的实际应用中存在诸多痛点。但是随着智能技术对于数据源开发和采集的功能的延展，上述应用难点被逐步攻破。

例如，企业可以应用区块链技术，把财务、客户、内部运营、学习与成长四个维度细分为区块链中的四个区块，将企业的具体数据录入四个区块中，形成不可篡改的、真实的、透明的、能形成共识的智能合约，并将其确认为整体的绩效管理目标。不光如此，企业也可以应用商业智能系统从企业各业务层级获取数据并将这些数据自动转化为企业内部销售、采购、产品制造和财务的关键绩效业务指标，然后利用可视化技术进行综合展示，并对上述四个维度中涵盖的异常数据进行精确化识别和追溯。

2. 关键绩效指标法

关键绩效指标法即是通过对组织内部流程的输入端、输出端的关键参数进行设置、取样、计算、分析，衡量流程绩效的一种目标式量化管理指标，在企业绩效管理中常被作为业绩衡量的基础。与平衡计分卡类似，企业在实际应用关键绩效指标法时也存在着数据难以量化等痛点，但是在智能技术的助力下，企业对关键绩效指标法的应用会更加灵活，大数据、物联网及分布存储等技术都能为关键绩效指标法的应用带来新的价值，使其摆脱原有的机械的考核方式，更加符合差异化、个性化的分工趋势。

除此之外，在区块链系统中，关键绩效指标法还可以与平衡计分卡配套使用，它能将平衡计分卡的四个区块进行分解细化，例如，财务区块可以分解为收入、成本、利润、现金流量等关键绩效指标；客户区块可以分解为市场占有率、客户满意度等关键绩效指标；内部运营区块可以分解为新产品研发、物流配送等关键绩效指标；学习与成长区块可以分解为员工技能提升、管理提升度等关键绩效指标，细化指标能使关键绩效指标法获得更精准的考核管理效果。

3. 经济增加值

公司的经济增加值（EVA）等于税后净营业利润与全部资本成本之间的差额，该指标也常用于衡量企业的真实盈利状况，尤其是随着《中央企业负责人经营业绩考核办法》的正式施行，EVA逐渐成为中央企业业绩考核的核心指标。

在传统的EVA计算工作中相对较难的部分就是对税后净营业利润的衡量，与税后净利润这一项目相比，它需要根据公司的资产负债表进行调整，这种调整需要考虑企业具体的经营状况，也存在着不确定性。在智能技术赋能下，只要设定好算法和数据源，企业便能直接从数据库中调取数据，根据企业历史经营状况和宏观经济发展状况自动生成EVA值，缩小财务人员的自主操作空间，且提高绩效管理效率。

延伸阅读

《中央企业负责人经营业绩考核办法》

但是EVA作为一种绩效管理工具同样也存在一些缺点，包括仅把重心放在财务状况上，尚未考虑企业未来的发展能力和难以根据 EVA 值进行横向对比等问题。在未来智能时代的绩效管理中，EVA 也会和其他绩效管理工具，如平衡计分卡等相配合，实现对企业各维度实际经营状况的全覆盖，发挥更高的管理效用。

（三）智能绩效管理的场景应用

销售绩效是大多数企业运营绩效管理的重点之一。当前大部分企业仍采用 Excel 进行销售计划及激励的管理，低效且错误频发，而且规则总是简单地一刀切，缺乏灵活性，无法快速响应市场环境的变化，在一定程度上造成了销售人员与运营人员、财务人员和人力资源管理人员之间的矛盾，影响了员工士气和团队稳定性。

基于大数据、人工智能等强大的技术引擎，企业可以通过在管理平台上构建一个智能化的全流程销售绩效管理模块来实现销售目标多维度分解、过程分析和结果查询、佣金计算、佣金规则推演等功能（见图 5－12）。

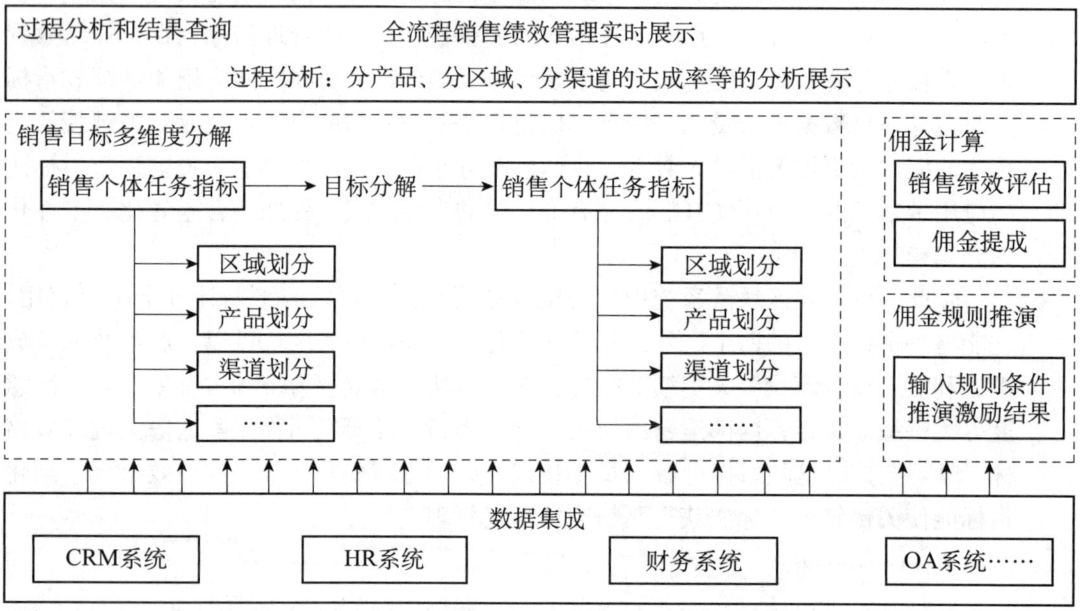

图 5－12 全流程销售绩效管理模块

1. 对销售目标进行多维度分解

企业经营的核心是实现长期有效增长，企业整体销售目标是建立在短期和长期目标平衡后的结果上的，因此企业整体销售目标必然体现新老产品、新老产品市场占比等结构性诉求。例如，在特定时期需销售人员销售更多当期毛利不高但能构建未来竞争力的产品，或开辟一个新的区域市场等。销售个体的目标也应承接这些长、中、短期目标。

该模块可以满足以下要求：对接全面预算管理系统，并将部门目标分解至销售个体；对接财务和业务相关系统，以便执行过程分析；对销售人员设置系统权限，并进行表单设计，且需对接员工管理系统，及时根据人员变动情况进行实时更新。

2. 过程分析和结果查询

智能化的全流程销售绩效管理模块支持多维度过程分析和结果查询。例如，销售人员可实时通过系统查询各类产品的销售数据和目标的预实对比，也可以了解客户或行业在不同产品上的购买趋势或销售趋势，从而分析未来的销售行为等。管理层也可通过可视化大屏深入了解佣金政策的运作情况，对未来的佣金政策调整做出预判。

3. 佣金计算

智能化的全流程销售绩效管理模块通过统一系统平台的计算规则和强大的计算功能提高准确性、降低成本、提高效率和提高销售业绩，帮助企业简化对销售绩效薪酬的管理。自动计算佣金降低了管理成本，同时减少了多付或少付佣金导致的纠纷。这样可以使销售人员清楚地了解他们的薪酬，从而减少自行计算佣金所花费的时间和精力。

薪酬政策的管理人员可以通过监控系统中已经完成建模并在使用的佣金政策，更准确地进行销售成本的管理和预测，这样就可以通过不断修正模型或者实施新的佣金政策来适应不断变化的业务需求。

企业可制定更为复杂或颗粒度更小的佣金计算规则，如将是否新扩展客户、客户行业、成单周期等因素纳入佣金规则管理体系，将“悬赏制”“即时激励”等规则纳入销售人员的激励计划。

4. 佣金规则推演

企业在佣金规则制定过程中，为了在更有效地激励销售人员的同时最大限度地匹配企业战略，可以应用系统提供的沙盘推演功能，对比在多版本、不同的激励政策下，销售人员所得佣金与最终企业整体经营情况。

作为一种新型的管理工具，智能化的全流程销售绩效管理模块是绩效管理在销售部门人力资源管理中的场景化应用工具。该模块可以对接全面预算管理系统、CRM 及财务相关系统和 HR 员工管理系统，将目标分解至销售人员个人、执行过程分析、及时对销售人员及薪酬情况进行掌握和调整。基于该模块开展对销售人员绩效的场景化管理，企业不仅可以更好地控制销售佣金发放，从而提高效率、减少错误并获得实时的结果，还能不断修正模型和实施新的佣金政策，以更好地适应不断变化的业务需求。

第六节　智能管理会计报告

财政部在《管理会计应用指引第 801 号——企业管理会计报告》（以下简称《报告》）中提出：企业管理会计报告是指运用管理会计方法，根据财务和业务的基础信息加工整理形成的，满足企业价值管理需要的对内报告。简单来说，管理

延伸阅读

《管理会计应用指引第 801 号——企业管理会计报告》

会计报告是为了满足企业内部管理需求的报告，是对管理会计工作成果的直接体现，旨在为企业各层级管理者提供“有用信息”。

在管理日益精益化的今天，管理会计报告在企业决策、控制和价值创造方面的作用日益重要，是财务部门基于业务经营数据信息形成支撑管理层决策的主要报告。相对于财务会计报告，管理会计报告具有相关性、灵活性、分层次、多维度、可预见等特征（见表 5－2）。

表 5－2　管理会计报告特征

相关性	管理会计报告提供的信息与企业管理决策息息相关
灵活性	管理会计报告编制的周期、格式、流程、方法等比较灵活，通过对数据的整合与分析实现业财一体化
分层次	管理会计报告能满足各个层级、环节的管理者需求
多维度	管理会计报告展现的信息维度更丰富，不仅包括内部的财务信息、业务信息，还包括外部信息
可预见	管理会计报告基于过去的信息分析现在、预测未来

一、传统管理会计报告的局限

（一）管理会计报告缺乏独立体系

在企业管理者眼中，会计工作应该围绕财务会计报告展开，极少有人将会计工作拓展到管理会计领域，甚至不少企业简单地认为会计是事后的算账过程。由于对管理会计的认识不足，管理会计报告体系不完善，因此管理会计工作的开展很大程度上依赖于财务会计报告体系，管理会计报告被当作财务会计报告的补充。此外，管理会计报告体系的系统性不足。这些造成管理会计报告不被管理者客观认识和重视，管理效果大打折扣。

（二）管理会计报告理论研究与应用实践脱节

受限于我国管理会计报告相关研究经验不足，真正将管理会计报告体系应用于实际工作的更是少之又少，企业管理会计报告理论研究与应用实践脱节现象严重。目前国内一些企业虽然吸收了大量国外理论经验，应用过程中却忽略了理论与实践的联系。不同国家经济环境及社会环境差别很大，无法照搬相关理论。

（三）管理会计报告应用效果欠佳

目前，多数国内企业都存在数据获取及数据处理能力方面的缺失，这严重阻碍了管理会计报告的编制工作。比如，内部数据口径不一、质量不可靠，缺少外部数据，无法实时反映市场环境等等。此外，即使获取了数据，企业的建模能力也比较薄弱，导致管理会计报告应用效果欠佳。

二、管理会计报告的智能化发展

智能时代下，管理会计报告体系的搭建要抓住场景、数据和算法三个要点，即首先要基于基础数据，将数据融入企业具体的业务场景中，进而基于模型深入分析，最终以多样化的形式呈现结果，帮助管理者发现经营中的问题，并提出针对性的解决方案。

（一）智能化数据采集

在数据层面，管理会计报告通过物联网、移动终端、API 接口等技术实时获取数据，不仅包括财务口径的收入、成本、费用等数据，还包括产量、作业量、动因量、工时量等实物量数据。

管理会计报告的本质就是对数据分析应用的结果展现。基于内存多维数据库、敏捷 BI、大数据等新技术，企业可以从物联网、云平台、存储设备、移动终端等多种渠道全面获取内外部的海量数据，完成数据收集，并将它们存储在数据库中，全面应用于企业的业务经营和管理决策中，包括助力企业对经营活动进行深入分析。更完整的基础数据、更稳定的数据存储、更快速的数据计算、更深入的数据分析，这些都促进了数据的分析应用工作向自动化、智能化、场景化发展。

传统的数据应用工作需要靠人按照一定的路径对管理数据进行浏览和探索，同预算、经营目标对比来寻找数据异常以发现经营和管理中的问题，并形成分析结论。这些重复性的工作可以由系统利用自动化技术实现，节约分析人员查询数据的时间，让他们能更专注地把精力花在分析数据背后的原因上面。

（二）智能化模型构建

在模型构建层面，核心是通过数据建模或者利用机器学习的智能化模型，形成服务化的数据应用。基于多维数据库、智能数据分析、机器学习等新技术，数据中台根据业务规则进行建模，更好地发现数据之间的关系。基于数据分析模型，管理会计所需的数据将实时、多维、自动地被加工成有用信息，帮助会计人员从中发现价值。

管理会计报告的最大价值就是为各层级管理者的科学决策提供量化信息支持，在此过程中，需要建立量化模型来模拟企业的商业模式和经营过程，进而基于模型对数据进行深入分析。智能技术的特点之一就是强大的建模能力——可按不同主题建立业务模型和财务分析模型，发现数据之间的关系，做出基于数据的推断。基于智能技术进行数据分析的路径，就是从企业最核心的财务数据延伸到业务数据，从企业内部数据延伸到外部数据（包括行业数据、竞争对手数据、互联网数据），利用大数据和智能技术，把供行业参考的标杆数据、客户反馈数据以及反映市场变化趋势的数据，全部与企业内部数据结合起来，一并提供给企业管理者，支持企业决策。

智能技术的应用可使系统具备智能、快速的建模能力，可基于智能数据研发开展在线数据建模、基于智能算法进行统一画像和构建公共数据模型。这不仅令数据分析智能化，也将推动数据分析应用走向业务化、场景化。

借助强大的建模和计算引擎，企业可构建场景化的数据应用体系，快速制订特定业务场景的经营计划，及时响应复杂业务的变化并做出快速调整，使用神经网络、规则归纳等技术发现数据之间的关系，做出基于数据的推断。例如，基于新技术，制造企业可根据实际情况设计机器学习算法，搭建模型实现智能化的库存优化、销售预测和产销平衡。

（三）智能化应用展现

在应用展现层面，管理会计报告正朝多维度、定制化、可视化方向发展，并实现千人千面。基于可视化工具，管理会计报告能够形成简明、直观、高效的报告机制，从而有效降低管理者对数据的解读难度并提升决策效率。同时，系统可以根据不同用户的需求调整展现方式，包括饼图、雷达图、仪表盘、散点图、气泡图等，使管理会计报告更符合用户偏好，帮助用户更直观地捕捉到问题。

智能化管理会计报告系统在应用展现方面具备多维度、可视化、定制化的鲜明特点。一方面，借助后台的多维数据模型，系统可以为数据分析人员提供更灵活的自助数据分析功能，让分析人员能够通过拖拽、点击等操作，在数据模型中对数据进行快速、多维度分析，并输出或者保存分析报告。分析人员还可以利用语音或者文字，采用类搜索引擎的方式向系统提问，系统自动理解问题并在后台数据库中搜索数据，以适当的形式呈现给分析人员。另一方面，借助智能技术和数据分析技术，管理者可以获取更简洁、更直观、更及时的可视化预测信息。这些信息经由计算机基于对使用者的需求进行筛选后，集中通过一个作战大屏展现。管理者可以基于场景化的作战大屏做出战略决策和经营管理决策，大大提升管理者的数据认知效率，提高决策的及时性和准确性（见图 5－13）。

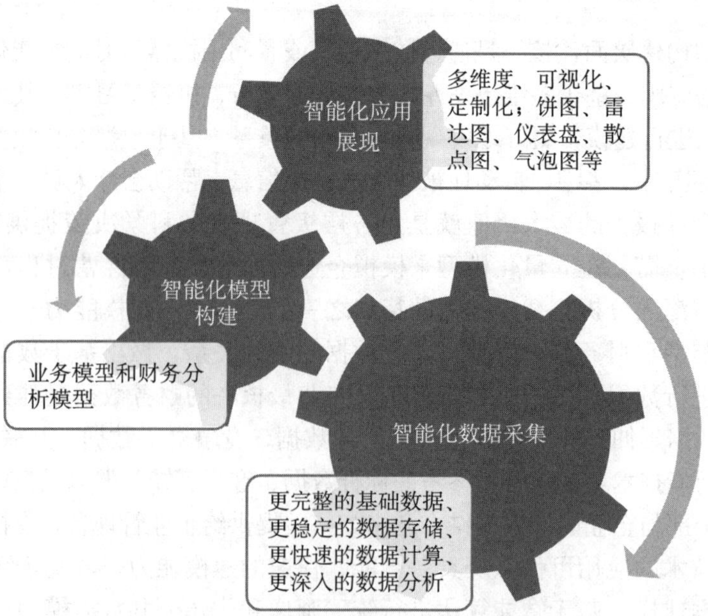

图 5－13 智能化管理会计报告特点

关键术语

全面预算管理　　成本管理　　作业成本法

经营预测　　绩效管理　　管理会计报告

思考题

1. 智能时代下管理会计如何实现智能化?
2. 谈谈你所了解的新技术对管理会计应用领域的影响，并举例论述。
3. 智能技术如何帮助企业实现全面预算管理?
4. 智能经营预测的流程有哪些?
5. 智能需求预测能克服传统需求预测的哪些弊端?
6. 智能绩效管理的方法创新包括哪些内容?
7. 管理会计报告的智能化发展包括哪些内容?

第六章 财务管理智能化

知识点脉络图

- 财务管理智能化发展
  - 财务管理目标和职能的转变
  - 财务管理准确性的提升
  - 财务管理流程的变革
  - 财务管理风险的转移
- 智能财务分析与诊断
  - 传统财务分析与诊断的痛点
  - 智能化转型对财务分析与诊断的影响
  - 智能技术在财务分析与诊断中的应用
- 司库管理智能化
  - 传统司库管理的痛点
  - 智能化转型对司库管理的影响
  - 智能技术在司库管理中的应用
- 存货管理智能化
  - 传统存货管理的痛点
  - 智能化转型对存货管理的影响
  - 智能技术在存货管理中的应用
- 智能投融资决策
  - 传统投融资决策的痛点
  - 智能化转型对投融资决策的影响
  - 智能技术在投融资决策中的应用

学习目标

1. 了解新技术对财务管理目标和职能、准确性、流程、风险的影响；
2. 了解智能财务分析与诊断的具体技术和应用场景；
3. 学习司库管理的智能化转型框架；
4. 认识物联网技术对存货管理的意义；
5. 了解智能技术对企业投融资的影响。

素养提升

1. 深化对财务管理智能化转型的理解，加强对智能财务管理体系的学习；
2. 树立创新发展的理念，了解、学习财务管理智能化的相关知识，发展企业财务管理新质生产力；
3. 关注智能财务管理理论和管理实践的最新动态，推动专业素养的全面提升；
4. 结合国家高质量发展的首要任务，学习智能财务管理知识为企业赋能，扩展财务人员职能，为推动国内企业高质量发展及国际竞争力的提升贡献力量。

引　例

中国建设银行：区块链在融资中“大显身手”

中国建设银行（以下简称“建设银行”）于2017年起在贸易融资领域进行区块链应用创新，将区块链前沿技术与金融应用生态相融合，搭建了区块链贸易融资平台，实现了贸易融资交易信息传递、债权确认及单据转让全程电子化，减少了纸质单据传递，规避了非加密传输可能造成的风险，提高了业务处理效率。

平台支持与联盟参与机构所属应用系统的互联互通，实现参与机构账务、清算、结算、凭证、报表等业务自动化处理，构建了一个覆盖全贸易生态、全业务流程互通共享、多业务场景多参与方共存的平等及互信的同业生态。

自区块链贸易融资平台投产以来，形成了国内最大的贸易融资区块链生态。其中，福费廷业务成为业界交易量最大、参与方最多、最具影响力的二级市场之一；物流金融生态实现了区块链和物联网技术与金融业务的深度融合，构建了跨境大宗商品融资新模式；跨境银团生态实现了与国际银团市场的在线交互，提升了中资银行在国际银团市场上的地位；再保理业务实现了与行业龙头产品的融合，持续服务小微企业。

已有70多家同业机构加入福费廷、保理、国内信用证等业务生态，通过同业跨链互联互通，形成国内最大的贸易融资生态圈，交易额近9 000亿元。此外，建设银行积极协助中国银行业协会制定贸易金融领域相关的业务规则和技术标准，共同推进中国贸易金融区块链联盟的建设。

建设银行在区块链贸易融资领域的创新获得了业界好评。2019年被《亚洲银行家》杂志评选为中国最佳金融交易银行；2020 年和 2021 年连续两年入围《福布斯》全球区块链 50 强；2020 年获评中国银行业金融科技应用成果大赛最佳解决方案奖二等奖；2020 年获评上海金融创新成果奖提名奖。

资料来源：https：//www.mp.weixin.qq.com/s/DSYcUBLWLo-n770jJoTNag.

在引例中，区块链在贸易融资过程中大显身手，开辟了投融资的全新时代。以区块链为代表的一系列新兴智能技术，对经济社会中财务管理活动效率和效果的提升起到了举足轻重的作用。

第一节　财务管理智能化发展

视频

智能财务分析与决策

财务管理是一个企业或组织对财务资源进行有效管理和控制的过程，能够帮助企业或组织实现其商业目标和使命。在财务管理中，企业需要考虑如何最大化其利润，同时保持良好的财务状况和稳定的现金流。财务管理主要包括融资决策、投资决策、资产管理和分析等多个方面。

20 世纪初，现代财务管理起源于美国，企业开始更加关注资本市场的融资和投资决策，会计准则和税收制度等也成了财务管理领域的重要议题。20 世纪 50 年代到 70 年代是财务管理发展的黄金时期，财务管理得到了大幅度的发展，涌现出了利润中心制度、成本管理制度、现金流量表等一系列现代财务管理理论和方法。到了 20 世纪 80 年代，企业逐步走向全球化和市场化，财务管理开始注重企业的价值创造和风险管理，逐步引入了风险管理和衍生品等新概念。今天，随着信息技术的进一步发展和国际财务标准的逐步统一，财务管理更加注重数据分析和决策支持。与此同时，绿色金融和社会责任投资等新领域也在不断涌现，对财务管理提出了新的课题和挑战。

在我国，财务管理的发展历程也经历了类似的阶段：在新中国成立初期，企业的财务管理主要集中于资金调配与成本控制方面，以满足计划经济的需要，企业的财务活动主要局限于内部生产领域的资金管理，不涉及对筹资活动、投资活动等的管理。改革开放之后，随着改革开放的推进和市场经济的蓬勃发展，财务管理开始借鉴国外理论和实践，逐步适应市场需求和监管要求。20 世纪 90 年代，现代会计体系初步建立，审计机制进行了相应的改革，我国的财务管理开始注重预算编制等方面。21 世纪初，随着中国加入世界贸易组织和国内外市场竞争的加剧，中国企业的财务管理开始更加注重效率提升和成本管控。随着人工智能、大数据、云计算等新兴技术迅猛发展，在新技术的加持下，我国财务管理正朝着价值创造、风险管理和可持续发展不断转型。

在现代复杂多变的商业环境中，财务管理的重要性更加凸显，它可以帮助企业在竞争激烈的市场中获得优势，实现未来的可持续发展。财务管理智能化有助于改进财务管理流程，提升管理和决策的效率和效果。本章将以智能财务分析、司库管理智能化、存货管理智能化、智能投融资等为例进行介绍。

第二节 智能财务分析与诊断

财务分析与诊断是对企业的财务数据进行收集、整理和分析，以判断企业的财务状况和经营风险并提出相应的改进建议的过程。它是财务管理中十分重要的一部分，可以帮助企业充分了解其盈利能力、偿债能力、运营能力和整体成长性等。

财务分析与诊断首先需要收集企业财务数据，从企业的会计报表中收集相关财务信息并分类整理；其次对财务数据进行分析，通过与历史数据、行业平均水平以及竞争对手情况的比较，发现企业的优势和劣势，评估企业的财务状况和经营风险；再次，根据企业的实际情况，制定相应的财务指标，例如毛利率、净资产收益率、流动比率等，以便更好地诊断企业的财务状况；最后，根据财务数据分析结果和财务指标，提出相应的改善建议，帮助企业提高盈利能力、偿债能力、运营能力。

总体而言，财务分析与诊断可以帮助企业了解自己的财务状况和经营风险，并制定相应的发展战略和措施。同时，它也可以帮助投资者科学评估企业价值和风险，从而做出更好的投资决策。

一、传统财务分析与诊断的痛点

传统财务分析与诊断主要存在过于依赖历史数据、忽视企业实际业务、忽略非财务因素、缺乏时效性和综合性等问题。

（一）过于依赖历史数据

传统的财务分析主要基于企业过去的财务数据，然而，在市场环境快速变化、商业模式不断创新的情况下，这种方法很难适应现实的需求。企业各项活动迅速变化，历史数据无法准确反映真实的财务状况，亟须探索新的数据来源和分析方法，以更好地反映企业的实际经营情况以及面向未来。

（二）忽视企业实际业务

传统财务分析工作往往依赖于财务报表或财务信息，而忽略了实际业务对企业财务状况的影响，往往使得财务分析结果与企业实际情况相背离，相关人员容易被财务报表表述所蒙蔽。因而，需要将财务数据与实际业务相结合，并采用更加全面的指标来评估企业的财务状况和经营风险。

（三）忽略非财务因素

传统财务分析重视财务信息，忽略了非财务因素，例如市场变化、政策调整、技术进步等因素对企业发展的影响，这会对企业财务状况和经营风险产生深远的影响。这些重要非财务因素在分析中的缺位会对准确评估企业的综合实力和潜在风险造成干扰。

（四）缺乏时效性和综合性

传统财务分析往往需要较长时间才能得出分析结论，这意味着分析结果可能滞后于实际需要，不能及时支持财务决策工作。此外，传统财务分析往往只关注企业财务状况、经营情况等方面，忽略了社会责任、可持续发展等其他重要因素，此外，传统财务分析中利用的信息往往具有较大的局限性，由此导致传统财务分析难以提供全面的企业诊断和改进方案。

总体来说，传统模式下的财务分析与诊断主要依靠财务报表和简单的计算方法，具有一定的局限性。随着商业环境的变化和科技的不断进步，传统的财务分析已经不再适应现代企业的需要，因此，需要创新财务分析与诊断的方法，采用新兴技术和多方数据综合分析方法，以更全面、更准确地评估企业的财务状况和经营风险。

二、智能化转型对财务分析与诊断的影响

完整的现代财务分析与诊断流程通常由相关资料收集，分析、诊断、查找财务问题及生成诊断改进方案三个步骤组成。现如今复杂多变的经营环境对企业财务分析与诊断水平提出了更高的要求，诊断信息数据的收集、分析处理、运用状况对财务诊断效果有着关键性的影响。在智能技术影响下，财务分析与诊断逐渐体现出信息多元化、过程动态化以及预测准确性提升等新特征。

（一）信息多元化

在财务分析与诊断流程中的相关资料收集阶段，随着智能技术的应用，企业用于财务分析与诊断的数据信息逐渐呈现多元化趋势，主要体现为由传统的财务数据为主发展为财务数据与非财务数据并重、由传统的结构化数据拓展到半结构化数据和非结构化数据、由企业内部数据拓展到企业外部数据。其中，网络爬虫技术拓宽了可利用信息的范围，知识图谱助力识别信息之间的关联。

（二）过程动态化

在财务分析与诊断流程中的分析、诊断、查找财务问题阶段，随着智能技术的应用，企业用于财务分析与诊断的处理过程逐渐呈现出动态化趋势。一方面，随着云计算、区块链等技术在企业内部和企业之间应用，相关数据的传输更加及时准

确，为财务分析与诊断提供了更加可靠的依据；另一方面，财务分析与诊断流程也由管理者决定分析时点和分析周期转化为能够进行动态分析和实时关注。其中，算法可以实时对数据进行分析，并反映变动情况和趋势。

（三）预测准确性提升

伴随着人工智能技术的发展，数据挖掘、机器学习等技术不断进步，一些研究和实践开始借助人工智能方法对企业财务危机进行预警。人工智能、机器学习等技术加强了财务分析与诊断中对于历史财务困境及其产生原因等历史诊断资料的分析和研究，并且对未来经营环境变化下财务困境的预测提供了参考的依据，使得财务危机预警的准确性大大提升。陈军（2015）以建筑公司为研究对象，综合自组织特征映射优化、模糊和复合神经网络的概念提出的财务危机预警模型（SFNN），预测精度达到了 85.1%；叶焕倬等（2013）建立了自适应贝叶斯网络神经诊断模型（SABNDM），经测试，该模型短期预测的精度达到了 91.67%。

技术创新

AI-FAD 机器人：自动化的财务分析方案

吴世农等（2021）依据财务分析的基本理论和方法，结合中国上市公司的财务特征，率先尝试开发了智能财务分析与诊断机器人（AI-FAD）。

AI-FAD 的开发是为了快速分析企业财务报表，诊断和发现企业存在的关键问题，解决人工财务分析耗时长、受主观因素影响大以及专业化程度低的弊端。AI-FAD 可以分析与评价上市公司的财务绩效，根据其评价结果构建投资组合以直接或者辅助进行投资决策。

AI-FAD 集大数据技术、人工智能技术、统计分析技术、会计-财务分析技术于一体，同时具备财务状况分析、财务绩效评价以及财务问题诊断三大功能。在 AI-FAD 的研发过程中，第一，要确定具体需求和目标，广义的财务分析一般包括分析企业的财务状况、评价其财务绩效，在分析和评价的基础上诊断该企业的主要财务问题并提出对策与建议。第二，需要构建基于人工智能技术的财务分析、评价与诊断模型，确立模型之后再考虑具体算法，进行程序和代码的编写，用数据库中的数据对代码进行反复测算和迭代。第三，根据企业信息的可获得性，人工输入或者自动抓取特定企业的相关数据。第四，从数据库中搜索、匹配并合成相关财务分析与诊断模型所需要的数据。第五，运用人工智能技术，依据构建完成的分析模型，利用数据库数据和外部输入的数据进行计算，并根据计算结果进行分类或聚类、分析、比较、识别、判断、选择及决策。第六，将前述分析过程和结构转入语言编写系统，自动编写和生成相关的财务分析与诊断报告，报告分为研究摘要、公司简介、财务分析与诊断、基本结论和应关注问题四部分。整个流程完成之后，还可以自动向数据库、智能分析与决策系统、报告编写系统反馈相关信息，以调整算法和修正模型，促进系统不断学习与完善。AI-FAD 机器人开发技术路线如图 6－1 所示。

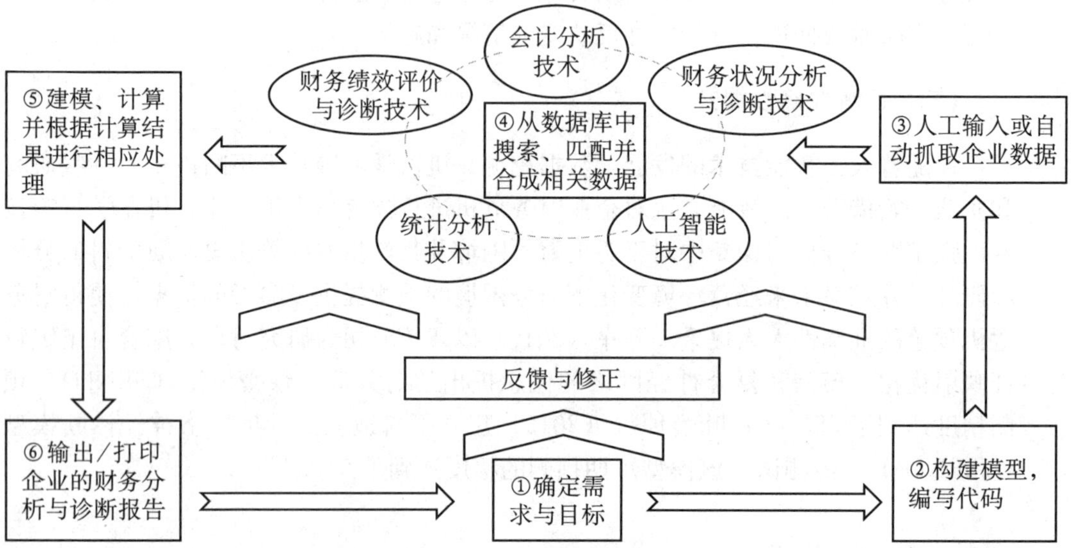

图 6－1　AI－FAD 机器人开发技术路线

目前，AI-FAD 已经完成开发并进入试运行阶段，总体来说，它具有速度快、时效性强、智能化程度高、专业能力强、相对公平公正、应用范围广、实用性强等优势。

资料来源：吴世农，林晓辉，李柏宏，等．智能财务分析与诊断机器人的开发及实证检验：来自我国 A 股上市公司的经验证据［J］．证券市场导报，2021（2）：62－71，78.

三、智能技术在财务分析与诊断中的应用

智能技术在财务分析与诊断中的应用体现在许多方面，接下来以客户画像和财务预警为典型场景来具体分析智能技术的应用。

（一）客户画像

客户画像常用于大数据精准营销策略之中，而在智能财务发展背景下，金融机构，如银行、保险公司、证券交易所等越来越多地利用客户画像对服务或监管对象进行更加全面和准确的财务分析与诊断。

金融机构利用交易产生的客户买卖统计数据、公开的客户属性数据、行业统计数据、客户信用统计数据和客户资料等刻画金融机构客户画像，并对客户的财务情况进行多维度的分析与诊断。

标签体系是金融机构在进行客户画像时常使用的模块，基于标签体系，金融机构能够针对不同风险点或关注点设置标签，突出重点关注和强相关的信息，对于弱相关信息进行补充说明或忽略，以实现客户画像辅助交易决策效益和效率的最大化。

客户画像在目前阶段常用于银行信贷审批环节。银行在信贷审批过程中非常关注担保情况，关联担保在中小企业之间更为常见，它们为了提高自身信用条件以满足银行信贷监管要求，往往与关联交易方之间相互担保，形成错综复杂的担保网络。担保网络中的企业普遍存在超额超限对外融资担保的情况，整个担保网络的净资产无法覆盖银行的信贷风险。基于客户画像，银行可以快速识别企业关联交易方的信息，直观高效地识别出客户是否存在循环担保和多头抵押问题（见图 6-2）。

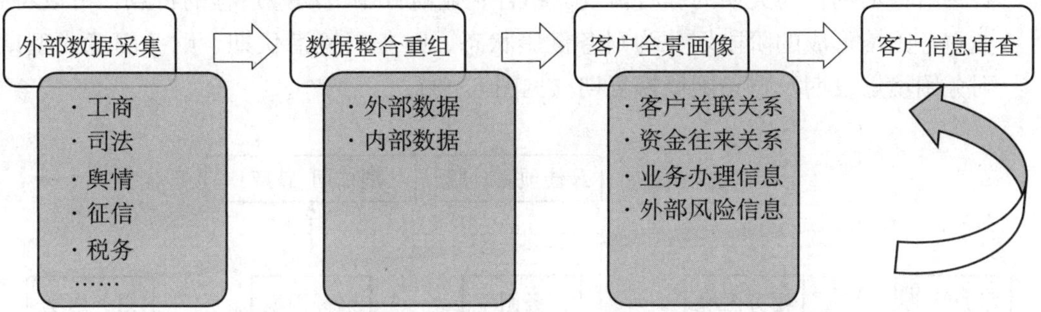

图 6-2 客户信息审查流程

技术创新

企业客户画像实践：德勤的银行概念验证案例

在某银行的概念验证案例中，德勤针对该行 2018 年近 2 万个对公贷款客户，通过网络爬虫技术，获取了包括工商、司法、舆情、征信、税务在内的 17 类专项数据，并将之与行内客户历史交易、业务办理信息等内部数据系统打通整合，最终形成了客户关联关系、资金往来关系、业务办理信息、外部风险信息四大维度的客户全景画像。德勤将这 2 万个对公客户的信贷申请资料与其全景画像进行关联分析、交叉检验等验证，最终发现，36 个客户涉及虚报财务信息、刻意隐瞒负面信息等行为。网络爬虫技术不仅在数据获取上提高了内部审计的效率，更在内部审计发现上提高了完整性。

资料来源：https：//www2. deloitte. com/cn/zh/pages/risk/articles/smart-audit-phase-v-seven-weapons-of-smart-audit. html.

（二）财务预警

财务预警系统是以企业的历史财务数据、经营资料、经营计划以及相关外部资料为依据建立的组织体系。该系统采用特定分析方法，预测企业可能面临的经营波动及风险，分析导致经营风险点出现的原因并提供企业应对风险和危机的合理方法。

目前，我国大部分企业通过建立财务预警系统对财务困境进行预测，但是传统的财务预警系统进行预警时普遍存在预测不够准确、不够及时以及缺乏完善的管理机制等问题，严重影响了财务预警的效率和效果。

财务困境动态过程理论认为企业财务困境的动态过程表现出累积性、多样性和可逆性的特征，企业从财务健康转变到财务困境的过程往往是一个量变引起质变的累积过程，这种累积是企业一定时期在各个财务管理环节上出现的失误的累积，是各种财务活动行为失误的综合体现。结合企业财务困境动态过程的特点，可以将企业财务困境形成的阶段划分为财务健康状态、财务困境潜伏期、财务困境成型期、财务困境爆发期及财务困境恢复期（见图 6－3）。

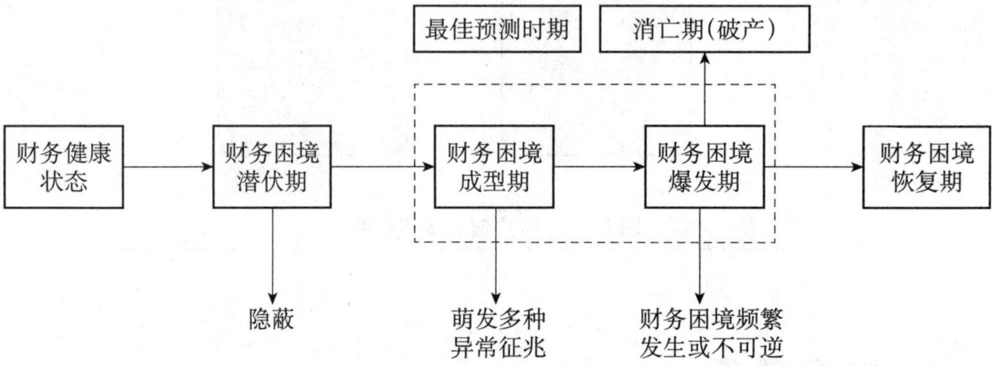

图 6－3　财务困境形成过程

对于处于财务健康状态的企业而言，当管理者做出不当决策或企业运营环境发生不利变化时，企业处于财务困境潜伏期，此时的企业财务困境尚未成型，具有一定的隐蔽性，很难通过企业的经营业绩发现，因而很难进行预测。当财务困境进入成型期，会引发企业价值损失或超负荷债务负担等多种异常征兆，企业可以根据这些异常征兆进行财务困境预测。企业财务困境成型初期是进行预测的最佳时期。在财务困境形成后，会进一步进入财务困境爆发期，此时财务困境发生频次增加，且出现不可逆转的趋势，如果财务困境没有引起管理者的注意，则很有可能导致企业进入消亡期，即面临破产的风险。如果企业在财务困境成型期能够对企业财务困境做出准确预测，则会进入财务困境恢复期。

在智能技术的应用和辅助下，可以构建更具灵活性和预测能力的动态财务预测模型，动态财务预测模型主要是将人工智能中的归纳式学习方法应用于财务困境预测中，这种方法主要包括神经网络预测模型和案例推理法的结合运用。

当向模型中输入所需资料后，神经网络预测模型根据预设权重自动计算预测值及误差，再通过将误差反馈给模型来调整模型中的权重，不断提高预测值的准确性。当此网络应用到新的案例时，只要输入新案例的相关数值，神经网络就可以根据当时的权重得出预测值。案例推理法把过去发生的案例作为主要经验依据，以此判断未来可能存在的问题。在案例推理法系统中输入新案例后，系统从现存案例库中寻找相匹配的案例，对新案例进行匹配设置。

通过动态财务预测模型，能够对企业可能发生的财务困境进行实时、动态分析，从而进行更加有效的预测和更加及时的预警。

技术创新

财务风险预警系统示例

A 公司研发的财务风险预警系统，基于准确计算法和因素穷尽法原理成功预警财报造假。用 2018 年 52 家债券违约企业的前 5 年报表数据进行测试，在该系统的分析下，使用 2017 年公告报表数据预警的准确率为 98.38%，使用 2016 年公告报表数据预警的准确率是 94.24%，使用 2015 年公告报表数据预警的准确率为 92.21%。通过复盘，“爆雷”企业大部分提前 3～5 年被该系统贴上了财务粉饰度过高的标签。

资料来源：https：//www.finance.sina.com.cn/roll/2019-12-11/doc-iihnzhfz5057183.shtml.

第三节 司库管理智能化

司库管理是指对企业内部现金、银行存款和其他短期资产的管理，包括对企业所有现金流量的计划、分析、控制和监督，以确保企业在资金运营中的流动性、安全性和盈利性。司库管理往往包括现金流量管理、银行账户管理、现金和票据管理、风险管理、费用管理等方面。现金流量管理，即企业通过精细的预测和规划，合理安排现金流入、流出的时间和金额大小，以保证企业的正常运行和发展。银行账户管理包括对银行账户的开设、关闭、变更等操作进行管理，以确保企业的银行账户安全、规范、有效。现金和票据管理，即企业对现金、支票、汇票进行管理，包括收付、储存和使用等多个方面，确保现金和票据的安全、完整、准确。风险管理，即企业对可能出现的市场风险、信用风险、流动性风险等进行预防和应对，在确保企业资金安全的前提下，最大化资本回报率。费用管理，即企业对利息、手续费等资金的使用进行管理，以控制成本并提高资金使用效率。

有效的司库管理能够确保企业拥有足够的现金流量以满足运营和发展的需要，同时也可以最大限度地提高资本收益，在财务管理中是一个不可忽视的环节。

一、传统司库管理的痛点

随着企业经营水平的不断提升，传统司库管理逐渐暴露出管理滞后、风险控制能力不足、资金流动性不高等问题。

（一）信息孤岛，尚未实现财务数据与业务数据的互通

在现行司库管理模式下，多数企业集团通过每日资金归集，可以掌握成员单位的账户信息，但无法掌握经济业务的信息。这就造成了两个问题：及时性方面，集团总部无法实时获取成员单位的账户信息；一致性方面，跨系统集成下，司库系统和业务数据可能难以完全匹配。

（二）信息技术水平有限，缺乏全面规划

司库系统缺乏体系化的规划和设计，系统框架不够完善，难以满足企业需求。系统平台孤立，数据缺乏标准化接口，与企业内外部系统间的集成程度低，融合水平有限，尚未实现平台化。

（三）管控效率效果难以满足企业需要

传统司库管理主要关注企业自身风险，忽略市场风险和信用风险等外部风险，缺乏全面的风险控制方案，使得企业在面临某些风险时难以及时响应，造成风险失控。企业规模的逐渐扩大带来了更多的内外部风险，要求企业以更高的风险控制能力加以应对，而大多数企业未能利用信息技术建立有效的综合管理体系，财务部门对企业业务信息的接收和获取存在滞后，无法对风险事项进行事前预防。同时，企业缺乏统一的风险管理方案，使得各部门对不同风险的认知存在差异，阻碍了对各类风险及时、准确地识别，不利于开展高效的风险管理工作。此外，在资金流动性方面，传统司库管理下转移资金往往需要花费较长时间，企业在资金调度和预测方面难以精确把握，会对企业的经营效率和运作能力产生负面影响。

（四）缺乏综合性的管理应用，尚未实现提效赋能

尽管除基础资金管理职能外，司库管理还涉及金融管理职能，但目前的实践中，司库提供的金融服务相对基础，难以完全满足企业需求。此外，信息化水平也是一大障碍。金融行业步入数智时代已成共识，司库管理的优化升级也离不开信息化建设。大数据时代，缺少合理、有效的信息系统，一方面无法帮助司库部门提高金融服务水平，另一方面也难以满足成员单位的个性化需求。

二、智能化转型对司库管理的影响

新技术的发展不断推进社会与企业的数字化转型，对于企业内部的司库管理而言，信息技术有利于提高企业的分析能力、监测效率，提高数据的流通性，同时实现支付技术与银企直联的升级革新，为司库管理智能化提供技术基础。对于大规模的企业集团来说，经营中面临的利率、汇率等资金风险随企业规模同向增加，因此企业要求更系统、更高效的风险防范方法，司库管理的智能化恰恰可以解决这一问题。此外，企业对资金管理与利用效率的要求越来越高，智能技术能有效地降低信

息滞后带来的资金成本，帮助企业抓住创利机遇，提高产业资本、金融资本、无形资本等各类资本的生产、运营效益，使资金利用率最大化。

（一）实现更高级的财务资金管理

智能司库管理的应用可以帮助企业集团加快传统财务资金管理从会计核算型向管理型转型，重新构建财务资金管理流程和框架。通过实现交易数据的实时真实记录、资金流动的透明留痕以及流程自动标准化，可以使财务数据最大限度实现共享，并通过自主智能的方式让流程控制和财务管理更加个性化，从而使业务数据和经济数据成为“智能决策者”的脑细胞。这种转型可以帮助企业集团实现更准确的财务预测、更科学的财务决策、更贴近实际的财务预算、更到位的财务控制、更透彻的财务分析和更全面的财务管理。

（二）实现更好的企财银关系管理

智能技术可以将企业集团内部的核心资金管理系统、ERP 系统、共享服务中心等多个数据中心与外部市场数据平台、交易中心平台、银行合作伙伴平台以及金融科技合作伙伴平台等多个利益主体和数据来源连接起来，形成一个数字化生态环境。在此技术平台上运行的集团司库管理，在实现对外部市场数据平台、交易平台开放，确保企业集团内部数据安全的前提下，能够实现更好的企财银合作关系管理。

（三）实现更立体、更多维的资金风险管理

信息化管理的环境下，内外部数据平台的对接会使企业数据的体量和复杂性大大增加。对企业资金管理而言，大数据技术应用会使资金风险管理更加立体、多维，有助于提高风险管控效率。在外汇风险管理过程中，可以实现线上线下数据融合，对核心领域数据进行优化管理，对其他数据进行外包。在交易对手风险管理过程中，真实数据的使用将更加方便，人工智能也可实现信用评分，从而对供应链上的交易对手进行实时监控。针对网络安全风险问题，API 端口对接以及实时支付模块能够验证主数据更改，人工智能学习能够进行异常值监测，外部安全服务供应商能够提供多重保障，从而加强风险管理的相关性和风险敞口管理。

三、智能技术在司库管理中的应用

下面将基于智能技术对司库管理多方面的影响，介绍智能技术在司库管理中的现金和流动性管理、营运资本管理、金融机构关系管理和决策支持与信息管理几个场景下的具体应用。

（一）现金和流动性管理

1. 账户透明管理及智能对账

基于云计算技术，可以将优盾（Ukey）托管至云机房，利用银企联云实现国内

延伸阅读

Ukey、SWIFT 是什么？

的银企直联，并通过国际资金清算系统（SWIFT）实现国际银企直联，对企业境内外的资金和外汇进行实时监控，实现资金交易信息在银行业务系统和企业智能司库管理信息系统上的同步更新。通过智能司库管理信息系统界面，企业可直接进行账户及境内外资金的可视化管理，解决银企信息传递过程中的时滞和阻塞问题，实现账户余额和交易明细的穿透式监控。企业可以随时掌握境内外资金存量、资金流向以及流量信息，各个分公司和子公司等成员单位在线上就可以完成账户的开立和注销，并实现自动清理无效账户。同时，利用 RPA 技术可以自动获取银行对账信息，实现资金自动账实核对，并在对账完成之后自动输出银行余额调节表，及时向企业财务人员反馈对账结果。随着 AI 技术的不断发展，RPA 能够获得自主学习的能力，通过主动增强学习算法提高对账精确度，实现资金管理流程的自我优化。

2. 智能资金归集与下拨

通过规则引擎与 RPA 的应用，在设定好企业资金归集与下拨具体规则后，即可以实现资金的自动归集与下拨调配。同时，在应用专家系统和机器学习后，可根据分公司和子公司资金需求数额和需求事项性质等因素帮助企业进行资金调配安排，使得企业可以合理调配全球资金资源，优化资金配置组合，减少资金沉淀，提高资金使用效率。

3. 智能资金结算

通过系统集成技术实现企业司库管理信息系统前端与财务共享服务中心的核算系统连接，获取合同、采购、应收应付等交易结算数据，后端则通过银企直联技术对接境内外银行，并将 RPA、NLP 和规则引擎等技术应用于企业收付款中，从而实现企业智能收付款。具体而言，在处理收款时，通过智能识别来款类型匹配客户、合同、项目等业务信息，快速完成回款自动化确认，完成智能收款；在处理付款时，通过预先设置好的规则引擎进行自动付款审批，或工作人员通过移动互联技术进行移动付款审批等。在审批完成后，机器人自动执行资金线上划转，并在支付完成后自动下载交易回单，从而实现资金高效完整地收付结算，大大提高了结算效率和准确率，降低了资金结算成本和资金占用成本。

4. 现金流动性分析

利用大数据分析、数据挖掘等技术，基于历史现金流数据进行分析，从海量资金数据中挖掘现金流趋势和变动规律，从而预测未来现金流水平及现金流缺口问题，并根据分析结果对企业资金进行合理调配。

（二）营运资本管理

1. 智能票据管理

在企业建立内部票据池，要求分公司和子公司将所持有和发行的票据信息录入企业智能司库管理信息系统。通过 OCR 和云计算，实现对纸质票据信息的提取，以及企业智能司库管理信息系统与外部金融机构和票交所的互联互通，支持企业票据开立登记、票据承兑、票据贴现、背书转让等业务的处理，及时、准确地掌握各类票据取得、保管、使用进行的全过程记录信息。此外，通过大数据分析与专家系统，根据票据期限和金额等元素，实现票据智能匹配和贴现，提高票据在企业内部使用和周转的效率，从而降低使用外部商业银行而产生的金融中介费用等交易成本。

2. 应收应付款智能对账

利用 OCR 及 NLP 技术获取客户债务及债权的对账信息，通过 RPA 技术进行自动核对，并根据核对结果向对账信息不完全一致的客户发送对账结果差异明细，同时向对账信息完全一致的客户发送对账结果无误确认邮件。

（三）金融机构关系管理

利用知识图谱技术，对知识进行学习并开展推理，通过建立复杂关系网络，在海量的战略合作伙伴关系中挖掘有价值的信息，实现对上下游动态信用监控与评级的实时调整，促进企业资金回笼。对银行等金融机构及信息技术服务商，结合企业业务需求，合理评定费用与服务水平，进行市场化竞价，择优进行战略合作，持续进行关系评价，从而降低企业融资成本并满足企业个性化需求，帮助企业提升价值创造能力。

（四）决策支持与信息管理

利用全球资金看板和管理驾驶舱技术，以柱状图、仪表盘等形式进行可视化展示和智能穿透。帮助管理层快速了解企业在公司维度、行业维度等多维度资金管理方面的重要指标，监控集团资金运转情况，实时掌握资金流入和资金流出等趋势，为现金流决策提供量化依据。通过自然语言处理和知识图谱的引入，向用户提供文字搜索、语音问答等个性化信息查询及分析，满足企业战略决策要求。此外，通过数智技术的应用，可实现资金定期分析报告自动化生成，释放更多企业人力资源和时间资源等到分析数据变动具体原因和影响程度等高价值流程中。

延伸阅读

万科：司库管理发展历程

司库管理中各应用场景的智能技术应用见表 6-1。

表 6-1　司库管理中各应用场景的智能技术应用

智能技术	现金和流动性管理	营运资本管理	金融机构关系管理	决策支持与信息管理
银企联云	账户及资金透明管理	票据透明管理		
RPA	智能对账，资金自动归集与下拨，智能资金结算，自动下载交易回单	应收应付智能对账		资金管理分析报告定期自动化生成

续表

智能技术	现金和流动性管理	营运资本管理	金融机构关系管理	决策支持与信息管理
移动互联网	移动审批			
NLP	智能收款	获取债务及债权对账信息		个性化信息查询及分析
规则引擎	资金自动归集与下拨，资金结算自动审批			
商业智能	现金流动性分析	票据智能匹配		头寸预测
OCR		纸质票据识别，债务及债权对账信息识别		
专家系统	优化资金配置组合	票据智能匹配		最佳资金归集路径推荐，最优资金配置组合推荐
知识图谱			上下游动态信用监控与评级的实时调整，对金融机构及信息服务商进行关系评价	个性化信息查询及分析
管理驾驶舱				资金运转实时监控，分析结果可视化展示
神经网络	资金管理 RPA 机器人自我优化			最佳资金归集路径选择，最佳资金配置组合选择

第四节　存货管理智能化

存货管理是指企业对存货的统筹规划、控制和监督，包括对存货的采购、储存、销售、退货等方面的管理和控制，以确保企业在存货运营中拥有足够的物资和产品，并提高存货的使用效率和企业的盈利能力。存货采购管理，即根据需求和市场情况选择供应商，与之谈判价格和协议，以确保对存货质量、数量和成本的有效控制。存货仓储管理，包括存储设施的设计、库存管理、日常维护等，旨在确保存货的安全、完整和易于使用。存货销售管理，即企业通过合理的销售策略和销售渠道，将存货转化为利润和收入，同时控制库存水平，以避免过多库存导致资金流动性不足和浪费。存货报废与退货管理，即企业对存货进行报废、返修、退货等处理，防止存货过期损失或过时淘汰，控制退货比例，降低成本的同时维护客户关系。存货财务管理，即企业对存货进行财务核算和分析，包括成本核算、利润分析和对库存周转率等指标的评估与监督，为决策提供数据支持。

一、传统存货管理的痛点

（一）货物缺乏实时跟踪，自动化程度较低

在传统存货管理中，货物跟踪往往依赖于手工记录，跟踪信息不及时、不准确，致使企业在协调供应链和客户服务方面存在一定困难。此外，存货跟踪数据主要集中在企业内部，没有形成完整的供应链关系数据，导致企业难以全面了解供应链和市场信息。在传统管理模式下，应用的技术往往较少，并且相对落后，自动化程度较低，无法实现自动化仓储、智能分拣等高效的存货管理模式。

（二）管理流程烦琐，库存管理低效

在传统存货管理中管理流程往往比较烦琐、操作较为复杂，需要花费较长时间才能完成诸如订单生成、审核、备货等一系列操作。同时，手工操作还容易出现各种错误，增加了企业运营成本和经营风险。

传统模式往往采用人工进行盘点和入库，容易出现漏报或多报的问题，手动查账、汇总与分析也增加了企业的管理难度和成本，特别是当企业规模较大时，管理难度亦随之增加。

二、智能化转型对存货管理的影响

存货管理一般涉及采购、制造、物流、销售等环节，智能化转型对各个环节都产生了深远的影响。

（一）采购环节

在采购环节，存货管理主要关注采购数量、时间、价格等关键要素，通过运用大数据等技术手段，智能化转型不仅能够帮助企业有效控制存货采购成本，还能够提供相关信息辅助管理人员提前制订风险应对方案，做出更高质量的采购决策。具体来说，以下几个方面可以得到改进：

1. 改善订单流程

将信息技术与大数据分析法融合，可以缩短从下订单到完成订单所需的时间。企业可以利用网络和电子数据交换将订单自动传输给供应商，从而实现订单流程的自动化。这不仅可以提高订单流程的效率和准确性，还能通过降低运输费用来节约采购成本。

2. 促进企业与供应商之间的协作

整合企业与供应商的大数据、应用程序与平台对接，可以促进它们之间的协作。企业可以通过预测与补给系统与供应商分享库存需求、订单预测精确性报告等信息，使供应商能够提前做好供货准备。当企业推出新产品时，供应商、工程师和采购者可以通过大数据分析加强合作，提前了解采购各环节变化，从而节省时间与采购成本。这种协作方式可以帮助供应商更好地了解并满足企业的需求，从而节省双方的时间与采购成本。

3. 进行风险管理

大数据分析在存货采购风险管理方面的作用也尤为突出，随着对原材料供应商的依赖程度越来越高，企业需要及时进行供应商日常业绩和风险的评估。当通过大数据分析发现供应商可能存在供货问题时，企业可以迅速调整采购策略，或与供应商密切配合，制订应急方案，以确保企业的生产经营正常进行。

（二）制造环节

如果企业不能及时、足量地供应库存，就会影响生产和销售；但过多的库存储备也会使得库存管理成本提升。数据中台的应用可以帮助企业做好这一平衡，使企业可以对产品的生产数量与周期、库存水平进行精准监测，同时结合当前销售数据，企业可以做出最优库存量的决策，再根据这一决策进行相应的生产制造。

此外，大数据技术可以对产品销量数据与原材料需求量数据进行综合分析，通过实时的销量终端数据来快速反推生产制造需求数据，最终优化企业库存水平，在达到供需匹配的同时最小化生产成本和库存管理成本。

（三）物流环节

物流活动是将企业、供应商、消费者联系在一起的一系列相辅相成的活动。通过与采购部门合作，物流活动将企业与供应商相联系，确保原材料供应的及时性；通过与生产部门合作，物流活动促进原材料加工为产品的过程顺利进行；通过与销售部门合作，物流活动能够保证商品准确运达消费者。物流活动联系广泛，在企业生产经营活动过程中十分重要，在物流环节中可以充分运用物联网技术协调配货网络、仓库地点、配货中心、交通模式等等，确保高效的仓储和运输，从而降低企业的存货管理成本。

（四）销售环节

销售环节主要收集消费者需求信息，对此进行进一步分析并预测消费者行为。

利用大数据技术提取和分析终端销售数据，详细了解市场和消费者的各种行为偏好，以使企业提供具有针对性的产品和服务，合理安排生产和运输过程，从而保证存货成本的最小化。此外，大数据技术还可以通过分析销售网点具体销量信息，预测未来需求量并判断企业供给量，还能针对预测的需求量开展有针对性的促销活动，最终降低企业的库存水平，优化库存管理。

三、智能技术在存货管理中的应用

在存货管理领域，射频识别技术和无线传感网络等技术对存货管理的智能化转型具有重要的推动作用。

（一）无线射频识别技术在存货管理中的应用

无线射频识别技术是自动识别技术中的一种，通过无线射频方式进行非接触双向数据通信，利用无线射频方式对记录媒体（主要是电子标签或射频卡）进行读写，从而达到识别和数据交换的目的。

无线射频识别技术有助于确定最佳订货点、订货量。由于传统存货采购系统存在精度不高等弊端，大部分企业中，存货采购中最佳采购点和采购时间仍是根据经验估计。在物联网环境下，所有事与物通过射频终端进行识别均可以形成相关数据存入数据库，这些数据为存货采购系统的准确预测提供了合理输入值。另外，云计算的应用也能为数据处理提供一定的技术基础，使运算结果更加准确。在物联网环境下，企业存货采购系统将为企业提供更加精确的预测，有助于更科学、合理地确定采购数量和时间。

无线射频识别技术有助于加强存货日常控制。运用物联网技术，对所有存货都嵌入射频标签，管理人员通过对应的视频监控技术可以实时查看存货所在位置和质量等不同情况。利用物联网技术进行可视化的存货管理，能够有效降低存货在存储过程中丢失和毁损等风险。大量存货数据存储于数据库中，可以根据企业的管理需要随时调用。

无线射频识别技术有助于优化存货出库。在存货发出环节严格执行先进先出制可以有效避免存货过期问题，物联网技术可以辅助识别哪些存货“先进”，并合理安排其“先出”。基于前期数据积淀，物联网技术可以准确获知不同存货的具体信息，在需要发出存货时可以根据设定条件进行查询，选择符合条件的存货并进行标识。管理人员将所标识存货信息发送到提货人员终端，提货人员根据终端平台显示的存货储存位置完成提货。

（二）无线传感网络在存货管理中的应用

无线传感网络（WSN）是一种分布式传感网络，通过无线通信技术把数以万计的传感器节点以自由式进行组织与结合而形成的网络形式。该网络中的网络设置灵活，设备位置可以随意更改，还可以跟互联网以有线或无线的方式进行连接。

无线传感网络有助于规划存货配送。在企业完成采购订单，货物由供应商仓库发往企业仓库的过程中，该批货物数据已经可以被企业终端平台所检测，通过无线传感网络，企业可以实时监测货物的位置、数量乃至质量变化。在物联网网络中，每一单位货物都有唯一的标识以便管理者在需要的情况下实时查看货物的相关信息，使存货配送过程中存在的货物丢失、毁损问题能够得到有效解决。

1. 入库管理

当采购物资到达并验收后，现场制作打印 RFID 标签并贴在外包装，该标签包含了物料编码、规格型号、数量、单位、采购单编号、供应商等信息。可在仓库入口设置固定式 RFID 读写器，当物资进入仓库的同时，读写器会将该批次的所有物料信息上传至仓储管理系统（warehouse management system，WMS），完成物资的自动入库。退料入库时可根据 RFID 标签的唯一性找到退库物料的出库物料凭证，根据物料凭证做反向操作实现入库作业。该作业建议由移动 RFID 接收终端完成。

2. 库存管理

（1）库存盘点。智能仓储管理系统创建盘点凭证及盘点任务，并将任务下发给手持终端设备，仓库管理员通过手持扫描终端能够在 5～10 分钟内对指定的货架、库区或重点物资实现自动盘点。系统能够根据周期自动生成盘点计划，并能够即时提醒盘点作业人员进行盘点作业。库存盘点包括计划性盘点和抽查盘点，盘点后系统生成报告，也可以输出 Excel 或 Word 文档供打印输出。如盘点时产生差异，可在智能仓储管理系统中进行差异调整并确保信息一致。自动盘点功能不仅可提高盘点作业的精度，也大幅降低了库存管理员的盘点工作量。

（2）物资维护。系统对需要定期维护保养、检定的物资进行登记与台账管理。包括制订维护保养计划、检定计划、生成计划任务；维护保养及检定过程与结果录入；对超周期未完成计划任务自动提醒；完成计划后登记维护保养台账实时查询。

3. 出库管理

（1）常规出库。智能仓储管理系统通过获取领料单信息，根据预设的规则精确定位。精确定位系统通过货位位置安放 RFID 标签，通过货位与 RFID 标签的绑定，实现系统给出领料仓位的精确的路径规划，并辅以警示灯，警示灯覆盖所有货位，并与货架配套，整体美观，避免由于不熟悉而导致错拿的现象。发生错拿现象时系统将自动发出报警信号。出库时，物资通过仓库出口的固定式 RFID 读写器时，二者完成信息交互，并将出库信息同步至智能仓储管理系统以完成台账的实时更新。

（2）无人值守出库。夜间无人值守系统包括门禁管理、自助领料及自助出库等，利用面部识别、增强现实（AR）、WSN、智能导航等技术，实现夜间在没有仓库管理人员参与的情况下自助领料、自助出库。

- 门禁管理。门禁管理结合面部识别技术，通过二维码扫描申请临时准入，记录访问人部门、联系方式及访问事由等信息，临时准入为一次性且有时效。面部识别确认准入并生成访问记录。

- 自助领料。自助领料分为预约取料和临时取料。预约取料由领料人在规定的时间前将领料单发给仓库管理人员，仓库管理人员提前备货并放入自助领料柜。领料人通过二维码确认核对领料信息并实现人工自助领料。临时领料时需要自助终端设备，自助终端设备通过工号进行登录。终端设备可以通过物料名称模糊搜索，确认后生成领料任务单。根据领料任务单，系统自动规划路径，结合自助终端和仓位的位置传感器提供导航服务以及记录领料人在库内的行动路径。精确定位同时可以实现取件报错报警。

● 自助出库。在领料人有领料单的情况下，通过自助领料完成领料任务后一键出库。如果领料是临时申请的，则需要通过 AR 验证领料与任务单匹配，避免遗漏或错误，验证通过自动出库并把库存变化信息同步到智能仓储管理平台。

4. 辅助功能

智能仓储管理系统可实现智能预警功能，管理人员可根据企业实际情况为仓库总量、每种物资设置上下警戒线，当库存数量接近或超出警戒线时，进行报警提示，及时进行库存物资采购调整，优化企业的生产和库存。库存预警提醒内容包括过保质期提醒、定期维护保养提醒、安全库存下限提醒等。

智能仓储管理系统还提供报表工具，可以按照指定的周期，从数据库中获取数据，对数据进行平均和汇总，形成日报、月报等报表，让管理人员及时、准确地掌握物资状况，为决策提供辅助信息。

在仓库内设置一块电子显示屏，可以显示库存物资的数量、空仓率、工单任务、报表显示、报警信息等内容，方便仓管员的日常工作。

中国企业实践

贵州茅台：存货管理的智能化方案

贵州茅台引入一系列智能手段，在存货管理领域不断创新。在库存管理方面，贵州茅台将"互联网+"引入企业生产经营的采购、制造、物流、销售各个环节。主要包括在采购环节搭建了网上采购平台，在制造环节建立了物资供应部自动化仓储系统，在物流环节构建了智慧物流体系，在销售环节建立了贵州茅台网上商城。具体情况如下：

(1) 搭建了网上采购平台。贵州茅台摒弃了原有的各部门分离核算及采购清单制定的模式，搭建了原材料采购平台，企业所需原材料的信息将会在采购平台上统一发布，供应商可以随时根据采购平台更新的采购信息进行投标登记，贵州茅台再根据各供应商提供的产品和服务，选择最具竞争力的供应商进行合作，这种"互联网+"背景下的采购平台的建立，不仅能够降低原材料采购成本，还能提高采购效率。

(2) 建立了物资供应部自动化仓储系统。通过各级管理人员进行信息的传递、管理，实现自动化仓储管理，确保在生产产品时能够做到自动化储存、分拣、调配。贵州茅台建立的这一仓储管理信息系统，主要管理的是茅台酒及系列酒生产所用的各种包装材料，比如包装盒、瓶盖等。作为生产过程中心环节的自动化仓储信息管理，为公司各部门的管理者提供了一个相对快速且有效的信息管理和互动平台，管理者可通过这一系统实现信息实时分享，快速掌握各种存货信息，使存货的保存由静态储存变成了动态监管，也使得公司生产工艺的安排更合理，生产效率提高，生产环节的存货管理成本降低。

（3）构建了智慧物流体系。贵州茅台通过将“互联网＋”引入企业的物流环节，整合资源，优化流程，通过物流效率的提高来带动存货周转速度的加快。茅台物流已形成了完善的网络布局和成熟的商业运营模式，公司能够根据物流的资源、流程和成本来决定企业的采购、制造和销售活动。通过整合生产数据和物流信息，结合茅台酒“RFID防伪溯源”，贵州茅台实现了由原料到消费全生命周期的信息共享。同时，贵州茅台通过在物流环节引入“互联网＋”，协调和管理整个配货网络、仓库地点、配货中心及工厂，以及它们之间的交通模式，保证高效仓储和货物运输，从而优化企业的库存水平，降低企业的存货管理成本。

（4）建立了贵州茅台网上商城。贵州茅台互联网销售平台的建立，有利于企业更清楚地了解消费者真实的需求，从而更好地对整个白酒行业的市场做出准确预测，推动产品创新。此外，贵州茅台借助互联网平台，不断完善信息化系统，实现了企业供应、生产与销售的完美整合，也加强了与客户的沟通与交流，更好地掌握了市场的主动权，实现了产品的精准生产与销售，能够科学及时地调整产能水平和产品结构，有助于存货管理水平的提高。

在对存货管理采取一系列智能化创新改革之后，贵州茅台在存货管理方面取得了存货周转率提高、原材料周转率提高、存货变动率减小、存货资产比率下降等一系列成效。智能技术在存货管理领域随着应用范围和应用深度的不断拓展，必将体现更大的价值。

资料来源：黄功利．“互联网＋”背景下白酒企业存货管理研究：以贵州茅台酒股份有限公司为例［D］．贵阳：贵州财经大学，2018.

第五节　智能投融资决策

投融资决策是指企业在开展经营活动时，对资金的筹集、使用和投资进行决策，主要涉及资金的流入和流出，包括资本投资、财务管理、融资操作等诸多方面。通过投融资决策，企业可以调配资源，提高运作效率，并为未来的发展打下良好的基础。投融资决策一般包括资本投资决策、财务管理决策、融资决策、资本结构决策、投资组合决策等。资本投资决策，即企业通过市场分析、项目评估等方式，对不同的投资项目进行选择和筛选，以获得最大限度的投资回报。财务管理决策，即企业根据自身的财务状况，制定合理的财务计划和预算，保证资金的流转和利用效率，管理和控制财务风险。融资决策，即企业通过考虑不同的融资方式和渠道，与金融机构谈判，进行资金募集，以满足企业的融资需求。资本结构决策，即企业考虑股权、债权等不同形式的资本结构，制订合理的资本结构方案，以保证企业规模的扩大和盈利能力的稳步提升。投资组合决策，即企业考虑市场因素、政策因素等诸多因素的影响，对不同种类的投资进行组合，以实现风险分散和收益最大化。

一、传统投融资决策的痛点

（一）依赖主观判断，信息透明度低

在传统投融资决策中，企业主要依赖人工经验与判断，难以完全预测市场趋势和行业变化等信息，这使得企业在投资的选择和决策上存在较大的不确定性风险。此外，在传统投融资决策中，企业的财务信息往往不够透明，很难为投资者和业务合作方提供充分、准确的信息支持，影响企业在市场上的信誉和声誉，也会加大投资决策的风险。

（二）投融资渠道单一，忽视风险管控

在传统模式下，企业通常只依赖银行、股权市场等传统资金渠道，难以实现资金的多元化配置和优化，使得企业存在资金链断裂的危险，也限制了企业的发展和扩张空间。此外，企业在传统模式下还容易忽略对各类风险的管理和控制，过于注重盈利和回报，而对潜在的风险和危机缺乏足够的应对与准备，使得企业在面对市场波动和挑战时容易陷入被动的境地。

（三）灵活性缺失，估值成本高昂

投融资的效率很大程度上依赖估值的合理性。传统的估值方法主要依赖企业财务数据，但财务数据存在被操纵或虚构的风险，这会从源头上导致估值结果失真，并且其所遵循的标准和规则比较固定，难以适应不同市场环境和行业特征的变化，同时，用于估值的传统模型和工具也比较滞后，难以满足现代商业模式和投资的需求。

传统人工估值过程中，需要收集大量市场、行业、财务等数据，并进行复杂的计算分析，需要耗费大量时间和精力，阻碍了估值效率的提升。

二、智能化转型对企业投融资决策的影响

交易各方通过以智能技术应用为手段的智能化转型，往往能够在投融资决策过程中完善风险管理体系以降低投资风险，缓解信息不对称问题以降低融资成本，优化信贷流程以提高融资效率，借助智能系统提高企业资金流预测的准确性。

（一）推动估值创新，提供关键有效信息

从专业功能上看，价值评估是市场经济条件下资本定价、资源定价、市场定价的一个基础性价值尺度功能，直接关系价值信息披露的有效性和市场的有效性。智能估值实现评估作业全流程、全自动审批和流转，数据实时共享，评审监管协同，

支持企业在线实时精准管理资产、评估并挖潜资产价值，有利于精准把握企业委托方评估需求，建立更加专业、有效、紧密、稳定的委托代理关系，全面释放估值行业服务于企业和用户的多元场景潜力。

价值评估主要围绕资产财务和经营原始信息以及市场参数展开，根据资本运营、资产经营的市场逻辑进行专业二次加工，从而提炼出资产价值信息，但这种资产价值信息不是原始信息的再现，需要充分利用智能估值技术所具备的高水平评估技能、评估数据采集和挖掘能力，确保二次信息的客观、公正、公平、科学、有效，从而形成社会公信力，保障市场的自由、良性、有效运行。智能估值开创了“实时报告”的全新估值模式，能够实现现场尽调、中心估值、决策风控三岗异职，时空同步，平行推进，从而提升估值客观性、真实性，为市场提供更相关、更直接、更有效的价值信息。

（二）强化全过程风险管理，降低投资风险

企业投资过程中会面临各种复杂且隐蔽的风险因素，运用人工智能、大数据等技术构建智能风控体系对于降低企业投资风险有很大价值。借助智能技术，在投资前进行充分的信用评价和数据分析，在投资后进行精准监测控制，可最大程度管控投资风险。

在投资前，企业可以利用数据挖掘技术全面收集被投资企业各项财务、经营数据；利用大数据技术，企业可以对海量结构化和非结构化数据进行快速分析；还能通过对被投资企业风险的系统综合评价，精准刻画风险特征，进而准确识别潜在的风险，实现对高风险投资的规避。

在投资后，企业可以利用云平台和云计算引擎技术对被投资企业的资金使用进行远程监测和动态管理，提高风险预警水平；利用智能技术构造的智能风控体系有效识别企业投资风险，智能感知企业异常交易，减少企业高风险投资行为。

（三）缓解信息不对称，降低融资成本

信息不对称是存在于金融机构和企业之间的重要问题，导致企业需要承担较高的融资成本。区块链、大数据等智能技术能够提高企业信息的透明度和可信度，缓解交易双方之间的信任危机，从而降低融资成本。

对金融机构而言，智能技术能够帮助其及时、全面收集企业信用数据并进行深度分析，有助于金融机构对企业的风险水平进行合理评估，充分了解企业融资意图，通过减少债务的跨期错配风险来降低融资成本。

对融资企业而言，智能技术能够帮助其建立自身数据库，基于可信任的数据库向金融机构提供信息，从而降低二者之间的信任成本。另外，通过对自身数据库的分析，企业可以选择更匹配的金融产品，进行精准融资。在资金匹配过程中，交易双方通过网络化的方式处理信息，提高获得信息的效率和质量，缓解信息不对称问题，使资金供求双方快速达成一致，提高资金配置效率，大幅降低交易成本。

（四）优化信贷流程，提高融资效率

金融机构的放贷过程主要包括业务受理、资质审查、资金发放、贷后资金管理等多道程序，处理流程较长，并以人工处理为主，在一定程度上降低了企业融资的效率。金融机构通过智能技术及时获取企业的各方面信息并对其进行分析和风险识别，减少了传统流程下对企业进行信用考察的时间，简化了原有的申请手续和流程，更快速地提供资金，为企业融资提供了有力支持。

随着智能技术应用的深度和广度不断拓展，智能化审核逐渐代替人工审核，减少了企业在融资过程中的审批等待时间，更能及时满足企业融资需求。最新区块链技术的运用还能进一步简化融资流程，甚至实现资金瞬时到账，真正达成高效融资的目标。智能技术应用于企业融资活动，能有效改善传统金融服务模式下融资效率低下的问题，解决企业融资困境。

（五）利用智能系统，提升决策服务能力

有效开展投融资活动的重要前提是科学预测企业资金流，在这一过程中，需要对企业的资金缺口进行估算，再以此为依据开展后续的融资活动，利用人工智能技术即可帮助企业不断提高对现金流的预测能力。例如，在智能系统中录入企业的资金需求和有关会计处理之后，智能系统通过数据收集和自主学习对需要用到的知识、经验与模型进行归纳总结，并将其应用到实际的业务处理中。

三、智能技术在企业投融资决策中的应用

在企业投融资决策智能化的过程中，大数据、云计算以及区块链技术发挥了主要的推动作用。

（一）基于数智技术的决策框架

在经济全球化的背景下，企业面临的外部环境复杂多变，自身信息也日渐增多，投资机会转瞬即逝，这些都要求决策者能够快速及时地对来自内外部的结构化、半结构化和非结构化数据进行筛选、获取和整理，并能利用专业化的工具对这些多源数据进行融合、挖掘和分析，进而快速做出正确的投资决策。大数据和人工智能等给企业实施快速科学的投资决策提供了必要的数据、工具和专业决策支持服务。

1. 投资目标与投资方向确立

投资目标是投资活动的起点，即企业想要实现的投资收益目标，需要企业根据自身中长期发展规划、短期发展规划、自身条件及资源状况来确定。企业可以基于云计算系统，准确及时地了解自身的财务和非财务信息，并通过外部信息及时了解行业信息、上下游企业信息、外部经济情况等，结合自身的发展规划确定投资目标并及时进行调整。此阶段需要的数据非常广泛，可借助云计算系统及时高效

地进行信息检索和初步的数据分析，并利用大数据分析技术进行投资方向建模与评估，进而确定企业的投资方向。

2. 投资构想与投资立项

企业的投资构想主要就是寻找投资机会，这就导致了企业投资项目存在随机性，可能来自市场的投资机会发现，或企业自身发展的需要。企业管理者可以借助云计算系统，对自身财务和非财务数据、行业信息、外部环境信息和相关企业数据进行分析与挖掘，寻找合适的投资机会。投资立项是基于企业投资构想，利用投资决策数据分析确立投资项目。常用的投资决策数据分析主要包括企业自身数据分析、行业数据分析、经济环境数据分析和预期利润预测等，可以借助云计算系统和大数据分析技术来实现。

3. 项目投资方案制订与评价

确定投资项目以后，要着手制订具体的项目投资方案，并对项目方案进行可行性论证。项目投资方案的制订要建立在企业自身资源和外部环境信息基础之上，运用云计算系统分析企业的现有资源、外部环境和竞争对手等信息，制订两套以上的项目投资方案。利用大数据分析和挖掘工具，基于投资决策经验数据和模型对项目投资方案进行投资风险评估和投资回报预测分析，据此来判断项目投资方案是否可行，并进行适度调整。

4. 项目投资方案的反馈与调整

投资方案确定之后，还必须根据企业自身的经营状况、外部环境和市场需求的不断变化，对原先的投资方案进行适时适度的调整。此阶段要充分利用云计算优势，及时准确地发现企业、环境和需求的变化，并利用大数据分析技术对变化趋势进行实时分析和预测，进而对投资方案进行相应的调整，使得投资决策更加科学合理。

5. 企业投资决策数据服务构建

科学的投资决策需要依赖及时、可信的数据源和必要的决策辅助工具。企业投资决策数据源由三个主要部分组成：企业内部信息，由企业的云计算平台提供；外部环境信息，通过网络爬虫、数据调查、第三方机构及其自身的数据积累获得；投资决策经验数据主要包括投资经验、决策模型经验数据和专家决策经验构成的一种决策参考信息，由云计算服务商提供。云计算平台借助大数据技术对来自企业内部、企业外部的数据和投资决策经验数据进行规范化与融合处理，利用 Hadoop、HPCC、Storm 等技术对数据进行高效管理；然后通过数据挖掘和数据分析技术对数据进行挖掘和分析，提取与投资决策相关的财务信息和非财务信息，结合投资决策知识和模型，为企业对内补足固定资产、无形资产和流动资金，对外投资有价证券、制定控股和参股等投资决策的每个决策步骤提供有力的决策支撑。

（二）区块链技术在融资活动中的应用

区块链上记录的数据一般包括详细的会计数据、所有权数据、融资合同条款，以及其他执行预先商定的合同条款的细则，有利于从缓解信息不对称方面减轻企业融资难的问题。区块链技术使得交易双方的交易数据得到充分记录并保持公开透明，当企业向银行进行融资时，银行可以快速收集企业信用数据、资产状况等相关信息，并且区块链技术不可篡改的特性使数据的真实性得到了保证。

在贷款过程中，银行根据对企业经营情况的评价结果设定不同的信用等级，并基于信用等级为企业设定贷款额度，既能帮助银行规避信贷风险，也能使企业高效获得融资。

区块链技术能在企业和融资主体之间形成“点对点”的业务交易模式，企业和融资主体处于平等地位，并且每一笔交易都会用独立的电子账本记录。区块链模式下交易过程中的每个节点都保持公开透明，支持在节点上的所有用户共同查询维护。此外，区块链技术实现了供应链的去中心化，弱化了核心企业在整个融资过程中的地位，实现融资双方数据的实时共享，并简化了融资过程，使得企业之间的财务效率得到了大幅提升，同时降低了融资成本（见图 6－4）。

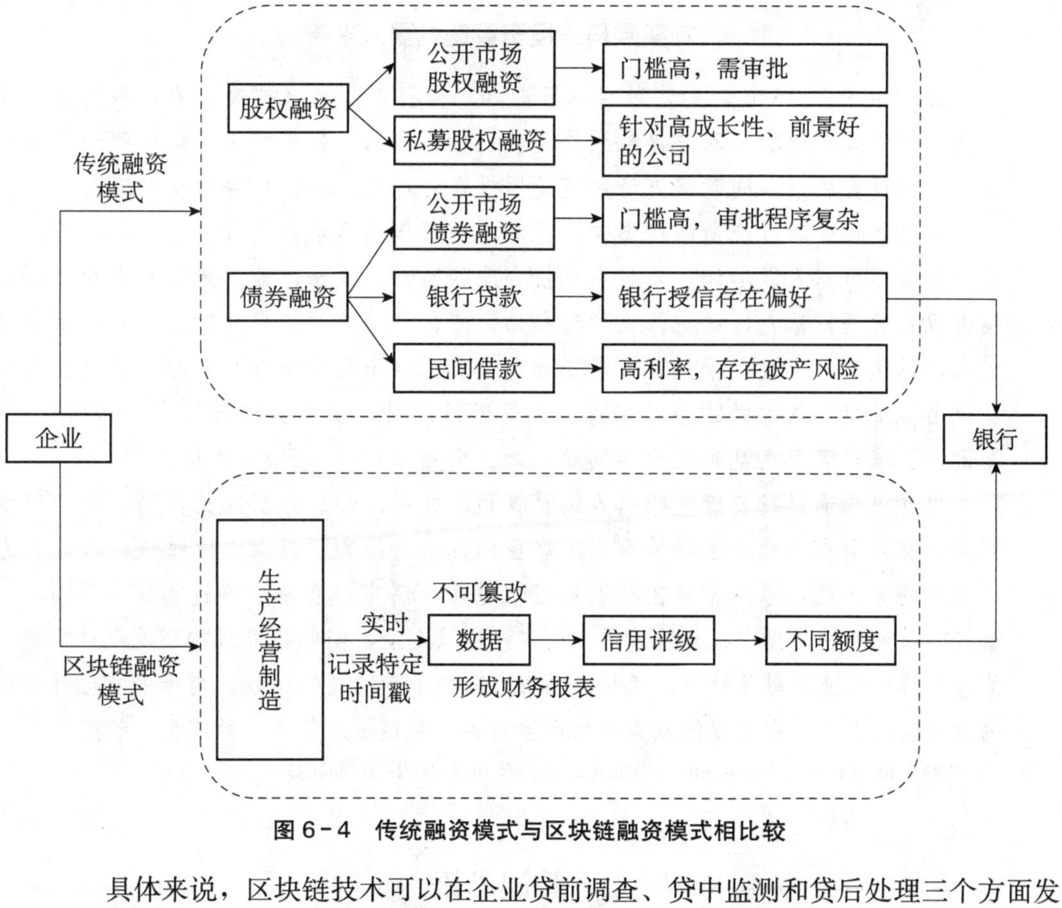

图 6－4　传统融资模式与区块链融资模式相比较

具体来说，区块链技术可以在企业贷前调查、贷中监测和贷后处理三个方面发挥作用。

在贷前调查环节，借助区块链技术，数据可以通过加密技术锁定。在企业融资前，银行需要获得企业的各类数据来评估企业信用，这些原始数据之间彼此独立。

而区块链技术可以对这些信息进行统一归集并相互验证，如果企业的某一项数据单独发生变动，就会与其他数据产生冲突，无法通过一致性验证。区块链技术可以有效降低信息获取成本，规避渠道单一所带来的欺诈风险。

在贷中监测环节，可以广泛应用物联网来提升监测效率。物联网是区块链技术最前沿的应用场景之一。以物流企业为例，传统的仓库监管中通常存在账物不符、货物丢失难以及时发现、货权不清晰等问题，通过在仓库中应用物联网设备来采集相关装卸数据，再与区块链技术相结合以确保数据的真实性和完整性，可实时获得仓库的库存量，实现对质押物的准确监测。

在贷后处理环节，区块链技术可以实现资产的“上链”。与产权相关的纸质权证能够利用区块链技术进行电子化并加入区块链网络，有效增强质押物的流动性，使其快速变现。

技术创新

向实数科：投资管理机器人来袭

2022 年 9 月 15 日，向实数科（投资方）和羽东白鹿（被投资方）举行了投资合同签字仪式，此次从双方接触到快速签订投资合同，率先使用了投资管理机器人做尽调及投资决策，同时双方还约定使用投资管理机器人做投后管理的工具。

尽调之初受新冠疫情防控影响，现场尽调工作迟迟难以展开，于是，投资方委派投资管理机器人做尽调。首先将被投企业的发票、流水、业务单据和期初数据扫描进投资管理机器人，该机器人通过自动记账、自动核算、自动对账、自动抵扣等技术，迅速自动生成电子凭证、电子会计报表、电子会计账簿。再与被投企业人工会计用传统财务软件做的会计账簿、报表进行比对，发现会计账簿中存在错记账、漏记账、账户管理紊乱等九大类问题，涉及金额高达 303 538.62 元。

投资机构通过投资管理机器人的精算预测体系、经营分析决策体系、单店模型体系，发现羽东白鹿存在场地利用率严重偏低、老师实际授课占比过低、人均人力成本过高等问题，系统推算出待新冠疫情过后，羽东白鹿单店可达到盈亏平衡，有望实现最大盈利。投资机构快速做出决定投资该企业，同时投资机构还发现该机器人能够直接获取业务财务数据，远程、精准、高效地管理被投企业。对于没有会计基础的投后管理人员，也可以做到事先的风险监控，实现投后管理的数字化、智能化。

资料来源：https：//www. mp. weixin. qq. com/s/SgRHclKlSbGKDbKlJQyMsw.

关键术语

财务预警	存货管理	司库管理
区块链	投融资智能化	

思考题

1. 智能技术改进了传统财务预警哪几个方面的不足?
2. 在财务分析领域，智能技术有哪些应用?
3. 司库管理的哪一环节受到智能化的影响最大?
4. 智能化转型对存货管理各个环节分别产生了什么影响?
5. 区块链融资如何帮助中小企业解决融资难、融资贵的问题?

第七章

税务智能化

知识点脉络图

税务智能化趋势

我国税务信息化建设历程
- 税务应用发展阶段
- “互联网+税务”阶段
- 智慧税务阶段

智能税务管理技术的应用
- 大数据在税务中的应用
- 云计算在税务中的应用
- 区块链在税务中的应用
- 人工智能在税务中的应用

↓

企业税务管理智能化

智能税务处理
涉税数据采集　税金计提　发票管理　纳税申报与税金缴纳

智能税务分析与筹划
智能税务分析　智能税务筹划

↓

税政管理智能化

智能税收征管
智能纳税服务与稽查

学习目标

1. 了解我国税务信息化建设历程，了解智能税务管理技术的应用；

2. 掌握企业税务智能化管理的整体设计及框架，熟悉企业税务智能化管理的创新点；

3. 掌握企业智能税务处理的流程和核心环节，理解关键技术应用场景；

4. 理解技术推动传统税收筹划、税务风险管理的发展，熟知相关案例；

5. 了解政府机关税收管理流程与职能，理解新技术环境下税收征管环节的改革与转型过程。

素养提升

1. 深化对税务智能化发展的认识，了解税务行业的最新动态和发展趋势；

2. 培养创新能力，了解智能技术在税务管理中的运用，激发创新思维，为未来的职业发展打下基础；

3. 树立正确的价值观念，深入理解税务工作的本质和税收管理智能化的重要意义，成为具有社会责任感和创造力的新时代人才。

引　例

新奥集团：智慧税务平台

为提升税务管理精细化运营，全方位提升税务风险防范能力，新奥集团携手金蝶加快税务数字化转型步伐。基于金蝶云·苍穹平台和金蝶云·星瀚税务云架构的智慧税务平台正式上线，助力实现业财税一体化。智慧税务平台整体产品框架如图 7－1 所示。

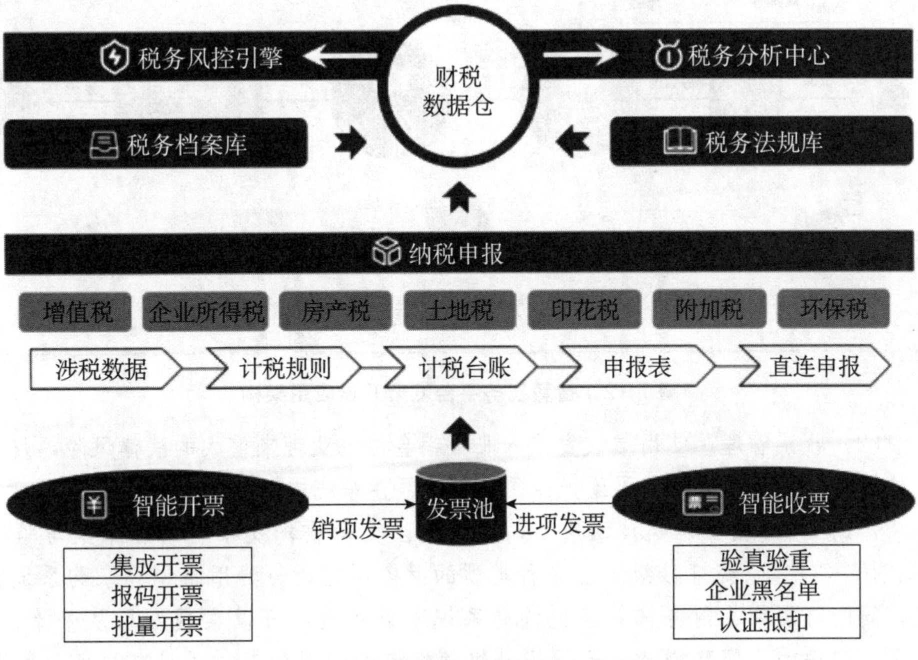

图 7－1　智慧税务平台整体产品框架

智慧税务平台以发票为切入点，将发票开具、发票收取与业务系统连接，实现自动开票、自动查验、自动收票；对相关财务、业务数据进行自动采集，基于税务规则自动生成纳税申报表，提高申报准确率，降低申报工作量，减少因申报错误、申报延迟导致的税务风险；基于财务数据、发票数据、申报数据构建财税数据仓，进行多维数据分析及税务风险监控，并通过税务法规库与档案做好企业相关资质信息留存。

连接、智能、体验是新奥集团智慧税务平台建设的三大核心。连接是指与内部业务系统、外部税务局系统的无缝集成，实现业财税一体化；智能是指通过规则引擎、数据可视化建模等数字技术的运用，实现各类规则的动态配置，提高平台的扩展性；体验是指对标互联网产品，界面更友好，操作更便捷，带给用户更好的人性化体验。

（1）开票管理。发票是企业向客户收款的重要凭据，传统发票为纸质发票，需要企业从税务局领取并在开票软件中逐张手工录入、打印、邮寄，工作量大、效率低。电子发票可通过多种方式实现发票的集中电子化开具，简化开票流程，提升开票效率，节约人工。

新奥集团搭建了统一的发票云平台（见图7-2），与前端业务系统能够无缝集成，实现包括电子发票与纸质发票的自动开具。通过发票与业务系统的紧密集成，业务数据与发票数据可以自动转换。发票开具效率与风险控制能力得到了大幅提升，可以防止重复开票、错开发票、虚开发票等。

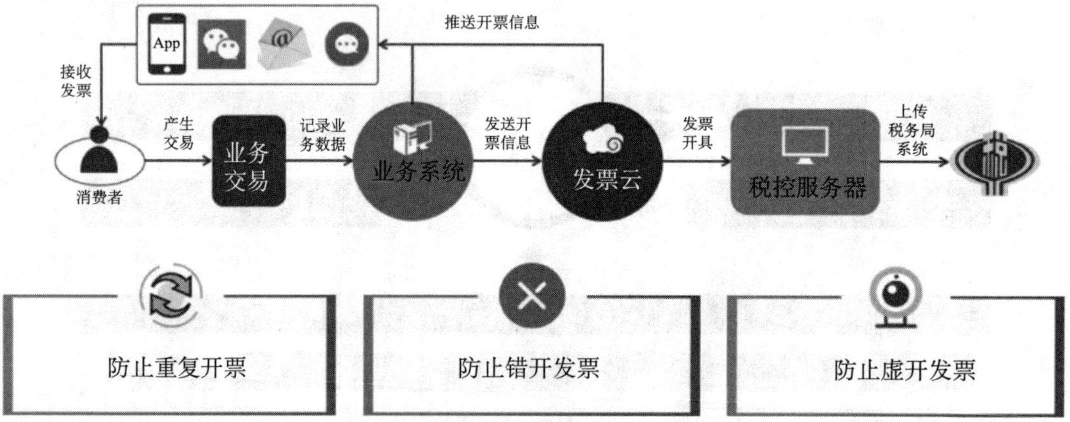

图7-2　智慧税务平台发票开具应用架构

（2）收票管理。使用虚假发票入账报销会给企业带来重大的法律风险，财务审核人员报销发票时，往往需要逐张在网上验真、在系统中验重，耗时费力。

借助OCR图像识别技术应用，新奥集团全面重构发票自动化采集与验真流程（见图7-3）。系统可秒级识别多种类型的财务票据，与费用报销和采购系统进行集成，同时与影像、财务核算、税务局系统进行对接，可以实现发票从采集、报销、入账到归档的全闭环操作，大幅提升进项发票的管理效率。通过与税务局底账库直连，快速查验发票真伪，实现对发票的合规控制。

（3）全税种自动计税。金蝶云·星瀚智慧税务平台为新奥集团提供了强大的智能"计税引擎"，系统预置多达数千种业务场景的合规计税算法，并内嵌全税种标准化的计税底稿及申报表，一步到位准确完成申报表填报。系统还能实时依据最新政策变化进行更新，无需企业手动维护，保障企业及时按照最新政策法规要求完成纳税申报。基于自动化的规则完成涉税数据采集、税金计算、报表生成等操作，赋能新奥集团高质高效实现税务管理。

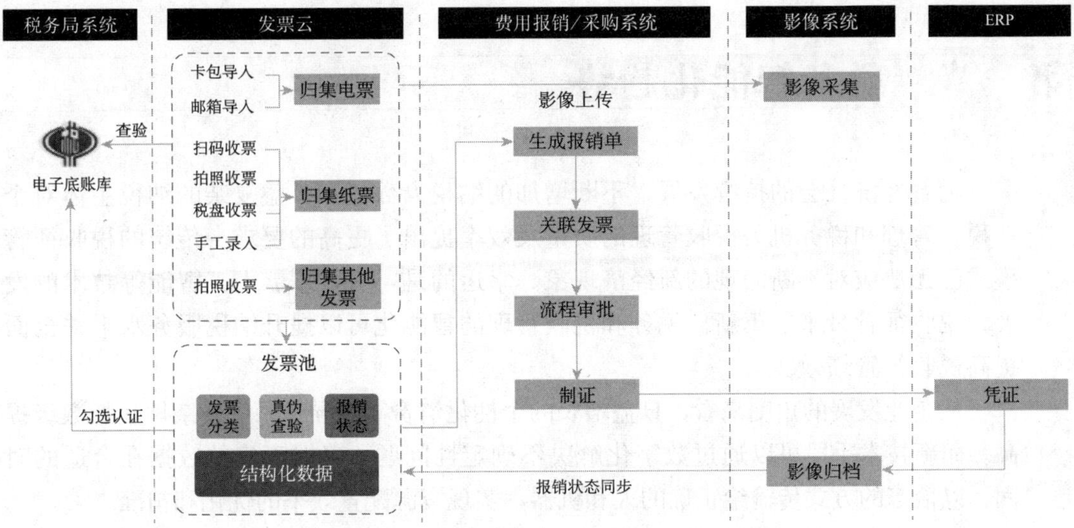

图 7-3　智慧税务平台发票采集应用架构

(4) 税务风险管理。金蝶云·星瀚智慧税务平台可基于多样化风险类型，搭建事前、事中、事后全方位多维度的风险模型，铺设税务数据统计分析和风险预警平台。系统通过趋势比对、数据穿透、归因分析等风险可视化模型，助力新奥集团深度洞察数据并进行风险研判，先于税务机关发现自身可能存在的税务安全隐患。指标监控工具助力新奥集团提前自查，防患于未然，杜绝重大异常及税务风险发生，实现真正意义上的多维精细化风控管理和数字化税务管控（见图 7-4）。

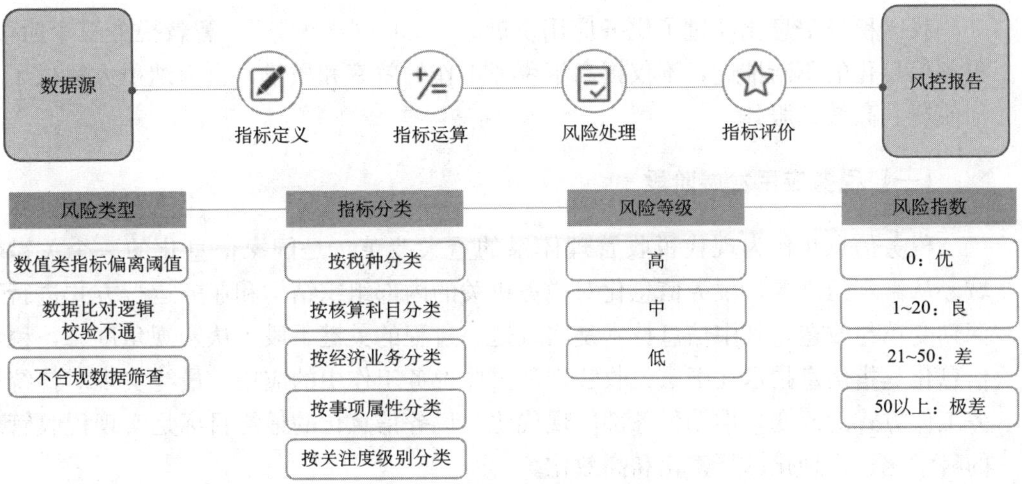

图 7-4　智慧税务平台税务风控引擎应用架构

资料来源：https：//www.vip.kingdee.com/article/418121793392686848? productLineId = 2&isKnowledge=2&lang=zh-CN.

上述引例中，税务智能化帮助新奥集团提升了税务风险管理水平，实现了税务管理精细化运营。本章将介绍税务智能化的趋势及税务和税政管理智能化。

第一节 税务智能化趋势

随着经济社会的持续发展，不断增加的纳税人数量和日益复杂的纳税主体对企业税务管理和税务机关税收管理的质量及效率提出了更高的要求。传统的税收征管模式已无法应对不断涌现的新经济现象。幸运的是，大数据、人工智能等技术的发展为税收征管带来了革新。税务和税收管理的智能化可以提升纳税服务水平并全面提高税收征管绩效。

从企业发展的角度来看，日益增长的个性化消费需求导致系统复杂性呈指数级提高。而新技术手段可以通过数字化解决不确定性问题，确保正确的数据在合适的时间、以恰当的方式传输给正确的人和机器，实现资源配置效率的优化和精准决策。

从政府机关的角度来看，税收作为财政收入的重要组成部分，必须适应并结合先进的技术手段以更好地推动税收制度的实施和完善，提高税收收入的同时减轻税务机关的工作负担，确保资源得到最佳配置，发挥最大潜能，推动我国税收管理智能化的发展。

因此，企业和税务机关应借助科技手段不断进行税务与税收的自我改革。这不仅是经济社会发展的必然需求，也是新技术发展背景下的必然趋势。

一、我国税务信息化建设历程

我国税务信息化经过了税务应用发展、“互联网＋税务”、智慧税务三个阶段。税务信息化的不断推进，不仅提高了税务工作的效率和质量，也为纳税人提供了更加便捷、高效的服务。

（一）税务应用发展阶段

税务信息化作为现代税收管理体系的重大改革，是国家信息化的一个关键领域。从微观角度看，税务信息化对税务机关的内部组织结构和业务运行方式进行了深刻变革与改造，其中信息技术是实现这一过程的关键手段。从宏观角度看，税务信息化是指信息技术在国家税收管理和具体税务工作中的应用，最终实现对传统税务工作方式的改变，推动税务部门现代化。税务信息化的最终目标是实现税收管理的科学化、合理化、严密化和高效化。

我国的税务信息化改革经历了应用起步阶段、基础应用阶段，到20世纪末发展至应用发展阶段（见表7-1）。

表7-1 20世纪80年代以来我国的税务信息化改革

时间	阶段	标志事件	主要特点
20世纪80年代	应用起步阶段	电子计算机的快速发展	基层税务部门用计算机代替手工劳动

续表

时间	阶段	标志事件	主要特点
20世纪90年代初	基础应用阶段	1994年金税一期工程：手工采集发票信息	征收管理与计算机应用的初步结合
20世纪90年代末	应用发展阶段	1998年金税二期工程：发票数据的自动采集	流转税为主的分税制与国地税金税工程

21世纪以来，随着大数据、人工智能等技术的普及，以及我国税制改革和税务系统建设的逐步发展，新时代我国税收管理更加便捷和高效，先后进入“互联网＋税务”和智慧税务两个阶段（见表7-2），下文分别介绍。

表7-2　新时代我国税务信息化关键节点

时间	建设目标	主要内容
2015年	“互联网＋税务”	把互联网的创新成果与税收工作深度融合，改变税务工作的方式，要求各级国地税局建立功能型、统一高效的电子税务局
2018年	智慧税务	融合“互联网＋税务”和税务大数据，利用互联网、大数据等技术手段，建立管理与服务职能的电子化、智能化的现代化税收管理平台，建设“智慧税务生态体系”

（二）“互联网＋税务”阶段

2015年9月28日，依据《国务院关于积极推进“互联网＋”行动的指导意见》（国发〔2015〕40号），国家税务总局顺应互联网发展趋势，满足纳税人与税收管理日益增长的互联网应用需求，推进税收现代化建设，并结合税收工作的实际情况制订了《“互联网＋税务”行动计划》（以下简称《计划》）。总体要求是把互联网的创新成果与税收工作深度融合，拓展信息化应用领域，推动效率提升和管理变革，以实现税收现代化。《计划》明确指出，需重点推进“互联网＋税务”在社会协作、办税服务、发票服务、信息服务、智能应用五大板块的20项行动。

综合分析，“互联网＋税务”是我国税务信息化发展的关键一步。它为电子办税和智慧税务提供了规范、正式的行动计划，明确了全国性的行动指南与目标规划，对我国各税务机关的信息化进程产生了重要的导向作用。在这个阶段，通过改变税务工作模式，建立税务互联网平台，实现线上线下融合、前后台贯通、统一规范高效的电子税务局以及可复制推广的“互联网＋税务”系列产品，为税收现代化奠定了坚实的基础。

（三）智慧税务阶段

2015—2018 年，国家和各税务机关在税务信息化建设方面取得了阶段性的成果。税务机关的基础软硬件不断更新，税务工作人员的信息技术水平提升，纳税人的税收遵从度和自主纳税能力都得到了较大的提高。随着金税三期工程和营改增试点的全面推广完成，“互联网＋税务”和税务大数据成为税务系统信息化建设的重要话题。在此背景下，税务大数据与“互联网＋税务”融合为智慧税务，与金税三期工程共同构筑税收现代化的重要基石。

相比于“互联网＋税务”，智慧税务更加强调税务信息化建设的整体性和信息体系建设的重要性。智慧税务充分利用互联网和大数据技术发展的最新成果进行顶层设计，借助云计算和人工智能等前沿技术，构建可以完成各项管理与服务职能的智能化税收管理平台，实现税收管理和纳税服务的网络化、信息化和智能化。对纳税人而言，智慧税务可以为纳税人提供高质量的服务，进一步提升办税的便捷体验认知程度，从而达到提升纳税人对税务部门工作的满意度的目的；对税务部门内部而言，智慧税务有利于提升税务部门决策能力、税收征管质效并降低征纳双方成本。

技术创新

从零接触到智能化——“互联网＋税务”背后的四川地税变革

11 月 28 日，重庆商社新世纪百货连锁经营有限公司遂宁新都店的财会人员移动手中的鼠标，几分钟时间就在网上办税服务厅通过“银联缴税”方式成功缴纳第一笔税款。这标志着全省地税纳税人将享受“银联缴税”的便利服务，打通纳税服务“最后一公里”。

纳税人只需登录国家税务总局四川省税务局网上办税服务厅，点击“我要申报”模块，申报后选择缴税方式，核对缴纳税款的数额，再输入企业名下银联卡信息，确认支付后，即可快捷完成缴税。“银联缴税”便利了很多纳税人，同时，为更好地帮助纳税人提升办税能力，四川地税积极推广网上纳税人学堂。

成都地税网上纳税人学堂不断创新税法宣传和纳税辅导工作新路径，在办学规模、教学质量、运行机制和纳税人满意度方面均走在了全国税务系统前列，受到了纳税人的一致好评。截至 2016 年 12 月，纳税人学堂注册学员人数突破 17 万，累计访问量达到 197 万人次。

税收“互联网＋税务”的理念不仅在纳税服务领域遍地开花，也延伸到了税收管理上。

2016 年 11 月底，四川地税开通了网上预审批预受理功能，包括延期申报、变更登记和注销登记等功能。纳税人只需在网上办税服务厅提交相关电子资料，不必前往办税服务厅前台排队，且无须重复提交后台已存储的电子资料。这有效节约了纳税人的办税时间，降低了办税成本。宜宾市地税局积极开展前期试点，改革一经推出，迅速得到纳税人欢迎。宜宾近90%的纳税人选择网上办税服务厅办理涉税事项。

"办税过程中的'痛点'已经到了不得不改的程度，于是我们提出'最大限度便利纳税人，最大限度规范税务人'。"省地税局相关负责人表示，如何最大限度方便纳税人办税，成为便民服务改革的关键。

随着税收征管体制改革逐步进入深水区，"互联网+税务"需要继续深入破解改革过程中遇到的具体难题。"目前，我们面临服务对象性质改变、纳税人数量激增的挑战。"省地税局相关负责人介绍。全省个税系统自然人数量已近2 000万。随着税制改革的不断推进，地税部门面对的自然人纳税人数量将更加巨大。同时，传统征管方式已难以适应新的挑战。

多重挑战叠加，地税部门急需找到高效的管税方式。深耕"互联网+税务"这一新兴领域，"信息管税"成为提升四川地税征管质量的有力抓手。自2015年底，全省共有18家省级部门与地税部门进行信息共享，交换数据总量近700万条。省地税局将部分涉税数据与自身已有的数据进行比对，将比对结果转化为有价值的税源信息。

不同数据的叠加产生了极强的撬动效应。资阳市地税局利用互联网垂直搜索技术从各类土地交易网站实时获取涉税土地信息，并通过异构数据处理技术对各类数据进行标准化清洗，形成有价值的涉税数据情报，有效提升土地税收精细化管理，堵塞了税收征管漏洞。2016年以来，资阳市地税局通过"信息管税"追缴了上千万元税款。

"未来随着数据越来越多，我们将加强数据分析，利用多维数据为纳税人'画像'，进行更深层次的应用。"省地税局相关负责人介绍，这直接改变了该省地方税收征管模式。以前是"管户制"，即为每个纳税人分派一名专管员，每个专管员负责上百户纳税人，并负责处理管户的各项涉税工作。而随着大数据的应用，该省取消专管员，变为"管事制"，即以风险管理为主，汇总海量涉税信息，通过计算机分析风险点，集中应对高风险事项。实践证明，制度的转变使办税效率成倍提升。

资料来源：https：//www.chinatax.gov.cn/n810219/n810739/c2422832/content.html.

二、智能税务管理技术的应用

税务智能化作为当代税收管理系统的重要发展方向，积极吸纳了包括数据挖掘、自然语言处理、数据可视化等在内的众多智能技术，极大地提升了税务管理的效率和效果。在这一技术浪潮中，大数据、云计算、区块链和人工智能的应用尤为突出。大数据能够帮助税务机构处理和分析庞大的数据集，从而准确预测税收趋势，有效识别税务风险。云计算提供了强大的数据存储和计算能力，使得税务系统能够更加灵活高效地进行数据处理和共享。区块链以其独有的透明性和安全性，为税务交易和记录提供了可靠的验证机制，有力保障了税收征管的公正性和透明度。人工智能的应用，则通过模拟人类思维方式，对复杂的税务数据进行深度分析和处理，极大提升了税收决策的智能化水平，也为打击税务欺诈、优化税收政策提供了有力支持。这些智能技术的综合运用，不仅极大提升了税务管理的效能，也为税务系统的未来发展开辟了新的道路。

（一）大数据在税务中的应用

大数据最显著的特征在于其庞大的数据量，随着信息技术对各个领域的渗透，从企业到政府，从个人到群体，积累的数据呈指数级增加。

对企业而言，大数据能够降低企业各部门之间的信息不对称，消除信息孤岛问题。首先，企业可以利用大数据构建事前、事中、事后的全面业务流程管理体系，优化企业内部流程，实现税务管理的数据化。其次，企业可以通过数据标准化和大数据分析构建税务风险预警机制，在业务数据入库、财务数据入库基础上，结合税源数据、税基数据和税法数据进行分析，科学预警应纳未纳、应扣未扣的税收风险。最后，大数据能实现日常税务工作的高效化，借助一定的数据处理辅助工具，将需处理的税务数据转换成所需格式、文件，并自动对数据进行分类和批量处理，提高工作效率。

对政府而言，数据已上升为战略资源。首先，大数据可以促进税收决策的科学性，有助于发展成熟的税制体系和完善的税法体系，更好地分析纳税人生产经营和国家财政预算等数据，使税制更符合国情。同时，大数据能推动税务机关与政府其他部门、金融机构及相关单位联网，实现纳税人收入系统、财产系统、纳税申报系统和金融支付系统的数据共享，形成全社会数据综合治税的模式。其次，大数据能推动税务机关内部管理智能化，利用大数据技术，可以对各部门和岗位的工作进行全方位的动态监控。最后，大数据能帮助税务机关有效应对税收风险，大数据技术可以识别纳税人在不同税种、不同事项中的税收风险，为税务审计和税务稽查提供更多依据。

（二）云计算在税务中的应用

税务机关的非云端应用系统导致用户只能在本地税务部门完成办事流程，且各业务系统间普遍存在相对封闭和对接差的问题。这在一定程度上影响了税务信息化水平的提升。云计算为实现无缝办税服务提供了可能。

对于企业而言，云计算推动了企业财税一体化信息建设，促进了税务共享模式的发展。通过整合企业的全部税务职能，企业能实现税务管理的集中化处理和分析。此外，集成化的税务管理系统为企业财务系统、业务系统的融合提供了基础和前提，消除了业财税之间的系统壁垒。

对于政府而言，云计算能打造一个涵盖税务机关所有业务系统的服务资源云应用平台，通过集成税务机关内部的职能业务，用户可随时通过网络获取和扩展服务内容，打破了传统税务部门相对封闭和功能分割的局面，整合了税务机关内部的系统资源，并以统一界面为用户提供优质高效的信息和服务。

（三）区块链在税务中的应用

区块链作为一个多方共同维护的体系，通过块链结构存储数据并利用密码学确保传输和访问的安全性，实现了数据一致性存储、不可篡改及不可抵赖等特性，能够有效保证交易记录和数据的透明可靠。在“区块链＋税收”的应用中，区块链有助于降低税收征管成本，提高征管效率，并促进实现税负公平。

高效的税收征管旨在实现征税成本最小化。根据征纳主体划分，征税成本最小化可以分为两个方面：第一，征收方实现最低征税成本；第二，纳税方实现最高纳税遵从度。区块链在这两个方面具有显著作用。表 7－3 展示了区块链的特点，并分析了其在税收征管中的适用性。

表 7－3　区块链的特点及在税收征管中的适用性

特点	适用性
分布式存储	脱离系统和硬件的中心化管理：税收征管数据平台建设新思路 可分布式计算和存储的安全性：企业信息和税务信息安全可信
公共账本	所有节点共同维护的公共账本：解决电子发票的重复报销和重复入账
加密算法	标识身份及加密、验证数据的算法：增值税电子发票系统的数字证书体系
分布式共识	众多节点共同维护的账本和共识算法：税务数据维护成本低
智能合约	自动执行的智能合约：税收法规和财务制度文本转变为智能合约

（四）人工智能在税务中的应用

人工智能的飞速发展使其在税务和税收领域产生了深远影响并展现出了广阔的应用前景，对征纳双方都产生了重要影响。

人工智能对于纳税人而言，主要作用于纳税申报的相关问题上。在税收征管过程中，为真实体现纳税人的纳税能力，需要对具有个体化差异的事项进行个别衡量。例如，对于自然人纳税人，子女教育、大病医疗等专项费用需要进行税前扣除，此种情况下适宜采用纳税人自主申报的纳税模式。对于缺乏基本税法常识的纳税人，自主申报模式下其自觉纳税难度、成本会加大。针对这一问题，人工智能通过提供专门的税务知识咨询服务，并根据纳税人医疗、财产情况等信息针对个体差异提出最符合其自身情况的申报建议，甚至在获得纳税人授权的前提下，还可以完成申报数据的自动收集与填写，完成授权范围内的涉税事务申报工作，如此便形成了智能化的税务申报形态。

人工智能还可以参与纳税人的纳税风险检测预警，促进纳税人纳税行为的自觉规范化。在某些情况下，纳税人的税收不遵从行为也可能是非故意的，相关税务知识的匮乏，或者是对相关政策理解的偏差，导致其需要承担非故意状态下的不必要后果。对企业而言，可能存在的税收不遵从风险更大，虽然企业内部往往有专业的税务工作者，但由于企业经营活动的复杂性，其为税收遵从承担的成本更高，难度也相对更大。人工智能在这样的税收不遵从中，可以通过算法来模拟交易序列和相关的审计工作的可观察性，从而分析可能出现的税收不遵从行为风险，在这一风险达到一定程度时及时提出预警和处置建议，使纳税人及时避免税收不遵从行为的发生，企业也可以据此完善其内部的风险控制机制的设计。

对于税务部门而言，人工智能的充分运用有助于实现税源的有效管理，通过税源管理有效控制纳税人的税收规避风险，形成良好的监管体制。由于税收征管事务的复杂性，加之在自主申报下存在纳税人道德风险的可能，税收征管过程即便投入了较多的时间和人力资源，效果也可能不佳，税务部门对于税收征管的全面有效管理仍是税收征管实务中的一大难题。对于税收监管与稽查，人工智能的优势体现在可以通过遗传算法的学习运用，形成一个强大的监查系统，通过对比纳税人横向及纵向的相关数据的差异，发现纳税人的纳税行为中可能存在的异常并发出警示报告。税务部门可以基于人工智能机器的警示进一步对可能存在的管理漏洞进行排查，进行流程化的纳税评估，在某些情况下，人工智能甚至可以自行完成这样的漏洞排查工作。

人工智能的应用可以极大提高税务机关的工作效率，从而降低征税成本。其一，在传统的征税模式下，税务人员需要对大量的税款征收情况进行核对，税务工作操作起来较为复杂，即便税务机关投入大量的人力资源和时间，也无法做到真正意义上的精确无误，工作效率依然较低。人工智能应用于税收征管的方式较之于传统的征管模式而言，其优势在于人工智能可以利用风险评估与税源管理机制，减少税务机关在税额确定、税务稽查等方面的资源投入，从而有效提高税务机关日常性工作的工作效率。其二，人工智能也可以通过自主学习思考，实现对税收热点问题的智能化分析与反馈。例如，对于新出台的税收政策，人工智能可以在对政策自主学习把握之后，通过其内部的智能分析系统，对比税收实践经验，来分析同比状态下政策是否切实可行。其三，人工智能还可以在涉税审批事项中得以应用，通过机器的智能审核，有效节约人力资源和时间投入，从而实现征税成本的降低。

第二节 企业税务管理智能化

税务管理是指企业在经营管理过程中对所有涉税活动实施全程管理的行为，包括采集涉税信息、进行税费处理、及时纳税申报、缴纳应纳税款、税费预测分析、合理筹划节税、防范税务风险等。通过税务管理，企业可以实现依法合理纳税和降低税收成本的目标。

在传统的税务管理中，税务登记、税务核算、发票管理、纳税申报和档案管理是关键环节。这些环节决定了企业税务计划、组织、决策、控制和实施等过程的效率和效果，关系着企业纳税合规和降低税负的两大目标能否实现。其中，税务登记影响企业是否依法履行纳税义务以及企业适用的税则和标准；税务核算则是企业税务管理的核心，决定了企业的税负水平；发票管理包括开票和收票两个部分，是企业进行税务核算的依据和纳税申报的凭据；纳税申报是企业履行纳税义务的最终环节；档案管理则是企业对税务管理过程中所有凭证和依据的保管与留档，是税务机关稽查的证据。

视频

云票应付全流程

在智能技术的背景下，企业的税务管理面临着智能技术创新的重要机遇。长期以来，企业的税务管理在纳税活动、纳税申报和纳税筹划这三方面存在困难。首先，在目前的税务管理下，企业面临的纳税风险较高，传统的“以票控税”方式未能结合具体业务和财务情况，增加了企业的纳税风险。其次，企业的纳税申报需要对企业的会计核算结果进行纳税调整，而当前企业的业务交易方式发生了重大变化，如线上交易、实时交易等新方式，海量的交易数据增加了企业的负担。如果企业不进行财税管理上的优化和创新，单凭财税人员自身对业务的理解进行纳税申报，会使企业负担的纳税风险及成本增加。最后，企业的纳税筹划注重依法纳税并降低企业的纳税风险，但忽略了企业自身通过在合规范围内的税收筹划来实现利益最大化的机会。

智能时代下的企业税务管理需要紧紧围绕企业传统税务管理中的核心环节，基于企业数字化转型的智能化税务管理系统，打造“智能＋业财税”的一体化智能税务管理体系，将与交易过程有关的业务信息、财务信息和税务信息以及交易过程中的买方、卖方和税务机关紧密有效地关联在一起，实现企业涉税事务处理和税务分析筹划的智能化。

智能化税务管理系统可以解决传统税务存在的难题。智能技术的引入能够实现实时数据的采集和处理，对企业的税务风险进行监控和分析，提高纳税申报的准确性和及时性，并减少企业的纳税成本。

总之，智能技术的应用为企业税务管理带来了新的机遇和挑战。企业在积极采用智能化税务管理系统的同时也需要加强内部管理，提高信息共享和合作，优化财税人员的工作流程和技能，力求更好地适应智能化税务管理的发展趋势。

智能企业税务管理的模块和功能如图 7－5 所示。

相较于传统税务管理，智能企业税务管理在税务核算、发票管理和纳税申报三个环节中显著提升了企业税务管理的效率与效果，帮助企业实现纳税合规和降低税负的税务管理目标（见图 7－6）。

一、智能税务处理

智能税务处理是智能企业税务管理的核心和基础，可以智能化地完成税务信息的采集、处理、生成和报送流程，为企业进一步的税务分析和税务筹划提供基础与支撑。具体来说，智能税务处理的流程如图 7－7 所示。

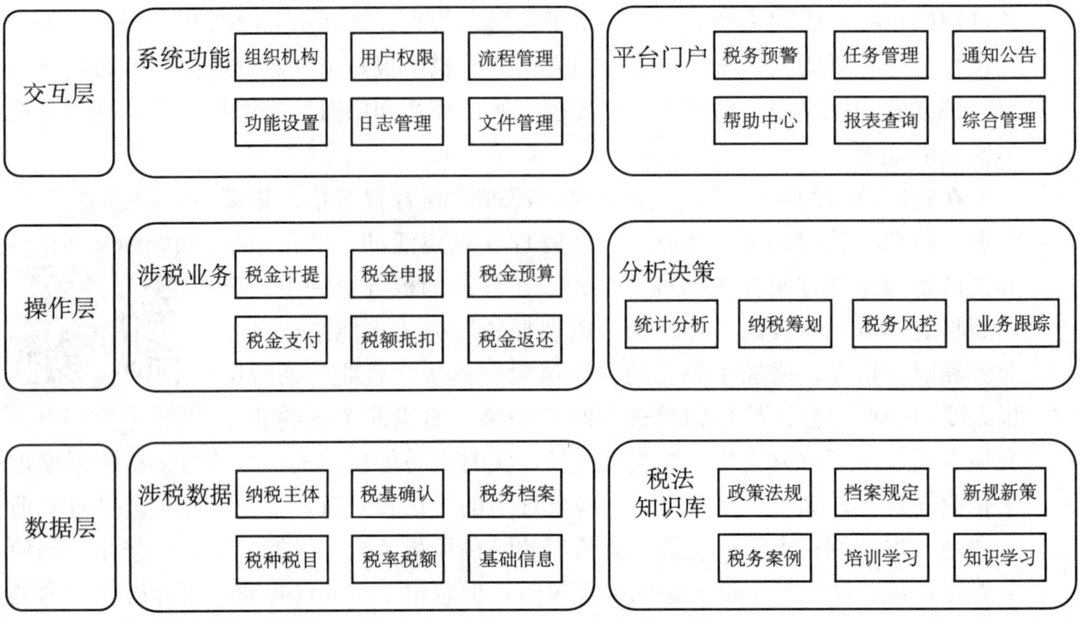

图 7-5　智能企业税务管理的模块和功能

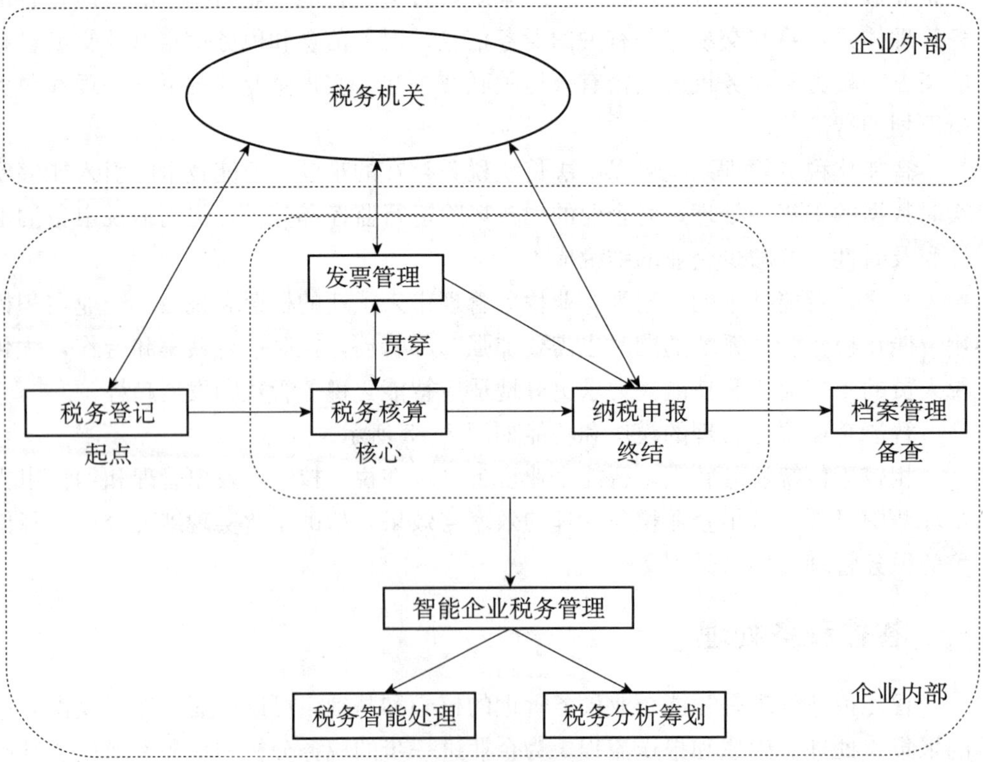

图 7-6　智能税务管理

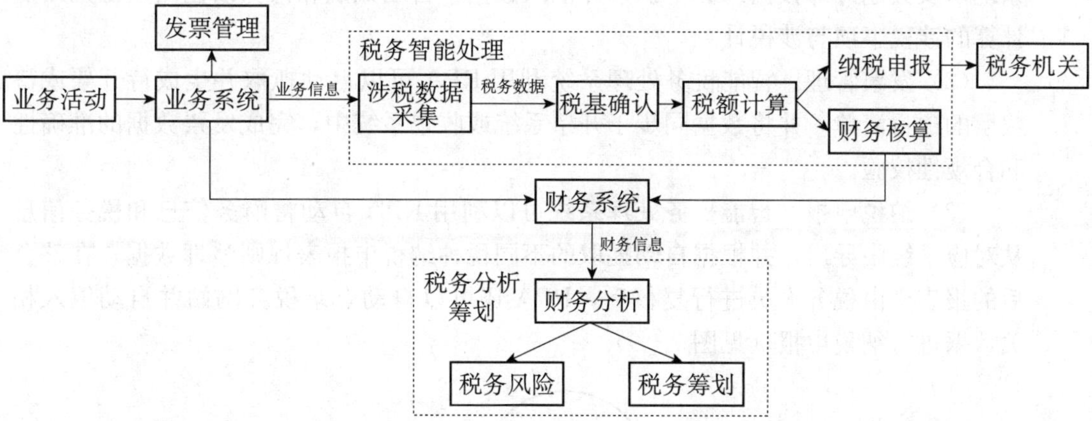

图 7-7 智能税务处理流程

智能技术在企业税务管理中的作用类似于软件，可以自动适应不同内容和性质的输入量并做出判断，无需人工干预。从整个流程来看，智能税务处理系统驱动了业务数据到税务数据的转化，发挥着与会计引擎类似的作用。如“财务会计智能化”章节所述，会计引擎（accounting engines）是用于采集、处理、输出会计相关信息的数据处理器，连接数据库和其他应用系统，能够按照核算规则将业务信息转换成复式会计分录。智能税务处理系统则发挥着类似的作用，本书称之为税务引擎（tax engines）。

税务引擎是企业智能化税务管理的重要组成部分，对于提高企业税务管理效率和质量具有重要意义。税务引擎是用于采集、处理、生成、输出涉税信息的数据处理器，通过连接数据库和会计引擎，自动完成涉税信息的采集、加工、处理、核算和分析等税务管理环节。税务引擎能够帮助企业更快速和更准确地完成税务管理，降低企业的税务成本和风险；税务引擎还能够根据企业的实际情况进行智能化税收筹划，降低企业的纳税负担。税务引擎流程如图 7-8 所示。

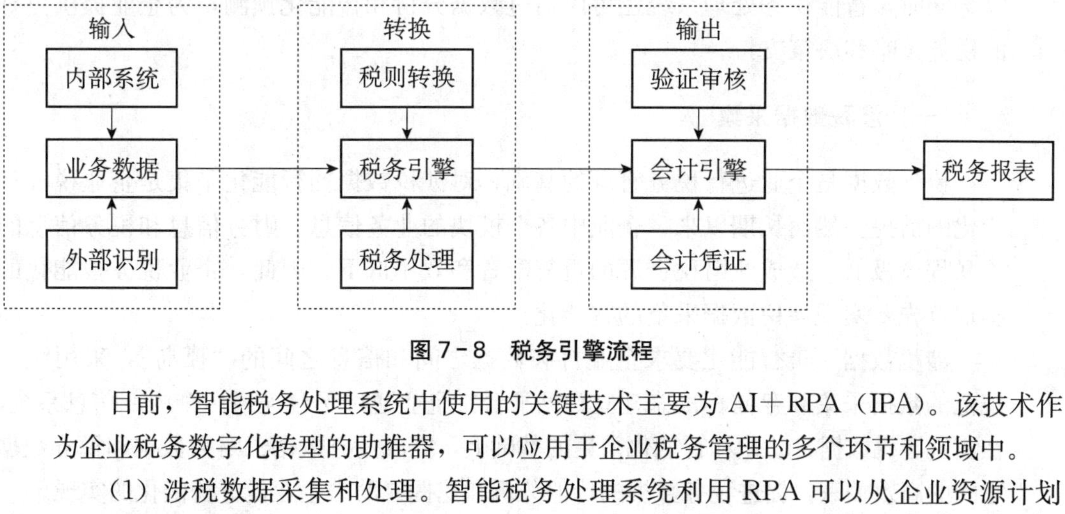

图 7-8 税务引擎流程

目前，智能税务处理系统中使用的关键技术主要为 AI＋RPA（IPA）。该技术作为企业税务数字化转型的助推器，可以应用于企业税务管理的多个环节和领域中。

（1）涉税数据采集和处理。智能税务处理系统利用 RPA 可以从企业资源计划系统以及其他外部数据来源中识别并汇入数据，自动识别和计算以往由人工判断及计算的涉税事项与涉税计算。

（2）发票管理。智能税务处理系统利用 RPA 可以自动抓取并生成待开票或待收票的项目清单，并将数据同步于开票系统或收票系统中，完成发票数据的准确性和合规性校验。

（3）纳税申报。智能税务处理系统可以利用 RPA 自动将财务信息和税务信息从对应系统中导出，并根据自动提取的不同税种纳税申报表规则整理数据。在整合后的报表交由税务人员进行复核后，RPA 还可以自动登录税务网站并自动填入相关数据进行纳税申报（见图 7-9）。

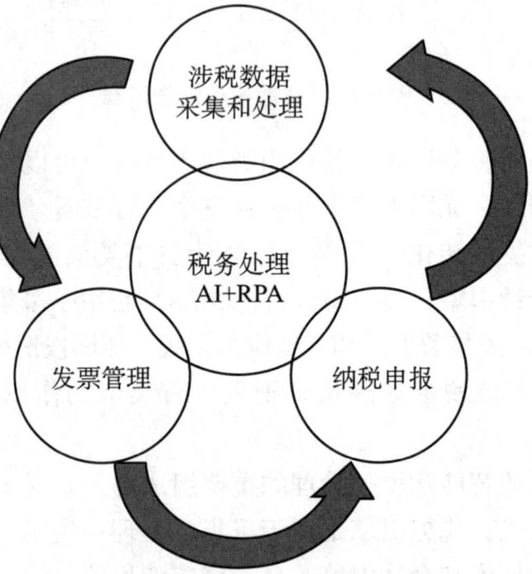

图 7-9 税务 AI＋RPA 主要应用场景

总的来说，智能技术在智能税务处理系统中的应用，使得企业在税务管理方面实现了数字化转型，提高了税务处理效率和准确性，降低了企业的税务成本和风险。同时，智能税务处理系统还可以通过数据分析和智能化预测，为企业提供更好的税务策略和决策支持。

（一）涉税数据采集

税务数据是企业进行税务管理的基础，对涉税数据的智能化采集是企业税务智能化的前提。然而长期以来，企业中各个模块的业务信息、财务信息和税务信息的关联程度极低，造成业财税资源的重复配置和效用低下。因此，企业税务智能化的实现首先要实现涉税数据采集的智能化。

涉税数据采集智能化要求企业打破数据之间和信息之间的“孤岛”，采用统一规范的数据采集和存储标准来建立数据平台。企业通过平台连通多个内部信息系统，在实现涉税数据自动化和智能化采集的基础上，完成业务数据、财务数据和税务数据之间的高效关联，促进税务数据的价值分析和挖掘，助力企业税务智能化的实现。

在实际中，企业的涉税数据包括涉税业务凭证以及财务报表等。涉税数据的前端往往为企业的业务平台或信息系统，如销售管理系统和采购管理系统等。因此涉税数据的智能化采集需要结合需求分析，首先设计涉税数据采集模板，之后开发相关的智能化搜索引擎，包括设计数据检索、识别、提取、存储的智能化数据处理流程，最终实现企业内部所有涉税凭证数据、财务报表数据的统一搜索和采集。涉税数据智能化采集的流程和结果如图 7-10 所示。

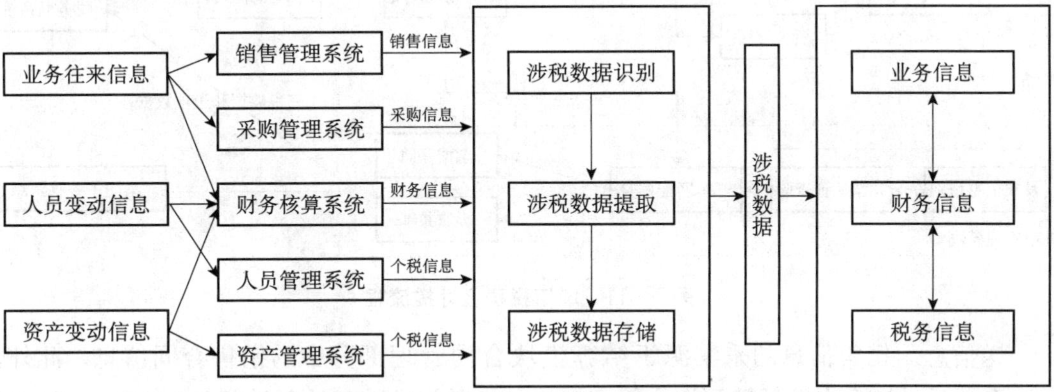

图 7-10 涉税数据智能化采集信息流

因此，通过实现涉税数据采集的智能化，企业可以打破各个信息系统之间的信息孤岛，实现涉税数据的统一采集和处理，提高税务处理效率和准确性，降低企业的税务成本和风险。此外，智能化采集的涉税数据可以为企业提供更好的税务策略和决策支持，促进企业税务数字化转型和智能化管理。

（二）税金计提

智能化企业税务管理需要在采集涉税数据之后，完成各种税种税金的计提和申报缴纳流程，实现税务自动化核算。对于税金计提流程的设计，企业需要结合不同税种的核算要求和核算流程。本书以增值税和企业所得税为例，介绍智能企业税务管理下的税金计提流程。

在增值税管理方面，企业的智能税务管理主要有两种路径：一是设计单独的税务平台，使开票和收票的流程完全实现电子化、自动化和协同化，同时设计结算模块打通业务与财务信息之间的障碍；二是设计发票管理系统，将其与企业销售和采购系统连接，在处理业务的同时完成开票与收票。对于集团企业而言，增值税管理的核心和共同点则在于发票的集中管理。

企业增值税智能管理模式之一是为企业集团建立一个独立的税务平台，并通过税务平台中的结算功能使业务系统和财务系统建立联系。其税金计提流程如图 7-11 所示。

在销项管理模块中，税务平台能够自动完成销售信息采集，从中提取开票所需信息并自动开具发票。对于需要电子发票的客户，平台会自动将开具的发票发送至客户处；对于需要纸质发票的客户，平台会自动完成邮寄填单操作，并记录寄

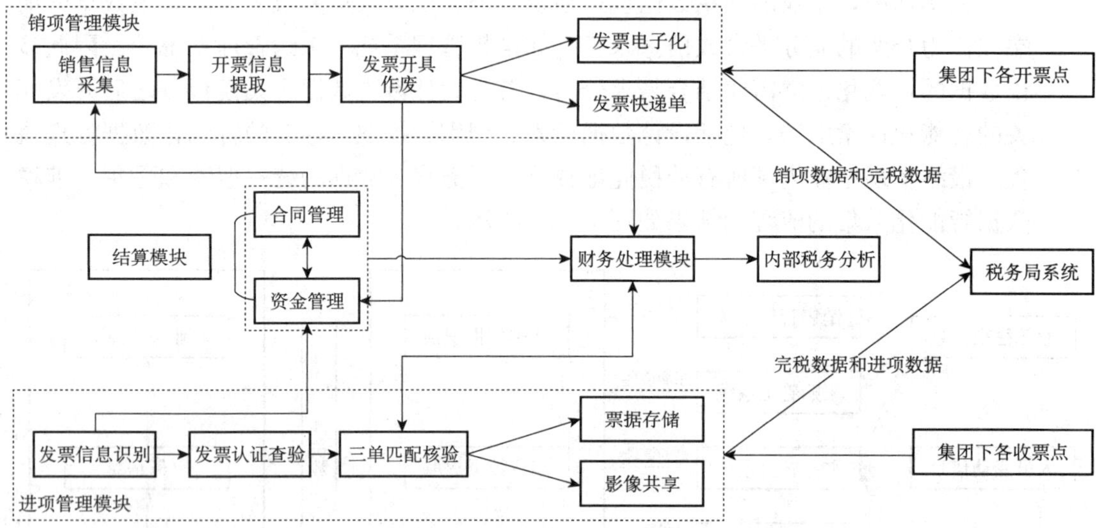

图 7-11　增值税税金计提流程

送信息。销售信息的采集源于结算模块合同管理部分中的销售合同信息。此外，开票活动还会自动反馈到资金管理模块，将增值税税金对应到资金结算并完成比对稽核。

在进项管理模块中，税务平台能够自动识别并录入平台中的发票信息并完成对发票的认证和查验。平台结合结算模块的采购合同信息，完成采购单、验收单和发票的三单比对，避免出现无效票据。对于收到的纸质票据，平台会完成保管操作并记录相关信息；对于收到的电子票据，平台会存储在系统中以便随时调用。同时，发票信息还会自动与资金管理模块中的应付账款或资金变动进行比对稽核。

在进销项和结算的数据流打通后，三者的信息能够自动接入财务处理模块，完成账务处理。在每个会计周期末，通过财务处理模块中记录的增值税信息，可以进行税务分析。整个税务平台与税务局的系统链接，能够传递进销项数据和完税数据。

该模式下，发票开具与接收全部实现在税务平台内部流转。从开票申请、审批，到发票信息的生成、打印以及开发票信息的提取，全部实现自动化协同操作。同时，票据信息识别、认证查验也嵌入流程管理，缩短了进销项发票处理周期，通过增设区域开票点还可以实现发票数据的集中管理。

总之，智能化税务平台的建立使企业能够实现税金计提、申报缴纳等流程的智能化，减少人工操作，提高工作效率和准确性，降低企业纳税风险。企业可以根据不同税种的核算要求和核算流程，选择适合自己的智能化税务管理模式，以提高经营效益和企业竞争力。另一种智能化增值税管理模式是对现有销售和采购系统进行改造，在业务处理的同时完成增值税的处理，不需要单独设计结算管理模块，其结构如图 7-12 所示。

对于与销售收款相关的业务，例如企业与客户的集中结算、一般结算和日常销

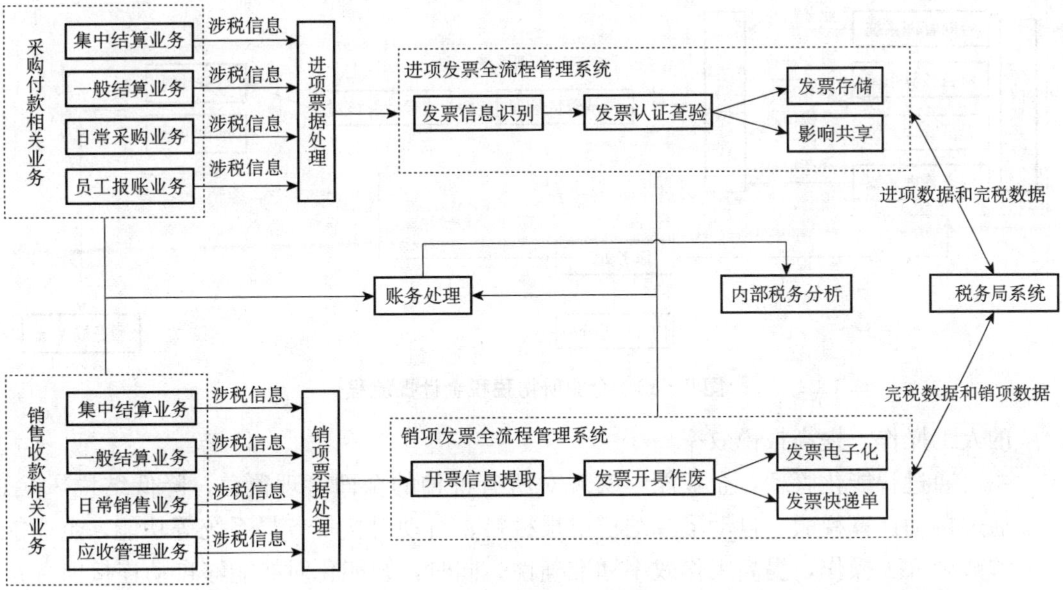

图 7-12　增值税全业务核算税务平台

售，系统通过记录的涉税信息自动完成对销项票据的处理。由于票据信息源于企业内部系统，系统可以直接从中提取开票所需信息，自动开具发票，并完成发票存储和传递。

对于与采购付款相关的业务，例如企业员工的报账业务，系统同样通过记录的涉税信息自动完成对进项票据的处理，包括发票信息的识别和认证查验。由于票据信息源于企业内部系统，进项发票管理信息不再需要进行三单匹配，平台直接完成发票存储操作。

同时，采购付款系统、销售收款系统，以及进销项发票全流程管理系统均与财务模块相连接，记录并分析财务信息和税务数据。

适用该模式的企业业务类别较为单一，需要对多个业务子系统进行升级改造。由于涉税信息直接从企业内部系统获取，销项和进项发票的处理流程更加自动化，能够提高工作效率和准确性，降低企业纳税风险，从而提高企业经营效益和竞争力。

除了增值税管理之外，企业在日常经营中还需要对企业所得税、印花税、房产税等其他税种进行管理。这些税种的特点与企业日常管理系统密切相关。以企业所得税为例，税金计提流程如图 7-13 所示。

通过对企业所得税的智能管理，企业能够通过财务系统和非财务系统自动获取所涉税种的相关信息，包括业务信息、财务信息、人员信息、资产信息等。系统通过提取相关信息对税基进行确认和管理，并自动计算税额。系统计算所得的税额，一方面自动形成纳税申报的材料，另一方面计入财务系统，计提相关营业税金及附加。纳税申报材料自动对接税务局系统。企业一方面可以实现全税种、全业务、全主体、全流程的管理覆盖，最大限度降低纳税风险，另一方面可以减少纳税申报时

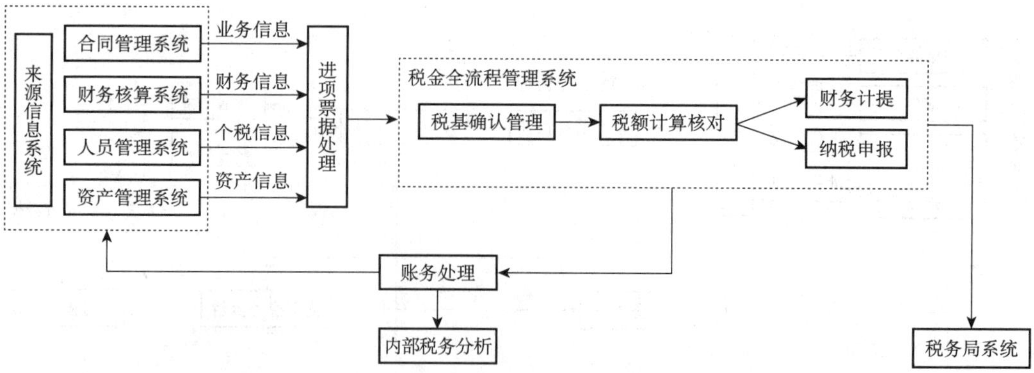

图7-13 企业所得税税金计提流程

的人工操作，提高报税效率。

通过智能化管理，企业能够实现对所有税种的全面管理覆盖，降低纳税风险。通过自动计算税额、自动形成纳税申报材料、自动对接税务局系统等功能，企业能够减少人工操作，提高工作效率和准确性。同时，智能化对接能够自动连接财务系统，实现财务数据与税务数据的对接和分析，为企业制定管理决策提供支持。

（三）发票管理

推出电子发票是我国税收现代化改革的重要举措。将发票资料和凭证电子化，使得企业可以对发票进行集中化处理，提高了企业会计处理和税务处理的效率，加快了发票在各部门间的流转。

企业开票管理的核心是对增值税专用发票的管理。增值税专用发票不同于其他发票，不仅发挥着商业活动凭证的作用，而且可作为一般纳税人扣税凭证。纳税人销售商品或提供服务时，有向买方开具发票的义务，形成企业的销项税额。纳税人购进商品或服务时，同样有向卖方索要发票的权利，形成企业的进项税额。只有取得增值税专用发票并通过认证，同时符合税法规定准予抵扣的进项税额，才能从当期销项税额中抵扣。因此，增值税专用发票的管理效率会直接影响企业的整体税负水平。

基于税控设备和开票软件，企业基本增值税销项开票需求得到了满足。智能发票管理的建设重点是实现业务系统与税控系统的直连开票和开票数据的实时自动归集，解决发票领、用、存监控难题，降低开票工作量，加大集团监管力度，降低虚开和重开发票的风险。

对于增值税进项收票，智能发票管理的建设重点是实现专票自动归集和集中认证，包括自动获取、自动查验，同时具有电子发票重复报销控制和异常发票预警功能。

智能化发票管理不仅能够提高企业管理效率，还能够减少人工操作，提高发票管理的准确性和可靠性。同时，能够自动归集发票数据，实现财务数据与税务数据的自动对接和分析，为企业制定管理决策提供支持。

（四）纳税申报与税金缴纳

对于企业而言，会计语言详细记录了企业在一段时期的经营情况。但是作为纳税人，这种语言无法完全反映在纳税义务的履行中。原因在于税务与会计在收入、可抵扣成本等事项上的确认存在显著差别，即税会差异。以流转税为例，税务不仅关注交易的会计处理，还关注其交易性质、交易目的、交易对象、交易流程甚至交易物的后续处理等信息。在我国的税收体系中，企业税收政策变化频繁而且复杂。在传统的纳税申报和税金缴纳过程中，往往会遗漏税务信息或审核流程，进而产生严重的纳税风险和后果。

因此，智能企业税务管理中纳税申报模块的作用是采集企业原始涉税数据和加工后的涉税信息。按照税务机关纳税申报的基本范式和要求，将涉税信息填至纳税申报表中，通过实现税会差异的自动调整，完成纳税申报。同时，智能化纳税申报将企业的税务管理系统、资金管理系统、财务系统和税务机关的税控系统联结起来，实现了纳税申报全流程的自动化和智能化。

企业纳税申报管理的内容主要有两个方面：一方面是根据税收法律法规的要求，结合企业自身业务，建立纳税调整和应纳税额计算体系，主要通过预设涉税数据采集的口径和纳税申报表、财务报表之间的数据勾稽关系来完成。另一方面是根据企业内部税务管理流程，建立“申报—复核—审批—付款—取证—归档”的全流程管理。

智能化纳税申报与税金缴纳平台如图 7 - 14 所示。

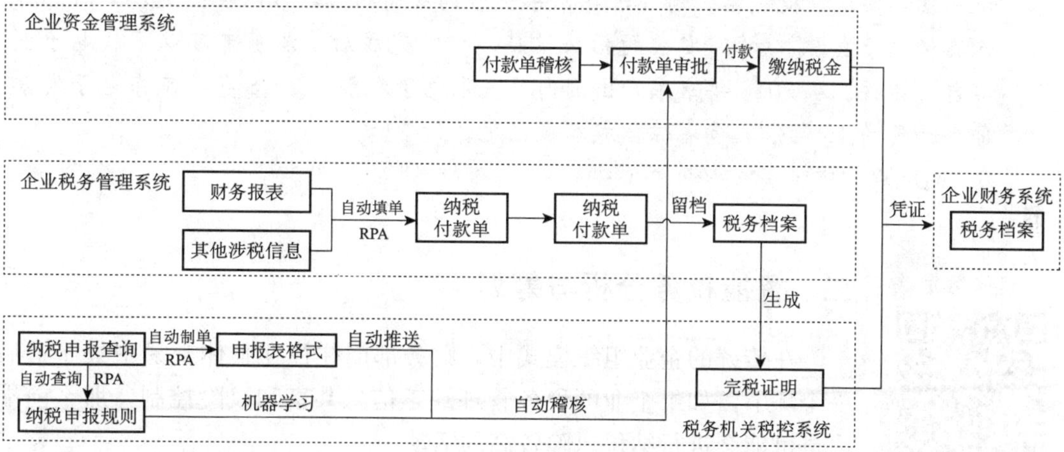

图 7 - 14 智能化纳税申报与税金缴纳平台

在智能化纳税申报中，系统通过 RPA 登录税务机关税控系统，查询并下载纳税申报表的规则和范式，自动反馈至税务管理系统。税务管理系统根据涉税信息和 RPA 完成纳税申报表的自动填制并生成纳税付款单。自动生成的付款单据由资金管理系统根据税务机关税控系统的申报要求和规则进行系统稽核和人工审批。审批通过后缴纳税金。税金缴纳后，税控系统生成的完税证明一方面作为税务档案与纳税申报表、纳税付款单一起留档，另一方面作为企业财务系统账务处理的业务凭证。

智能化纳税申报不仅提高了纳税申报的自动化和智能化水平，还能够有效降低企业的纳税风险，提高纳税申报的准确性和及时性。此外，智能化纳税申报还赋予企业实时查询财务报表数据和税务报表数据的功能，为企业税务分析和税务筹划提供了基础。

中国企业实践

京东税务管理智能化实践

京东结合自身业务设计、打造了企业税务管理的信息化系统，主要有以下两个方面的实践：

一是利用互联网技术打造企业全流程财税管理系统。京东在运营自身电商网站的同时，建设了适应业务的 ERP 系统，着重于企业内部的仓储管理和过程控制，并在 ERP 系统之外建立了与 ERP 系统相联系的供应链管理、客户关系管理系统。同时，通过信息技术实现了自动采集涉税信息、计算应纳税额以及申报缴纳税费，并对企业的涉税信息建立分析体系，监控相关指标的异常变化。

二是推广电子发票使企业税务管理便捷与高效。京东作为 B2C 电子商务平台，每天需要销售大量的商品，京东积极推动电子发票的使用，实现电子发票的开具、接收、报销入账闭环全流程。例如，京东平台开具的电子发票包含发票附码、发票防伪码、二维码和电子发票专用章等信息，通过扫描二维码，可以快速识别发票实现便捷查验。消费者在京东平台购买商品后，可以在提交订单时选择开具“电子发票”，填写发票的抬头信息。订单完成后，消费者可以下载电子发票自行留存。从 2013 年京东开出国内第一张电子发票至 2018 年，京东电子发票每年开具约 15 亿张，节省综合成本数亿元。

资料来源：https：//www.zhuanlan.zhihu.com/p/32660499.

延伸阅读

毕马威中国税务合规的数字化解决方案

二、智能税务分析与筹划

在传统的企业组织模式中，财务部门往往在整体交易中处于最后一个环节，如果企业的税务管理缺乏信息共享和风险控制，那么前端人员可能会进行纳税风险较高的活动。

大数据和互联网时代下交易的实时化程度更高。企业可以以纳税指标分析为基础，通过税务分析为企业规避风险，通过税务筹划为企业创造价值。

（一）智能税务分析

智能税务分析的目的是帮助企业实现精准纳税，合法节税，极大地降低了涉税风险。企业的涉税风险可分为两个方面。首先，企业可能因违反税收法律法规未纳税或少纳税，从而面临补税和罚款的风险。其次，企业在享受税收优惠政策或相关规定不明确的情况下，可能面临多缴纳税款的风险。然而，由于经营范围扩大、涉税种类繁多以及跨国经营环境复杂，大型企业可能会面临更多的政策变化、法规滞后和市场风险等问题。针对这些问题，本书将智能税务分析聚焦到三个部分：经济业务合规鉴别、税收优惠政策识别和税收优惠政策应用。

1. 经济业务合规鉴别

经济业务合规鉴别是指通过智能税务分析系统，对企业业务活动进行审查，确保企业在遵循税收法律法规的基础上，合理规避不必要的税收负担。合规鉴别包括对企业业务真实性、经济合规性的评估，以及对财务数据、发票及合同等材料的审核。通过经济业务合规鉴别，企业可以有效降低税务风险，保障税收合规。

2. 税收优惠政策识别

税收优惠政策识别是指通过智能税务分析系统，自动识别适用于企业的税收优惠政策和条款。系统会根据企业的业务类型、所在地区、行业政策等因素，筛选出符合条件的税收优惠政策。这一过程可以帮助企业发现潜在的税收优惠机会，降低税收负担。

3. 税收优惠政策应用

税收优惠政策应用是指将识别出的税收优惠政策运用到企业的实际业务中，以实现税收优化。这一过程包括制订相应的税收筹划方案、调整业务流程及财务核算方法等，确保企业充分利用税收优惠政策。税收优惠政策应用需要企业与税务顾问或专业团队紧密合作，确保政策运用的合规性和有效性。

（二）智能税务筹划

智能税务筹划建立在智能税务分析的基础上，指应用智能技术手段如人工智能、大数据分析、机器学习等，辅助企业进行税务筹划，以实现税务合规、优化税负和提高企业竞争力。智能税务筹划的主要优势在于准确、高效地识别和应用税收优惠政策，以及对繁复的税务事项进行自动化处理。具体而言，智能税务筹划主要包括以下三方面：

1. 税务筹划方案制订与优化

智能税务筹划系统可以根据企业的实际情况，为企业制订个性化的税务筹划方案，同时通过大数据分析和机器学习等技术，不断优化方案，提高税务筹划效果。

2. 税务筹划执行与监控

实施税务筹划方案后，系统会自动监控企业的税务状况，确保税务筹划方案得以有效执行。同时，系统会对企业的税务风险进行实时监控，帮助企业及时发现问题，降低税务风险。

延伸阅读

税金全周期测算法

3. 数据分析与报告

智能税务筹划系统可以对企业的税务数据进行深入分析，生成可视化报告，帮助企业了解税务状况和税务筹划成果，为企业决策提供有力支持。

中国企业实践

京东：应用大数据的税务管理

京东应用大数据进行税务分析，一方面提升了税务管理效率，另一方面有效防范了税务风险。大数据下的税务管理，不仅涉及采集涉税信息、计算应纳税额、申报缴纳税费，还包括监控涉税指标的异常变化等，较为有力地防范财税风险。航天信息股份有限公司与京东集团签订《合资意向书》，双方出资成立合资公司，共同打造一个集税务大数据开发与应用、税务信息化业务及“互联网＋税务”为一体的创新业务平台。航天信息股份有限公司具备先进的电子发票及发票管理全业务解决方案的技术优势与研发能力，京东提供自身电子发票及大数据方面成熟的业务开展和运营经验，双方共同大力推动电子发票、电子工商在社会各领域的快速普及，积极开拓税务大数据建设和税务信息化创新业务。

资料来源：http：//www. ccnews. people. com. cn/n/2015/0805/c141677－27416309. html.

第三节　税政管理智能化

一、智能税收征管

税收征管体系由税务机关、纳税人以及通过信息链接串联的税收关系构成。伴随着大数据、区块链、人工智能等技术的快速发展和广泛应用，税务机构在税收征管模式、信息管理、征纳成本以及风险管理等环节都有显著的革新。

（一）征管模式

在智能技术的推动下，政府架构逐渐实现扁平化、透明化，转型并优化服务，提升政府创新效能，加强政府数据安全，构建智能可信政府。税务机关破除内部壁垒，改革传统的金字塔式组织设计，按照集约化、扁平化的要求，压缩管理层级，调整管理层次，拓宽管理领域，整合和减少横向部门，明确纵向部门职责，实现内部不同部门、不同信息系统、不同层级、不同地区数据的流动和共享，形成以区域化、扁平化为特征，实体化、团队化运作的全新税收工作格局。

具体来说，智能技术赋能下，传统以地域划分为基础的税收管理模式被打破，形成以税收大数据为基础，以解决征纳信息不对称为目标，以信息流程为主线，以数据比对为核心，计算机处理与人工处理相结合的新型工作模式，实现由“管事制”向“管数制”发展的税收征管模式转型。

（二）信息管理

税收管理的智能化依赖精确的涉税数据。对纳税人涉税信息，尤其是涉税交易全过程真实信息的精准掌握在税收管理中占据核心地位。随着政府和企业各个部门之间的信息互通与融合，税收数据口径逐步统一，税收信息管理在智能技术的支持下将逐步实现高效化与智能化，为政府机构提供决策支持。

（三）征纳成本

各级税务机关充分运用大数据、云计算、人工智能、区块链等技术，简化税收征管流程，优化纳税服务，推出“互联网＋办税服务”“互联网＋发票服务”“互联网＋信息服务”“互联网＋智能应用”等多种办税措施，使纳税人能在线上实现涉税业务的一站式办理，降低征纳成本，提高纳税人的税收遵从意愿。

（四）风险管理

随着互联网经济的蓬勃发展，税收征管机构将面临一系列新的挑战，包括如何准确识别税收对象和明确税目界定。此外，比起传统经济模式，税务机关在跨境平台的身份识别方面会遭遇更多困难。

然而，区块链技术的引入和应用，凭借其在税收风险管理上的适用性优势，能够助力政府加强税收风险管理。

1. 智能合约：通过实现税收风险等级排序增强管理效能

区块链技术的智能合约是基于“情景-应对”型的程序化规则和逻辑，它是一种在区块链网络中可被信任的代码。智能合约可以预设规则并自主执行，通过这种机制，我们能够有效地实现客观且准确的风险等级排序，从而提高风险应对的针对性和效率。具体来说，可以通过智能合约来设定总体规则，然后通过智能合约进行风险部署，从而完成税收风险等级排序。

2. 可追溯性：塑造闭环的网络化风险管理

区块链技术的可追溯性保证了所记录信息的真实性，我们可以利用区块链构建“闭环”风险管理系统，将风险管理的每个环节在时间轴上全程记录，以便实现包括风险管理结果在内的全面追踪和有效应用，从而提高风险管理的效果。

3. 不可篡改性：提高税收遵从的透明度

基于区块链的信息录入具有不可篡改的特性，利用区块链的公示功能，我们可以公开展示那些主动遵守税收规定并且无风险的纳税人，同时实时记录并公开那些不遵从税收规定的纳税人所产生的风险信息。这种方式实现了税收遵从情况的透明公示，不仅可以提高守规纳税人的声誉，也能让违规纳税人承受信用损失，从而提高整体的制度公平性，并有效地促进纳税人主动遵从。

二、智能纳税服务与稽查

（一）智能纳税服务

随着税务信息化的持续发展，纳税人的纳税方式正在从传统的线下方式向便捷的线上渠道转变，整个纳税服务体系也逐步迈向智能化。新技术在纳税服务智能化过程中发挥着关键作用，其影响主要体现在三个方面：首先，通过应用大数据，开展各种税收分析，为机构的内部管理决策提供数据支持和参考。其次，智能税务通过对相关数据的深度分析，为纳税人提供翔实的信息服务，帮助纳税人更好地理解相关信息，从而提高纳税决策水平。最后，大数据的应用分析还可以为政府在税务决策方面提供有效的服务。

基于人工智能的办税服务是税务系统创新的重点领域，是拓展办税空间和简化办税流程的重要推进。其目标是充分利用税务部门的资源，构建一个全天候、全方位、全覆盖的智慧型办税服务厅，以便为纳税人提供不间断的申报缴税、纳税咨询等综合服务。这个智慧型的办税服务厅以云计算、大数据和人工智能技术为支撑，是一个致力于方便纳税人的综合服务平台。

在实践中，金税工程三期系统就采用了面向服务的架构（service-oriented architecture，SOA）来构建系统。这种方式强调从业务的战略全局出发，思考如何解决具体问题，颠覆了从具体应用程序出发思考如何解决业务问题的传统思维方式。SOA 理论强调端到端的流程设计，这是信息服务需求驱动的必然结果，需要成熟的软硬件平台作为技术支撑。SOA 系统架构如图 7－15 所示。

金税工程三期 SOA 系统是一项复杂的、技术集成的大型项目，其关键组成部分包括程序块存取、多元化的网络服务平台、特定软件公司的合作、定制开发以及系统平台的选择和应用。在程序块存取的层面应实现各项功能的解耦和独立运行。进一步地，通过建立包含人力资源服务、财务服务、计划服务、报告服务等在内的多元化的网络服务平台来满足不同纳税用户的需求。

为了实现目标，政府机构与包括 SAS 在内的软件公司紧密合作，利用专业软件公司的知识和经验进行定制开发。在技术选型上，采用了 Java 语言和 J2EE 架构以及 C++语言和 Unix 系统来构建基础架构。在信息系统控制方面，使用 DBMS 数据库进行数据管理，确保信息的安全和准确。此外，还引入了轻量目录访问技术，使得系统中的信息可以快速、准确地被访问和检索。为了保证信息的安全性，还采用了公钥基础设施等技术进行数据的加密和保护。

现在，金税工程三期系统要处理的业务内容越来越复杂多变，采用 SOA 架构的项目信息管理系统，将业务需求的功能抽象为业务服务（business services），再通过业务服务注册表、企业服务总线、服务编制及服务编排等模式将这些业务服务组织起来，以满足不同部门和企业复杂多变的业务需求，这种方式与智能化纳税服务发展理念高度契合。

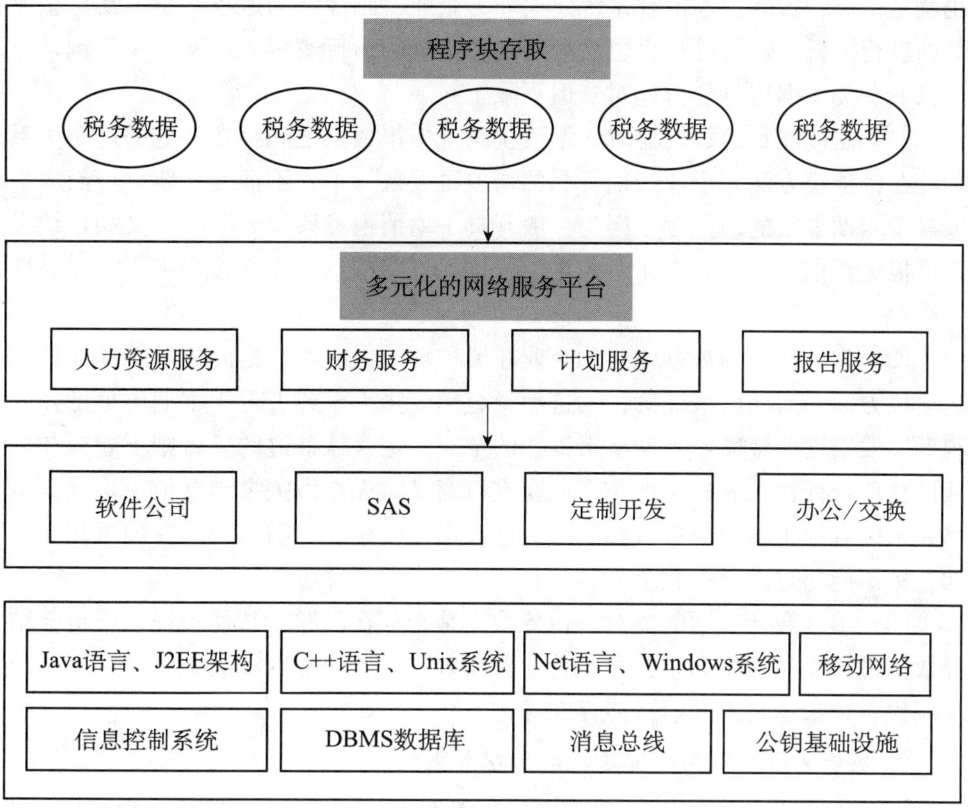

图 7-15 SOA 系统架构

(二) 智能税务稽查

基于大数据、云计算、人工智能在税务领域的深度应用，税务稽查已从传统的“以票控税”发展到数字化智能稽查的新阶段。以金税三期、金税四期为代表的智能稽查系统，以全新的逻辑将税务稽查智能化，这也对企业的财税管理提出了更高要求，企业唯有知悉、理解并熟练掌握智能税务稽查的运行逻辑，才能合理规范纳税行为，管控自身税务风险。

1. 智能税务稽查的运行逻辑

智能税务稽查系统如同一个智能大网，让违法、违规行为难以遁形。这要求企业诚实经商、守法经营，规规矩矩做账、认认真真纳税。企业生产经营中的各种信息（比如税务登记环节企业基本信息、纳税申报环节企业经营和财务信息、与其他企业的交易信息、对外合作及结售汇等过程中的资金信息等）只要在智能税务稽查系统中留有“痕迹”，就会被整合到这个系统当中，而且系统本身可以“去粗取精”，在过滤出无效信息后，将有效信息提取出来，建立规范有效的税收分析模型。税收分析模型是基于数据间的内在逻辑关系及与会计、税务相关规定的“算法”，根据企业的经营情况．不断给企业“画像”的过程，而且该模型是动态的，会随着获取信息的增多进行调整，某类业务的信息越多，其风险特征点也就越多，其画像也就越精确。智能税务稽查系统建模和为企业“画像”的过程，是不断对企业各类数据进行分析比对的过程，也是智能税务稽查的运行逻辑。以增值税为例，可以使用以下三类数据进行分析比对（但不限于）：

（1）法律规定的数据比对。增值税纳税申报数据之间存在一定的逻辑关系。比如，在销项税方面，企业当期开具的增值税发票（不含不征税发票）金额应当小于或等于当期申报的销售额，因为一般开具了增值税发票就要缴税。又如，纳税人当期申报免税销售额，应当比对其增值税优惠备案信息，除非按规定不需要办理备案手续。

（2）先后环节的数据比对。企业在缴税环节上存在严格的先后顺序。比如，在进项税方面，当期已认证确认的进项税金额应当大于或者等于本期申报抵扣的增值税专用发票进项金额，当期申报抵扣的金额一定是认证过的，否则不能抵扣，因为认证在前，抵扣在后。又如，企业在进口商品时先在海关缴纳增值税，且其金额应当大于或者等于本期申报抵扣的海关进口增值税税额，因为缴税在前抵扣在后，抵扣金额不能超过已缴税款金额。

（3）结合会计数据的比对。税务数据是否存在问题，智能稽查系统也会结合会计数据进行比对。比如，公司主营业务收入和主营业务利润大幅上升，而公司所交相应税款却未随之上升，可能存在异常。

2. 基于区块链的新型智慧税务稽查系统构建

在已有研究的基础上，利用区块链数据加密、点对点传输、数据实时监控、数据安全存储等技术优势，将税务稽查业务进行有机整合，从而构建新型智慧税务稽查系统。可见，基于区块链技术构建的新型智慧税务稽查系统主要包含三个层次（见图 7-16）。

（1）系统界面中心。系统界面中心以访问层与交互层为主要技术板块，是税务稽查业务安全数据共享、流程交互的媒介，也是税务稽查人员进行专属数字身份注册与管理的核心平台。其中，专属数字身份具有信息访问、使用权限等功能，能有效防止假冒用户获取信息访问权，确保系统与信息的安全。第一步，税务稽查人员需通过访问层点击数字身份注册，填写并上传资料信息。第二步，进行数字签名，实现数字身份实名制。此方式将可能存在的安全隐患排除在区块链网络外，使隐私数据得到充分保护。第三步，各节点信息会自动加入对应区块，使各个区块间进行交叉验证。若信息验证成功则自动进行全网发布，若失败则返回访问界面重新填写。第四步，完成注册后，系统会自动发送相应用户特权标识码（密钥）。

在完成数字身份验证后，税务稽查人员能够在交互层使用密钥进入数据存储中心，查看税务稽查监控中心集成的税务稽查线索。区块链链式结构能将稽查选案组、稽查实施组、稽查审理组、稽查执行处决组部门系统进行连接。各个部门可调用智能合约，将稽查文件发送至链上并锁定。税务稽查各部门对锁定文件进行签名处理，再调用智能合约发送给接收链。这样能够使选案、实施、审理、执行各组按

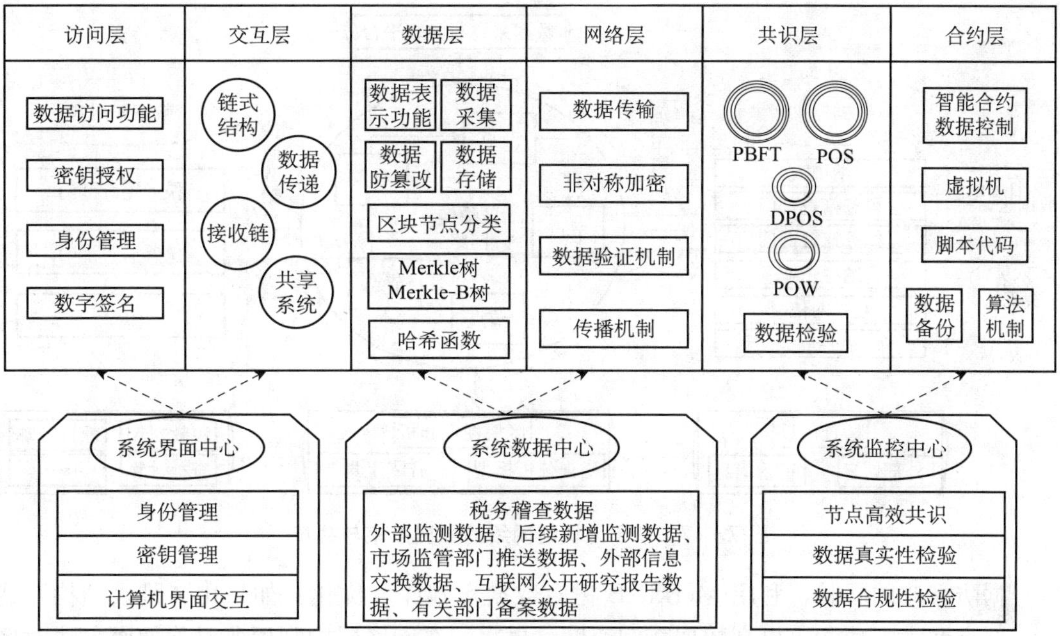

图 7-16　基于区块链技术的新型智慧税务稽查系统

照流程将数据进行传输，有效实现安全数据共享、流程交互，从而在极大程度上提高税务稽查工作质效。

（2）系统数据中心。系统数据中心以数据层和网络层作为技术基底，是新型智慧税务稽查数据中心。其中网络层是贯穿整个系统的技术层级，为税务稽查工作的数据传输提供可靠、安全的通道；数据层用于保障数据采集、数据存储、数据防篡改、数据安全。利用数据层的数据采集功能，再结合税务稽查的总要求，可构建去中心化的数据采集与共享平台（见图 7-17）。数据采集包括两个方面：一是纳税人、纳税企业等通过区块链网络发布采集的数据；二是税务稽查部门在数据采集过程中新增监测、推送、交换、备案等功能。区块链根据提前写入的数据描述、共享协议，将分类信息集中上传至分布式账本与共享平台。在区块链的技术保障下，此平台上采集的数据均具有较高的可信性、真实性、完整性、安全性等，可防止非法用户篡改数据。税务稽查人员可以通过公钥、密钥机制进入区块链网络访问已发布的数据资源。进入资源库后，数据使用者就可依据关键字匹配框搜索需要的数据信息，大幅减少信息查找时间，从而在极大程度上提升工作效率。

随后，采用 Merkle 树将采集的税务稽查数据进行存储，并进行数字签名，以确保所存数据不被篡改或删除。Merkle 树也被称为“哈希二叉树”，主要是运用自身叶子节点将数据延展至根节点。叶子节点主要用于数据存储，并采用哈希值确保数据不被篡改。其中，叶子节点中所存的数据若发生变动，会被逐层传递，并与根节点结果进行比对、验证。首先，内部税务稽查人员可通过专属密钥进入 Merkle 树中，查看、追溯所有历史操作，并依据权限修改数据。其次，在确保税务稽查数

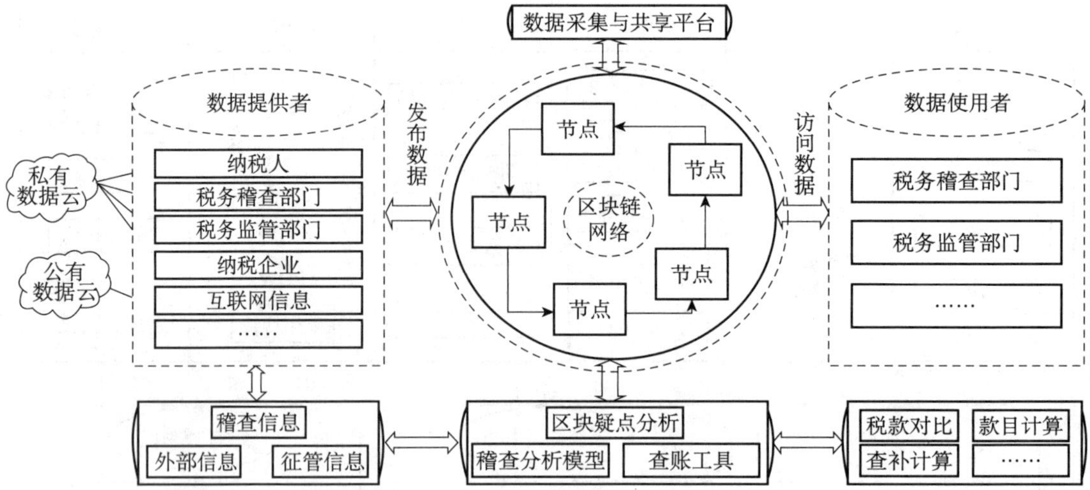

图 7-17 基于区块链网络的数据采集与共享

据防篡改的同时，利用 Merkle-B 树对数据实施深度优化，如采用“跳表结构”建立查询索引功能，提高数据查询速度。再次，在网络层中利用非对称加密方法对区块中的税务稽查数据加密，防止非法用户篡改数据，保证数据的安全性、隐秘性。最后，网络层会将整合与验证完毕的税务稽查数据自动发送到系统监控中心以进行下一步验证。

（3）系统监控中心。系统监控中心主要是通过共识层与合约层对区块数据实施二重验证，即验证数据的合规性、真实性。同时，共识层联合“法链＋结果验证”功能实现税务稽查人员间的数据共享、同步、复制，并对数据进行验证。首先，在数据上链过程中，共识机制会启动超级节点对账簿、案件、票据等数据进行查看和检验，将通过验证的数据自动打包成块，随即运送至各普通节点。其次，共识机制会发动普通节点对数据实施交叉验证，查验税务稽查数据是否具备真实性、有效性。若数据通过节点验证，则被传输到合约层进行合规性检验，反之则被自动送至纠错库。

区块链将具备真实性的数据自动输送到合约层进行合规性检验。首先，智能合约根据预先设定的执行条件、协议规则，将税务稽查业务转换成执行代码，并按照预设的规则对执行代码进行合规性检验，确保税务稽查数据的合规性。其次，税务稽查系统将符合预设规则的数据添加到新数据区块，并在全网节点进行检查与备份，若检查出不符合预设规则的数据，系统会自动剔除。最后，智能合约将被剔除的异常数据进行汇集，并存储到纠错库，制作风险模型与样本，助力税务稽查业务部门快速揭示可能发生的风险。

知识拓展

金税工程

金税工程是国家信息化重点工程之一，是将一般纳税人认定、发票领购、纳税申报、税款缴纳全过程实现网络化，加强增值税征收管理的信息化系统工程。增值税防伪税控系统是运用数字密码和电子存储技术，强化增值税专用发票防伪功能，实现对增值税一般纳税人税源监控的计算机管理系统。纳税人应当按照规定安装、使用税控装置，不得损毁或者擅自改动税控装置。

一、金税工程的框架

金税工程由一个网络、四个子系统构成。

一个网络，就是以国家税务总局到省、地市、县四级统一的计算机主干网。四个子系统，就是覆盖全国增值税一般纳税人的增值税防伪税控开票子系统、覆盖全国税务系统的防伪税控认证子系统、增值税交叉稽核子系统和发票协查信息管理子系统。

四个子系统紧密相连，相互制约，构成了完整的增值税管理监控系统的基本框架。

(1) 增值税防伪税控开票子系统。该系统是运用数字密码和电子信息存储技术，通过强化增值税专用发票的防伪功能，监控企业的销售收入，解决销项发票信息真实性问题的计算机管理系统。这一系统推行到所有增值税一般纳税人，也就是，所有的增值税的纳税人必须通过这一系统开增值税发票，税务机关配套使用的是增值税防伪税控系统金税卡和税控 IC 卡发行、发票发售和认证报税子系统。

(2) 防伪税控认证子系统。该系统是对增值税一般纳税人申报抵扣的增值税发票抵扣联进行解密还原认证，经过认证无误的，才能作为增值税一般纳税人合法的抵扣凭证，凡是不能通过认证子系统认证的发票抵扣联一律不能抵扣。

(3) 增值税交叉稽核子系统。该系统主要进行发票信息的交叉稽核和申报信息的稽核。为了保证发票信息的正确性，发票销项信息由防伪税控开票子系统自动生成，并由企业向税务机关进行电子申报。发票进项数据通过税务机关认证子系统自动生成，进项销项发票信息采集完毕后，通过计算机网络将抵扣联和存根联进行清分比对。稽核的方法采取三级交叉稽核，即本地市发票就地交叉稽核、跨地市发票上传省级税务机关交叉稽核、跨省发票上传国税总局进行交叉稽核。今后将在税收规模较大、增值税专用发票流量较多的区县增设稽核系统，实现四级交叉稽核的管理模式。

(4) 发票协查信息管理子系统。该系统是对有疑问的和已证实虚开的增值税发票案件协查信息，认证子系统和交叉稽核子系统发现有问题的发票以及协查结果信息，通过税务系统计算机网络逐级传递，国税总局通过这一系统对协查工作实现组织、监控和管理。

二、金税三期

1994 年，税务总局推行金税一期，包括增值税交叉稽核和增值税防伪税控两个子系统，在全国 50 个试点上线，通过手工采集纳税人的发票信息，再由计算机对比发现问题。但由于手工采集数据错误率太高，金税一期停用。

吸取金税一期教训，金税二期实现了发票数据的自动采集，与此同时增加税种，把海关增值税完税凭证纳入管理，并将上述功能推广至全国。

在经历了金税一期、金税二期后，2013 年，金税三期在广东、山东、河南、山西、内蒙古、重庆 6 个省（市）级国地税局试点，最后在 2016 年完成全部推广工作后开始实施。

金税三期指的是建立“一个平台、两级处理、三个覆盖、四个系统”全方位大数据税务识别系统。一个平台指囊括网络硬件和基础软件的统一的技术基础平台；两级处理指运用统一的技术基础平台，慢慢进行数据信息在总局和省局的集中处理；三个覆盖指应用内容逐渐涵盖所有税种，覆盖所有工作环节，覆盖国地税并和有关部门联网；四个系统指经过业务重组、进一步改良和规范，逐渐形成一个以征管业务系统为主，包括行政管理、外部信息及决策支持在内的四个应用系统软件。

三、金税四期

金税四期是金税三期的升级版，金税四期企业信息联网核查系统搭建了各部委、银行等参与机构之间信息共享和核查的通道，实现企业相关人员手机号码、企业纳税状态、企业登记注册信息核查三大功能。金税四期即第四期国家金税工程计划，是对第三期的改进与完善。金税四期最大的特点就是建立了较为完善的企业信息联网核查系统，该系统搭建网络通道，致力于促进人民银行、各部委以及相关机构之间与涉税业务相关信息的共享和查询，从而确保三大功能，即企业登记注册、企业纳税状态以及企业登记注册信息查询功能的实现。

与金税三期相比，金税四期将实现税务系统的所有业务、整个流程以及各项数据的全国互通联网，达成所有涉税业务全国通办的成效。为此，金税四期决策指挥项目系统特打造“视频指挥台”“重大事项”主体功能以及“会议室预定”“重大日程”“人音视频沟通”“扩展接口”配套功能，从而促进涉税业务办理效率的提高和营商环境的优化。

资料来源：https：//www.baike.baidu.com/item/%E9%87%91%E7%A8%8E%E5%B7%A5%E7%A8%8B/1834161? fr=ge_ala.

关键术语

税务信息化	税务引擎	企业税务管理智能化
金税工程	税政管理智能化	智能税务分析与筹划

思考题

1. 智能技术对税务的赋能主要体现在哪几个方面？

2. 智能企业税务管理的模块和功能分别包括哪些内容?

3. 智能技术对企业税务管理的影响和创新主要表现在哪些方面?

4. 智能企业税务管理与传统税务管理相比有哪些创新和优势?

5. 智能技术对政府税收征管的影响主要体现在哪些方面?

6. 随着智能技术的发展不断深化，未来政府机构的征税模式会如何进一步变革?

第八章 风险管理智能化

知识点脉络图

风险管理智能化转型背景
- 传统风险管理面临的限制
- 风险管理智能化转型趋势

↓

风险管理智能化发展
- Archer综合风险管理平台
- SAP企业风险管理系统
- 企业战略风险管理框架

↓

智能风险管理的应用
- 合同风险智能识别
- 供应链风险管理
- 存货风险智能预警

学习目标

1. 了解传统风险管理面临的限制；

2. 理解智能技术对企业风险管理的影响，掌握企业风险管理的智能化转型趋势；

3. 掌握智能风险管理模式相比于传统风险管理模式的变化；

4. 熟悉代表性的风险管理框架，了解智能风险管理在企业具体业务中的应用实例。

素养提升

1. 深化对风险管理智能化转型趋势的理解，强化战略思维和全局观念；

2. 学习企业风险管理的智能化手段和方法，熟悉技术与专业交叉创新；

3. 引导学生形成正确的风险意识和风险观念，认识到风险管理对于保障社会安全、维护公共利益的重要性，进而强化社会责任感和使命感。

引例

正泰电器：贯穿业务全流程的风险管理体系

正泰集团股份有限公司始创于1984年，其旗下正泰电器为中国首家以低压电器为主营业务的A股上市公司，位列亚洲上市公司50强。正泰电器拥有超过20个国际物流中心与国际子公司，服务于全球140多个国家和地区，如此高度国际化的经营架构，给正泰电器的风险管理和内部控制带来了很大的困难。

近年来，随着智能技术的不断发展，正泰电器的风险管理和内部控制建设也迎来了新阶段，正泰电器构建了"以平台为载体，将内部控制贯穿业务全过程"的风险管理体系。正泰电器在财务、内审、供应链、人力、运维等领域广泛应用智能技术，基本实现了各类型工作场景控制的自动化，大大提高了内部控制执行的正确率，降低了人为干预和舞弊的概率。

以交易管理为例，正泰电器开发了交易自动预警平台，实时过滤不符合设定规则的交易事项，提示业务交易风险，根据设定的指标及动态交易数据显示监测情况，揭示业务运营整体状况信息。以生产管理为例，正泰电器通过智能制造系统，能够实现对全球工厂产品的监管，相关人员可以通过系统，查询不同批次的产品处于哪一个生产环节，大大提升了企业的管理效率，实现了风险管理工作的精细化与自动化。

资料来源：2021年上市公司高质量发展论坛暨浙江上市公司内部控制指数发布会.

在上述引例中，正泰电器构筑了基于智能技术环境、贯穿企业全流程的风险管理体系。技术进步在未来将极大地丰富和改变传统风险管理的手段与方式，推动企业风险管理的智能化转型，是企业进一步提升管理水平、增强核心竞争力的必要条件。本章将探讨企业风险管理的智能化转型，介绍在智能技术背景下，企业风险管理的发展方向。

第一节 风险管理智能化转型背景

一、传统风险管理面临的限制

风险管理是企业高质量发展的基础。当前处于VUCA时代，企业面临的内外部风险日益凸显，对风险管理提出了更高的要求（例如需要更为敏捷高效），给传统风险管理带来诸多挑战。

（一）风险识别滞后

在传统风险管理中，风险识别和管理过程存在一定的滞后性。风险管理相关部门之间的信息流缺乏双向互动，在实时传递和高度整合方面有待提升，各个部门不能实时了解企业风险管理情况。企业中许多控制活动都以业务流程为导向，在业务推进到每一个流程节点时再由专业人员执行控制，可能导致企业失去对风险做出反应的最佳时机。除此之外，传统风险管理在监督方面的周期较长，一般半年或一年定期开展一次，具有一定的滞后性，难以及时发现风险管理体系中存在的问题。

新技术与企业管理融合使得风险管理对象呈现出多样性和复杂性特征。面对复杂多样的风险管理对象，企业单纯依靠传统方式（定期填制底稿表格、开展访谈）或建立信息系统来发现风险并识别错漏已显得力不从心，传统风险管理工作严重滞后，缺乏动态的风险管理机制。随着业务的扩展和外部经济、社会和科技环境的变化，企业面临的风险发生了日新月异的变化，风险的应对过程应该是一个不断调整的过程，根据内外部环境的变化保持对风险的持续评估，制定有针对性的风险管理策略。传统的内部控制多为事后管理，缺乏风险预警和事中风险控制，在风险识别阶段对于风险分类的不明确导致了缺乏有针对性的控制措施。当事后发现风险时，造成的损失已无法挽回。事前管控不严，事后便容易陷入被动局面。

（二）风险评估能力不足

传统风险管理系统拥有多个不同的数据系统，数据存储大多彼此独立。数据之间无法联通，数据信息难以及时、有效提取和整合，传统风险管理系统不能实时形成一个围绕风险事件的多元化数据信息流。聚焦于某一个或某几个数据系统提供的信息，传统风险管理难以实现全面风险评估。

面对海量的数据和变化的企业内外部环境，传统的内部控制的风险识别活动难以从大量数据中挖掘可能存在的风险和问题，现有的一些风险管理规则主要依赖于既定的指标及标准。面对大数据、人工智能、移动互联网、云计算等新兴信息化技术不断渗入，传统风险管理规则的自我成长性及灵活性都较差，风险评估能力不足，对于财务报表中的重大风险错报和企业经营中可能存在的问题也更多依靠财务人员及审计人员的经验进行人为判断，难以全面识别企业风险，且对于不同风险的重要程度也难以进行有效合理的量化，无法对风险大小及解决优先程度进行一个合理的评估。

（三）风险应对不及时

传统风险管理模式中，各职能部门、业务部门间的风险管理工作被割裂和分块化，面对复杂风险时，如何对责任进行准确界定成了传统风险管理的难点，风险应对效能被弱化。同时，受限于风险管理智能化程度较低，数据分析、信息传递与反馈、人员绩效考核评价以及风险管理工作报告的自动化与智能化等方面的欠缺，风险应对效能被削弱，风险应对不及时。

二、风险管理智能化转型趋势

随着智能化转型的概念被越来越多的企业关注，智能风险管理也被越来越多地应用于企业实践，智能技术的运用重构了企业风险管理系统，缓解了传统风险管理中存在的问题。从整体上来看，企业风险管理的智能化转型表现出全面化、实时化和协同化的发展趋势。

（一）全面化控制

智能技术为企业建立了综合化、智能化、共享化的信息环境。在智能技术的影响下，内部控制不仅是企业内部各部门对控制活动的整合，也是企业内部各部门与外部相关机构的协调。

数字技术可以帮助企业建立更加完善的内部控制管理信息系统和差旅报销系统，以内部控制管理信息系统为集成中心，通过各项接口和传输协议连接各大系统，破解原来多系统、多入口、重复工作的问题，在“数据孤岛”之间架起一座座桥梁。智能化数字系统能够将业务流程固化，减少人为操作空间，管控风险，通过数字技术赋能内部治理。

内部控制管理信息系统的建成，将数字技术融入单位内部管理当中，多个系统通过集成，打破“信息孤岛”，促进内外部信息的交流和沟通，使单位的管理更具系统性。此外，内控系统的运用减少人为操作空间，有效管控风险。数字化转型升级不仅是数据的简单集合，更能够将繁杂的数据转化为对业务有利的信息，通过多个系统的联通增强管理决策的科学性，在平台的基础上不断扩大管理范围，提高智能化水平，提升系统运转效率。

（二）实时化控制

在智能化的信息环境中，物流、资金流和信息流的同步传递，使得内部控制从过程控制转变为实时控制成为可能。输入环境的大数据化，使企业不仅可以实现供产销的横向控制一体化，同时也可以实现企业集团与分支机构之间的纵向控制一体化。

智能技术可以帮助企业全面厘清各管理环节的风险隐患，动态构建完整的内部控制体系，为企业内部各部门提供一个实时的信息共享平台，企业人员能够直观了解和控制企业的物流、资金流和信息流，实时监控与远程监控成为智能技术环境下有效的监控手段和控制工具。

（三）协同化控制

在传统的企业内部控制中，企业工作可按具体过程分解，再通过控制系统实现互联互通，指令通常由上级传达给下级。而随着智能技术的发展，新的规章制度和操作规范也将建立。每个员工都显示为企业控制网络中的一个决策点或关键节点，员工将自觉地参与企业的控制活动。最终，内部控制通过员工对信息的实时处理和远程审查来实现。因此，在智能化环境下，企业内部控制由原来的以命令控制为主转变为以人与人之间协调合作、人机交互合作为主。

第二节　风险管理智能化发展

随着智能技术的发展，依托数据感知风险并提升企业风险管控能力及水平，逐渐成为企业的必然选择，也是企业提升风险管理水平和整体竞争力的必由之路。企业可以借助智能技术完成企业风险管理模式的创新和变革。

在经济全球化的背景下，企业生产经营活动中的各类风险层出不穷，风险管理也变得日益复杂，在这种背景下企业如何构建风险管理体系成为亟待解决的重要问题。随着智能技术在其他财务领域的应用日益成熟，越来越多的企业开始关注风险管理的智能化转型，也有不少企业提出先进的风险管理理念，并构建了一些代表性的风险管理框架。下文分别以 Archer 综合风险管理平台、SAP 风险管理系统和战略风险管理框架为例，介绍这些代表性的智能化风险管理框架。

一、Archer 综合风险管理平台

（一）平台架构

Archer 是一家专注于企业治理、风险和合规的国际领先企业。Archer 综合风险管理平台通过 Archer 的核心平台，在单个可配置的集成平台上提供整体综合风险管理（IRM）。该平台可管理多个风险维度，并推动内部职能部门和扩展的第三方生态系统的问责制。利用经过验证的最佳实践，可以根据企业特征采用新的数字技术和流程创新来设计和调整风险策略（见图 8－1）。

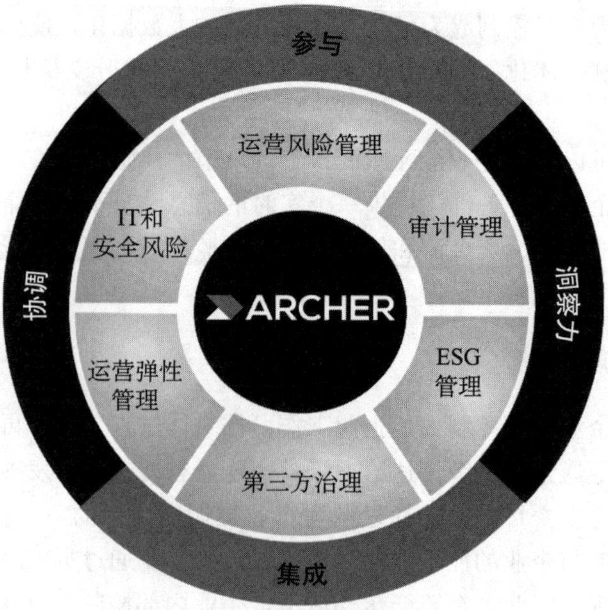

图 8－1　Archer 综合风险管理平台

Archer 综合风险管理平台在集成风险管理的每个领域——运营风险管理、IT 和安全风险管理、运营弹性管理、第三方治理、审计管理、ESG 管理，都有 100 多个部署。Archer 综合风险管理平台可以帮助企业根据需求的变化而改进风险管理计划，包括多学科风险管理解决方案和用例，以解决最关键的业务风险。

该平台可以在一个平台上解决多个风险维度的问题，创建目标一致的管理策略。通过在一个系统内进行风险分析和控制分析来优化风险管理周期，并合理量化风险，评估风险损失，帮助企业确定投资优先级。

（二）应用中台

Archer 通过一系列的应用中台的构建，将企业的各类日常活动均包含进去，覆盖了多方面的风险综合管理，提供了多种解决方案，每个解决方案区域均划分为多个基于活动的应用场景。这些应用场景可以根据企业所在行业的风险和法规，更好地满足综合风险管理实施要求。

Archer 平台是所有 RSA Archer GRC 解决方案的基础，使企业可以调整应用场景来适应企业的要求、构建新应用程序以及与外部系统集成，而所有这些均无须编写代码。审计管理可以将企业的整个审计流程整合到一个系统中，使内部审计专业人员能够管理整个审计生命周期，涵盖从审计计划到执行再到总结的所有流程；企业运营风险管理可以从孤立的风险存储库中将风险信息集中在一起，以便在一个集中式解决方案中识别、评估、计算、处理和监视风险；IT 和安全风险管理可以针对企业 IT 和安全建立业务环境与策略，并管理 IT 风险、漏洞和安全事件；第三方治理可以使企业更好地管理第三方关系和项目，同时降低风险并监视性能；运营弹性管理通过集中平台处理，量化风险，启用风险驱动、业务优先的方法，以在整个企业中构建运营抗风险能力；ESG 管理利用人员、流程和技术构建用于评估与授权、持续监视以及总体风险管理的综合方法。

（三）业务前台

Archer 综合风险管理平台可以帮助企业整合整体数据和风险，通过风险分析来提高风险的可预见性，从而帮助企业管理风险。

1. 协调共同风险管理策略

Archer 综合风险管理平台可以根据企业情况，并结合实践经验打造适合企业具体情况的风险管理平台服务，推动企业快速构建风险管理框架体系，从而在合适的人员参与下实施正确的流程，可以在一个可配置的平台上解决多种风险领域的问题。

2. 参与业务运营

Archer 综合风险管理为业务运营的两端提供创新技术，借助 Archer 平台的参与，企业可以利用移动、用户友好的界面来访问业务运营端，并从最优的信息源处获取信息，而不会中断日常活动。

3. 业务系统和运营数据集成

Archer综合平台通过提供多种环境下适用的解决方案和集成平台，与操作系统绑定来进行数据的收集和分析，并利用现有数据，将数据进行整合，加强对保护业务的技术投资。

4. 洞察并量化风险

Archer Insight使企业能够使用风险模型来针对各种场景进行有指向性的运用和量化分析，通过数据整合和分析，及时评估可能存在的风险，并量化损失风险，在确定风险管理策略时匹配成本与收益，提高企业对于风险的识别和评估，帮助企业及时应对风险。

二、SAP企业风险管理系统

数字化背景下，管理破坏性事件、网络攻击、数据泄露和欺诈等威胁需要一种新的方法，以最大限度地减少现场访问、审计和后视报告。要想取得成功，就需要进行实时的风险和控制监控、预测性洞察、基于风险的决策以及嵌入式控制，将异常情况及时推送给相关负责人。

（一）平台架构

SAP治理、风险与合规性（GRC）管理可帮助企业转向远程、持续的风险管理，从而降低风险和合规成本，并建立信任。企业通过对SAP集成解决方案的应用，将这些集成解决方案嵌入SAP软件环境中，实现自动执行任务和决策，获得实时可见性和控制力，并能够远程管理异常，简化向远程、连续和风险调整后的风险管理和合规性的转变。SAP系统集成解决方案应用为企业日常运营带来智能自动化、嵌入式控制、预测功能和基于异常的管理，帮助企业节省时间和精力并降低合规成本。通过这种方式，管理风险和合规性成为一项战略性、主动性和预防性的工作，从而帮助企业取得更好的业务成果。

（二）应用中台

SAP企业风险管理系统构建了五大风险管理应用，帮助企业快速实现对各方面的风险进行远程、持续的合规性管理，其集成解决方案主要为SAP风险管理（SAP risk management）、SAP过程控制（SAP process control）、SAP审计管理（SAP audit management）、SAP商业诚信筛查（SAP business integrity screening）、SAP法规管理（SAP regulation management）。

SAP的集成解决方案可以显著提升企业自动化持续风险管理能力，帮助企业在实现业务目标的同时管理风险、减少风险管理时间及成本，也可以使得企业尽早获得对异常和风险的预测性洞察，更好地预见风险，提早识别和评估风险。企业通过建立治理、风险和合规管理的统一智能化方法，能够在企业范围内进行持续性和预测性的风险检测和控制，提高法规遵从性，提高效率和透明度，使企业得以更高效、更敏捷、更全面地应对新威胁和新机遇，减少审计风险和成本，提高企业风险管理效率和效果。

（三）业务前台

1. 持续风险管理

借助 SAP 风险管理应用，企业可以实现自动化、持续的风险管理。同时，SAP 风险管理应用与 SAP 软件环境集成，可主动识别给组织带来风险的事件并确定其优先级，帮助企业评估事件产生的根本原因和潜在影响、制定应对策略并监控进度。

借助 SAP 风险管理应用，企业可以正式确定如何计划、识别、分析、监控和应对风险，并通过调整价值驱动因素、目标、关键活动和高影响风险，专注于最重要的流程和活动。SAP 风险管理应用与 SAP 过程控制和 SAP 审计管理应用集成，还可以实现共享的审计范围、策略、控制和风险响应更新。此外，借助自动化风险指标和控制，企业可以减少冗余并降低成本，对新出现的风险和机遇采取果断行动，提高盈利能力。访问报告可以帮助企业实时了解风险事件和风险状况。

2. 连续控制监控

借助 SAP 过程控制应用，企业可以在整个组织内建立全面、有效且持续的控制和合规性管理。使用该应用为跨流程、法规遵从、控制活动、合规性框架构建等奠定基础，从而增强企业对合规性的信心，提高业务流程绩效。例如：

- 将技术和人员集中在高影响力流程、最高监管要求和风险上；
- 持续监控 SAP S/4HANA 和其他业务系统中的配置设置更改、事务和主数据；
- 自动执行关键法规遵从性和控制活动，确定工作的优先次序并降低成本；
- 持续测试控制有效性，修复问题，并深入地了解整个企业的过程控制活动的状态；
- 与其他 SAP GRC 解决方案集成以实现实时控制和对关键性风险的识别。

3. 集中进行全球审计管理

借助 SAP 审计管理应用，企业可以规划审计活动、自动执行评估、记录证据、执行审计以及处理全局审计问题。组织工作底稿和创建审计报告等工作可以快速高效地完成，因为该应用可以从移动设备捕获审计文档和证据。当 SAP 审计管理应用与 SAP 过程控制和 SAP 商业诚信筛查应用集成时，支持持续的审计和测试执行。

有了信息和洞察力，企业可以将内部审计的重点从简单地提供基本保证转移到与最需要的人分享见解和战略建议上来，还可以保证审计师及时接收与风险、控制和合规性有关的完整准确的信息，甚至可以使用审核次数、每次审核花费的时间、资源利用率等指标来确定内部审核绩效。

4. 自动化商业诚信筛查

借助 SAP 商业诚信筛查应用，企业可以实时筛选业务合作伙伴和大量交易数据，帮助检测、预防和阻止欺诈活动，并降低第三方风险。

智能自动化功能可以执行异常检测和合规性检查：接收与组织相关的异常情况的警报通知，例如潜在的资产盗用、策略违规、不正常的交易或欺诈。通过校准检测策略（通过校准和模拟功能，对历史数据进行假设分析，并评估哪些方法可能被证明是最有效的）来预防和阻止不良行为的发生，分析异常场景，了解如何防止异常情况再次发生，并确定哪些方法在阻止异常和欺诈活动方面最有效。

SAP 商业诚信筛查应用还可以帮助企业筛选业务合作伙伴，通过筛选政府机构、国际组织和私人内容提供商的名单，避免与高风险或受制裁方开展业务。通过预测分析和可扩展的规则集帮助企业及早发现异常、欺诈或偏离策略的情况。

5. 监管变更评估和管理

全球范围内的法规在不断变化，借助 SAP 法规管理应用，企业可以随时掌握与业务相关的变化。它通过提供广泛的授权更新并将法规要求的变化映射到当前的控制措施，从而强化企业的治理、风险与合规性流程。企业可以随时了解法规的变化，并自信地评估和应对本地与全球的变化。

该应用可以管理和报告整个组织的法规与合规性要求，以实现更好的控制、高效执行和简化流程，实现集中化和标准化合规性。同时，通过促进利益相关者之间的协作决策并优先考虑具有最佳业务和合规性影响的问题，从而降低成本和风险。此外，整合运营和内部控制流程，可以实现合规控制和运营，实现法规遵从性和可审计性。

三、企业战略风险管理框架

延伸阅读

智能风险管理信息系统架构

战略风险是影响经营目标实现的企业内外部环境变化、外部竞争加剧和内部能力不足所带来的负面影响与正面机遇。战略风险可以从目标、环境、竞争和能力四个维度进行管理，而管理的基本方法即战略分析和战略规划。战略风险管理的数字化转型可以基于战略分析和战略规划的过程与结果，从顶层设计、战略分析基础、战略分析主要措施、战略分析关键领域、风险管理流程和底层支持六个方面展开，然后针对上述四个维度开展风险监控预警，最后通过业务、科技和数据三大工作来支持和反馈风险管理工作。具体转型框架如图 8－2 所示。

（一）顶层设计

企业在进行战略风险管理时需要确定好企业的使命、愿景以及目标。首先，明确企业的使命，通过分析企业存在的目的和原因，已经所处行业的位置和发展，来分析企业为什么存在，其存在的使命是什么。其次，明确企业的愿景，通过对企业愿景的规划，明确想要成为什么样的企业，进行数字化转型的目的是什么，为什么

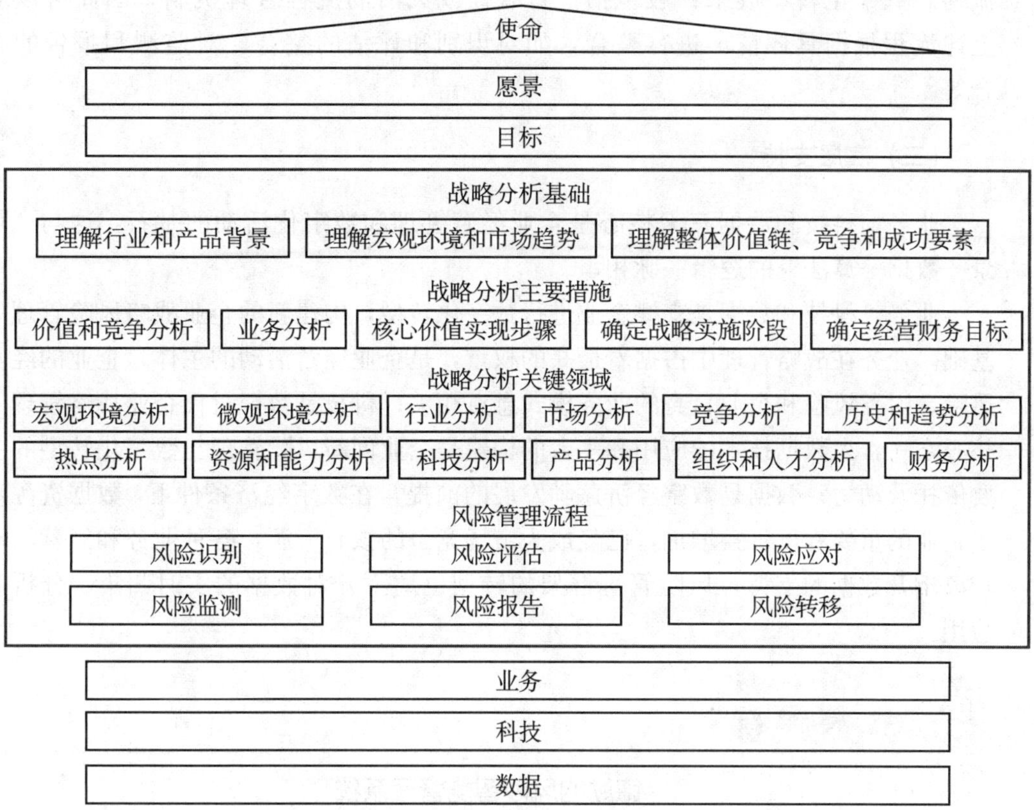

图 8-2　战略风险管理数字化转型总框架

要进行数字化转型。最后，设定企业经营和管理的目标。

（二）中层应用

企业战略风险管理中层应用可以分为四个模块：战略分析基础、战略分析主要措施、战略分析关键领域及风险管理流程。

战略分析基础通常需要设定三个子目标，分别是理解行业和产品背景，理解宏观环境和市场趋势，理解整体价值链、竞争和成功要素。

战略分析主要措施包括五个步骤：一是进行价值和竞争分析，包括分析企业的优势和劣势、确定核心价值、开展多维竞争分析；二是进行业务分析，包括所处行业、客群产品、地域和渠道几个关键要素；三是明确核心价值实现步骤，包括确定价值链的定位以及企业如何实现核心价值；四是确定战略实施阶段，例如何时介入、何时扩张、何时调整及何时退出某个市场；五是确定经营财务目标，如营业收入、营业成本、利润、资本收益、现金流等。

战略分析关键领域包括但不限于宏观环境分析、微观环境分析、行业分析、市场分析、竞争分析、历史和趋势分析、热点分析、资源和能力分析、科技分析、产品分析、组织和人才分析以及财务分析。

风险管理流程一般沿用标准的风险识别、评估、应对、监测、报告和转移流程。数字化转型成果一般包括推行敏捷或灵活的流程管理机制，因此可以对上述流程根据具体情形进行整合，如对识别和评估的整合、对监测和报告的整合等。

（三）底层支持

业务、科技和数据三大核心是企业经营管理和数字化活动的基石，这与“场景—数据—算法”的逻辑一脉相承。

业务、科技和数据是支撑企业进行数字化转型，构建新的企业战略风险管理的基础。业务在战略管理中占据着最高的权重，是企业经营活动的主体，企业的经营风险、财务风险和企业自身的业务模式息息相关；科技是数智时代企业战略管理的核心之一，大数据技术的应用和平台的构建是企业创新风险管理与数字化转型的主要依托及动力；数据是数字经济蓬勃发展的前提，在数字经济条件下，数据资源对于企业的重要程度日益增加，已经成为市场竞争的核心资源，各种业务和经营活动均离不开数据的支持，风险管理框架的转型也离不开对数据的实时归集、分析和应用。

技术创新

德勤的风险智能管理系统

2009 年，德勤推出了风险智能管理系统，此后，在为大型企业量身定做系统的同时积累产品经验，逐步完善功能，形成了集风险、内控、合规、审计四位一体的产品化平台。德勤于 2016 年推出的风险智能管理系统 2.0 版采用全新的技术框架进行重构，大幅提升了可配置性和易用性，支持云端部署并配备移动端应用。

该系统包含四大功能模块，分别为风险管理、内控管理、合规管理以及内审管理。其中，风险管理模块包括各类风险分析工具；内控管理模块整合企业内部控制自评流程，可以协助机构实现内控评估以及内控报告自动化；合规管理模块对企业的内外部规定进行层次化管理，并融入风险管理和内控管理的流程中；内审管理模块建立了审计管理平台及审计作业平台，对审计工作的全周期进行综合管理。该系统以企业的业务数据、财务数据、外部数据及其他数据为底层架构，通过算法工具、风险内控数据集市以及企业信息集成完成数据的整理，并通过浏览器等方式完成系统的展现（见图 8－3）。

德勤风险智能管理系统有以下特点：（1）囊括风险管理和内部控制的实践经验，满足内外部监管和管理的要求；（2）模块可配置，能够按照用户具体要求自由组合四大模块；（3）可视化风险仪表盘和报表展示方式丰富。

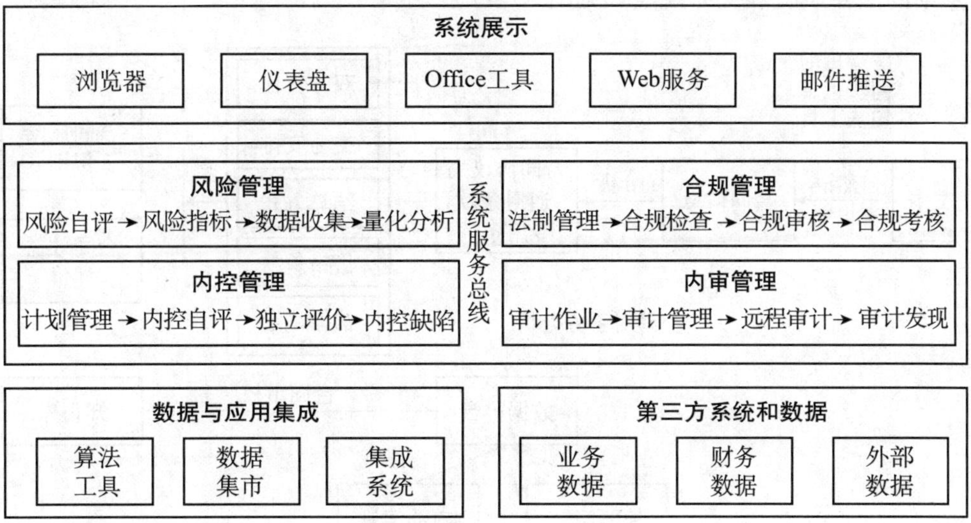

图 8-3　德勤风险智能管理系统

资料来源：https：//www2. deloitte. com/cn/zh. html.

第三节　智能风险管理的应用

德勤会计师事务所依据企业风险管理水平的不同设计了风险智能成熟度模型，依风险管理智能化水平从低到高将企业依次划分为无意识型、松散型、自上而下型、系统型及风险智能型五大类型。其中，风险智能型的企业大量依靠信息技术实施风险管理，建立了风险预警指标体系，设置了风险模型，并能够将风险自动纳入决策流程，基于战略目标和可持续发展的高度全方位进行风险管理。总而言之，这一类型的企业能够在风险管理中全面和深入地对智能技术进行应用。

企业的日常生产经营中存在着各种各样的业务，而这些业务所面临的风险情况也是千差万别的。因此，企业在实践中需要基于智能风险管理信息系统的基本架构和构成逻辑，结合具体业务特点，实现智能风险管理在具体业务中的应用。本部分主要对合同风险智能识别、供应链风险管理和存货风险智能预警这三个比较典型的智能风险管理场景应用进行介绍。

一、合同风险智能识别

企业在日常经营中常面临合同风险、供应链风险和客户信用风险，从问题源头控制风险至关重要。目前企业普遍的合同审核在较大程度上仍然采用人工方式，一方面造成了合同评价、审核的信息孤岛，另一方面加剧了合同审核人员的工作负担。借助智能技术，企业通过智能合同风险管理系统能够高效、可靠地识别合同信息中的法律风险和交易风险（见图 8－4）。

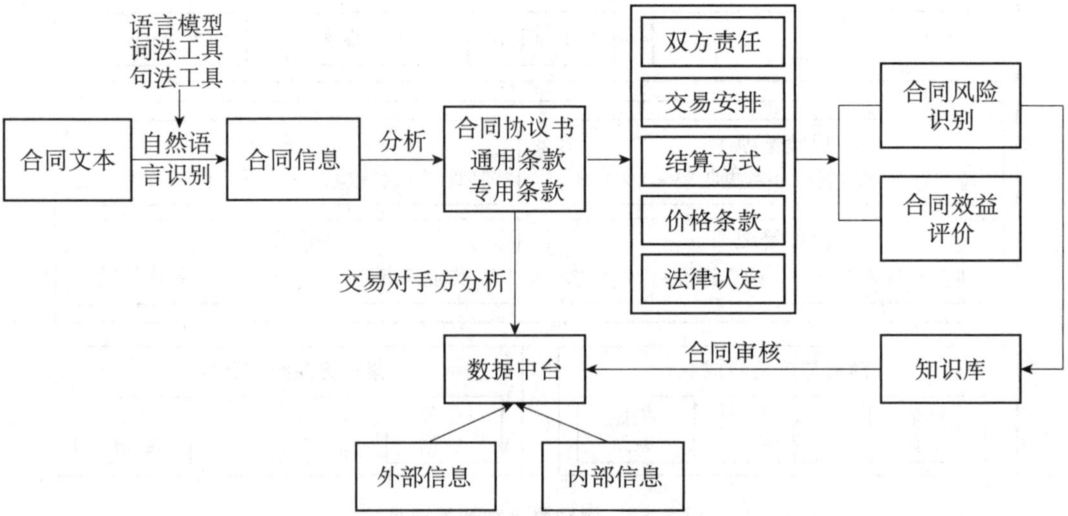

图 8－4 智能合同风险管理系统示意图

在对合同内容的风险识别上，该系统解决的首要问题为大文档、混形式、异结构、多样化合同文本的数字化采集问题。通过 OCR 和 NLP 技术，借助规范化合同样式下的语言模型、词法工具和句法工具，智能合同风险管理系统能够实现对合同文本中的合同协议书、通用条款和专用条款中的信息进行提取，并分析合同双方责任、交易安排、结算方式、价格条款和法律认定，利用知识库评估合同中的法律风险，审核后将信息汇总进入企业数据中台。

在对交易对手方的风险识别上，该系统可以通过企业内外部信息对对手方公司进行穿透分析。例如，通过分析企业数据中台所收到的其他信息系统（如 CRM 系统与 SRM 系统）反馈的客户和供应商的历史信用数据，智能合同风险管理系统能够评价分析公司与交易对手方的既往业务信息，包括合作的模式、方式和时间，对其资质进行合理评级；通过外接企查查、天眼查等第三方平台，智能合同风险管理系统能够判别交易对手方的股东信息、工商登记、业务状况、关联关系和诉讼纠纷以评价交易风险。综合内外部数据，智能合同风险管理系统能够识别交易对手方的潜在风险。

二、供应链风险管理

企业常常面临着来自上下游的供应链风险，供应链对于企业的正常生产至关重要，增强供应链的抗风险能力，可以提高企业的生产稳定性，预防企业的经营风险。

智能化供应链风险管理可以分为四个层面：产业链上下游实时的在线业务协同；通过供应链＋平台为成员企业赋能；形成供应链资源与服务的共享；最终实现供应链上下游产业集群内的互生与共赢（见图 8－5）。

（1）业务协同。通过数字化平台，将产业链的上游（原料生产）、中游（生产制造）、下游（流通销售）连接起来，通过数据的归集共享，使供应链各环节的企业形

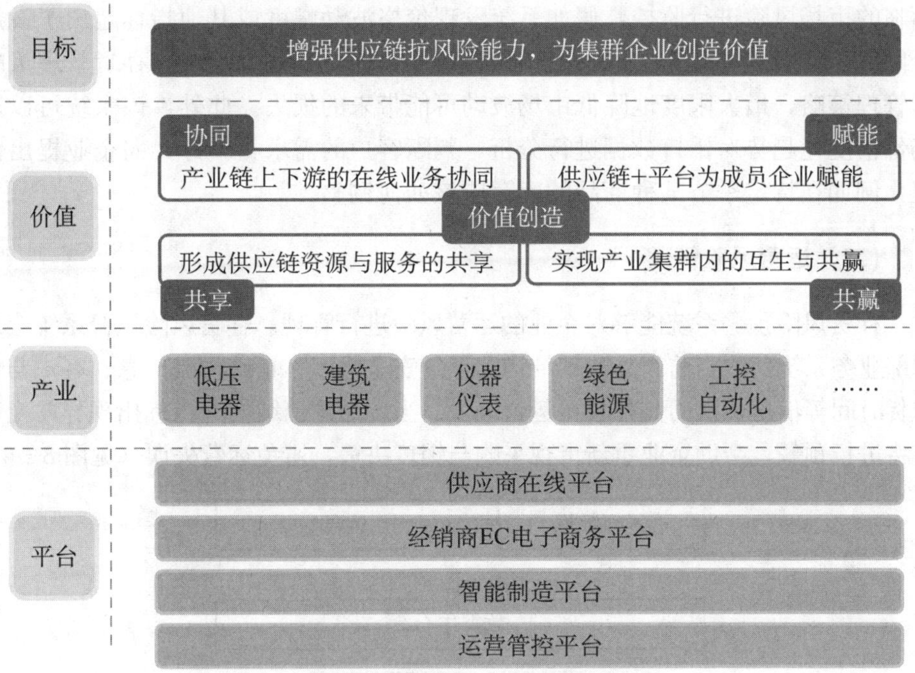

图 8-5　供应链风险管理系统

成产业集群，发挥协同作用，从而降低供应链风险和供应链管理成本。

（2）平台赋能。通过供应链的平台共享持续开展帮扶活动，将供应链各环节企业优秀的管理制度与管理模式传输至供应商与经销商，从而提高供应链运营管理水平，降低经营风险。

（3）资源共享。将企业资信能力注入上下游企业，和金融机构合作开展供应链金融服务；运用大数据技术，通过平台搭建，实现供应链上下游企业的渠道、库存等资源共享。

（4）合作共赢。通过开展经销商、供应商持股计划，建立股权式联盟，与上下游各方开展深度合作，共享企业成长收益。

三、存货风险智能预警

智能存货风险预警系统主要针对存货的安全和跌价风险等，涵盖原材料、在产品、产成品等存货类别。通过分析内外部数据，该系统可以智能分析存货跌价的风险及毛利情况，以便企业做出购产销决策。

存货风险预警系统的建立主要依托于企业数据中台和其他各业务系统中的业财数据，以大数据为支撑对存货风险做出判断与预警。

（一）市场风险管理

存货风险预警系统能够对企业的市场风险进行管理。存货风险预警系统会从企业外部获取存货市场价格、生产能源供应价格、市场发展趋势等信息，从而对企业面临的市场风险进行监控，假如系统发现价格波动幅度或其他指标超出了设定的安全阈值，将会立即对相关人员发出预警，从而促使企业及时调整存货管理策略和生产管理策略，最大限度地降低市场波动可能带来的损失。此外，该系统可以通过市场价格变化趋势对销售数据进行分析，判断客户的需求与偏好，向企业提出销售建议，例如在特定季节某种商品的库存应该如何调整。

（二）运营风险管理

存货风险预警系统能够对企业的运营风险进行管理。存货风险预警系统会从企业内部业务系统获取当前产品购销结构、存货安全边际、仓储物流信息、客户与供应商交货时间等信息，从而监控公司运营风险。当产品购销结构等指标出现异常变动，系统将进行预警，帮助企业重新审视采购与销售决策，避免运营失误（见图 8-6）。

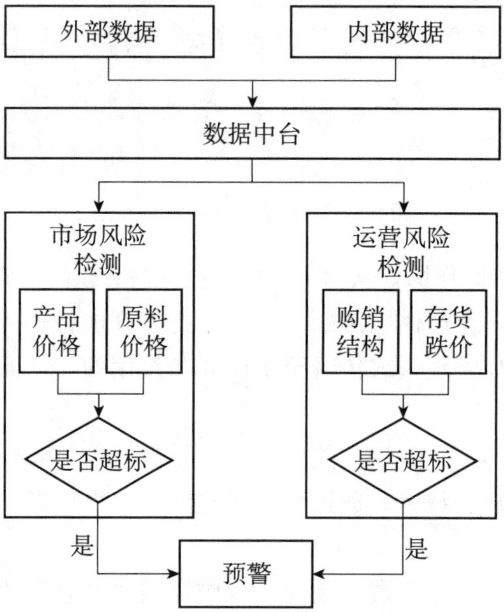

图 8-6　存货风险预警系统

（三）辅助功能

除了基于特定指标向企业进行风险预警，该系统的辅助功能也能够提高企业的存货风险管理水平。首先，该系统可以监测其他运营数据以便对库存进行事前管理，例如假设系统根据历史交易数据和市场信息，预测出某客户未来将进行大批量采购，就会自动对采购、仓储、物流进行分析，以判断企业履约的能力，如果发现预测产能无法满足，系统将会发出预警，帮助企业避免订单的流失。其次，该系统也能够根据合同销售和库存生产情况计算毛利，通过设定目标毛利率或者止损毛利率，通过事后管理控制企业损失。最后，通过该系统智能调配库存也可以加快存货在企业内部不同分支机构之间的周转，降低不同分支机构的库存风险。

关键术语

风险管理	智能风险管理	风险管理系统
合同风险智能识别	供应链风险智能识别	存货风险智能预警

思考题

1. 企业传统风险管理面临哪些限制?

2. 与传统风险管理模式相比，智能风险管理模式有哪些变化，具有什么样的优势?

3. 谈谈战略风险管理数字化转型总框架的构成和逻辑。

4. 你认为智能风险管理还可以在企业的哪些具体业务中应用?

第九章 智能财务共享

知识点脉络图

财务共享的基本概念与历史沿革

- 财务共享的基本概念
  - 财务共享的定义
  - 财务共享的特点
  - 财务共享的意义
- 财务共享的历史沿革
  - 财务共享的发展历程
  - 财务共享运营模式的演变
  - 传统财务共享的固有局限

↓

数字技术与财务共享的智能化发展

- 数字技术在财务共享中的应用
  - 云计算与财务云共享
  - 大数据与数据中台
- 智能财务共享的发展趋势
- 智能财务共享的优化效果

↓

智能财务共享的重要应用模块

- 费用报销共享
- 销售收款共享
- 资产管理共享

学习目标

1. 了解财务共享的基本概念，熟悉财务共享服务的历史沿革；

2. 理解传统财务共享服务的固有局限，掌握未来财务共享服务的发展趋势；

3. 明确财务共享的重要应用模块，掌握智能技术在这些模块中的应用方向；

4. 理解智能技术对财务共享重要应用模块基本流程的影响，明确智能技术发展和财务共享服务发展之间的关系；

5. 了解智能财务共享在企业中的应用实例。

素养提升

1. 深入了解财务智能变革趋势，把握我国企业财务数智化转型的战略意义；

2. 拓宽财务视野，认识财务共享为企业带来的价值提升作用，强化转型观念，立足时代前沿；

3. 提升专业素养，了解、学习财务共享的新技术、新应用，在实务中针对财务痛点提出解决方案；

4. 结合国家加快建设世界一流财务管理体系的指导要求，提升数字财务素养，将数智化意识融入个人的职业能力培养中。

引 例

蒙牛集团：从财务共享服务中心到“数据仓库”

2012 年，内蒙古蒙牛乳业（集团）股份有限公司（以下简称“蒙牛集团”）提出战略财务、共享财务和业务财务三位一体的财务转型战略目标。此前，蒙牛集团已经为包括生产和销售在内的多个业务部门建立了独立的业务信息系统，包括智慧物流、智慧奶源、智能制造等。

2014 年，蒙牛集团全面推进了企业 ERP 系统的应用，改变了原先各个业务单元使用不同的系统进行业务服务的模式，并于 2015 年开始建设集团财务共享服务中心。蒙牛集团财务共享服务中心的建设采用整体设计、分步实施的方案，涉及模块包括总账报表、费用报销、销售收款、采购付款、资产管理、成本月结、资金管理、会计档案等。

2017 年，蒙牛集团进一步实现了业务系统和财务系统的集成，基本上打通了从业务起点到报表的全流程，在此基础上，蒙牛集团开始基于财务共享服务中心，打造企业“数据仓库”。蒙牛集团的财务共享服务中心连接了包括智慧奶源、智能制造、智慧物流等在内的众多业务信息系统，这些业务信息系统推送的数据连同外部推送的数据共同汇集于财务共享服务中心，形成了庞大的“数据仓库”。蒙牛集团以“数据仓库”为基础，综合使用多项智能技术，根据多维度的管理需求，对数据仓库的数据资产进行清洗、挖掘和分析利用，搭建了 BI 系统。BI 系统将各种经营指标以可视化、实时化、多终端的方式，展现给不同层级的业务人员，辅助他们做出更及时精准的业务分析和管理决策，实现数据驱动经营的数字化管理。时至今日，蒙牛集团的“数据仓库”仍在不断发展和建设中……

资料来源：https://www.mp.weixin.qq.com/s?__biz=MjM5OTYwMTc0MQ==&mid=2650585732&idx=2&sn=b80b73f828f896ed8aa3e1ee9c463a36&chksm=bf30e9a6884760b0dedb79243b7505022e688f44e13c3b50cd1134a579b3c2a35215415c02d4&scene=27.

在上述引例中，蒙牛集团的财务共享在智能技术的影响下，经历了从实现业财数据共享到打造企业智能财务中心的转变。在当前的企业实践中，这种转变并非个例，而是财务共享普遍的发展趋势。本章将介绍财务共享在智能技术影响下的转型，探讨智能技术对财务共享这一服务模式的深刻影响。

第一节　财务共享的基本概念与历史沿革

20 世纪 70 年代末，随着经济全球化的不断深化，降低成本、提高效率、加强管控成为许多跨国企业在激烈竞争之中取胜的关键。财务共享以其规模性、统一性、专业性和技术性的特点使应用企业获得了降低成本、提高服务质量和提升核心竞争力等益处。随着信息化时代和智能时代的到来，财务共享不断向智能财务共享发展。

一、财务共享的基本概念

第二次世界大战结束后，以跨国企业为主体的经济全球化拉开了帷幕。一些领先的跨国企业加速区域化扩展步伐，通过投资、并购等方式建立了遍布全球的分支机构。然而，随着企业规模不断扩大、分支机构日益增多，原有的分散式组织形式出现了规模不经济、管理成本居高不下、集团管控难度大、政策执行力差、机构人员冗杂等问题。为了在激烈的国际竞争中取得胜利，跨国企业开始了节约企业成本的诸多尝试。在这样的背景下，“财务共享”这一概念登上了历史舞台。

（一）财务共享的定义

财务共享的概念源于共享服务。1993 年，罗伯特·冈恩（Robert Gunn）、戴维·卡伯里（David Carberry）、罗伯特·弗里戈（Robert Frigo）和斯蒂芬·贝伦斯（Stephen Behrens）第一次提出了“共享服务”的概念，并尝试将其付诸财务实践。他们指出共享服务的本质在于从分散管理模式向集中管理模式的转型，通过减少层级结构和共享组织的人员、技术等资源，使企业获得节约成本等优势。

共享服务中心是实现共享服务的重要平台。罗伯特·冈恩等 1993 年提出的共享服务还只是一种管理理念，随着实践发展，人们的认识不断深化。1997 年，德勤会计师事务所合伙人彼得·穆勒（Peter Moller）在此理念的基础上提出了共享服务中心（shared service center，SSC）的构想。共享服务中心作为一个独立实体为企业业务流程提供支持和保障，它拥有一定的资源，能够为企业各业务单元提供明确的支持服务，并与被服务的业务单元之间保持一定的契约关系。

财务共享服务是共享服务模式在财务领域的具体应用。唐尼尔·舒尔曼（Donniel Schulman）等提出，财务共享服务通过集中整合集团内跨业务单元的各种资源，以更低的运营成本和更优质的服务为多样化的内部客户提供财务职能服务，从而提升企业价值。国际财务共享服务管理协会指出，财务共享服务是依托信息技术，按照流程处理财务业务，基于市场化为企业内外部客户提供专业化服务的一种管理模式。

总结而言，财务共享是具有多个业务单元的企业集团对重复性强、标准化程度高的财务流程进行有效整合，在信息系统和数字技术的支持下，对集团内各业务单元的财务业务进行集中、标准化处理，以实现降本提效、规范流程、强化管控、创造价值等目的，是一种财务组织变革和创新管理模式。

（二）财务共享的特点

财务共享的特点包括规模性、统一性、专业性和技术性，这些特点使得财务共享成为企业优化财务管理、提升核心竞争力的有效手段。

1. 规模性

财务共享将企业内部大量重复性活动归集到共享服务中心，通过整合大批量的业务流程，形成规模经济，从而降低企业的交易成本。在这种模式下，企业各业务部门需要处理的重复性财务工作减少，可以集中精力与资源，专注于核心业务。

2. 统一性

财务共享通过集中处理方式，对不同业务单元的财务流程进行标准化处理，建立统一的操作模式，运作统一的流程。通过集中的管理方式以及统一的执行标准，财务共享可以降低企业管理成本，提高工作效率，创造更多价值。

3. 专业性

相对于企业内部其他组织，财务共享服务中心是一个相对独立的运营实体，凭借专业人员和知识为企业提供专业财务服务。专业性是实现财务共享目标的重要保障。

4. 技术性

财务共享很大程度上依赖于高效率、高度集成的软件系统和电子通信技术，其底层主要以信息技术为支撑，常用的信息技术包括 ERP 系统、电子影像系统、电子档案系统、客户服务系统等等。

（三）财务共享的意义

随着全球化和信息化的快速发展，财务共享逐渐成为企业财务管理的趋势，财务共享主要通过多个方面为企业创造价值（见图 9－1），助力企业在激烈的市场竞争中取得优势地位。

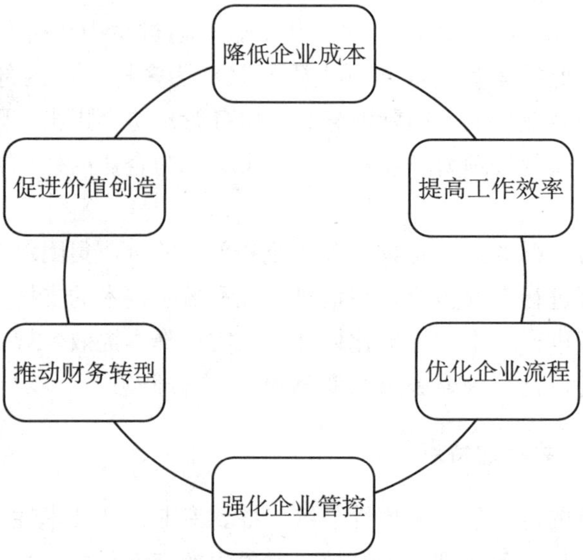

图 9－1　财务共享的意义

1. 降低企业成本

降低企业成本是财务共享最基本、最初始的目的，这里的成本是广义上的成本，包括服务成本、劳动力成本等。成本降低的基本原理就是规模经济。通过财务共享服务，企业实现了在业务量不增加的情况下减少人员，或者在业务规模增加的同时人员只有少量增加或不增加。

2. 提高工作效率

财务共享加速了标准化的进程，统一的规章、标准和流程使得财务工作的整个过程能够得到控制、偏差更少。财务共享归集了企业内部所有的财务数据，使得整体业务数据更加统一和真实，能够及时为管理层和股东的战略决策提供数据支持。细化的分工也是财务共享专业性的体现，共享服务每个岗位的工作者都是其领域的专家，财务工作的质量与效率得以提升。

中国企业实践

中兴通讯：财务共享服务中心提升财务工作效率

中兴通讯自 2005 年开始实施财务共享模式，通过设立财务共享服务中心，整合公司内部的财务资源，处理大量的重复性财务工作，为公司各业务部门提供更专业、更高效的财务服务。如表 9－1 所示，中兴通讯财务共享服务中心建成之后，财务工作效率明显提高。

表 9-1　中兴通讯财务共享服务中心成立前后财务处理情况对比

时间（年）	业务处理人员（名）	总成本（万元）	单据处理成本（元/单）	单据处理时间（小时）	业务处理时间（天）
2002—2004	87	619	15.35	168	2.8
2005—2008	43	296	4.34	72	0.22
变化数	44	323	11.01	96	2.58

在该平台建立之后，基础业务处理人员减少了一半，减少了人力资本的耗费；总成本降低数百万元，极大地促进了企业效益的提升；业务单据的处理也更加便捷高效，每单的业务处理时间由 2.8 天下降到 0.22 天，工作效率得到提升。

此外，在中兴通讯实施财务共享服务之前，由于各子公司的财务团队相对独立，口径并未保持一致，月结时的汇总工作十分困难，财务人员需花费大量精力调整报表，这不仅增加了出错的可能性，还可能导致传输过程中数据失真。实施财务共享服务之后，财务系统入账标准，操作流程趋于规范化、标准化，极大降低了汇总的难度，可以在短时间内快速反馈数据，为公司发展提供决策支撑。

资料来源：https：//max. book118. com/html/20230728/5313322234010301. shtm.

3. 优化企业流程

财务共享的核心是流程共享，财务共享建设的过程本身就是企业财务流程再造的过程。在实现财务集中化的过程中，企业集团还需要对现有的财务流程进行重新梳理、分析、鉴别和改进，删除多余的节点，保留标准化的关键节点，不断简化和优化财务流程，并将财务流程融入业务流程之中，在业务流程中实现财务数据的记录和处理。

4. 强化企业管控

通过财务共享，企业集团统一了会计流程和业务规范，构建集成一体化的 ERP 系统或其他先进的信息系统，加强了企业对各分子公司的管控。此外，财务共享也在一定程度上减少了舞弊，所有财务信息都集中在独立的共享服务中心处理，业务人员直接对接共享服务中心，大大降低了舞弊的可能性。

中国企业实践

平安集团实施财务共享后的理赔流程

平安集团在建成财务共享服务中心之后，重新设计了核心业务流程，简化了不必要的操作，削减了大量烦琐且不必要的中间环节，实现了财务处理效率和质量的优化。比如平安集团优化后的车险理赔流程（见图 9-2），省去了客户来回奔波、重复性地向不同业务部门递交各项证明材料的过程，从客户申报、审核到复核、赔偿这一系列工作都可以通过财务共享服务中心完成。相较传统流程，平安集团的赔付效率提升了65%。对业务流程的优化更提升了平安集团的客户满意度，促进了企业的可持续发展。

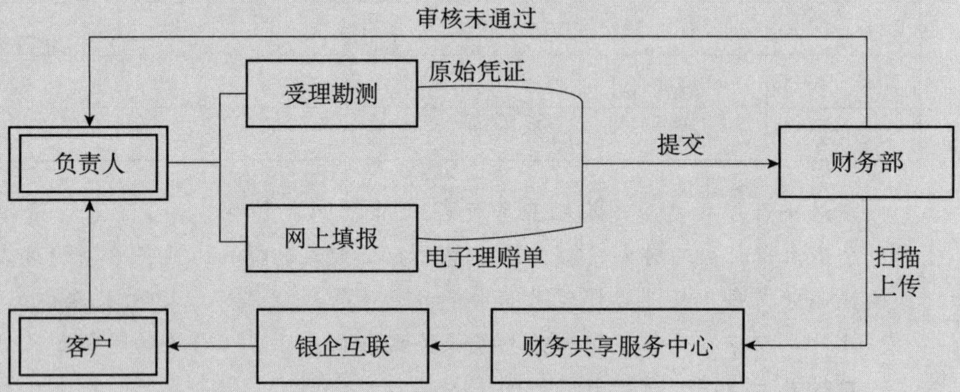

图9-2 平安集团车险理赔流程

5. 推动财务转型

信息时代的到来使得企业面对的商业环境日益复杂多变，企业需要的财务支持也与日俱增。财务部门需要提供的会计资料不再局限于传统的三张报表，还包括覆盖各个维度的反映企业经营业绩的管理报告。财务共享通过改变财务组织体系，实现财务在组织结构上的转型，并进一步推动了财务职能转型、财务人员转型等全方位的财务转型，从整体上提高了财务对企业各层级决策者的决策支持能力。

6. 促进价值创造

财务共享将企业的战略、业务与财务相结合，为企业提供更相关的、实时共享的精细化信息，有效释放了财务的创造力，推动财务管理工作从企业价值保护者向价值创造者转型。

二、财务共享的历史沿革

纵观近几十年来财务共享的发展历程，财务共享在不同经济背景、不同企业发展模式、不同信息技术下呈现出不同的特点。最初的财务共享服务中心以降本增效为己任，随着经济环境的变化和信息技术的发展，财务共享的方式和运营模式也在不断演化。

（一）财务共享的发展历程

随着企业实践的不断深入，财务共享的模式也日益成熟。纵观国内外的实践历程，财务共享经历了从早期的财务工作“流水线”到业财数据共享，再到如今逐步向企业“智能财务中心”转变的阶段。

1. 财务共享的诞生：财务工作“流水线”

20世纪80年代初，美国福特公司建立了世界上第一个财务共享服务中心。杜邦、通用电气等大型企业也紧随其后，开始了财务共享的尝试。之后，财务共享从制造业向零售、医药、金融、信息技术和通信等多个行业延伸。20世纪90年代，财务共享在欧美国家落地生根，并开始向亚洲和大洋洲地区延伸。到了90年代后期，财务共享已经被广泛应用于众多世界500强企业。

我国的财务共享起步相对较晚，最早由跨国企业摩托罗拉于1999年引入，并应用于高新技术行业。2005年，中兴通讯成为第一个建立了财务共享服务中心的中国企业。2006年，华为开始建立财务共享服务中心，随后，财务共享逐渐应用于制造、零售等行业。2007年，海尔成立了财务共享服务中心，此后，中国移动、中国电信、长虹集团等企业也陆续将财务共享推进至实践阶段。

早期的财务共享实质上与20世纪初福特公司在汽车生产中率先引入的“流水线”作业方式有异曲同工之处。它将原本分散在不同岗位、不同业务中的财务工作集中起来，变成财务流水线上的一环，从而达到节约成本、提升效率的目的。

知识拓展

福特汽车的流水线生产模式

在流水线生产模式出现之前，汽车工业完全是手工作坊型。当时，每装配一辆汽车需要728个人工小时，汽车的年产量大约为12辆，这一速度远不能满足消费市场的巨大需求，汽车成为富人的专属。福特汽车的创始人亨利·福特（Henry Ford）的梦想是让汽车成为大众化的交通工具。因此，提高生产效率就成了关键，只有降低成本，才能降低价格，使普通百姓也能买得起汽车。

1913年，亨利·福特应用创新理念和反向思维逻辑，提出在汽车组装中，汽车底盘在传送带上以一定速度从一端向另一端前行。前行中，汽车底盘逐步装上发动机、操控系统、车厢、方向盘、仪表、车灯、车窗玻璃、车轮……一辆完整的汽车就这样完成了，第一条流水线使每辆T型汽车的组装时间由原来的12小时28分钟缩短至90分钟，生产效率大幅提高。

流水线生产模式使产品的生产工序被分割成一个个环节，工人间的分工更为细致，产品的质量和产量大幅提高，极大促进了生产过程和产品的标准化。制成品被大量生产出来，尤其是多样的日用品在流水线上变成了标准化的商品。汽车生产流水线以标准化、大批量生产来降低生产成本，提高生产效率。这一方式不仅适应了美国当时的国情，还使汽车工业迅速成为美国的一大支柱产业。

资料来源：https：//www. mp. weixin. qq. com/s/hNoNXh0WT1sX2HTceez-FQ.

信息化是早期财务共享服务中心建设的关键环节。企业只有实现财务工作信息化，才有可能将分散在各个岗位中的财务工作和财务数据集中起来进行处理。

图 9-3 进一步展示了早期财务共享服务中心的工作模式，企业利用信息系统，将财务工作的各个流程拆解成一个个独立的工序，每个工序对应自己的财务岗位，最终形成一条财务工作流水线。

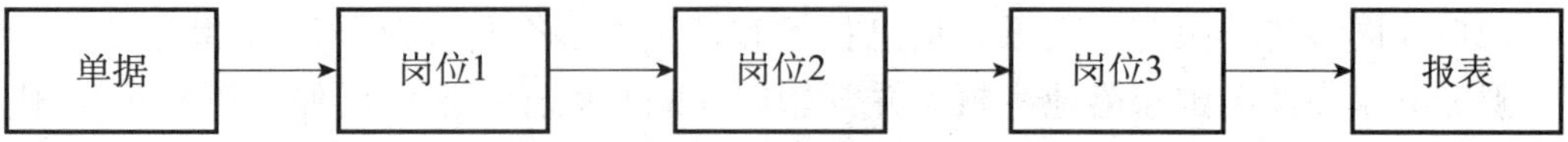

图 9-3　早期财务共享服务中心的工作模式

2. 财务共享的升级：业财数据共享

早期的财务共享中存在一个不可避免的问题：在财务工作流水线上，单据由业务部门在处理企业经营活动时形成并记录，而报表则是由财务部门根据业务部门提供的单据，经过会计凭证编制等一系列工作之后形成。财务系统和业务系统并不共享同一数据库，从而形成了“信息孤岛”，财务人员取得的原始业务数据依赖于人工录入，增加了数据错误的风险，没有带来信息价值的提升。要改进这一问题，就需要进一步实现财务共享服务中心和业务部门之间的数据共享。

延伸阅读

“信息孤岛”理论

21 世纪初，ERP 系统在财务共享服务中心和业务部门之间的数据共享中发挥了重要作用。如图 9-4 所示，ERP 系统通过实物流和资金流两大主线，联通企业内部的各个业务部门的信息系统，使业务数据能够在企业内部流通，并自动将业务数据转化为财务数据，直接汇总到财务共享服务中心，打破了业务系统和财务系统之间的“数据孤岛”。

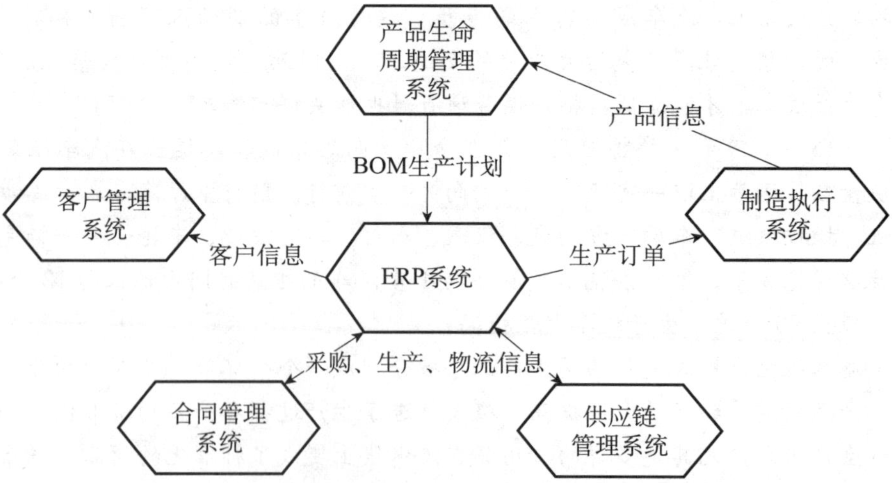

图 9-4　ERP 与企业内部业务信息系统

近年来，随着企业管理不断精细化和信息技术应用的不断深入，业务系统与财务系统之间相对独立的设计已经无法满足企业发展的需要。越来越多的企业在建设财务共享服务中心时，采用系统集成的方式，将财务共享服务中心的信息系统作为企业信息系统的枢纽，将其与企业内部的各个业务信息系统和企业外部的政府税务平台等结合在一起。系统集成进一步提高了企业内部业财数据共享的效率，打破了“系统孤岛”，并推动企业从业财数据共享向业财税数据共享进一步发展。在管理需求和技术变革的驱动下，财务共享不断向智能财务共享发展，该阶段在本章第二节讲解。

（二）财务共享运营模式的演变

随着经济环境的变化和信息技术的发展，财务共享不断发展，其运营模式也在逐步演变。企业集团的发展阶段与数字化进程决定了其对财务共享模式的选择。一般来说，企业的财务共享运营模式存在从集中到市场化逐渐演变的过程，不同的模式对于企业内部、外部的条件要求也是相应递增的。

1. 基本模式

基本模式又称集中式模式，这是我国大部分财务共享服务中心所采用的运营模式。该模式通过整合和合并日常的事务处理工作、交易活动和行政管理工作，实现规模经济并消除冗余，以达到降低成本和流程规范化、标准化的目标。

在这种模式下，财务共享服务中心通过物理集中，将组织内部的基础运营、决策权统一在集团总部。出于集中管控、降低成本以及提高效率等方面的考虑，基本模式会强制性地要求各分支机构将总账、应付账款、应收账款、固定资产等典型的财务工作集中到财务共享服务中心处理。因此，财务共享服务中心比较注重选址、人员测算、最优工作量标准核定等工作。

中国企业实践

正泰集团的财务共享服务基本模式

2008 年之前，正泰集团（以下简称“正泰”）采用职能分散模式，按模块需求配置财务人员，财务人员分散在业务部门，不利于集中管理，职能集中度低，不利于专业服务水平的提升。2008—2013 年，正泰设立了五大职能处室（会计核算处、资金管理处、成本管理处、税务管理处、销售财务处），职能分散模式转变成了职能集中模式。2013—2018 年，由于存在子公司数量快速增加、集团对子公司管控力度弱、母子公司管理水平差异较大等问题，正泰在原有的职能集中模式基础上，将财务体系升级成了矩阵管理模式，这一模式强调以财务直接管理为主，职能线财务支持服务为辅，日常事务区域统筹协调。此时子公司财务成本配置较高，专业化分工不足，服务水平较低，业财融合度低，财务垂直管控仍需加强。直到 2018 年后，正泰才正式采用共享服务模式，在这一阶段，正泰致力于建立管控财务、业务财务、共享财务三位一体的管理体系，希望能够提高自身的资源集约化利用程度，提升专业化分工协调能力。

具体来说，正泰的共享服务模式首先是要建立管控财务、业务财务和共享财务三位一体的管理体系。在这一体系下，管控财务参与战略的制定与推进，进行预算、绩效管理和资源配置等体系建设；业务财务向业务前端延伸，发挥管理会计职能，支持业务决策；共享财务则负责完成会计核算、交易处理、资金结算、报表编制和会计档案管理等工作。

在运营模式上，正泰首先成立了财务服务公司作为财务共享和管控体系运作的载体，其次要求各子公司财务负责人均与财务服务公司签订劳动合同，由集团委派至各子公司，并向财务服务公司负责人汇报，实现财务垂直管理。财务服务公司按核定的分摊比例，根据实际支出加成合理利润后，向各子公司收取服务费用。同时正泰也会定期组织各子公司按工作效率、服务质量、服务态度及工作能力等维度评价财务共享服务中心的服务。

从运营模式上来看，正泰建立的财务服务公司虽然已经成了法人主体并向提供服务的各个子公司收取服务费用，但是由于财务共享并不存在竞争、选择，且集中决策权仍然在集团财务中心手里，正泰的财务共享实质上仍然停留在集中式的阶段。不过从这一运营模式中也可以看出，正泰已经有意识地在向财务共享的市场化转型。

资料来源：林贻明．浅谈企业财务共享服务在正泰集团的运用［J］．中国集体经济，2021（11）：132-133.

2．市场模式

市场模式在基础模式上进一步分离了企业职能内部的基本运作与决策权，将控制职能与服务职能相互分离，通过服务收费抵偿成本，以达到降低成本、提高服务质量的目的。

在这种模式下，财务共享服务中心表现为相对独立的运营主体，共享服务的客户（集团内部的其他组织）不再是被动的服务接受者，而是可以根据自己的意愿决定是否接受财务共享服务中心的服务。这种服务不再是托管式的，决策权由客户全面掌握。财务共享服务中心为了扩大客户范围，需要不断提升服务质量，优化流程，加强沟通，此外还需要提供专业咨询等增值服务来帮助客户做出决策。与此同时，共享服务中心开始通过服务收费抵偿成本，接受财务共享服务的客户需要根据使用量支付相应的费用。

与基本模式相比，市场模式的重点服务对象仍然是内部客户，财务共享服务中心与内部单位双方自愿确定服务关系，强调服务质量，且具有结算标准。市场模式相比基本模式的进步在于摆脱了公司内部职能部门的限制，更能发挥其财务共享服务中心的优势。

3．高级市场模式

高级市场模式是目前国外的大型集团或跨国公司普遍采用的一种模式。高级市场模式在市场模式的基础上发展出竞争机制，在兼顾自身成本效益原则的同时，保障自身公司信息的安全性，并在有能力的情况下，向外部客户提供服务。

在这种模式下，客户拥有更多的自主权，当企业内部财务共享服务很难满足客户需求时，他们可以从外部购买所需要的服务。高级市场模式的目的是引入竞争，向客户提供、推荐最有效率的供应商，供客户进行选择，同时也促使企业内部财务共享服务中心不断提高自身服务质量，降低运营成本以获得客户认可。

与市场模式相比，高级市场模式下企业财务共享服务中心的重心和服务对象仍然是内部客户，但更强调对外盈利能力与内部客户的自主选择权。

4. 独立经营模式

独立经营模式是指财务共享服务中心作为一个独立的经营实体运作，不仅向企业内部客户提供产品和服务，同时服务于外部客户。目前来看，独立经营模式在我国还很少，一般集中在国外的跨国公司及大型咨询企业。

这种模式下的共享服务中心凭借本行业的专业技能、技术及知识开始与第三方外部服务机构、主要的外部咨询机构等展开竞争，其服务收费也完全呈市场化态势。因此，财务共享服务中心不再依赖于投资企业，开始创造稳定的利润和收入，并且不断提供服务与产品的升级或更新，维系与发展客户群体，不断发展壮大。

独立经营模式较高级市场模式来说更为独立自主，不再受限和专注于公司内部的服务，而是更注重成为一个独立的实体，完成独立的服务。此外，独立经营模式更注重自身的盈利能力发展，能够自主控制成本，提高服务质量，这时的财务共享服务中心已经成为一个独立的第三方服务机构。

5. 财务众包模式

众包概念最早在 2006 年提出，其含义是企业将一些需要员工承担的工作任务通过互联网发布给非特定的群体。作为信息化时代的产物，众包也被称作互联网众包。财务众包模式是市场化的产物，通过将公司或组织内部的财务工作打散后投放至财务众包平台，利用互联网将企业的财务任务发包给具有一定财务知识的非特定大众来完成。

财务众包模式处于市场发展的概念阶段。在这个阶段中，财务共享的概念被再次拆分开来，不再是企业内部的共享以及与第三方服务机构的共享，而是通过互联网思维以及以“互联网＋”的形式进行全网民的共享，将财务服务进行统一化、标准化，拆分成许多可以进行共享的任务，最后被分配给所有能够参与完成任务的群体。

中国企业实践

阳光保险集团的财务众包模式

阳光保险集团于 2012 年 4 月正式上线财务共享服务中心运营管理模式，2013 年 2 月建立成都核算中心。核算中心的财务人员每天的工作通常重复率高、强度大、劳动附加值低，且只在固定岗位上流动，员工发展受阻，流失率高。此外，月末、季末和年末高峰期时工作量陡然增大，财务人员负担重，而淡季时，人力成本又遭到浪费。

2015 年 12 月，阳光保险集团高层提出尝试财务众包模式。2016 年 8 月，阳光财务众包平台进入试运行。2016 年 10 月 17 日，阳光财务众包平台正式推出，把传统财务工作和先进的网络科技联系起来，开启了一种全新的共享经济模式，即“互联网＋会计”。财务众包平台把会计事项分割成十分细化的微任务，发布给众多的网络用户，让他们抢单，随时完成任务。2017 年 9 月 2 日，阳光财务众包平台正式更名为芝麻菜会计作业众包平台，由北京令才科技有限公司运营。

阳光保险集团财务众包模式的运营分为三步。首先，阳光保险集团明确了财务众包的三方人员，集团本身为众包组织者，“芝麻菜”为众包平台，工作者则为签约合作的学生、白领等。其次，阳光保险集团确立了可众包的财务共享业务内容，这些内容通过三条业务标准来判断，即是否能够标准化乃至颗粒化，是否存在安全隐患以及是否具有时效性，将具有不同特点的任务发布给不同技术特点的人。最后，阳光保险集团利用多种信息化技术完善了各任务从发布到接受的拆分。

资料来源：吴曼．阳光保险集团财务共享服务中心服务模式转型研究［D］．昆明：云南大学，2019.

总体来说，因各企业组织结构、经营情况、信息化程度的不同，财务共享服务中心的运作模式也会不同。通过组织结构的分散化、职能评估的市场化，财务共享建设实现了财务价值的再发掘。组织结构的分散化帮助企业降低固定运营成本，职能评估的市场化帮助提升财务共享服务中心服务质量，因此财务共享服务中心的价值在未来会被越来越多的企业所接受，并结合新兴技术发展出更多可能。

（三）传统财务共享的固有局限

尽管传统财务共享对企业的财务工作组织、工作场地和工作方式都带来了变革，但仍然是以业务集中处理为核心，非数据驱动，强调会计、税务等财务业务的集中处理与标准化管理，并未触及财务工作的具体流程，也没有进一步提升财务工作的附加价值。随着时间的推移，许多企业的财务共享服务中心逐渐暴露出基础操作岗位人员过多、人员流失严重、无法应对周期不均衡的业务需要等问题。

传统财务共享服务出现问题的根源在于没有打破“流程孤岛”和“管控孤岛”，其局限主要表现在以下三方面：

（1）财务流程和业务流程分离。传统财务共享往往将财务处理与业务流程相分离，导致两者之间的信息沟通不畅，难以形成有效的协同。这也产生了大量冗余的流程环节，导致管理效率低下且成本高昂。

（2）财务处理时间滞后。由于传统财务共享采用集中处理模式，财务数据的处理和传递往往存在时间滞后的问题，无法满足管理者实时决策的需求。

(3) 难以满足业务管理需求。传统财务共享主要聚焦于财务会计层面，其核心理念倾向于遵循准则和披露要求，而非以业务和管理需求为导向。这种偏向使得财务信息支撑体系存在明显缺陷，导致财务信息不全面、失真，难以满足业务管理的实际需求。

总而言之，传统财务共享只是以人员机器化为代价，实现了基础工作、数据和系统的集中。传统财务共享存在诸多局限，难以大幅提升财务工作的附加价值。财务共享想要实现进一步的突破，不仅要依托信息化技术，更需要智能技术的深度应用。

第二节 数字技术与财务共享的智能化发展

财务共享发展的基石是技术的进步，随着智能技术在企业中的深入应用，财务共享历经长期历史沿革也进入了新的智能化发展阶段。财务共享将从技术、数据和流程三大方面实现突破，财务共享服务中心表现出敏捷化、移动化和云化三大发展特征。

一、数智技术在财务共享中的应用

随着数智技术的发展，传统财务共享也在突破其原本的局限。在大数据、云计算、互联网、人工智能等技术的渗透下，领先企业正在积极探索和建设以数据共享为核心的智能财务共享体系。

云计算和大数据是对财务共享影响最为深远的两大智能技术。这两大智能技术的应用，不仅提升了财务共享服务中心的工作效率和服务水平，也深刻改变了财务共享服务中心在企业中的功能定位。

（一）云计算与财务云共享

早期的企业信息系统主要依赖于本地化的部署方式，比如 ERP 系统的建设主要依赖于本地服务器。本地化部署的最大优势是安全性高，服务器由企业自主掌握，但其成本高、灵活性差的缺点也十分明显。近年来，企业信息系统逐渐向云上转移。随着云计算技术的不断发展，财务共享信息系统将进一步依托云计算进行部署，形成财务云共享。

2011 年，中兴通讯将其财务共享服务中心正式更名为“财务云服务中心”，提出“建立基于云技术的财务共享服务”。2019 年，上海国家会计学院发布了“影响中国会计从业人员的十大信息技术”，其中“财务云”位列第一。事实上，财务云并非是云技术的单一运用，它在财务共享服务管理模式的基础之上，融合云计算、大数据、物联网等各类智能技术，为用户提供“5A”式财务服务，即在任何时间（anytime）、任何地点（anywhere），任何人（anyone）都可以通过任何工具（any device）获得任何财务服务（anything）。

财务云共享的优势十分明显：一是成本的改善，有效降低财务共享服务中心硬件设施或软件开发方面的投入；二是协同性的提高，云计算的连接特性使得多分公司、多部门、多员工能够在线协同，大大降低了业务的重复性，进一步促进业财之间的数据共享和系统集成；三是算力的扩展，云计算能够支持财务共享服务中心对大量交易型业务实现实时化、自动化的财务处理，实现了财务工作向业务的前推，打破了业务流程和财务流程之间的“流程孤岛”。

大型企业的财务共享服务中心倾向于公有云和私有云相结合的混合部署方式，将核心的数据系统控制在企业本地服务器，将部分前端和外围业务的信息系统部署到公有云上，从而获得一定的弹性与灵活性。未来，随着外部交易对象的协同能力加强，混合部署或完全使用公有云部署的财务共享服务中心会逐渐成为主流。财务云共享的发展趋向也将进一步推动财务共享服务中心功能的转变，使其从早期的“会计工厂”向“大数据中心”发展。

（二）大数据与数据中台

随着数智技术的发展，数据已经变成企业最重要的生产要素之一。据国际数据公司（IDC）发布的《数据时代 2025》预测，2025 年全球新创建的数据量预计将超过 160ZB。尤其是随着云计算以及云计算环境下大数据技术的成熟，构建一套大数据系统将变为一个低门槛、可快速启动的项目。在此背景下，基于财务共享服务中心建立数据中台，成为企业财务共享的重要发展趋势。

“数据中台”是一套实现数据资产化和服务复用的工具，也是一套运用数据推动企业数字化转型升级的机制和方法论。数据中台的作用是“打通、整合、服务”，旨在打破多个信息系统之间的数据壁垒，汇聚数据并集中加工处理，整合建立含有业务关系的数据仓库。在此基础上，数据中台再通过数据清洗、数据分析、数据挖掘和数据可视化，将数据资产有效利用，增加其附加价值，并将其封装为可对外提供的数据服务，为业务创新和业务发展进行数据赋能，如图 9－5 所示。

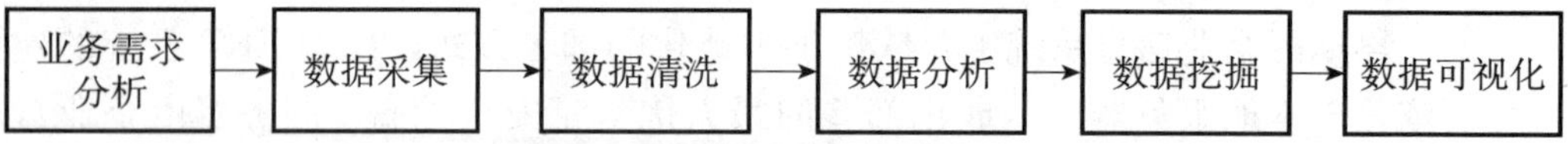

图 9－5　数据“价值链”

财务共享服务中心是企业天然的数据中心，而随着财务云的广泛应用，企业的数据采集能力和算力都得到了显著提升。财务共享服务中心也沉淀了企业内部和外部、结构化和非结构化的大量数据。在此背景下，基于财务共享服务中心搭建数据中台成为可能。在数据中台上，财务共享服务中心借助模型与算法将获取的数据转化成信息，生成的财务报表也将摆脱精确而不准确的传统定位，实现由小数据集向大数据转变，为业务经营单位提供数据服务，为管理层提供经营决策支持，为企业进行数据赋能。

二、智能财务共享的发展趋势

随着科技的飞速进步，特别是云计算和大数据等智能技术与财务共享的融合应用，企业财务管理不断面临创新与升级，智能财务共享的发展趋势也日益显现，主要体现在以下三个方面：

1. 突破技术边界

企业需要依托“信息技术（IT）+数据技术（DT）”的双轮驱动，不仅关注流程与规则，还关注数据价值的实现，将算法与模型应用于财务大数据。

2. 突破数据边界

随着企业内外部数据产生速度与规模的颠覆性发展，凭借天然的数据优势，财务共享服务中心能够进一步拓展数据采集范围，使得财务数据源不再局限于会计科目+核算维度的“小数据集”，还包括物理世界与数字世界的数据采集、结构化与非结构化数据采集、内部与外部数据采集等多种不同的情境，真正实现从财务共享服务中心到企业大数据中心的跃升。

3. 突破流程边界

智能技术将推动财务共享产生更多的附加价值，为不同团队、不同层级的管理者提供数据服务和决策支持，用财务为企业业务赋能。

三、智能财务共享的优化效果

作为数字技术推动的产物，智能财务共享相对于传统财务共享的提升非常明显。数据中台的出现、云计算的不断应用，使企业计算、存储资源的方式实现了网络化，并做到了标准技术输出，以及提供基于能力集中的共享服务。从传统财务共享到智能财务共享，财务共享主要发生了业务处理智能化、财务处理由业务驱动和数据分析能力提升等变化，从而打破“流程孤岛”与“管控孤岛”，突破了原有管理模式的局限性，大幅提升财务工作的附加价值。

首先，业务驱动的财务处理打破了财务流程与业务流程之间的屏障。智能财务共享模式的核心是以业务为主导，实现财务与业务的无缝对接。具体来说，这种模式对每一项业务从制度管理、申请要素、借款条件、报销标准、结算方式到入账规则等各个环节进行全面而深入的分析，形成一个完整的闭环管理体系。这一变革彻底改变了传统财务共享以单据为核心、流程为节点的处理方式，避免了将业务分割成相互独立的模块进行处理的情况。

其次，智能化的业务处理大幅提高了业务处理效率。传统财务共享在会计数据核实环节主要依赖人工作业，即不同业务节点的数据还是从传统单据到人工识别再到手工录入。而智能财务共享通过应用人脸识别、智能语音、OCR识别、电子单据攫取等人工智能手段，实现业务数据的自动识别和获取，实时进入系统进行后续处理，大幅缩短了处理时间，可以满足管理者实时决策的需求。

最后，强大的数据分析能力可以有效支持业务和决策。智能财务共享系统紧扣业务和管理需求，通过整合实时数据，为管理层呈现深入的财务和业务洞察。系统能够定制化分析，精准识别市场趋势，评估项目风险，优化资源配置，满足业务管理的实际需求。这种以业务需求为核心的分析模式，为企业业务发展和战略决策提供了有力支持，推动了企业稳健发展。

第三节 智能财务共享的重要应用模块

在企业实践中，财务共享往往由多个应用模块组成，这些应用模块对应着企业一项或多项特定的财务工作，由特定的工作人员负责处理，也拥有专门的财务信息系统。通常情况下，财务共享的应用模块包括费用报销、销售收款、采购付款、资产管理、总账报表、会计档案等，如图 9-6 所示。

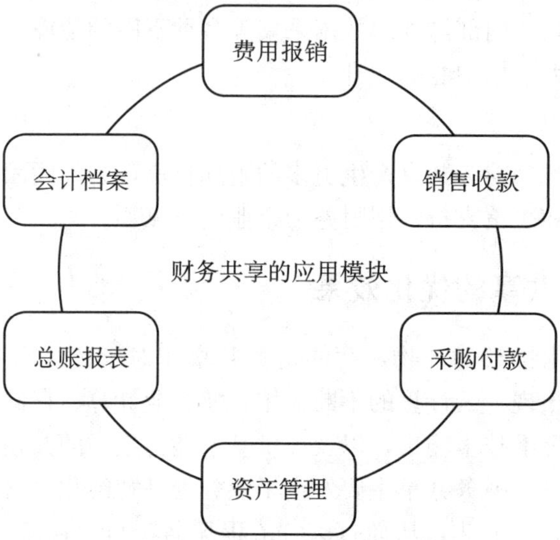

图 9-6 财务共享的应用模块

在智能技术的影响下，这些应用模块也表现出不同的发展趋势，本节将对费用报销、销售收款和资产管理这三大最为典型的财务共享应用模块进行介绍。

一、费用报销共享

费用报销是企业财务流程中的一个重要组成部分。在传统财务共享服务模式下，企业费用报销的流程被细分为费用申请、费用审批、订票、开票、填写费用报销申请单、资金支付和账务处理等环节，如图 9-7 所示。其中，财务共享服务中心通常负责根据相关部门提供的审批单和发票，集中处理资金支付和财务记账环节的工作。费用报销业务具有数量大、环节烦琐、耗时较长的特点，与此同时，又具有重复率高、容易标准化的特点，因此，企业费用报销业务往往是财务共享服务中心建设中最先实现智能技术应用的模块。

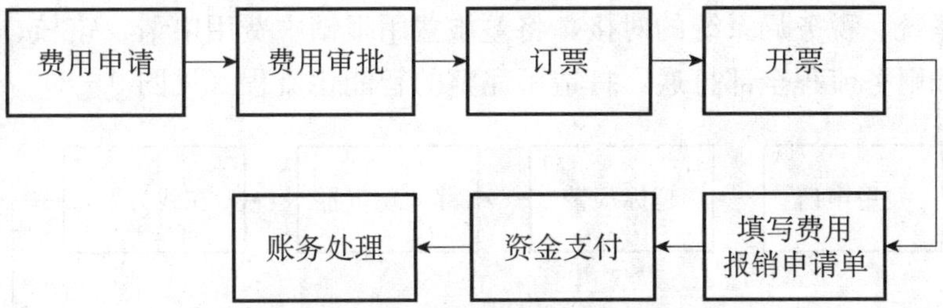

图 9-7 费用报销的基本流程

（一）传统财务共享服务模式下费用报销业务的问题

差旅费用报销是企业费用报销中广泛存在的高频业务场景。通常企业规模越大，员工数量越多，差旅支出也就越多，相应的报销需求也会增加。差旅费用报销业务看似简单，现实中却面临着很多问题。

从员工角度来看，传统财务共享服务模式下的差旅费用报销流程存在诸多痛点，分别是员工需垫支、报销流程长耗时久、收集整理验证发票烦琐等。此外，还存在差旅费标准管控不规范、虚假报销等多方面的问题。

针对以上问题，企业对于差旅费用报销的主要诉求在于：首先，提高费用报销合规性，尤其避免人为因素导致的发票错漏和假票、虚报现象；其次，提高费用报销和管理效率，减少业务人员和财务人员报销工作量；最后，提高费用报销透明度，加强对各类费用，尤其是客户招待费和公车私用补贴费用等管控难度较大的费用报销业务的管理和控制。

（二）智能技术在费用报销共享模块中的应用

（1）API 技术对接外部商旅系统。API 技术是不同软件组件进行信息交互的约定，各组件之间通过发送请求和接收响应进行交互。为了实现员工零垫资、零发票、零报销的核心诉求，企业费用报销需要向业务前端延伸，通过 API 技术与外部商旅系统实现对接，实现自动比价、自动下单、自动对账、自动结账，从而使差旅报销自动化，为员工提供从预订酒店、机票到自动开票和结算的全流程服务。

（2）OCR 技术智能审核票据。OCR 技术可以使企业获取单据票面的结构化信息，结合税务局系统，企业能够实现对商旅系统开具的发票进行自动核验（验真和验重），并将相关单据推送至财务共享服务中心。目前，OCR 技术已经支持对电票、专票、普票、电子客票行程单、火车票、普通机打发票、出租车票、定额发票等种类多、版式不同的票据进行采集和识别。可以说，OCR 技术提取发票包含的结构化数据是费用报销共享中实现智能审核的基础。在未来，结合 AI 技术、算法和模型，财务共享服务中心还能对费用报销情况进行实时预测和预警，从而实现更高程度的智能化。

（三）智能费用报销共享的价值

通过应用 API、OCR 等技术，财务共享服务中心的费用报销系统实现了与外部商旅系统、税务局系统的对接，将差旅费用报销中费用申请、审核、自动报销业务流程和财务流程全部打通，打造了完整的智能化流程（见图 9－8）。

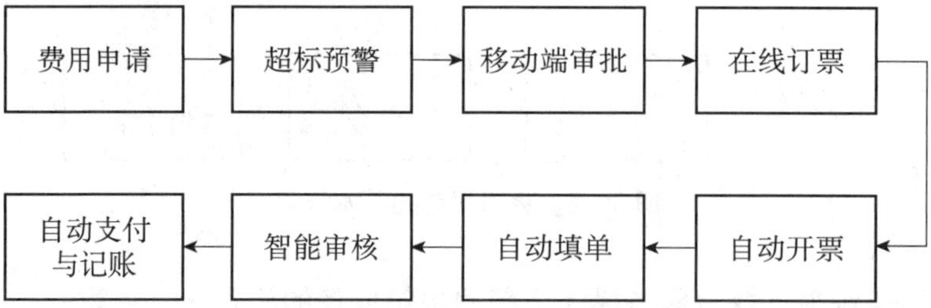

图 9－8　智能费用报销共享的基本流程

智能费用报销共享在预算方面，实现了事前预算—事中控制—事后分析的全程费用管控；在效率方面，实现了全面的自动化，大幅提高了费用报销工作的效率；在合规方面，可以自动验真与验重，智能识别假票、错票和重复报销问题，降低了风险；在配置方面，支持自定义个性化的费用报销流程设计方案，支持多级别审批的设定；在分析方面，可以实现费用支出状况实时可视化，便于企业管理者掌握企业经营状况，为决策提供数据支撑。

技术创新

每刻科技的数字化报销服务

视频

智能报销

每刻科技成立于 2015 年，是一家领先的差旅管理、费用报销和预算管理系统整合解决方案服务商，为财务团队提供费控系统管理软件，简化差旅费用报销和费用管理流程，帮助企业实现财务数字化转型。2015 年，每刻科技旗下的第一款产品企业费用管理 SaaS 云平台“每刻报销”正式上线，这一产品不但能够解决中小企业的报销问题，还能帮助集团型企业建立财务共享服务中心。

在费用报销环节，传统报销模式和报销系统均面临流程烦琐、处理时效滞后、重复性工作量大、员工抱怨多等问题。“每刻报销”通过连接第三方消费平台、企业内部管理信息系统、网上银行和第三方支付平台等第三方生态，实时抓取费用数据。通过生态合作，“每刻报销”能够帮助企业降低企业费用采购成本，提高费用采购和审批审核的效率。

在技术应用上，“每刻报销”基于发票智能 OCR 识别技术，支持 10 多种发票的群拍、群读和群验真，使用一键拍照即可对发票信息进行识别。通过大数据分析，“每刻报销”能够对企业费用数据进行分析，自定义报表功能则能够实现可视化展示，帮助企业进行有效的费用管控，为企业业务决策提供支持。

资料来源：https：//www. mp. weixin. qq. com/s/T1VbpfJR6iEYwPLzyDt2rg.

二、销售收款共享

销售与收款是企业重要的业务环节，也是形成企业利润和现金流入的主要部分。企业销售与收款的流程通常可以划分为签订合同、生成订单、发货、确定应收账款、开具发票等流程，如图 9-9 所示。

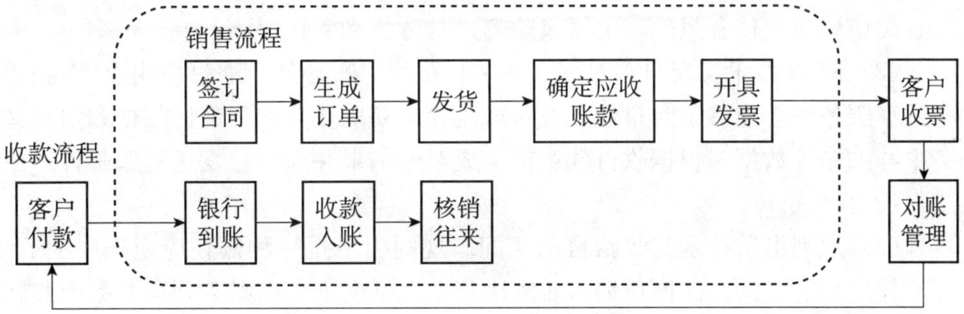

图 9-9　销售与收款的基本流程

虽然各个企业的销售与收款业务的具体情况不同，但从总体来看都具有程序复杂、单据繁多、工作量大和容易出错等特点。企业需要对客户实施分类管理，对应收账款进行集中处理，从而有效控制坏账，保障应收账款回收的安全性和完整性。而智能技术在销售收款业务中的应用对于满足上述需求具有重要作用。

（一）传统财务共享服务模式下销售收款业务的问题

在传统财务共享服务模式下，企业在财务共享服务中心设立专门的应收会计岗位对客户的应收账款进行账务处理，但是销售收款业务仍存在漏洞。

首先，传统财务共享服务模式缺少对客户的信用管理和合同管理。尤其是在集团制企业中，每一个成员公司的信息都是相对独立的，不同成员公司只能将客户在自己公司的往来交易记录作为信用额度的评估依据，无法参考集团内部其他公司的交易情况，这导致同一个客户在不同的成员公司之间有不同的信用额度，增加了企业的坏账风险。

其次，销售与收款业务环节的单据（如合同、订单等）审批仍然依靠线下手工处理。领导逐级审批、手工签字耗时较长，且各个签字审批环节具有不确定性，极大影响了整体运行效率。此外，线下纸质单据在从业务部门向财务共享服务中心流转的过程中也容易丢失，不利于文件的保存。

再次，传统的财务共享服务中心对业务的控制较为滞后。对于应收款项的收回，财务共享服务中心只能通过与销售人员的持续沟通来进行督促，对于销售人员“追款”这项工作，财务共享服务中心并不能进行很好的控制和监督，且会耗费财务人员日常工作中的大量精力。

最后，由于应收账款的台账和会计账相互独立，传统的财务共享服务中心在执行收款和核销工作时还是以人工“滚动清账”模式为主。因此，在与客户对账时，极易产生账目核对错误，处理效率较低。

（二）智能技术在销售收款共享模块中的应用

（1）知识图谱技术打造客户风险雷达。客户风险雷达依托知识图谱技术，在获取大量客户相关数据的基础上对数据之间的内在联系进行挖掘，经过数据的抽取、融合、加工等步骤完成理解、推理和计算，形成客户信用档案，对目标企业信用风险、舆情风险、债务风险、关联风险等进行分析和管控。

（2）RPA 技术实现自动对账。在应收账款对账环节，通过应用 RPA 技术，财务共享服务中心能够定时自动触发对账流程，获取业务部门销售数据和财务共享服务中心的账务数据，根据收付款逻辑生成对账结果并向客户发送对账邮件，由客户进行线上确认。

（3）规则引擎技术与收款自动匹配。规则引擎是一种嵌在应用程序中的组件，能够使用预定义的语义模块编写业务决策。规则引擎帮助财务共享服务中心在获取交易流水数据后根据配置好的规则将银行流水和应收账款台账进行高效匹配，从而智能识别来款类型，自动匹配客户、合同、项目等业务信息，快速完成应收账款的自动核销和账务处理。引入规则引擎后，只有那些无法自动匹配的收款才会被推送给财务人员进行人工比对，大大提升了清账和对账的效率。

（三）智能销售收款共享的价值

通过应用知识图谱、RPA 和规则引擎技术，财务共享服务中心的销售收款系统不仅实现了应收账款相关账务处理的自动化，也实现了客户信用风险管理的智能化。

智能销售收款共享的价值在于：一是提高灵活性，合同、订单和发票都可以通过线上审批、自动生成，且可以通过邮件、短信、公众号实时精准地向客户推送应收账款情况；二是实现档案的集中管理，客户、合同、订单、发票和账务相互关联，便于查询分析，规范高效，节约成本；三是降低风险，相关账务处理的自动化防范了虚开漏开发票、资金体外循环的风险，客户风险雷达也使得企业能够在全集团范围内对客户信用信息进行管理。

中国企业实践

智能采购付款共享与长虹集团

与销售与收款相同，采购与付款也是企业中十分重要的循环之一，且同样具有程序复杂、单据繁多、工作量大和容易出错等特点，需要企业对供应商实施统一管理和对应付账款进行集中处理。在传统财务共享服务模式下，企业的采购与付款同样存在着风险高、效率低和对账难的问题。智能技术在采购付款共享中的作用也是十分重要的。

四川长虹电子控股集团有限公司（以下简称“长虹集团”）于 2008 年建立了财务共享服务中心，并一直通过智能技术提升财务共享服务中心的效率和价值。

长虹集团财务共享服务中心应付账款管理组专门处理集团下属 200 多家子公司的应付账款业务。智能技术在长虹集团采购与付款循环中的应用主要体现在以下两个方面：

一是自动提取供应商发票。长虹集团收货后会定期或即时在其供应商管理系统发布收货凭证，供应商可以在系统中就自己的发货数据与长虹集团的收货数据进行比对查验，结果一致后在金税系统中开具发票，长虹集团通过 API 抽取发票信息并自动发送至结算平台。

二是应付账款的智能化对账与付款。长虹集团财务共享服务中心的结算对账平台按照设定的时间间隔，将供应商发票电子信息提交税务认证系统进行认证，并向供应商管理系统发布结算数据供购销双方进行核对和确认，按账期通过银企互联平台完成付款。

智能技术的应用使长虹集团采购付款的自动化程度大幅上升，手工处理业务锐减，单位人员耗用大幅下降，业务经办年均节约人力资源成本超过1 800 万元，效率提升 7%以上。与此同时，长虹集团对采购付款业务的管控水平也得到了进一步提升。

资料来源：吴玥瑭．财务共享服务中心支撑企业战略发展：基于长虹的案例分析［J］．财政监督，2018（2）：101－105.

三、资产管理共享

企业实务中的资产管理一般指对使用周期较长、实物管理难度较大的固定资产的管理。资产管理的基本流程如图 9－10 所示。

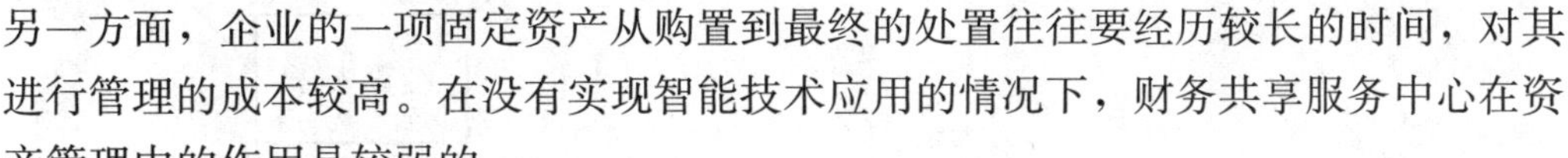

图 9－10　资产管理的基本流程

资产管理业务的难度较大是业务环节分散、周期较长的特点所导致的。一方面，企业固定资产往往分布在不同的层级和部门，无法直接对实物实行集中管理；另一方面，企业的一项固定资产从购置到最终的处置往往要经历较长的时间，对其进行管理的成本较高。在没有实现智能技术应用的情况下，财务共享服务中心在资产管理中的作用是较弱的。

（一）传统财务共享服务模式下资产管理业务的问题

传统模式下的财务共享服务中心主要负责固定资产相关账务的集中化处理工作，如集中计提资产折旧、核算资产处置损益等，与固定资产相关的信息依托资产所在部门的自主填报，财务共享服务中心对企业固定资产进行管理的能力较弱。

一方面，在传统模式下，固定资产的采购部门、使用部门和财务共享服务中心的数据不共享，难以实现资产采购、盘点清查和统筹调拨的联动，财务共享服务中心仅仅根据资产采购和使用部门上报的固定资产信息与相关单据进行账务处理，导致财务流和实物流分离。

另一方面，在传统模式下，企业往往重视固定资产的规模扩张而忽视对固定资产的后续管控。财务共享服务中心只能监控固定资产的账面价值，不能获取其实际使用情况。随着企业对固定资产投资的不断增加，固定资产规模扩张迅速但使用效率不高，常常会出现资产闲置或资产流失现象。

（二）智能技术在资产管理共享模块中的应用

物联网的核心技术——RFID的应用可明显提升财务共享服务中心资产管理的水平。RFID数据标签作为固定资产信息数字化的实物载体，是每项固定资产独有的身份信息标识，自固定资产形成之日便附着在固定资产实物上，固定资产的后续运营，均需要扫描RFID数据码完成验证匹配后，才能进行固定资产实物流转。财务共享服务中心可以通过固定资产的“一物一码”，追踪固定资产业务活动的过程，采集固定资产全生命周期信息，做到账实相符，还可以通过固定资产的流向，判断经济活动的真实性、合规性，防范风险，发现漏洞，自动识别风险点和控制点，进行实时控制，最终实现资产管理和财务核算的有效统一。

（三）智能资产管理共享的价值

与传统财务共享服务模式下的资产管理相比，智能资产管理共享在固定资产购置时，新增了RFID数据码的生成导出流程，此作为固定资产全生命周期管理的起点，为固定资产后续管理提供数据支撑，购置资产的基本流程如图9－11所示。

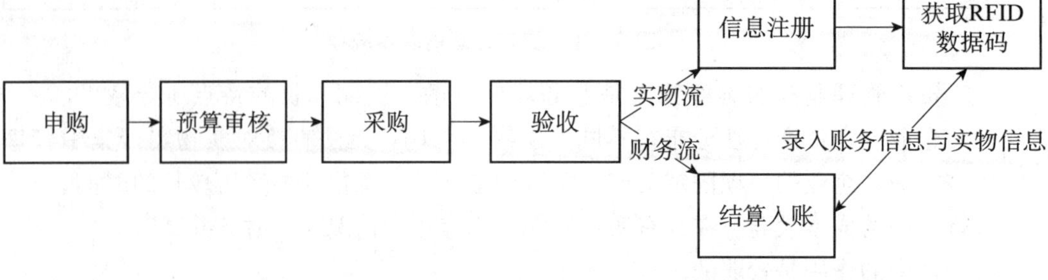

图9－11　智能资产管理下购置资产的基本流程

账实相符是固定资产后续管理的关键问题。在智能技术的应用下，财务共享服务中心所存储的固定资产与RFID数据码记录的内容是一致的。当固定资产后续状态发生变化时，通过扫描RFID数据码记录其流转情况，能够保障线上固定资产信息变动与线下固定资产实物流转的统一，实现固定资产的账实相符，处置资产的基本流程如图9－12所示。

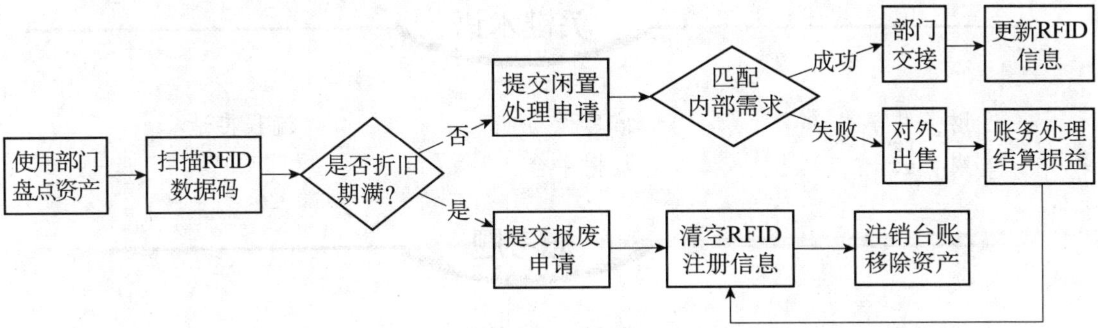

图 9-12　智能资产管理下处置资产的基本流程

总而言之，智能资产管理共享通过统一实物流和财务流，加强了财务共享服务中心对企业实物资产的控制，打破了“管控孤岛”，提升了财务共享服务中心工作的附加价值。

中国企业实践

中国铁塔的智能化资产管理

中国铁塔股份有限公司（以下简称“中国铁塔”）主营铁塔的建设、维护和运营，兼营基站机房及配套设施和室内分布系统的建设与维护，其成立旨在有效避免我国三大电信运营商铁塔、机房及配套重复建设，通过共享铁塔有效降低成本。截至 2021 年底，中国铁塔的业务覆盖 31 个省级分公司和 390 个地市级分公司，公司塔类站址数量 210 万座，资产规模超过 3 300 亿元。

为更好地发挥公司的规模效应与协同效应，实现资源的合理配置，达到进一步控制成本、精益运营、提升效率的目标，中国铁塔于 2021 年开始实施资产管理共享的智能化。

中国铁塔借助信息系统，为 210 万个铁塔站址进行站址编码，编码相当于铁塔站址的“身份证”，标识该铁塔站址的站址名称、站址类型、经度、纬度、所在地址等基本信息，可以归集发生在该站址的所有业务，进行全生命周期管理。与此同时，中国铁塔借助物联网技术，对全国铁塔动力设备及环境进行统一监控和统一派单，借助该物联网，中国铁塔可以实现遥调（调节运行参数及节能减排）、遥控（远程开关）、遥警（警告上报）和遥测（性能指标测试），大大加强了对实物资产的管控力度。

资料来源：刘梅玲，余坚，卜照坤，等．中国铁塔的数字化建设和运营之路［J］．中国管理会计，2018（3）：33-42.

关键术语

财务共享　　信息孤岛　　流程再造
财务云　　数据中台

思考题

1. 财务共享经历了几个发展阶段？各阶段的主要特点是什么？
2. 传统财务共享与智能财务共享的区别主要体现在哪些方面？
3. 相比传统财务共享，智能财务共享能够为企业管理带来哪些新的价值？
4. 技术发展和财务共享的发展之间具有怎样的关系？
5. 你认为智能技术还可以应用在哪些财务共享模块？

第十章
智慧审计

知识点脉络图

新技术对审计的影响
- 智慧审计的变革趋势
- 智慧审计技术的应用

↓

智慧审计的技术逻辑和运行机制
- 智慧审计的技术逻辑
- 智慧审计的运行机制

↓

信息系统审计与大数据审计
- 信息系统审计
- 大数据审计

学习目标

1. 掌握智慧审计的变革趋势；
2. 熟悉信息系统审计的内容与有代表性的计算机辅助审计技术；
3. 熟悉大数据审计的概念和大数据审计技术；
4. 了解大数据审计的规则。

素养提升

1. 结合数字时代潮流，树立智慧审计思维模式；
2. 掌握大数据审计技术与流程，培育数据挖掘、数据分析、问题发现能力；
3. 提升审计信息化专业知识素养，建立数智化背景下智能财务舞弊识别思路，为国家数字经济发展贡献力量。

引　例

国际“四大”：智慧审计的发展

2016年1月，普华永道开始与Blockstream联合研究、开发分布式账本和智能合约技术，是最早与区块链技术公司合作的四大会计师事务所。2016年5月，德勤与 BlockCypher、Bloq 等区块链初创企业展开合作。2016 年 9 月，毕马威和微软开始合作开发区块链技术。2016 年 10 月，安永开始与 Bitfury、Paxos 等区块链公司合作。2018 年 3 月，普华永道正式推出区块链审计服务。

区块链是一种分布式的、安全可信赖的技术，为审计带来了两大优势：(1) 透明、安全的数据机制。数据公开透明，对所有参与者提供审计功能，并且数据几乎不可篡改，能避免中心点故障，抵抗恶意攻击，稳定、可靠。(2) 去中介化的信任机制。没有可信第三方中介的情况下也能达成交易，从而大幅降低交易成本，显著提升效率。于是，“四大”纷纷开始发展区块链，并在不同领域推进区块链的应用。

以普华永道为例，它认为区块链在金融服务领域有着巨大潜力，为了利用区块链并使其商业化，普华永道招募了 15 位领先的技术专家，于 2016 年 1 月成立新的全球技术团队。此后，普华永道与众多企业展开合作，以提高区块链在世界范围内的适用性。在一份报告中，普华永道宣布“区块链正在从实验走向实践”。

实际上不仅仅是区块链，其他人工智能技术也广泛应用于四大会计师事务所的审计业务中。德勤会计师事务所推出了具备自我学习和更新功能的财务机器人。四大会计师事务所中的其他几家在智能审计领域均已开始布局。普华永道研发了 RPA，主要是把一些程序化、重复性强、不需做出直观判断的工作派发给电子化员工团队完成；需要职业判断、技巧性强的工作派发给常规员工完成。普华永道某合伙人表示：“目前，RPA 主要应用于管理咨询方面，帮助企业降低成本。新科技的应用让我们在服务客户的同时，尝试开拓新的领域。下一步会将人工智能运用在审计领域，与人工整体协作，使事务所业务处理更精准，审计工作更高效。”

资料来源：https：//www. bdo. com. cn/en-gb.

上述引例认为利用区块链和人工智能技术可以有效提高审计效率和准确性。这些新兴技术的应用不仅改变了审计方式，也为审计师提供了更多的工具和方法，使审计师能够更高效地执行审计程序。然而技术的应用只是智慧审计发展的一部分。接下来，本章将深入探讨智慧审计的变革趋势、逻辑和规则，帮助读者更全面地理解这个领域的发展方向和可能的挑战。

第一节　新技术对审计的影响

本节主要讨论了智慧审计的变革趋势以及智慧审计技术的应用。在数智时代，审计流程、审计范围和审计时间可能发生革新，大数据、RPA 和 IPA、人工智能、区块链等技术使审计变得更加智能化。

一、智慧审计的变革趋势

党的十九大报告首次提出“智慧社会”的概念。作为一种新的社会形态，智慧社会具备三大特征，即智能化、网络化、数字化。随着社会信息化水平的逐步提高，信息技术逐渐嵌入国家治理的各层面、各环节，对国家治理提出了数字化转型的要求，也推动了智慧治理的规划、设计、建设和应用，改变了国家治理的结构、过程及运行方式。而审计作为一种独立的经济监督活动，是社会治理的不可缺少的重要环节，因此，传统审计模式在当前时代背景下必然要迈出新的一步，向智慧审计模式转变。相较于传统审计模式，智慧审计在审计流程、审计范围和审计时间等方面都发生了变化。

（一）审计流程：从传统审计到智慧审计

数智时代背景下，传统审计工作方式已经无法满足现代经济社会的审计需求。审计信息化领域开始注重审计实践与大数据的结合，并通过借助区块链、云计算、人工智能等系列现代化信息技术来赋能审计实践。智慧审计在此背景下应运而生，发展成为数智时代下一种全新的审计模式。智慧审计是指将数智技术和场景应用于审计工作中，通过辅助或改进审计，进而提高审计效率与效果的审计模式。

智慧审计系统主要包括三个架构：数据架构、技术架构和应用架构。首先是数据架构，该架构是智慧审计的基石，数据来源多样，模态多样，系统需要对数据进行有效治理并打通。其次，搭建技术架构，计算机技术是智慧审计系统得以有效运转的核心，数据和业务逻辑映射分离，界面控制则可由组件技术完成，以达到快速响应不同审计需求的目标。最后，智慧审计系统需要落脚于应用之上，通过梳理审计需求可提炼出具体的功能主题和模块，之后设计满足智能化自动运行的架构，主要有以数据采集、管理及建模等功能为主的数据仓库，以项目管理、检索、自主分析、脉络审计、方法指引和个人中心等功能为主的应用中心，以审计方法共享、智能升级、运维监控和服务器管理等功能为主的控制中心。三大架构相辅相成，共同构建了智能、自动且高效的智慧审计系统。

（二）审计范围：从抽样审计到全面审计

传统的审计方法通常采用抽样审计，即通过合理的抽样设计，从被审计单位财务数据的局部质量推断其整体特性。抽样审计方法存在一些固有的弊端：一方面，抽样方式的固有缺陷使得完全的随机性难以实现；另一方面，未被抽到的数据可能是对审计结果有重大影响的数据。因此，在抽样审计方法下，审计工作受限于选取的样本，可能会遗漏对重要业务活动的评估。

在智能化审计时代，抽样审计的必要性大幅下降，审计范围可以转变为全面审计。全面审计可以揭示数据中的隐藏缺陷，这些缺陷可能在抽样审计中无法克服。智能技术（如网络爬虫、资源共享等）的发展使得审计师对公司财务数据的分析和获取能力得到了显著提高，可以通过实质性程序对全样本审计数据进行分析，降低潜在的审计风险，避免抽样审计对审计结果的影响，更准确地评估企业的财务报告质量。

（三）审计时间：从事后审计到实时审计

传统的财务审计是一项事后导向的活动，其主要目标是审计过去一段时间内发生的交易，并确保“被审计单位的财务报表在所有重大方面均已按照适用的财务报告编制基础编制”，以便在特定时间内发表正确的审计意见。这一时间差为被审计单位提供了篡改财务信息的可能性，也增加了财务舞弊的风险。然而，随着智能化的发展，实时审计成为可能。

在智能化背景下，审计数据可以实时传输，一系列技术可以对传统财务信息进行分割，针对难以有效利用的问题进行有针对性的改进，使信息在不同系统间的流转变得更加便利。这些特性使审计人员有能力进行实时审计，解决了事后审计存在的问题，使审计意见具有更高的准确性和更大的参考意义。

知识拓展

普华永道投资审计自动化技术

近年来，随着AI的不断发展和应用，越来越多的传统行业向AI转型。会计行业是其中之一。相对于其他行业，会计行业的数字化转型较晚，但是，现在越来越多的会计公司开始尝试将AI应用到业务中，以提高效率、降低成本、减少风险等，取代系统化工作，实现自动化。

普华永道曾宣布将向旗下美国业务的生成式AI投资10亿美元，与微软和ChatGPT母公司OpenAI合作，使其税收、审计和咨询服务的各个方面均实现自动化。这一决策代表了普华永道对AI的信心，同时也标志着AI将越来越多地应用于会计行业。

从历史上看，会计工作一直被认为是一项需要高度专业化和人力投入的工作。但是，随着科技的发展，越来越多的系统化工作被自动化取代，为会计行业带来了更多的机会。在当前的市场环境下，会计公司不得不考虑改变其商业模式以适应这一趋势。AI的应用将成为数字化转型的关键驱动力。

随着工具和技术的发展，AI已经在会计领域实现了自动化。审计服务是会计公司的核心业务之一。现在，许多会计公司在尝试使用AI来自动化审计过程，提高审计效率和质量。例如，审计中的数据分析是一项烦琐而耗时的任务，而使用AI可以快速地处理大量的数据，从而提高数据分析的效率和准确性。同时，AI还可以通过流程自动化来降低审计成本。毕马威的AI驱动的智能审计就是一个很好的例子。该系统可以自动识别账务异常情况，并提供实时的决策支持。

资料来源：https：//www. pwccn. com/zh/services/audit-and-assurance/harnessing-ai-to-pioneer-new-approaches-to-the-audit. html.

二、智慧审计技术的应用

在当今时代，智慧审计的发展不断突破传统框架，积极融合和应用了众多智能技术，包括人工智能、大数据、自然语言处理、数据可视化等。在这些技术中，大数据、RPA、人工智能、区块链以及 IPA 的应用尤为广泛，它们共同构建了智慧审计的技术基础。大数据使审计人员能够高效处理海量信息，提高审计效率和准确性；RPA 通过自动化重复性高的任务，进一步提升审计工作的效率；人工智能技术则通过模拟人类的认知功能，为复杂的审计决策提供支持，在分析和解读财务数据方面展现出其强大的能力；区块链以其独特的不可篡改性质，为审计带来了更高级别的数据安全保障；IPA 则结合了人工智能和 RPA 的优势，通过智能化地自动执行流程，不仅提高了审计工作的效率，同时也提升了审计质量。这些智能技术的综合应用，标志着智慧审计正朝着更加高效、准确和智能化的方向发展，极大地推动了审计领域的现代化进程。

（一）大数据在审计中的应用

大数据的发展构成了人工智能等先进技术在审计及其他领域的应用基础。在审计过程中，数据主要包括被审计单位信息系统的财务数据、业务数据和相关支撑资料，同时也包括来自外界的数据。大数据审计的数据来源比传统审计广泛，不仅包括从历史审计项目中提取的审计经验数据，也涵盖从互联网公开数据中自动获取的公司关键信息，以及物联网传感器收集的数据等。从数据类型上看，大数据审计包括结构化数据以及文档、音频、视频、图像等非结构化数据。

大数据在审计中的应用带来了显著影响。首先，随着数据获取和分析能力的提升，能够对现有的多行业、多部门、多类型数据进行深度、多维度的关联分析，利用信息化技术识别和评估风险，提升分析水平，实现数据价值的最大化。其次，大数据审计减少了对抽样审计的依赖，降低或消除了抽样审计带来的额外风险。这使得审计分析过程更加连贯，审计的进行不再局限于审计项目的开始和结束，而是可以全面覆盖被审计单位的日常运营过程。现有研究认为，大数据获取的审计证据具有充分性、相关性和可靠性的特点，通过大数据分析获取的证据在特定情况下相较于传统审计证据更符合审计准则中对审计证据的要求。同时，审计师可以利用大数据技术和方法来预测财务困境，结合专业判断可以更好地确定企业未来的财务状况。审计师还可以通过使用大数据财务欺诈模型来加强欺诈风险识别和评估。

（二）RPA 在审计中的应用

RPA 拥有三大特征：机器处理、明确规则和模拟用户操作与交互。因此，RPA 特别适用于具备可重复性和确定性判断的审计任务自动化。具体来说，RPA 在审计过程中可分为四个应用阶段。第一阶段，审计师基于 RPA 标准、数据兼容性和程序复杂性三个因素，选取适用于自动化的审计程序。第二阶段，审计人员对当前审计程序进行修改，同时扩大程序规模并确保数据标准化。第三阶段，审计人员在企业内部运行程序。第四阶段，通过评估绩效、检测审计风险和监控操作，评估基于 RPA 的审计程序。

1. 第一阶段：选取适用于自动化的审计程序

审计程序必须满足以下三个条件才能被选为自动化对象：定义明确、高度重复性和应用性强。首先，定义明确的审计程序是非主观且结构化的，RPA 软件能按照明确的、规则化的指令执行任务。其次，应优先选择高频率的审计程序，因为这将最大化自动化的潜在效益。最后，选择已成熟发展且应用性强的自动化审计程序，这些程序标准化程度高，预测结果和成本更准确，且人工干预更少。

审计团队需检查使用的数据是否与 RPA 软件兼容。尽管 RPA 商业软件能从非结构化来源提取和解释文本信息，但结构化数据在准确性和最小化处理成本方面更优。

审计团队也需考虑程序的复杂性。审计公司应明白，虽然 RPA 易于实施，但实施过程需要时间且存在风险，常常会失败。根据编程的复杂性，RPA 程序可能在几天或几周内完成。为降低实施风险，会计师事务所应评估潜在审计程序的复杂性，并通过概念验证或试点项目来证明 RPA 在流程复杂性较低的情况下的可用性。

2. 第二阶段：修改程序

审计师需检查并在必要时修改当前的审计程序以适配 RPA 软件。此外，审计师处理能力的有限性不再是限制因素，会计师事务所可以扩大审计规模，将部分程序从抽样得到的样本扩大到全样本，从而避免抽样风险。

同时，数据也必须进行标准化。审计人员可能从多个来源收集数据，因此同一对象的标签在不同程序输入时可能不一致。举例来说，从客户 ERP 系统中提取的供应商名称可能是亚马逊，但合同上列出的正式名称可能是 Amazon. com。虽然审计师可以轻松理解亚马逊和 Amazon. com 是同一家公司，但 RPA 软件无法做到这一点。因此，会计师事务所需要在系统运行前检查和确认数据的一致性。

3. 第三阶段：内部运行

在运行阶段，会计师事务所应高度关注 RPA 技术的使用过程，确保有效运行，同时保护好客户公司的机密信息。

4. 第四阶段：评估

在最后阶段，审计团队需要对 RPA 项目进行现场测试，以评估指定任务的完成情况。如果评估显示程序需要调整或改进，审计团队需要重复上述三阶段的任务，即再次评估所选程序、修改程序并运行程序，直到 RPA 软件按预期执行程序。RPA 应用框架如图 10-1 所示。

在对操作重复性强且具有稳定规律的业务流程开展审计时，应用 RPA 技术可以极大降低审计人员的沟通成本，减少文字工作，降低审计工作对业务部门日常工作的干扰，使审计人员有更多的时间来执行需要专业判断的更高层次的任务。此

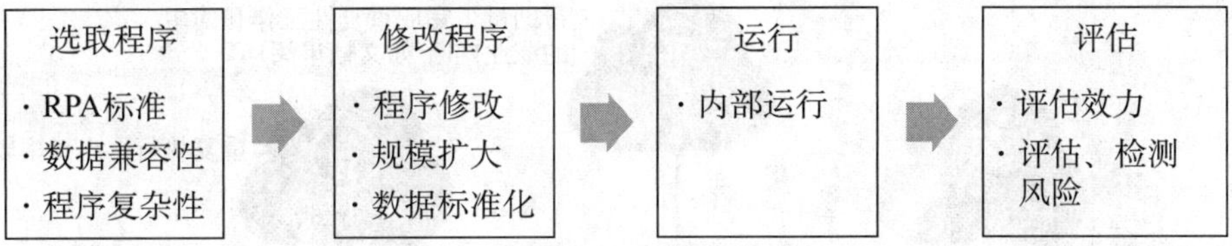

图 10-1　RPA 应用框架

外，RPA 还可以最大限度地减少或避免人为错误，如确认金额时的错误、工作报告中的错误以及忽略信息等。

知识拓展

德勤 RPA 的形态与招式

一、形态

德勤 RPA，小名“小勤人”，通过用户界面设计软件把基于规则的流程自动化，RPA 可以在任何软件上运行，包括基于网络的应用程序、ERP 系统甚至远程虚拟机。RPA 是一种计算机编程软件，可以替代人类执行基于既定规则的高重复性工作。同时 RPA 能不受系统间接口和 IT 基础架构的限制，通过非侵入的方式模仿人类行为对信息系统进行操作（如我们平时常见的复制、粘贴、收发邮件，甚至简单的爬虫功能）。目前，“小勤人”已经在合并报表、纳税申报、银行业监管报送等方面发挥了巨大的优势。

二、招式

随着经济环境的高速变化、信息技术的快速发展、数据应用的持续拓展以及金融机构业务的不断创新，传统的访谈、现场观察、文件检查、重新执行等“老四样”已经无法在银行业务日益复杂、金融创新不断丰富的背景下满足监管部门的要求，银行内部审计部门也需要及时、全面获取经营管理相关信息。在银行业的传统内部审计工作中，资料获取的困难性、检查频率的间断性、抽样技术的随机性以及大量的重复性工作、高昂的沟通成本，都为银行的内部审计工作带来了诸多限制，阻碍了内部审计部门监督和查错纠弊职能的发挥。

为适应银行业日益严格的监管环境和复杂的业务场景，银行的内部审计部门比以往更加迫切需要一个自动化持续工作、可扩展、低成本的审计工具。为解决银行业内部审计周期长、沟通成本高、重复、工作量大的业务痛点，德勤在“小勤人”的基础上进一步与德勤推出的行业领先的智能应用业务相结合，使 RPA 插上人工智能的翅膀，开始向机器人认知自动化（robotic cognition automation，RCA）方向发展。“小勤人”在整个内部审计的生命周期中，可以在内部审计执行过程中协助内部审计人员完成自助式内部审计数据采集、自动化测试、自动化文档审阅、自动化底稿编制、内部审计项目管理等工作项目。与传统内部审计相比，“小勤人”的主要优势如图 10-2 所示。

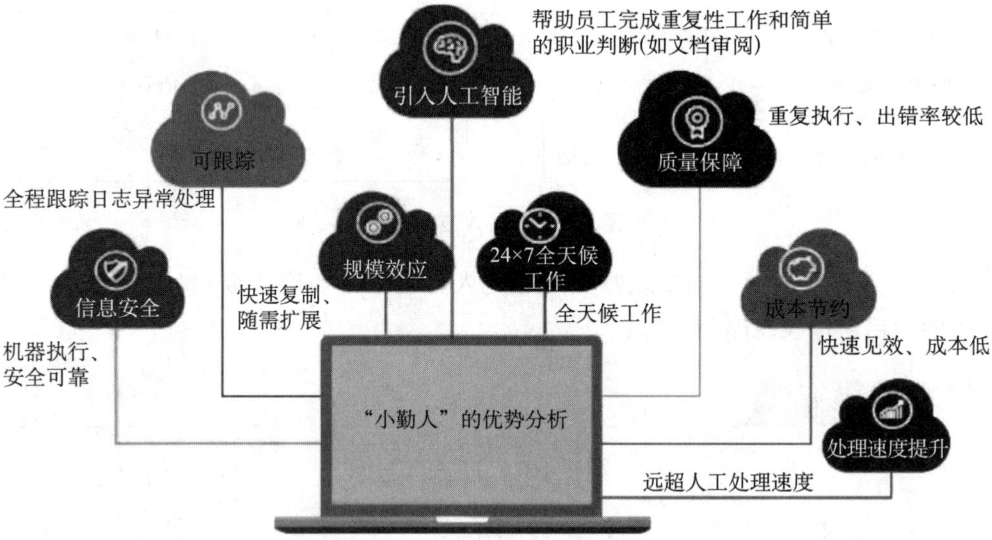

图 10-2 "小勤人"的主要优势

资料来源：Felipe de O S，Ian G，Ricardo L P B，Ludmila C de O. Triple entry ledgers with blockchain for auditing [J]. International Journal of Auditing Technology，2017，3 (3)；https：//www2. deloitte. com/cn/zh/pages/risk/articles/smart-audit-phase-II-seven-weapons-of-smart-audit. html.

（三）人工智能在审计中的应用

目前阶段，人工智能在审计中的应用研究主要集中于以下五个领域：

（1）利用虚拟助手和认知技术辅助审计人员的工作。虚拟助手和认知技术可以帮助审计人员处理大量的数据和复杂的任务，如数据收集和初步分析，让审计人员有更多的精力专注于更复杂的任务。同时，认知技术可以帮助审计人员更好地理解和解析数据，从而做出更准确的判断。

（2）使用自然语言处理技术处理与审计相关的文本信息。自然语言处理技术可以帮助审计人员理解和分析文本数据，如合同、报告等。这可以帮助审计人员更快地获取信息，更准确地评估风险，从而提高审计的效率和准确性。

（3）结合自然语言处理技术和深度学习从文档中提取情绪特征信息。通过对情绪特征信息的提取以及对社交媒体商务沟通文件的深度学习，审计人员可获得与审计相关的信息，例如一个公司的内部通信如果显示出大量的负面情绪，则可能表明公司存在管理问题或道德风险。

（4）应用机器学习算法进行预测和分析。机器学习算法可以帮助审计人员预测未来的趋势，分析数据的模式，从而做出更准确的判断。例如 Ding、Peng 和 Wang（2019）运用机器学习技术提出了一种基于财务比率的同行选择方法，并将该方法作为风险评估工具来预测一个公司是否可能出现财务问题。

（5）运用图像识别技术。图像识别技术可以帮助审计人员更准确、更有效率地评估物理资产，通过使用无人机和图像识别软件，审计人员可以更准确地评估公司的存货数量，从而更准确地评估公司的财务状况。

从审计实务来看，四大会计师事务所均在智慧审计领域进行了持续的探索和研究，并将智慧审计技术融入审计服务。毕马威将 IBM 的“沃森”认知计算应用到审计服务中，开发出人工智能审计工具，实现了审计认知的自动化，并在其审计平台 Clara 中引入了认知和预测技术。普华永道开发了 Halo 智能分析平台，并与人工智能公司 H2O. ai 合作，开发了一个虚拟机器人，该机器人可进行人工智能分析和检测总分类账异常。德勤和安永采用人工智能，从包含非结构化数据（如合同、发票和图像）的文件中提取信息以获取审计证据，显著降低了审计风险。

表 10 - 1 简要介绍了常见的人工智能技术。

表 10 - 1　常见的人工智能技术

自然语言处理	自然语言处理帮助计算机理解、解释和操纵人类语言。自然语言处理技术可以用于内容分类、主题发现和建模、上下文提取、情感分析、语音和文本的相互转换、文档摘要和机器翻译等
自然语言生成	与分析文本的自然语言处理技术不同，自然语言生成主要通过将数值数据转换为自然语言来生成文本
计算机视觉	计算机视觉使计算机能够从图像、视频或其他多维数据中获取信息
机器学习	机器学习的核心是利用实例数据或过去的经验对计算机进行编程，以优化性能标准
虚拟代理	虚拟代理是一种充当在线定制服务的 AI 应用程序，回答客户的问题，并采取适当的非语言行为
认知计算	认知计算系统是能进行大规模学习、有目的推理和与人类自然互动的系统。认知计算将计算机科学与认知科学相结合，用计算机来模拟人的思维过程

知识拓展

人工智能审计应用的国际进展

人工智能是一种旨在模仿人类认知能力和判断力的新兴技术，会计师事务所在其审计和咨询业务中若能加以合理应用，将能够提供更加快捷、精准化的数据分析，有效识别审计领域中的风险，也能提高审计效率和审计质量。国际四大会计师事务所积极探索人工智能在审计业务中的应用，不断加大在人工智能领域的投资，在审计计划、风险评估、交易测试、分析和编制审计工作底稿等审计实践中，人工智能被用于进行审查总账、税务合规、编制工作文件、数据分析、费用合规、欺诈检测和决策制定等。例如，普华永道与 H2O. ai 人工智能公司合作，研发了一款名为 GL 的创新机器人，GL 通过对海量大数据的深度分析，能够帮助审计人员在短时间内了解企业，发现舞弊和异常情况。2017 年 GL 被《国际会计公报》评为“年度审计创新”，该款机器人已在加拿大、德国、瑞典、英国等 12 个国家的 20 个审计项目中成功应用。安永开发了一款基于云计算平台的EYAtlas，将人工智能融入审计师的支持性环境，这款整合了人工智能和语音识别能力的智能审计程序为员工和客户带来领先的研究体验。此外，安永还在存货审计业务中使用了带有人工智能的无人机对牛群实施盘点，使得存货数据更加实时、准确。德勤开发了一个审计专家系统，能够协助审计人员在制定审计风险策略时，高效获取以往审计库中以及全球所有同事知识库中的知识和经验，为风险评估提供支持。此外，德勤的Argus是一个智能工具，可以分析、搜索和定位文件中的修订内容，帮助审计人员识别合同中的微小差异，使得以往耗时耗力的文本分析工作变得快捷高效。Davenport和Raphael（2017）给出了一个德勤“认知审计”策略的例子，该策略的基本思路是“审计流程标准化—标准化流程数字化—数字化流程自动化”，并在审计过程中融入先进的数据分析和数据挖掘技术，最后，利用认知（增强）技术对审计分析和决策系统进行改造。

资料来源：吴勇，余洁，王尚纯，等．人工智能审计应用的国际进展［J］．中国注册会计师，2021（6）：121-126.

（四）区块链在审计中的应用

区块链是指：（1）利用块链式数据结构验证与存储数据，（2）利用分布式节点共识算法生成和更新数据，（3）利用密码学的方式保证数据传输和访问的安全，（4）利用由自动化脚本代码组成的智能合约，进行编程和数据操作的全新的分布式基础架构与计算范式。这种运行模式使得区块链具备去中心化、强验证、无法篡改等优点。

在大数据时代，审计数据的特征表现为海量化的数据数量、多样化的数据类型、较低的数据价值密度以及较快的数据处理速度。然而，数据存储媒介的固有缺陷，比如更难发现的数据存储修改痕迹和难以追溯的篡改源头，给审计证据的可靠性带来了巨大的挑战。面对此状况，区块链以其透明性、不可篡改性和可追溯性等特点，为数据风险问题提供了一个解决方案。

区块链技术在审计中具有广泛的应用空间。

首先，“区块链＋审计”应用系统作为分布式存储的典型示例，每个节点都存储了相同的备份，可以确保数据信息的安全性和完整性。

其次，在审计中应用区块链可以实现工作流程自动化，从而提高审计效率。审计师使用区块链有很多优势，包括通过各种自动化（交货确认、发票自动支付）来简化会计处理、允许自动确认与第三方的交易、自动审计某些管理层认定（如存在、发生、准确性和完整性等）。智能合约作为区块链更为具体的应用，在审计中有很大的发挥空间。有了一个运行着区块链协议的共享数据库，智能合约就可以自动执行了，且出现错误和被操纵的风险极低。

最后，区块链在审计中的深度应用使得持续审计成为现实。相较于传统审计，区块链可提供几乎实时的被验证过的交易记录，使得持续审计成为可能。通过将交易的处理与交易的记录融合在一起，区块链将大大提高审计效率，节约更多时间，人工犯错的风险也将大大降低。由于区块链提供持续审计，审计不仅变得简单，也变得更有效率。其原因在于：持续审计可在舞弊发生时就监测到异象，能够更及时地展开调查；由于审计将不再限于每财年截止前后的特定期间，区块链赋能的持续审计可以增强审计师对被审计单位业务的理解。

根据《华尔街日报》的报道，普华永道在2018年3月16日正式宣布推出区块链审计服务，实现该领域的重大突破。① 这项服务允许企业对区块链的使用情况进行外部审查，从而确保区块链被正确使用，同时让员工能够在近乎实时的情况下，测试和监控区块链账目与交易情况。

尽管区块链在政府、金融服务、智能制造、教育就业以及社会公益等领域实现了广泛的商业应用，但在审计领域，区块链的应用并未达到预期。当前的区块链尚不成熟，无法满足高频交易的需求，共识算法的内涵与外延仍需进一步拓展，智能合约还有待进一步发展，在不同场景下的区块链应用模式也仍需进一步探索。但可以预见的是，未来在区块链的助力下，审计质量将进一步提高。

知识拓展

区块链建设实践

普华永道、德勤、毕马威和安永对区块链的关注和投入越来越多。普华永道推出了Vulcan数字资产服务，收购了中国公司唯链（VeChain）的股份；德勤在德国设立了第一个区块链实验室，并推出一站式区块链软件平台Rubix；毕马威先是推出数字账簿服务（digital ledger services），之后又加入华尔街区块链联盟（WSBA）；安永推出了一套基于区块链的审计技术EY Blockchain Analyzer。这四大会计师事务所又在2016年与美国注册会计师协会联合发起首个会计分布式账本联盟。四大会计师事务所积极推进区块链项目的发展，表明了区块链的特性将重塑外部审计。

2016年在中国，由11家机构共同发起中国分布式总账基础协议联盟，旨在开发研究分布式总账系统及其衍生技术。全球领先的企业服务提供商用友公司开展了将区块链技术应用于会计信息化服务平台的项目研发，以期规避财务舞弊风险，提高财务信息的真实性、可靠性。2018年深圳市税务局和腾讯联手开出首张区块链电子发票，电子发票现已覆盖100多个行业，累计开票600多万张，金额达40亿元。电子发票深度结合区块链技术，将发票开具和线上支付相结合，实现“资金流、发票流”二流合一，存在传统发票无可比拟的优势。区块链电子发票的密码区由哈希值显示，一旦遭到篡改，必会留下痕迹。区块链技术的独特分布式数据存储、数据不可篡改与信用互认等优势，可以从发票源头遏制舞弊行为。

资料来源：https：//www. pwccn. com/zh/services/audit-and-assurance/harnessing-ai-to-pioneer-new-approaches-to-the-audit. html.

① https：//www. ccn. com/pwc-to-provide-audit-service-for-blockchain-to-stimulate-adoption.

（五）IPA 在审计中的应用

延伸阅读

IPA 为德勤的审计工作增值

IPA 集成了 RPA、人工智能和其他技术，以形成从 RPA 领域到认知自动化领域的自动化连续体。将人工智能与 RPA 结合在一起，能够进一步将复杂任务从自动化提升到智能化。

传统的 RPA 专注于建立单个机器人，擅长处理结构化的任务，使工作人员的重复性任务自动化。而结合了人工智能的 IPA 的业务范围更广，涉及工作人员和多个审计机器人之间的协调，并包括整个流程的生命周期，甚至包括识别自动化的机会以及根据监测到的性能持续对审计机器人进行再培训。如果能开发出 IPA 审计机器人，则意味着在很少审计人员参与的情况下进行审计，这里不仅仅是指 IPA 审计机器人可以执行审计过程中重复的、可复制的和常规的任务，更是指 IPA 审计机器人可以模仿审计人员的思维方式做出审计判断决策，可以在执行任务的过程中不断积累经验进行学习，强化决策能力，从而达到或超越审计人员的水平，完成审计人员不能完成的任务。IPA 可以被理解为一个“感觉—思考—行动”的循环（见图 10-3）。

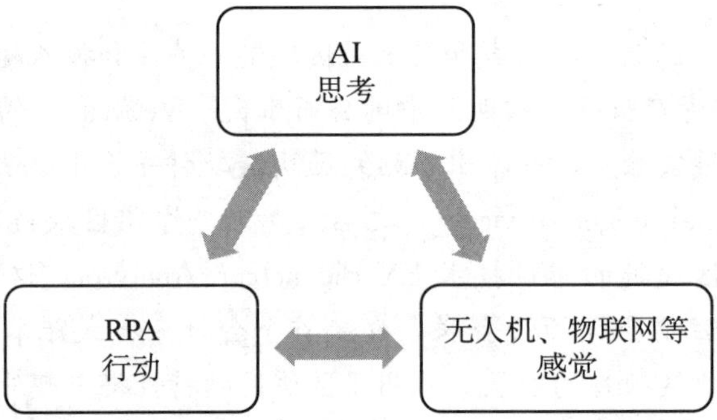

图 10-3 基于 IPA 的“感觉—思考—行动”循环

在感觉阶段，自动化系统会利用人工智能技术（如自然语言处理、机器学习、计算机视觉等）来收集并理解环境中的信息，如读取并理解电子邮件、网页、文档、应用程序、数据库等。一旦收集了信息，自动化系统就会对其进行分析和解释（即思考）以确定接下来的行动。思考阶段包括了识别、预测和推理等。该阶段也涉及人工智能技术，如深度学习、推理引擎和预测模型等。在感觉和思考之后，系统将执行实际的任务，即行动。自动化系统通过 RPA 在用户界面级别上模拟人的行为，可以填写表单、发送电子邮件、操作软件应用等。完成了这一系列操作后，IPA 重新返回到感觉阶段，进行新任务的学习。因此，IPA 这种“感觉—思考—行动”的循环可以帮助自动化系统以一种更接近人类的方式来执行任务，从而提高效率，降低错误率，并实现更广泛的自动化应用。IPA 技术构成如表 10-2 所示。

表 10-2 IPA 技术构成

IPA		
RPA	人工智能	其他技术
	机器学习	大数据
	计算机视觉	无人机
	虚拟代理	物联网
	自然语言处理与生成	区块链
	其他	智能工作流

第二节 智慧审计的逻辑

数据、算法、算力是人工智能发展的三大核心要素，智能化变革需要三大要素的协同发展。

一、数据

数据是洞察现实业务运行规律的基础资源，算法则是实现智能判断、决策与知识生成的逻辑核心，算力为数据处理与算法运算提供强有力的支撑。本节从数据、算法和算力三要素视角来认识智慧审计的逻辑，并形成基于“场景—数据—算法”的智慧审计逻辑框架（如图 10-4 所示）。从该视角看，无论是社会审计，还是内部审计和国家审计，其智能化转型均受数据、算法和算力的协同发展驱动，逻辑相似。风险导向审计的核心逻辑是通过了解被审计单位及其环境，识别和评估重大错报风险，针对重大错报风险设计和执行审计程序，获取充分适当的审计证据，形成恰当的审计意见，以实现审计目标。该逻辑充分体现了审计中的数据和算法要素。一方面，审计需要基于充分适当的审计证据，审计证据主要为来源于各种形式的数据，例如财务数据、非财务数据等。另一方面，在审计过程中，需要基于审计证据或数据进行分析、判断与决策。例如，在风险识别和评估过程中，通过获取和分析各数据或证据之间的关系来揭示风险，如存在存贷双高、勾稽关系不一致、内外部数据矛盾等情形时，可能存在风险点，这体现了基于专家的经验积累形成的识别风险的算法规则。在审计行业常用的舞弊“红旗标志”（red-flags）是审计行业历年积累下来的识别舞弊的经验，本质上就是基于专家经验的识别舞弊的规则。由此可见，数据和算法规则是审计的核心要素，即围绕审计目标，通过获取相关数据，利用算法规则进行分析、判断、决策乃至报告，以实现目标。随着人工智能、大数据等数智技术的快速迭代，在算力的保障下，数据、算法与审计业务场景融合程度不断深入，共同推动审计智能化发展。

数据是审计智能化发展的核心资源，是智能分析、判断和决策的基础，没有数据的支持，再先进的算法和算力也无法发挥应有的价值。如图 10-4 数据基础部分

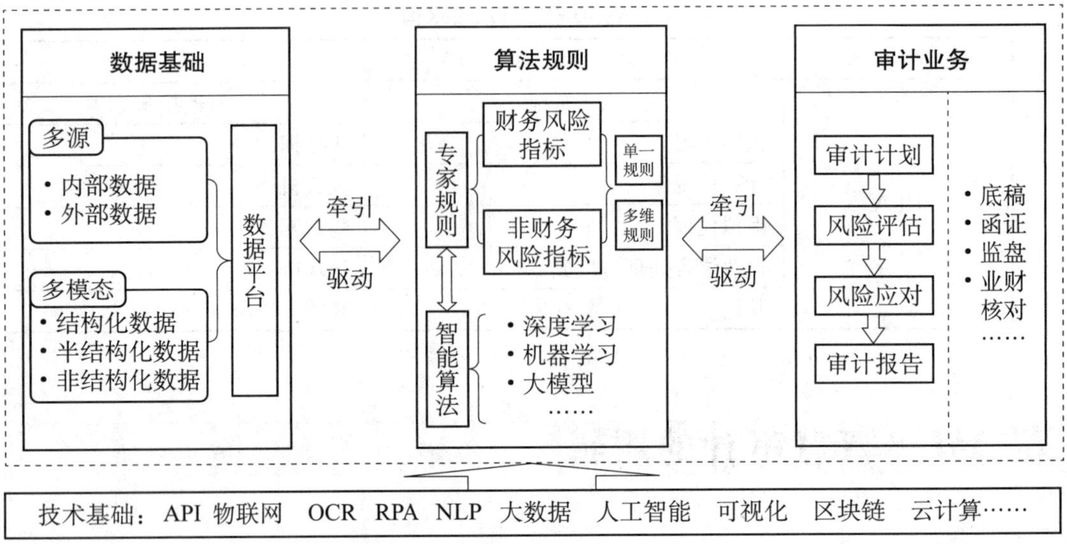

图 10-4　智慧审计逻辑框架图

所示，审计数据结构不断向多源化和多模态化演进，极大地丰富了审计可用的信息。从来源来看，能为审计所用的数据不仅包括企业内部数据，如财务数据、生产数据、人事数据、销售数据、业务流程数据等，还包括更为广泛的外部数据，如宏观数据、行业数据、媒体数据、司法数据等。从模态来看，审计相关数据还涵盖结构化数据（如财务数据）、半结构化数据（如电子邮件、操作日志）以及非结构化数据（如文本、图片、视频）。因内部数据易于获取，结构化数据格式规范、逻辑清晰，此类数据长期以来是审计活动的核心依据。

智慧审计的发展不仅体现在数据来源的多样性上，更体现在对数据模态的综合利用能力上。智慧审计重视从多渠道、多维度获取审计所需信息，实现不同来源和不同模态数据的获取、治理以及协同融合与利用，以更高效、更真实、更完整地还原业务活动及经济事项，支撑更加全面、精准与动态的审计工作。这一趋势推动了审计信息处理方式的深刻变革，也重塑了智慧审计的审计证据形式。将多源多模态数据融合使用，可以实现信息互补并洞察数据关联性，有助于提升审计覆盖广度与判断深度，进而增强对复杂经济行为的还原能力与对潜在风险的识别能力。例如，在审查采购流程时，财务系统中的支付记录可以与合同扫描件、供应商邮件往来、语音会议纪要、外部商品价格信息等进行协同分析，以识别价格异常、合同条款虚设或内部人员造假等行为。当然，在数智技术的推动下，低成本地获取全部样本也成为现实，这也扩展了数据的广度。值得注意的是，通过构建数据平台，将各类数据打通可以避免数据孤岛，更好发挥数据的价值。

二、算法

算法是智慧审计的智慧之源，是实现智能化处理的规则引擎，负责将数据转化为有价值的信息和决策。如图 10-4 中的算法规则所示，智慧审计重视审计规则的自动化调用与程序化嵌入，推动审计标准、专业判断和风险识别等流程向系统内部的逻辑转化，逐步实现审计判断、决策和报告等从传统人工主导向人机协同转化，以及从数据输入到自动化、智能化处理和应用的过程。在这一过程中，算法规则分为两类：一是依靠“专家规则”的知识驱动方法；二是基于“技术模型”的数据驱动方法。

专家规则通过将审计师积累的知识、经验和制度规范转化为规则库，并依赖逻辑推理实现自动化决策。例如：在收入确认问题的审计中，资深审计师可能会依据行业特性判断合同条款中的关键控制点，将这些判断模式纳入规则库后，系统便能自动识别类似交易中的风险触发条件，并辅助相应的决策建议。

技术模型则是基于机器学习等人工智能算法，从大量数据中自我学习审计判断的规律，侧重于提升判断能力、适应性和工作效率。在专家规则辅助智慧审计决策的基础上，技术模型智能算法的系统化应用能进一步拓展智慧审计的认知边界与处理能力。传统规则在面对高度复杂或非线性关系的数据时，往往表现出灵活性不足与适应性下降的局限，而以机器学习、知识图谱和大模型为代表的智能算法，能够从大规模审计数据中自主学习模式与规律，补足专家规则难以涉及的风险判断点。

技术模型的核心特征在于其数据驱动本质，通过对历史审计案例、业务行为数据及异常识别标签的训练，模型可以自动识别潜在的审计风险点，并根据不同特征组合预测其发生概率与影响程度。例如，利用监督学习方法建立的财务舞弊检测模型，可以基于既往发现的舞弊特征自动识别高风险交易；而无监督聚类或异常检测算法则可在缺乏明确标签的环境中，发现行为模式中的离群现象，辅助审计人员识别潜在问题。

相比专家规则的静态表达，技术模型展现出持续学习与自我优化的能力。模型可以基于新产生的数据进行再训练与迁移学习，不断适应审计环境的演化与业务模式的变动，从而在面对新兴风险类型或未知业务行为时保持较强的识别能力。

通过技术模型与专家规则的协同配置，智慧审计平台实现了人机融合判断机制。在标准化规则框架下，智能算法提供快速筛查与深度学习支持，显著提升审计效率与精准度。在复杂审计任务中，两者的互补作用使判断既具有灵活性，又能保证规范性，推动审计工作从经验驱动向数据智能驱动的范式转型。

三、算力

算力是支撑数据处理与算法运算的基础设施，在数据采集、治理与分析，算法的训练与推理等过程中需要消耗大量的计算资源，较高的算力可以为计算速度和能力提供保障。由于算力与芯片、服务器、计算集群等技术层面相关，是智慧审计发展的基础设施，相较数据和算法，与具体审计业务的直接关联度更小，因此，这里不对算力做过多介绍。在假定算力充足的情形下阐述智慧审计的逻辑，理解其与数据和算法的关系，以及在智慧审计中扮演的角色仍是必要的。

数据、算法和算力是驱动审计智能化转型的核心要素，三要素的发展也体现了技术进步的推动作用。除了这三个要素之外，更为重要的是数据、算法与审计业务场景的融合创新，如图 10-4 所示。审计业务场景体现了审计专业需求、流程以及环境等方面，在专业或审计目标的牵引下，能更好地确定与之相适应的算法规则和数据基础，同时，在数据和算法的驱动下，能够更好地实现审计目标。

假设A公司是一家钢铁生产企业，为了核实其营业收入是否真实发生，智慧审计系统可以基于对业务场景的了解自动广泛获取相关的数据，如通常可以从账务处理流程中获取与之相关的营业收入明细账、记账凭证、销售合同、发运凭证、发票、出库单等数据，也可以从业务发生过程中获取生产车间机器运转数据、运货车辆进出厂区视频数据，甚至还可以调用卫星智能识别A公司烟囱，用红外装置收集其排烟排气数据等，通过外部关联关系获取行业钢材价格数据、主要客户经营数据等，据此进行分析来判断收入是否真实发生。若收入增长与运货车辆变化趋势不一致、与对应的生产排烟排气量存在较大差异，价格与合同和行业价格差异大等，可以判断收入发生认定存在重大错报风险。由此可见，数据主要来源于审计业务场景，包括被审计单位的业务流程、经营模式、行业状况等内外部环境之中的相关信息，同时算法规则也与业务场景紧密相连。

从审计业务流程来看，通常涉及审计计划、风险评估、风险应对、审计报告等阶段，在不同阶段可能需要设计和执行不同的审计程序，获取不同的审计证据，并基于此进行审计判断和决策。智慧审计通过技术与审计业务的深度融合，逐步实现业务流程的标准化、自动化，以及判断和决策的智能化，使得审计工作更加高效、精确与系统化，最终实现审计目标。在此过程中，对审计业务场景的深入理解和认知是实现数据、算法与审计深度融合，推动智慧审计发展的重要前提。智慧审计遵循“专业引领、数据驱动、智能决策”的逻辑，体现了审计专业在智慧审计中的重要性。

如图10－4技术基础部分所示，数据、算法、算力以及与审计业务的融合发展，离不开数智技术的支撑，包括但不限于应用程序编程接口（API）、物联网、光学字符识别（OCR）、自然语言处理（NLP）、人工智能、可视化、区块链、云计算等。例如，API、物联网、OCR、大数据等技术广泛应用于数据获取；云计算为智慧审计提供算力。

基于图10－4和以上分析，我们对智慧审计的逻辑有了更深的认识。智慧审计是在充分利用数智技术发展和数据资源的基础上，通过数据、算法、算力与审计业务场景的融合创新，逐步实现审计工作自动化和智能化，以提升审计的效率和效果，实现和拓展审计目标、职能及其价值创造的系统过程。

我们可以从以下方面来理解智慧审计：第一，数智技术的发展及其在审计领域的应用是智慧审计产生和发展的前提，且这些技术必须与多源多模态的审计数据资源相结合。第二，数据、算法和算力必须与审计业务场景相融合，否则将失去应用目的和服务对象。第三，智慧审计的发展由专业引领并提出需求，通过人工智能等数智技术赋能审计，目的在于更好地发挥和拓展审计职能及其价值。例如，除了鉴证作用之外，通过数据的事实获取、处理与分析，能够对风险进行实时预警与应对，更好防范风险，这也有助于扩展审计的业务。第四，审计智能化是循序渐进、创新迭代的过程，从最初工具性局部应用逐步发展至流程自动化、判断智能化的系统性再造。第五，智慧审计不只是技术的变革，更是认知、组织、思维模式的变革，数智时代的审计人员必须充分认识到这一点并随之变革。

第三节 信息系统审计与大数据审计

本节主要介绍信息系统审计和大数据审计的概念等相关内容。信息系统审计和大数据审计都是为了提高审计效率和准确性，帮助组织管理风险和确保合规性。信息系统审计更关注信息系统的安全和控制，而大数据审计则着重于对大数据的利用和分析。信息系统审计和大数据审计是智慧审计系统的重要组成部分。

一、信息系统审计

随着信息技术的不断发展，企业的运营日益依赖信息系统，财务数据实时从信息系统的各个模块生成，并逐渐实现会计凭证的电子化。因此，审计人员在财务审计过程中必须关注电子数据的获取、分析和处理，审计的重点也经历了从数据审计向信息系统审计的转变。

（一）信息系统审计的概念

信息系统审计（information system audit，ISA）通常被理解为对计算机信息系统的审计。罗恩·韦伯（Ron Weber）认为："信息系统审计是一个获取和评价证据的过程，用于判断信息系统是否能够有效地保护资产，确保数据的完整性，以及有效地利用组织的资源，以实现组织的目标。"[①]胡克瑾等认为信息系统审计是由独立于审计对象的信息系统审计师，以第三方立场对以计算机为核心的信息系统进行综合检查与评价，并向信息系统审计对象的最高管理者提出问题与建议的一系列活动。

信息系统审计的权威组织——国际信息系统审计协会（ISACA），将信息系统审计定义为一种独立的、客观的保证和咨询活动，旨在增加组织的价值和改善其运营状况。通过评估信息系统控制，信息系统审计师可以确定是否存在风险，以及这些风险可能对组织造成的影响。

总体而言，信息系统审计的目的是通过检查和评价被审计单位信息系统的安全性、可靠性和经济性，揭示信息系统存在的问题，提出完善信息系统的审计意见和建议，促进被审计单位信息系统实现组织目标。同时，通过检查和评价信息系统产生数据的真实性、完整性和正确性，防范和控制审计风险。

（二）信息系统审计的方法

在 20 世纪 50 年代，国外开始对信息系统审计的方法进行研究。1956 年，IBM 出版的 *Auditor Encounters Electronic Data Processing* 手册提出了电子数据环

① Ron Weber. Information Systems Control and Audit [M]. New Jersey: Prentice-Hall, Inc., 1999.

境下的内部审计规则和组织方法，引介了诸如测试数据、并行模拟等新的审计技术。1977 年，国际内部审计师协会发表了《系统可审计性及控制制度的研究》，这是一种利用计算机直接对计算机信息系统进行审计的开创性探索，提出了多种计算机辅助审计技术。国际信息系统审计协会在 1998 年和 2008 年就计算机辅助审计技术（CAATs）的应用范围和步骤进行了详尽的论述，认为 CAATs 可应用于交易的详细测试、分析性复核程序、一般控制与应用控制测试以及穿透性测试之中。

庄明来等（2008）对信息系统审计的内容与方法进行了描述，他们认为财务审计中常用的询问、检查和观察等方法在信息系统审计中仍然适用，但执行信息系统审计时，询问、检查和观察的内容会有所不同。[①] 王振武（2009）指出，尽管现在还没有一整套的审计技术可以解决所有的审计问题，但人们已经发现和积累了诸如测试数据法、并行模拟法、抽点转存、跟踪、系统文档审核、控制流程图审核等技术和方法，这些都可以帮助完成相应的审计目标。[②] 2020 年，中国内部审计协会认为信息系统审计技术与方法包括询问、观察、审阅、穿行测试、追踪交易、验证系统控制等。

综合各方对信息系统审计技术与方法的观点，本书汇总了六种常规的信息系统审计方法（见表 10－3）以及四种具有代表性的计算机辅助审计技术（见表 10－4）。[③]

表 10－3 常规信息系统审计方法

审计方法	内容
面谈法	审计人员通过个别面谈和召开会议的形式找有关人员谈话，以了解信息系统规划、实施、应用与管理控制等情况
调查问卷法	通过调查问卷来了解被审计单位的基本情况、信息系统及单位内部控制情况
实地观察法	审计人员到被审计单位的经营场所及其他有关场所进行实地查看，观察内容包括被审计单位经营场所、计算机环境下的业务活动和内部控制运行情况、信息系统的物理场所、计算机设施、计算机操作过程、数据备份与存储过程、网络环境下数据库管理的操作过程等
文档查阅法	审计人员查阅有关文件或书面材料，了解被审计单位的信息系统情况
平行模拟法	通过比较企业实际业务数据在被审计的程序和模拟程序中的处理结果，来判断被审计的程序功能是否正确
测试数据法	从计算输入开始，跟踪某项业务直至计算机输出，以检验应用程序、控制程序和系统的可靠性。审计步骤：先将测试数据输入信息系统，经程序处理后输出，然后将输出与经审计师手工或借助计算工具预先计算好的预期结果进行比较，从而确定系统的控制测试及应用程序在逻辑上是否正确

① 庄明来，吴沁红，李俊．信息系统审计内容与方法［M］．北京：中国时代经济出版社，2008.
② 王振武．信息系统审计技术研究［J］．东北财经大学学报，2009（4）：21－24.
③ 吴桂英，唐志豪，冯占国．信息系统审计理论与实务［M］．北京：清华大学出版社，2012.

表 10－4　计算机辅助审计技术

审计技术	内容
集成测试法	在被审计系统正常处理其业务时，用测试数据对系统进行检测。该方法要求在被审计系统中建立一个虚拟实体，并让被审计系统处理该虚拟实体的测试数据。测试数据和正常业务数据一同被输入被审计系统进行处理，通过将被审计系统对虚拟实体数据的处理结果同预期的结果进行比较，可以确定被审计系统的处理功能和控制功能是否恰当、健全
嵌入式审计	在被审计系统的开发阶段，在被审计系统中嵌入为执行特定的审计功能而设计的应用程序，以便在以后的审计过程中利用这个嵌入的应用程序对被审计系统的功能与控制进行审计
连续与间歇模拟法	该方法适用于数据库管理系统的被审计系统，用数据库管理系统去捕获异常
审计专家系统	运用审计专家的知识和经验，模拟专家的思维过程，求解需要专家讨论才能解决的难题

（三）信息系统审计的内容

在信息系统审计的基本内容方面，国内外学者和机构观点并不一致。有观点认为信息系统审计的内容涵盖信息系统生命周期的各个阶段，包括系统开发审计、系统运行审计和系统维护审计。在中国内部审计协会的观点中，信息系统审计通常包括对组织层面的信息技术控制、信息技术的一般性控制及业务流程层面相关应用控制的审计。[①] 张金城和黄作明认为，信息系统审计主要包括内部控制系统审计、系统开发审计、应用程序审计和数据文件审计。[②]

相对而言，国外学者对信息系统审计内容的定义覆盖了更广泛的领域。詹姆斯·霍尔（James Hall）在 2000 年提出了一种用于确定潜在计算机风险关键领域的风险评估模型，他认为信息系统审计的核心包括计算机操作、数据管理系统、新系统开发、系统维护、电子商务和计算机应用。国际信息系统审计协会则从知识结构的角度出发，将信息系统审计分为六大领域：信息系统审计流程、IT 治理、系统与基础设施的生命周期、IT 服务的交付和支持、信息资产的保护以及业务连续性和灾难恢复。

虽然国内外学者对信息系统审计涵盖的基本内容存在着不同的观点，但都是以信息系统的构成要素为基础。具体而言，信息系统是一个以处理信息流为目标的人机一体化系统，因此内容应包括对计算机硬件平台、软件平台、应用系统、信息资源、信息用户和运行规程的审计（见图 10－5）。

① 中国内部审计协会．第 3205 号内部审计实务指南——信息系统审计．2020.

② 张金城，黄作明．信息系统审计［M］. 北京：清华大学出版社，2009.

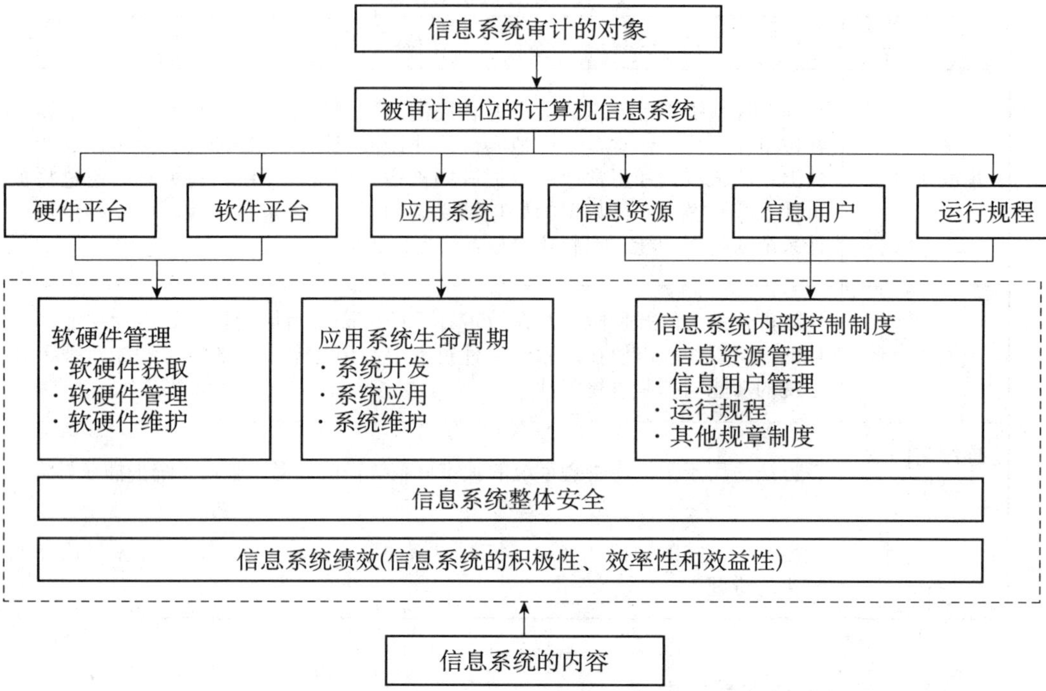

图 10－5　信息系统审计的内容

延伸阅读

信息系统舞弊行为分析及审计策略

软硬件平台是信息系统运行的基础，其管理涉及软硬件的获取、管理和维护。因此在审计过程中应包括对软硬件获取、管理以及维护的审计。应用系统生命周期的审计活动包括系统开发审计、系统应用审计和系统维护审计。对信息资源、信息用户与运行规程的管理活动主要体现在企业或相关部门的内部控制制度上面，包括规划与组织控制、系统开发控制、软硬件控制、操作控制、数据资源控制、系统维护控制以及灾难恢复控制等一般控制制度和输入控制、处理控制与输出控制等应用控制制度。为了保证该类控制制度的有效性，需要对信息系统内部控制的有效性进行审计。

同样，信息系统安全管理与绩效评价是信息系统安全运行与持续运作的重要保障，在进行信息系统审计时，也应检查和验证该部分保障制度的有效性。

二、大数据审计

数智时代，传统审计工作方式已经无法满足现代经济社会的审计需求。审计智能化领域开始注重审计实践与大数据技术的结合，并通过借助区块链、云计算、人工智能等数智技术来赋能审计实践。大数据审计在此背景下应运而生，发展成为一种全新的审计模式。

（一）大数据审计的内涵

综合现有研究的观点，大数据审计可以理解为：不同主体审计单位，由审计人员依据相关法律法规、条例准则，遵循大数据思维和现代审计理念，使用大数据、区块链、云计算、人工智能等数智技术，对与审计对象相关的结构化和非结构化的海量数据进行采集、处理、挖掘、分析以及可视化呈现等，以提升审计的效率效果或拓展审计价值。大数据审计有助于推动审计数字化转型，从而更好地发挥审计在国家治理体系与社会经济发展中的重要作用。

（二）大数据审计的技术

大数据审计依靠先进的大数据技术，通过深入挖掘和分析来源广泛的大量经济社会运行数据，进行跨层级、跨地域、跨系统、跨部门和跨业务的综合审计。大数据审计依赖于复杂高级的技术方法获得对异构数据的敏感洞察，能够提升审计在发现问题、评估判断和宏观分析方面的能力。①

1. 大数据审计的技术体系

大数据审计技术体系架构是基于信息安全前提下的审计数据分析和挖掘技术汇总，涉及审计数据采集、存储、处理、分析、评估和预测等全生命周期管理的过程。从生命周期和技术应用角度出发，可以把大数据审计技术体系架构分为大数据审计技术核心层、安全保障体系及数据管理体系建设（见图 10－6）。

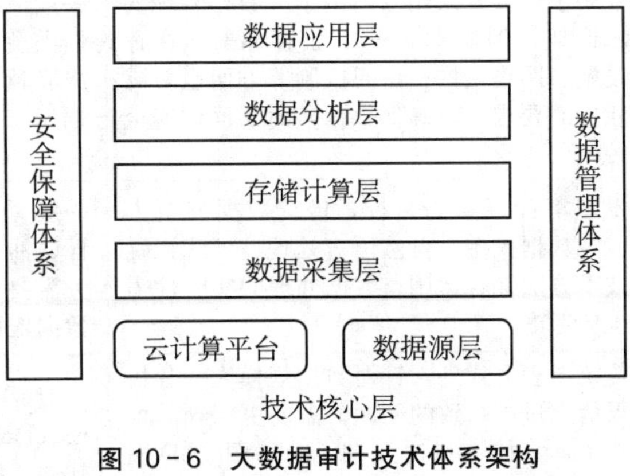

图 10－6 大数据审计技术体系架构

技术核心层分别为大数据审计云计算平台及数据源层、数据采集层、存储计算层、数据分析层和数据应用层。（1）云计算平台及数据源层主要为大数据审计提供基础平台，并为多元数据采集提供服务。该层主要提供审计所需的硬件资源（例如虚拟机）以及系统审计软件，如分布式文件系统、分布式数据库、多元数据管理和能耗管理等技术。（2）数据采集层根据被审计单位的信息系统布局、云平台架构和系统结构，采用不同的数据采集方式，以便尽可能多地收集与审计相关的数据。（3）存储计

① 沈科言．审计知识问答 7 则［J］．中国审计，2019（14）．

算层为大数据审计平台提供数据存储和全套计算引擎支持服务，以满足不同的分析需求。(4) 数据分析层利用关联规则、分类、聚类等数据挖掘和机器学习算法，以发现审计线索。(5) 数据应用层通过可视化技术，使用户能对审计数据进行分析、趋势预测和风险态势感知，主要包括审计管理和审计业务的可视化两个方面。

审计安全保障体系及数据管理体系建设主要包含：完善云计算安全审计技术标准、规范等保障体系，建立统一完善的审计数据管理和使用制度，明确数据使用和管理责任，从数据的采集、管理、使用、销毁入手，形成系统化数据管理体系。

大数据审计技术与传统数据审计技术的对比见表 10－5。

表 10－5 大数据审计技术与传统数据审计技术对比

	大数据审计技术	传统数据审计技术
数据采集	采集的数据源包括被审计单位的结构化数据、半结构化数据、非结构化数据，还包括其他辅助数据，如互联网公开数据、关联部门/单位的数据。大数据采集工具及技术包括 Sqoop、Kettle、Flume、Kafka 等	采集的数据源主要为被审计单位的部分数据，其中以结构化数据为主
数据存储	大数据环境下，表格、文本、图像等类别数据共存，数据类型复杂，经常需要 MapReduce、Storm、MPP（massive parallel processor）数据库、HDFS＋HBass/Hive 等工具或技术	数据类型以表单为主，通常采用 SQL 数据库，例如 Oracle、DB2 或审计软件自带的数据库即可满足存储需求
数据管理	数据规模大，共享程度高，还有安全性和保密性要求，需要采用专门用于大数据管理的技术框架，例如 Hadoop、云存储等；在存储设施、网络架构、访问机制等方面也要满足相应的要求，以确保数据实时访问，安全可控	一般情况下，数据量较小，数据类型单一，采用常规服务器或联网数据存储系统管理数据库
数据分析	以发现审计疑点为目标，传统数据分析方法、大数据挖掘、自然语言处理、模式识别等技术方法综合运用；数据处理的实时性需求也应考虑	一般采用账表分析、查询统计、抽样分析等，部分审计任务需要考虑聚类、回归预测等数据挖掘方法
数据可视化	除传统图表方式外，针对数据规模大、分析结果信息量不一致的问题，需要更精细的可视化工具，如人机交互图、动态图、3D 图形等。常见的可视化建模工具有 Grapheur、Spotfire、TableauDesktop 等	一般采用审计分析软件，如 Excel 或数据库自带的可视化软件，如柱状图、折线图等展示分析结果

2. 大数据审计的方法体系

具体到大数据审计的方法，本书聚焦于常规审计数据分析方法、数据挖掘分析方法和非结构化数据分析方法。

(1) 常规审计数据分析方法。常规审计数据分析方法是针对常规数据进行处理的方法，这些方法在处理大数据时仍然适用。以下是两种主要的方法。

- 多维分析方法。这种方法通过从多个角度处理原始数据，使之转化为可以真实反映数据多维特性的信息。该方法的核心元素是"维度",可以是时间维度、地区维度或其他任何维度,适用于分析具有多个分类层次的数据。将数据置于二维以上的坐标系统中,从不同的审计视角分析数据内容,可以发现审计疑点并找出审计思路。

● 数值分析方法。这是一种对被审计数据记录中某一字段的数据值的分布、出现频率等指标进行分析的方法,通过该方法可以找出审计线索。该方法从微观角度对电子数据进行分析,审计人员在使用时无须考虑具体的被审计对象和具体的业务。完成数值分析后,针对分析出的可疑数据,再结合具体的业务进行审计判断,从而发现审计线索,获得审计证据。相比其他方法,这种方法更易于发现被审计数据中的隐藏信息。[①] 常用的数值分析方法包括重号分析、断号分析和本福特(Benford)定律。

(2)数据挖掘分析方法。数据挖掘是从大数据集中提取隐含、未知且潜在有用的信息和知识的过程。这一过程并非依赖审计人员的经验或固化模型来寻找可疑线索,而是在无需人工干预的情况下,由机器自动生成含有可疑线索的规则。

常用的数据挖掘方法包括聚类、分类、回归、关联规则、异常点检测等。这些分析方法有助于审计实现从验证型向发掘型转变。不同的数据挖掘方法能解决不同类型的问题,不同的算法对数据有不同的结构要求,审计人员在实践中需要根据具体问题选择合适的方法。以下列举了一些数据挖掘技术在审计数据分析中的应用实例。

● 数据概化技术。数据概化是指对数据库中的数据进行浓缩,抛弃其细节特征,以形成不同粒度数据的过程。在审计数据分析中,这项技术可用于描述性挖掘,审计人员可以从不同的粒度和角度描述数据集,从而了解某类数据的概貌。许多研究证实,虚假财务报告相比正常财务报告常具有某种结构上的特征。审计人员可以采用概念描述技术进行数据挖掘,通过使用属性概化、属性相关分析等数据概化技术,将详细的财务数据在较高层次上表达出来,获取财务报告的一般属性特征描述,为判断虚假财务报表提供依据。[②]

● 统计分析技术。统计分析技术是一种成熟且精确的方法,可用于数据分类和预测。审计人员可以通过此方法挖掘被审计数据库中的各类数据的描述或模型,或者通过建立的统计模型对被审计单位的大量财务或业务历史数据进行预测分析,比较分析的预测值和审计值,从而发现审计疑点。[③]

● 聚类分析技术。聚类分析技术可以识别密集或稀疏的区域,发现被审计数据的分布模式和数据属性间的关系,以确定重点审计领域。此外,审计人员也可以用此方法进行"孤立点"的挖掘分析,因为在审计数据分析中,通常需要检查数据的偏差、异常值和极端值,这些异常或特殊情况即孤立点通常是审计工作中需要关注的重点。

● 关联分析技术。财务数据各科目之间存在严密的勾稽关系,对某个科目的财务数据造假往往会牵涉其他科目,因此造假者必须通过调整多个相关科目数据来达成

---

① Cao M, Chychyla R, Stewart T. Big data analytics in financial statement audits. Accounting Horizons, 2015 (2), 423-429.

② 吕新民,王学荣.数据挖掘在审计数据分析中的应用研究[J].审计与经济研究,2007(6):35-38.

③ Harris M K, Williams L T. Audit quality indicators: perspectives from Non-Big Four audit firms and small company audit committees. Advances in Accounting, 2020 (50).

目的。通过关联分析，审计人员可以挖掘被审计数据库中的数据，找出不同数据项之间的联系，从而发现存在异常联系的数据，进一步分析，发现审计疑点。

（3）非结构化数据分析方法。大数据时代推动了非结构化数据的分析方法在审计领域的广泛应用，面向结构化数据的数据挖掘等分析方法也在审计领域中得到了进一步深化。

● 社会网络分析方法。社会网络分析是一种针对由大量节点与节点间关系构成的复杂网络进行分析的方法，包括社群发现、节点影响力分析和子图检索等。在信息化环境下，各类网络如物理、计算机、通信和社会关系网络均包含各种类型的数据，对这些复杂网络的分析将帮助审计人员理解审计对象的网络特征，并为发掘其特性提供基础。

● 数据可视化分析方法。数据可视化是一种通过绘图展示数据的分析方法。现代的数据可视化分析通过交互式的可视化界面，帮助审计人员对大规模复杂的数据集进行深入的分析推理。

● 文本挖掘分析方法。文本挖掘是一种典型的非数值数据分析方法。利用这项技术，审计人员可以对文本信息进行有效的整理和组合，实现对信息的精准检索与定位，从而为审计提供有用的线索。例如，可以通过应用自然语言处理技术来自动提取合同中的特定部分（如公司名、关键条款等），然后使用其他大数据技术对提取的内容做进一步分析。①

（三）大数据审计的算法规则

大数据审计遵循“场景—数据—算法”逻辑，以审计场景为中心，以数据和算法为基础。如图 10-7 所示，大数据审计依赖多源多模态数据。算法规则能够将这些数据转化为有价值的信息和决策，从而实现风险识别、预警和应对。算法规则包括专家规则和智能算法两类。

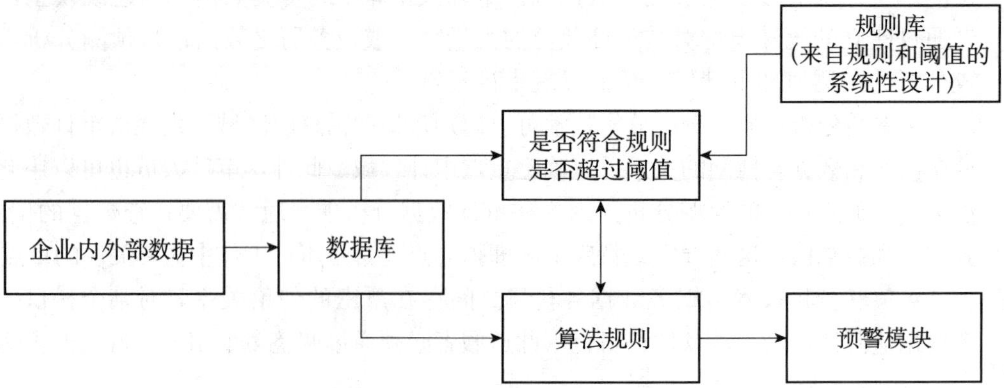

图 10-7 大数据审计的算法规则

① Gray G L, Debreceny R S. A taxonomy to guide research on the application of data mining to fraud detection in financial statement audits. International Journal of Accounting Information Systems, 2014 (4): 357-380.

专家规则是将审计经验或知识显性化、结构化的过程，通过对审计师识别异常交易、评估风险、设计和执行审计程序等方面的经验和操作进行系统化编码，使之成为可重复执行的专家规则。随着专家规则的不断积累和迭代，规则库越来越完善，从而使智慧审计的判断和决策能力越来越高。经过长期经验积累和对财务造假案例的梳理，审计行业沉淀了大量专家规则，这些规则通常涵盖管理层、关联关系、财务表现和经营状况等层面，可以分为基于财务指标的规则和基于非财务指标的规则。财务指标是审计中识别风险的重要依据。通过分析财务报表中的关键指标，审计人员可以发现潜在的财务造假行为。例如，净利润与经营活动现金净流量长期背离可能表明公司收入质量欠佳或盈利质量低。此外，存贷双高、货币资金收益率与受限资金规模联动异常等现象，可能暗示公司存在财务造假或资金被侵占的风险。表 10-6 中列示了常见的财务异常特征。非财务指标同样在风险识别中发挥重要作用。例如，公司治理结构不完善、高管频繁变动、频繁更换会计师事务所等非财务因素，可能暗示公司内部存在不稳定因素或潜在的舞弊风险。通过非财务数据与财务数据的交叉印证，如研发费用变动与研发人员变动关系是否一致，也可以发现潜在的异常。在实践中，可以使用单一指标规则，也可以使用多个相关指标，即多维规则，这样有助于综合考虑不同维度，相互补充和印证，从而提高风险识别的准确性和可靠性。

表 10-6 财务舞弊异常识别特征（专家规则）

序号	异常识别特征（专家规则）	出现次数
一、财务报表异常特征		
1	收入增长率和毛利率联动异常	37
2	毛利率和存货联动异常	26
3	存货周转天数指标异常	21
4	营业收入和预付账款联动异常	18
5	货币资金和利息收入联动异常（存贷双高）	13
二、非财务报表异常特征		
1	前五大客户出现关联方或隐性关联方	37
2	主要客户、供应商变动频繁	33
3	控股股东股权高质押	30
4	收入确认不符合会计准则或背离行业惯例	28
5	核心高管频繁变动	17

资料来源：黄世忠，叶钦华，徐珊，叶凡．2010—2019 年中国上市公司财务舞弊分析［J］．财会月刊，2020（14）：153-160.

智能算法则是从大量数据中不断学习审计判断的规律，展现出持续学习与自我优化的能力，这是与专家规则不同的点。智能算法可以基于新产生的数据进行再训练与迁移学习，不断适应审计环境的演化与业务模式的变动，从而在面对新兴风险类型或未知业务行为时保持较强的识别能力。智能算法通常包括机器学习算法、深度学习算法、人工智能大模型、智能体以及专家模型与智能算法的融合等。机器学习算法通过构建模型，能够自动从数据中学习规律和模式，从而实现对风险的预测和识别。深度学习算法是机器学习的一个分支，特别擅长处理复杂的非线性关系和大规模数据集。在审计中，深度学习技术可以用于图像识别、文本挖掘和预测分析。随着大数据和人工智能技术的快速发展，DeepSeek 等大模型逐渐成为推动审计工作智能化的重要力量。大模型结合深度学习、自然语言处理（NLP）和多模态数据处理等能力，能够高效处理海量结构化和非结构化数据，为审计工作提供更全面、更精准的支持。大模型智能算法通过构建智能知识库，实现审计知识的高效管理和快速检索；利用自然语言处理能力，支持数据问答与实时分析，提升审计响应速度和准确性；处理非结构化数据，自动提取有价值信息；生成审计报告，减轻审计人员工作负担并提高报告质量；预测风险并检测异常，助力审计人员提前发现潜在问题；融合多模态数据，增强数据验证能力。这些功能的综合应用，显著提升了审计效率和质量，推动了审计行业的智能化发展。智能体是指能够感知环境、自主决策并执行行动以实现特定目标的系统或实体。智能体集成了人工智能、自然语言处理、多模态感知、知识图谱等多项核心技术，能够模拟审计人员的分析、判断与决策过程，全面参与审计各环节，提升审计工作的精准性和响应速度。智能体的引入为审计工作的自动化、智能化和高效化注入了新动力。

延伸阅读

福州市大数据审计监督平台应用实践

专家规则具有专业性和规范性，但覆盖面小、较为静态；智能算法具有持续学习和自我优化的能力，但往往缺乏专业知识。将专家规则与智能算法相结合，实现人机融合判断机制，有助于提升识别风险的能力。

中国企业实践

KYZ 财务粉饰模型

平安资管构建了 KYZ 财务粉饰模型，将专家规则与智能算法结合，扩建样本，助力审计识别舞弊风险（见图 10-8）。

图 10-8 专家规则与智能算法正向循环框架图

该模型以经营逻辑为起点，从财务特征检视其商业模式，与正常财务特征的背离即经营异常。该模型收集多年的行政处罚、问询函、新闻舆情以及财务、审计专家和分析师积累的可疑案例，提炼初版专家规则，并根据规则的有效程度赋予不同的初始权重，形成一套包含8个一级分类、411个细分指标的分层专家规则体系，覆盖销售周期、库存周期、资金周期、企业财务勾稽关系、表外信息、经营质量、资本质量、投融资行为、监管司法舆情、造假动机等多方位的检查机制（见图10-9）。

在阈值设定方面，为了更好地刻画这些专家规则在偏离正常值时所反映的实际风险，模型引入了在风险评估领域中常用的极值分布理论（extreme value theory），对尾部风险进行广义帕累托分布的拟合。使用基于POT（peak over threshold）法的极值分布分析，更准确地刻画企业财务指标偏离风险。同时，针对指标特性，辅以异常值检测、聚类分析等技术进行建模，选取一个相对可靠的切分阈值。

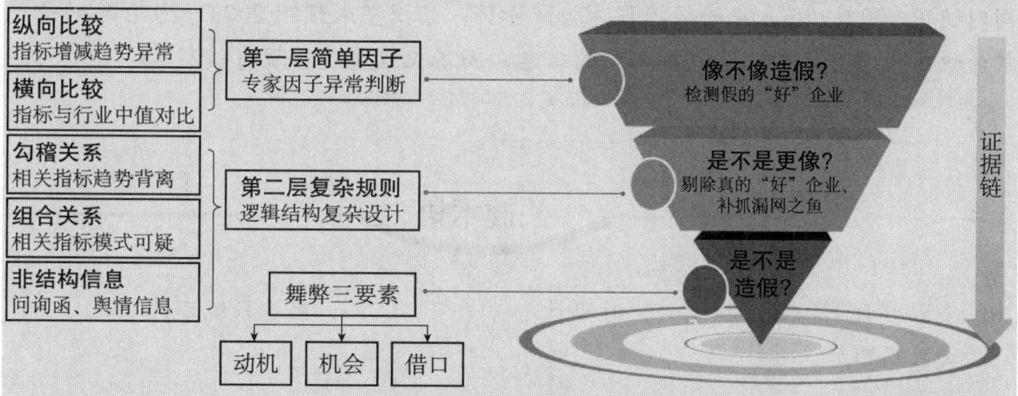

图10-9 因子模型与审计相结合

基于初始规则体系，利用异常值检测法和机器学习模型对样本进行财务粉饰程度的标注，得到企业样本的初始造假程度分类标识集合。借助特征工程引入更多的变量，基于树模型进行有监督学习，得到模型预测的造假程度分类标识。反复迭代该过程t次，直到第t次树模型预测的结果集与$t-1$次预测的结果集差异小于预设门槛。通过上述迭代过程，可得到一个稳定的造假程度分类标识集合，各类型样本标注数目较为平衡，从而缓解了选择性偏差问题。

初始指标的设置往往会带有较多的主观性，通过以上迭代过程，模型建立自适应的学习样本，并对规则指标体系及权重进行优化。模型以标签形式给出归因解释，提示潜在的风险关注点，根据模型得到的结果进行案例专家验证，同时也对业务专家起到提示和反哺经验的作用。通过基于树的XGBoost模型，模型对所有样本按照财务粉饰程度高低给出等级，最终得到关注样本的财务造假等级及解释归因。

资料来源：证券信息技术研发中心公众号，2022-09-16.

知识拓展

机器学习在财务舞弊识别中的应用

Bao 等（2019）运用机器学习的方法，尝试识别美国上市公司的会计舞弊现象，展示了机器学习在会计学科中的价值。

在机器学习方法的选择上，他们使用了集成学习方法而不是常见的逻辑回归。集成学习方法的特点在于可以通过构建并结合多个个体学习器来完成学习任务，个体学习器一般就是常见的机器学习算法，如决策树、神经网络等，需要通过一定的策略将它们结合。这种方法的优势在于，由于集成了多个弱监督模型，即使其中一个出现了错误，余下的模型也可以纠正错误。

该研究选择 28 项原始会计数据而不是财务比率作为输入，并引入一种新的绩效评估指标来衡量模型的性能。他们选择了 1993—2002 年的数据作为样本，用来训练模型，同时使用 2003—2008 年的数据作为验证资料，让模型来预测 2003—2008 年的情况。也就是说该模型可以用于预测样本外的信息，而不仅仅是解释现有信息。

资料来源：https：//www. new. qq. com/rain/a/20230824A05WGK00.

关键术语

全面审计　　实时审计　　信息系统审计

大数据审计

思考题

1. 智能时代中，审计流程的变化趋势是什么？
2. 智能时代中，审计范围的变化趋势如何？
3. 举例说明哪些技术驱动了智能审计的发展。
4. 如何定义信息系统审计？
5. 信息系统审计的方法和内容是什么？
6. 大数据审计的技术有哪些？

第十一章

金融科技与财务智能化

知识点脉络图

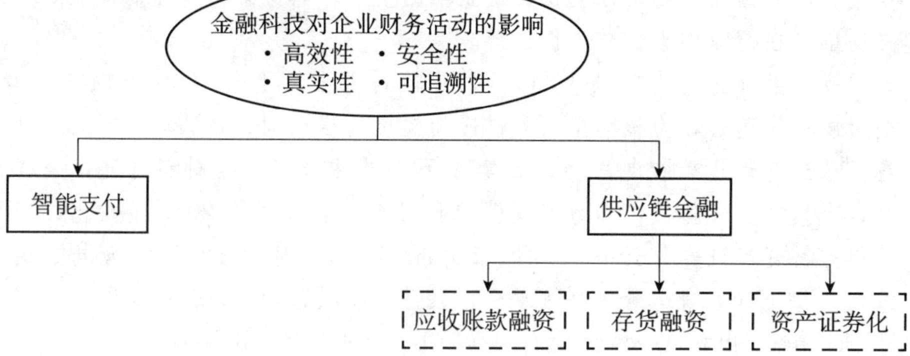

学习目标

1. 了解金融科技对企业财务活动的影响；

2. 理解数智技术在支付领域的创新应用及其价值；

3. 了解数智技术在存货融资中的创新应用及其价值；

4. 了解数智技术在供应链金融领域的创新应用及其价值。

素养提升

1. 把握时代的脉搏，塑造前瞻、负责、诚信且风险意识强的价值观，为个人和社会的可持续发展奠定坚实基础；

2. 拓宽知识视野，深化对现代金融领域和财务领域的理解，为未来的学习和职业发展提供有力支撑；

3. 提升创新能力，理解技术与财务业务场景融合创新的思维与方法。

引例

供应链金融科技平台：联易融业务模式

通过科技与创新来重新定义和改造供应链金融，联易融成为全球领先的供应链金融科技解决方案提供商。作为腾讯 To B 战略生态圈的核心成员之一，联易融响应国家普惠金融的号召，聚焦于 ABCD（人工智能、区块链、云计算、大数据）等技术在供应链生态的应用，以线上化、场景化、数据化的方式提供创新供应链金融科技解决方案。

联易融赋能金融机构数字化转型。联易融作为一家供应链金融科技解决方案提供商，打造的云原生解决方案可优化供应链交易的支付周期，实现供应链金融全工作流程的数据化，推动绿色供应链金融的发展。联易融形成了高质量、多元化的客户基础，在行业内卡位核心价值链。

联易融加速助力“碳中和”。联易融利用全线上化 Fintech 技术和审核经验，全天候在线运行，为核心企业和供应商提供远程培训、远程客服、远程审核、远程身份认证、远程确权等服务，无需线下人员往来，无需材料寄送，全程无线下接触，直接减少碳排放，助力实现碳中和目标。以公司于 2017 年推出的市场线上化的供应链资产证券化云平台 ABS 云为例，打造了环境友好、低碳排放的智能解决方案。据统计，自运营至今该平台已累计节省纸张约 1 300 吨。

资料来源：https：//www. iof. hexun. com/2021 - 04 - 08/203366815. html.

在上述引例中，联易融借助企业内数字化转型技术，用科技和创新来赋能企业，实现了金融科技对企业的助推发展作用。在企业改革中，这种转型并非少数，金融科技在企业间的运用呈现出愈加广泛与成熟的态势。本章将详细讨论有关金融科技对于企业财务活动的影响，探究金融科技对于企业传统的财务领域究竟会带来何种冲击与革新。

第一节　金融科技对企业财务活动的影响

金融科技（fintech），可以理解为金融（finance）与技术（technology）的结合，指通过利用各类科技手段创新传统金融行业所提供的产品和服务，提升效率并有效降低企业运营成本。根据金融稳定理事会（Financial Stability Board）给出的定义，金融科技是基于大数据、云计算、人工智能、区块链等一系列技术创新，全面应用于支付清算、借贷融资、财富管理、零售银行、保险、交易结算六大金融领域，是金融业未来的主流趋势。因此，本章挑选金融科技中两大最为成熟的应用领域——智能支付和供应链金融进行介绍，旨在帮助读者更好地理解金融科技对于金融体系和实体经济的影响。

《中华人民共和国国民经济和社会发展第十四个五年规划和 2035 年远景目标纲

要》中提出，要“稳妥发展金融科技，加快金融机构数字化转型”。金融是现代经济的核心，金融科技是数字经济发展的核心要素。

在进入互联网时代之后，科技驱动的金融已经从原来的离线金融走向了在线金融，改变的本质是由于数据的产生和技术的驱动，背后的生产和计算能力得到了大量的释放。科技在改变金融的方式，也让金融更安全、更智能、更普惠。基于数据智能、安全风控、区块链、生物识别、隐私保护这五大“技数”能力，科技会在更多纵深的金融创新领域创造更大的价值。金融科技同样也会赋能传统企业，优化企业内部的资源配置，不仅能够在“量”上缓解企业融资约束，还能在“质”上提高信贷资源配置效率，促进企业全要素生产率的提高。

金融科技的出现是伴随着智能化浪潮所产生的产业新动态，这些技术的普及使得企业的财务活动更加高效。具体来看，智能支付以及供应链金融等传统领域都会因为这些智能技术的出现发生巨大的变革。目前来看，对上述领域掀起变革浪潮的最重要的金融科技即“ABCD＋I”：人工智能（AI）、区块链（blockchain）、云计算（cloud computing）、大数据（big-data）和物联网（IoT）。

一、金融科技在企业财务活动中的应用

金融科技提供了各种数字支付解决方案，如电子支付、移动支付和虚拟货币。企业可以通过这些解决方案实现即时的资金转移和结算，减少了对传统支付方式（如现金和支票）的依赖或限制。电子支付不仅更加便捷，还可以降低支付的时间成本和运营成本，并提高支付的安全性。

金融科技提供了更强大的资金管理工具，使企业能够更好地集中和管理资金。通过智能资金管理系统，企业可以实时监控和管理各个账户的资金余额与流动情况。这有助于企业集中资金、优化资金利用，并提高流动性管理的效率。金融科技的自动化工具和解决方案可以帮助企业简化财务流程，提高效率。例如，智能会计软件和财务管理系统可以自动处理账务、生成报表、管理收付款等财务活动，减少了人工操作和错误，提高了财务流程的准确性和效率。

金融科技为企业提供了新的融资渠道，使得企业能够更便捷地获得融资。传统的融资渠道通常需要企业通过传统银行或金融机构进行借贷，而金融科技平台则通过在线借贷和融资等方式，为企业提供更灵活和高效的融资渠道。企业可以通过在线平台申请借款，借款人和投资人通过平台进行撮合，实现资金的快速流通。金融科技的运用同样会为中小微企业提供更多融资选择。传统的银行借贷通常更倾向于向大型企业提供贷款和资本融资，对于中小微企业来说往往难以获得足够的融资支持。而金融科技平台通过大数据分析和风险评估模型，能够更全面地评估企业的信用状况和潜力，为中小微企业提供小额贷款和资本融资的机会。

金融科技为企业提供了更高的融资透明度和信息透明度。传统的融资渠道往

往存在信息不对称的问题，企业难以获得足够的信息来评估借贷机构的可靠性和贷款条件。而金融科技平台通过信息披露和评级体系，提高了融资市场的透明度，使得企业和投资人能够更全面地了解借贷机构和融资项目的情况，降低了信息不对称的影响。此外，金融科技的发展催生了一些创新的融资方式。例如，众筹平台允许企业通过向大众募集资金来支持其业务和项目发展。区块链技术则提供了去中心化的融资方式，通过发行代币（token）进行融资，使融资过程更加高效和便捷。

金融科技为企业提供了更便捷和高效的跨境支付与汇款服务。传统的跨境支付与汇款往往需要经过多个中介机构和银行，费用高且时间较长。而金融科技通过数字支付和电子汇款等创新技术，提供了实时、安全、低成本的跨境支付解决方案，加快了资金的流动和结算速度。此外，企业拥有了更便利及透明的外汇交易平台和工具。企业可以通过金融科技平台进行实时的外汇交易，获取最新的汇率信息，并进行外汇风险的管理和对冲。这有助于企业降低汇率风险和成本，提高国际贸易的竞争力。

金融科技同样也为企业提供了创新的跨境贸易融资解决方案。传统的贸易融资往往面临着信息不对称和信用风险等挑战，使得中小型企业难以获取足够的融资支持。而金融科技通过应用大数据分析、区块链和智能合约等技术，提供了更高效和更安全的跨境贸易融资服务，改善了融资的可及性和速度。站在监管层角度，金融科技为企业的跨境业务提供了更高效和更精确的合规与监管解决方案。跨境业务往往面临着复杂的法规和监管要求，包括反洗钱、反恐怖融资等方面的合规要求。金融科技应用了自动化和智能化技术，帮助企业更好地满足合规要求，减少了人工操作和误差，提高了合规的效率和准确性。

二、金融科技的应用特点

金融科技在提升效率、增强安全性、提供真实性、加强可追溯性等方面展现出显著优势。数字支付解决方案和智能资金管理工具的出现使得企业能够实现快速的资金转移和结算，大大缩短了支付和结算的时间周期。金融科技的应用也极大地增强了企业财务活动的安全性。采用加密技术、身份验证和智能算法等手段，保护了支付过程中的数据安全，降低了欺诈交易和数据篡改的风险。此外，金融科技的应用提供了更加真实和可信的财务信息。通过人工智能技术对票据真伪的鉴定，以及智能风控系统对交易真实性的监测，金融科技帮助企业过滤出更为可信的财务交易，降低了欺诈和错误的可能性，提高了财务数据的准确性和真实性。通过数字支付解决方案、资金管理工具、新型融资渠道以及跨境服务等手段，金融科技为企业提供了更便捷、高效、安全和透明的财务服务和金融支持。接下来，我们将进一步探讨金融科技在企业中的具体应用特点，并分析其对企业运营和发展的积极影响。

（一）高效性

金融科技提供了更加高效便捷的移动支付解决方案，使得企业可以通过手机应用轻松实现支付、转账和结算等操作。客户不再需要携带大量现金或使用信用卡，只需在手机上完成支付，节省了时间和精力。金融科技通过支持快速支付和结算方式，例如移动支付、电子支付等，可以在几秒钟内完成交易，加速资金的流动和结算过程。这有助于提高企业的资金周转效率，降低流动资金占用成本。

金融科技还可以实现业务流程的自动化，减少烦琐的人工操作和纸质文档处理。例如，自动化审批流程、电子签约和自动对账等，可以节省时间和资源，降低错误率。特别地，在企业风险防控方面，可以通过应用金融科技和人工智能技术来进行风险控制与评估。企业可以快速评估客户信用、风险等级，减少违约风险，提高借贷效率。企业可以更加高效地建立客户画像，更快地评估相应客户的信用风险，更迅速地为客户提供贷款服务，保证了整体流程的高效运作。

在传统金融体系中，往往需要中介机构和银行等中心化机构的参与或控制支付过程。由于树形结构层级较多，传统支付业务效率较低。弱中心化管理可以在较大程度上剥离中心节点的非必要功能与属性，提升系统效率。虽然去中心化是区块链技术的特征之一，但支付领域的弱中心化并不意味着完全地去中心化，在应用层面仍需保留一个具有监管功能的中心节点。

金融科技通过引入区块链、分布式账本等技术手段，使得支付可以在去中心化的环境下进行。这意味着支付可以直接在交易参与方之间进行，无需过多的中介机构介入，降低了支付过程的复杂性并减少中间环节发生的费用。

在企业的跨境支付方面，金融科技可以为企业提供更快速的跨境支付解决方案。传统的跨境支付可能需要数天时间才能完成，而金融科技通过利用实时支付网络和即时结算系统，可以在几秒钟内完成支付操作。这种快速支付能力对于企业的国际贸易和跨境交易非常重要，加速了资金的流动，降低了资金占用成本。

（二）真实性

包括供应链金融在内的金融市场交易是在上下游企业之间不断的交易中产生价值增值的，所以在票据、仓单、订单等票据证明类文件没有完全电子化的今天，验证各种票据内容的真实性十分重要。通过人工智能技术可以快速地实现对票据真伪的鉴定，如机器视觉技术就可以用机器代替人眼来做测量和判断，可以自动识别不同的证件和票据；自然语言处理技术可以对各种票据进行智能化分档归类，归集到对应的业务分区；OCR 识别技术可以快速提取票据和证件中的结构化信息并录入数据库，减少人工操作，提高效率。

企业交易活动中的各个主体都因为业务流转而被连接起来，所以验证交易的真实性也是提高企业安全度的重要一环。金融科技里的网络爬虫技术，可以从多个渠道快速获取相关交易信息，并结合自然语言处理和规则引擎进行判断，降低欺诈风险；金融科技中的机器视觉和语音识别技术可以在接入层对贷前放款审核等环节的真实性进行更有效的验证，从而降低了欺诈风险；此外，交易真实性还可以通过风控模型进行全局监控，风控模型结合规则引擎，从多种数据源汇集不同维度的数据，从而判别交易中是否存在异常行为。

企业在开展存货融资等融资活动时，货物会在供应链金融领域中随着业务流转而进行传递，所以验证货物的真实性也是提高供应链金融安全度的重要一环。除了其确权、价值评估以外，对货物的有效监控是资方关注的重点。

物联网传感器能够将企业的生产设备和产品存货直接连接到数据系统中，再与机器视觉相结合，就能从感知层面直接监控货物的物理状态，同时通过智能算法对货物的形态、移动、轨迹、位置等维度进行估计和测算，针对异常第一时间主动发出警告，赋予资方在仓储监控和物流环节 24 小时全天候无人监控的能力。同时，流媒体服务能够利用视频媒介与产品对应点相结合，方便企业对货物的实时状况进行监控调取，快速获得关于货物情况的最新消息。最后，区块链技术也能够对处在物流环节和仓储环节的货物进行实时记载和货物追溯，其无法篡改的特性也能够帮助企业提高对货物监管的可信度。

（三）安全性

安全是支付的基础。但目前有些银行为了拓展市场，在审核交易过程中产生的数据时，存在诸多漏洞甚至有意篡改。支付领域存在诸多安全风险，如支付信息泄露、欺诈交易和数据篡改等。此外，在诸多交易被第三方中介机构代理的情况下，银行难以核实境内外交易主体的真实性。同时在传统的跨境支付系统中，经常出现非法入侵平台对客户进行诈骗的现象。因此传统的跨境支付有着较大的审核风险和安全风险。

采用区块链技术的智能支付体系，算法原理保证了高可信度，一旦智能合约被触发即自动执行，从而迅速建立节点之间的交易信任。金融科技采用了多种安全技术和防护措施，以保护支付过程的安全性。例如，使用加密技术保护支付数据的机密性，采用身份验证和双重认证等措施确认交易的合法性，以及使用智能算法和机器学习技术检测异常交易与欺诈行为。特别是“联盟链”如被采用，各节点将具有不同的加密权限，能在交易节点获取到用户信息，从而提高数据的加密程度。

企业可以通过借助金融科技手段，应用强大的加密技术来保护数据的安全性。敏感信息在传输和存储过程中会进行加密，以防止未经授权的访问和窃取。例如，可以采用多因素身份验证（MFA）等高级身份验证技术，确保只有授权的用户可以访问敏感数据和账户。MFA 结合了密码、指纹、人脸识别等多种认证方式，提高了账户的安全性。在保障支付安全方面，金融科技可以为企业提供更加安全的在线支付和交易方式，例如令牌化（tokenization）技术可以代替真实的信用卡进行支付，降低了信用卡信息泄露的风险。

此外，在企业的风险防控方面，可以通过大数据分析技术，从海量数据中快速识别和分析潜在的风险。通过对大量的交易数据、用户行为数据以及其他相关信息进行挖掘，可以更准确地发现异常活动和风险信号。智能风控系统能够实时监测交易和用户行为。这种实时性使得系统可以在风险事件发生的第一时间做出反应，及时采取措施，避免或降低损失。从事前角度，智能风控系统能够发现潜在的风险和威胁，及时发出预警。这样，企业可以提前采取措施，防止风险进一步扩大。

(四) 可追溯性

可追溯性指的是金融科技能够提供详细的交易和操作记录，使得企业可以追溯业务活动的来源和历史，确保业务的透明度和合规性。金融科技可以帮助企业生成详细的交易记录，包括交易时间、地点、金额、参与方等信息。这些交易记录可用于追溯交易的来源和历史，确保交易的合法性和准确性。并且，在一些金融科技应用中，特别是使用区块链技术的场景，交易数据和操作记录会被加密和分布式存储，确保其不可篡改和透明性。这种可追溯性的特点使得企业能够验证交易的真实性和完整性。

数据的可追溯性是智能支付的重要要求，是基于区块链技术的分布式存储的一大特点。在支付业务中，每笔交易记录的可追溯性不仅对个人用户建立交易信任十分重要，对银行及政府监管更为重要，区块链技术下的数据可追溯性将使得洗钱与非法交易难度大大增加。

区块链作为去中心化的传输和账本记录机制，在金融交易系统中，还起到了记录交易流程、监控预警等作用，为多方参与的复杂交易流程提供了防篡改、可溯源、具有公信力的客观记录。在交易数据越发多元，存储难度不断加大的情况之下，区块链与云计算等智能技术的协同能够为企业后续对事件的追溯提供更加庞大、有效的数据库支持，分布式账本的理念也会逐渐被企业运用到司法纠纷和权责鉴定上，成为司法机关检验和评判的法律证据，降低企业在商业纠纷中获取可信证据的采样难度。

通过应用区块链和分布式账本技术，金融科技可以实现交易数据的不可篡改和完整性验证。这使得支付过程中的交易信息、时间戳、参与方等都可以被准确记录和追溯。可追溯性不仅有助于防止欺诈和纠纷，还有助于提高支付的透明度、合规性。

第二节 金融科技与智能支付

随着人工神经网络和深度学习在算法上的突破，人工智能技术得到了蓬勃发展，各行各业都在人工智能领域进行积极尝试。中国人民银行 2019 年印发的《金融科技（FinTech）发展规划（2019—2021 年）》要求“加大科技赋能支付服务力度”，明确指出要“利用人工智能、支付标记化、云计算、大数据等技术优化移动支付技术架构体系”。采用人工智能等高新技术来重塑目前的支付体系，实现支付服务的智能化、个性化、定制化已是大势所趋。

在企业支付业务和金融科技融合发展的过程中，也暴露出传统支付业务存在的挑战与不足：（1）银行支付服务转型缓慢，支付服务难以满足用户需求。科技在金融领域的应用不断深入，使得消费者的多元化支付服务需求日益增加。然而，商业银行由于体制机制僵化、线上线下业务割裂、部门间存在壁垒、应用创新机制相对落后等因素，难以快速融入互联网环境下的新型支付场景，支付服务转型升级步伐缓慢。（2）转接清算服务发展滞后，支付市场被扭曲。传统业务模式下，移动支付转接清算服务发展滞后，网络商户、移动端消费者等互联网新兴市场参与主体难以融入传统支付生态圈，商业银行、收单机构的转接清算新需求得不到充分满足。（3）对大宗交易和跨境交易的限制。传统支付体系难以处理大宗交易，同时，在跨国交易中存在汇率转换、处理时间较长等问题。此外，由于跨国交易涉及多个中介环节，这些环节都收取手续费，因此交易成本较高。

金融科技在支付清算领域的运用有助于优化企业在支付市场的供给，刺激支付市场产生新的有效需求，使得企业间的支付体系更加具有稳健性和弹性。从长远角度来看，持续推动金融科技在支付清算领域的运用与创新，把支付的"蛋糕"做大，提升各方在支付时的效率，保障企业间的支付安全，才能实现共赢的局面。未来应当引导的创新思路，是从规避型、套利型创新真正转向效率型、深化型创新。金融科技的新技术将全面影响支付清算基础设施，包括支付工具、交易模式、清算流程、支付中介与组织、支付账户体系、监管政策等等。

一、金融科技赋能支付业务发展

金融科技推动了数字支付工具的发展，使得企业可以更便捷、更安全地进行支付。传统的现金支付和支票支付往往需要较多的手续和时间，而金融科技引入了电子支付、移动支付和数字货币等新型支付方式，使得企业可以通过手机、电子钱包或者在线支付平台进行快速、安全的支付操作。这大大提高了支付的效率和便利性，降低了支付成本和风险。

在支付方式方面，金融科技通过整合各种技术，如移动支付、区块链、人工智能和物联网，为企业开创了创新的支付方式。这些支付方式包括移动钱包、虚拟信用卡、支付应用程序等，为消费者和企业提供了更多选择。在支付效率方面，金融科技帮助企业优化支付流程，降低了传统支付方式所需的时间和成本。智能支付系统能够自动化处理支付事务，减少烦琐的手动操作，从而提高了支付效率和处理速度。在交易成本方面，传统支付方式可能涉及较高的交易费用，而金融科技可以通过使用数字化和自动化的方式来降低交易成本。这对于企业来说意味着更多的资金可以用于业务发展和创新。新型的支付方式可以为消费者带来更加个性化的体验，金融科技使企业能够为客户提供个性化的支付体验。通过分析消费者行为和喜好，企业可以定制特定的优惠、奖励和促销活动，从而提升客户忠诚度和交易量。金融科技可以优化用户支付体验，推动传感器网络、计算机视觉、自然语言处理等技术与支付场景深度融合，使支付服务向精细化、智能化迈进，实现用户身份认证无感知，持续提升支付的便利化水平。

金融科技可以将各种支付方式（如银行转账、移动支付、电子钱包等）整合到一个统一的平台中，使企业可以灵活选择适合自己的支付方式，同时提供统一的支付接口，简化支付流程。企业可以通过建设具有实时支付功能的平台，使企业能够随时进行支付操作并及时获得支付状态和反馈。此外，智能支付平台还可以提供实时的支付数据监控和分析报告，帮助企业更好地掌握支付情况和趋势。

延伸阅读

华夏银行：数智平台实现“智慧支付＋智慧经营”

在重塑支付清算生态体系方面，金融科技通过推进人工智能、支付标记化、开放 API、云计算、大数据等技术应用，引导“卡组织专注转接清算、发卡行专注支付结算、收单机构专注场景拓展”，最终形成以央行支付系统为核心，以银联、网联等为纽带，连接商业银行、支付机构、商户及新兴市场参与方的新一代移动支付生态体系。在新体系中，支付清算参与方各司其职、各安其位。发卡行作为支付交易的关键处理节点，负责客户标识管理、资金结算、风险防控，回归支付主导地位。支付机构作为支付交易场景的入口，负责拓展多元化、数字化支付场景。

二、金融科技助力跨境支付增效

区块链技术作为潜在的底层技术支撑，被广泛应用于企业间的支付领域。区块链支付可以大幅减少交易欺诈，降低交易服务的响应时间并赋予用户管理交易的自由，将为智能支付领域带来深刻的变化。区块链技术能够应用于智能支付主要是因为其弱中心化、低成本化、强安全性和可追溯性的特点。由于区块链上的数据相对公开透明，因此信息的准确性可以得到保障，从而在没有信任中介的支撑之下就可以保障区块链上的信息的真实性。通过采用加密技术和访问控制策略，区块链技术可以确保企业的敏感信息不被泄露或篡改。区块链技术还可以帮助企业更快速、更便捷地进行跨境支付。传统的跨境支付通常需要通过银行或第三方支付机构进行，费用高昂且处理时间较长。而金融科技的发展使得跨境支付更加便捷和经济，通过数字支付和区块链技术可以实现快速、安全和低成本的国际汇款。由于区块链的去中心化特点，跨境支付过程中的中介机构数量较少，从而降低了成本和时间消耗。传统的企业间支付可能需要几天甚至几周的时间才能完成，而区块链技术可以实现实时结算。这意味着资金可以在短时间内到达收款方账户，提高了企业资金的流动性。

智能合约是区块链合约层的核心构成要素，区块链上的智能合约可以自动执行合同条款，从而减少人工干预和纠纷。通过将支付过程纳入智能合约，企业可以在满足特定条件时自动完成支付，从而提高效率。

延伸阅读

五大行参与多边央行数字“货币桥”试点

金融科技也极大地改善了企业的跨境支付和汇款体验。传统的跨境支付往往涉及复杂的手续、高额的手续费和较长的处理时间。金融科技通过应用区块链技术和数字支付平台，提供了更便捷、安全、高效的跨境支付解决方案。企业可以通过金融科技平台进行即时的跨境支付和汇款，减少中间环节和费用，提高支付的速度和透明度。并且这种技术的运用也会使得企业支付更容易走向自动化和集成化，通过与企业的财务管理系统和供应链系统集成，金融科技平台能够实现自动化支付处理和结算，减少人为错误和延误。企业可以设置自动付款、批量付款和定期付款等功能，提高支付的准确性和效率，同时简化企业的支付流程和管理。

必须看到的是，区块链技术的发展为企业解决现有支付体系的诸多难点，包括进一步降低复杂性（尤其是涉及多个参与方的跨行、跨境交易），改善端到端的交易速度和资产可得性，降低多个交易记录持有方的沟通成本，提高交易记录的透明性和不变性，通过改善数据管理提高网络灵活性、降低运营和金融风险。

第三节　金融科技与供应链金融

近年来，区块链技术在金融领域的应用及对金融行业的影响力日益增强。数字供应链金融是区块链技术与传统供应链金融相结合的创新产物，并且当随着区块链技术在企业间的运用成熟之后，数字供应链金融将使得企业间的融资更加高效并能惠及更多中小企业。区块链可以帮助解决供应链金融的痛点，降低银行作业成本，帮助企业更好地控制风险，能惠及更多的客户。区块链技术可以加速整个供应链的现金流，特别是通过反向保理或经批准的应付账款融资，为融资的主要障碍和难点提供解决方案。

借助区块链技术，供应链各参与方可以共建一条生态链，共享一个透明可靠的信息平台和追溯流程。同时，各方也可以基于区块链数据开展其他类型的服务，如供应链金融、精准营销等，形成一个完整的生态体系。供应链金融利用区块链去中心化、信息高度透明化等优势构建开放式、共享式的信用框架，可以全方位、多层次跟踪供应链金融中利益相关主体的实时信用变动情况。智能应收账款融资（反向保理）、智能存货融资和智能资产证券化融资都是金融科技在供应链金融中典型的应用场景。

一、金融科技在应收账款融资中的创新运用

应收账款融资是指企业把未到期的应收账款转让或质押给金融机构获得融资，到期后由核心企业的销售回款来偿还贷款。如图 11－1 所示，传统供应链场景中，每级供应商向上一级供应货物，并取得对上级供应商的应收账款债权。然而，越往

下级，其资信水平相对核心企业往往更低，也越难融资。“区块链＋应收账款融资”依托区块链信息不可篡改与一定程度的透明化的特点，实现核心企业信用在链上的分割与流转。其中，供应链金融平台作为服务提供方，负责提供供应链信息、客户信息等基础信息，并协助核心企业发行可以在链上流通的数字资产凭证；核心企业作为最终付款人，提供融资的还款来源；金融机构作为资金方，负责对接相应风险偏好的客户，为供应链上的各级企业融资。

“区块链＋应收账款融资”业务流程为：第一，一级供应商与核心企业在线上签订采购贸易合同后，通过区块链的录入凭证接口，登记合同并用私钥进行联合签名，生成统一应收账款凭证。该电子凭证拆分成若干份，逐级传递给上游的多级供应商。第二，当供应链上任意级的供应商需要融资时，通过区块链的转移凭证接口，变更信息，将拆分的应收账款凭证转移给金融机构。第三，核心企业通过区块链进行验证，向金融机构承诺付款。第四，金融机构向上游中小企业发放贷款，并将放款信息记录到区块链，中小企业确认收款。第五，核心企业收到销售回款后到期向金融机构偿还贷款，并将履约过程记录到区块链。第六，金融机构确认贷款偿还，注销应收账款质押（见图 11－1）。

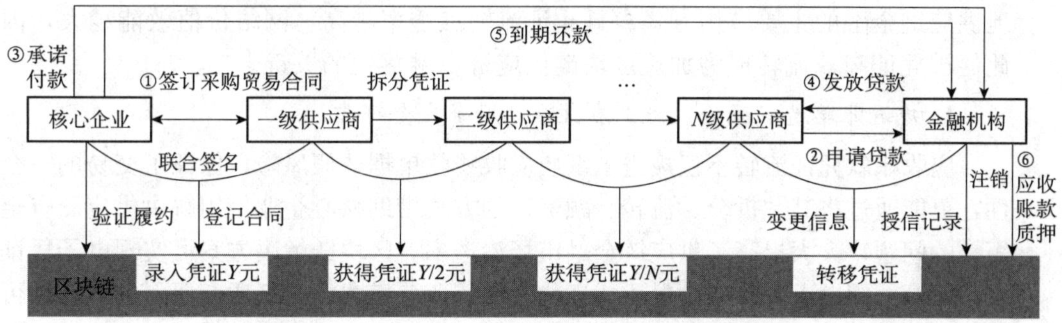

图 11－1 “区块链＋应收账款融资”业务流程

在上述模式中，一般是建立一个虚拟的数字债权凭证，通过该凭证的流通把核心企业的信用流通到长尾客户端。这样，在供应链上下端的中小微企业就可以获得核心企业的信用支持进行融资。金融机构也可以通过区块链平台追溯到供应链上的每家企业，了解其真实的贸易背景、在供应链中的地位和权益，对其债权进行有效风险评估，放心地为其融资。

区块链为供应链上各参与方实现动产权利的自动确认，形成难以篡改的权利账本，解决现有传统供应链金融中的诸多痛点问题，并能为整条供应链生态上的各方带来好处。

1. 提升应收账款融资的安全性与隐私保护

在应收账款中，通过核心企业 ERP 系统对于实时数据的及时确认，避免了现实中确权的延时性，对于提高交易的安全性和可追溯性具有重要意义。一是可以实现确权凭证信息的分布式存储和传播，有助于提升市场数据信息的安全性和可容错性。二是可以不需要借助第三方机构进行交易背书或者担保验证，只需要信任共同的算法就可以建立互信。三是可以将价值交换中的摩擦边界降到最低，在实现数据透明的前提下确保交易双方匿名性、保护个人隐私。

2. 解决多级供应商授信问题

金融科技可以解决在传统应收账款融资中难以解决的多级供应商授信问题。传统纸质票据无法拆分，只能在核心企业与一级供应商间流转，而链上电子凭证可由一级供应商拆分流转至二级（和多级）供应商，从而让核心企业的信用传递至多级供应商。因赊销导致供应商资金短缺的问题得到解决。此外，经营效率会得到显著提升，线下纸质票据变为线上电子凭证，贸易、融资周期极大缩短，（贴现）理论上为0～12小时。综上所述，降低供应商贷款成本，有利于降低原材料或中间产品生产成本，并最终降低核心企业的整体生产成本。

3. 降低供应商资金压力，享受低成本的金融服务

传统模式下，供应商随时都有可能因财务紧张让核心企业兑现付款。电子凭证“拆转融”可缓解供应商资金压力，从而优化核心企业账期，减轻谈判、兑付压力，优化现金流与负债表。电子凭证“拆转融”解决了多级供应商融资难及资金短缺问题，成为区块链供应链金融的核心价值，也是目前行业中区块链技术落地供应链金融的主要应用方式。且凭证流转渗透率越高，网络价值效能越大，因此促进凭证高效流转成为加速区块链供应链金融落地的关键。

4. 规避账单造假风险，保证应收账款融资安全可靠

应收账款凭证流转不仅规避了纸质应收账款单据造假风险，保证了交易的安全性，更能通过将其“拆分、流转、融资”的方式借助核心企业信用解决供应商资金短缺的问题，大大提高了供应链金融市场渗透率。区块链解决方案可实现电子凭证“拆转融”：用链上应收账款电子凭证代替传统业务模式中的纸质商票。电子凭证可拆分，持有凭证的下游供应商可用全部（或1/N）凭证支付给上游供应商，可贴现，可融资。

技术创新

西美链平台

供应链平台“西美链”是由杭州趣链科技有限公司（以下简称“趣链科技”）与西美商业保理联合开发的供应链平台。西美链基于趣链科技国产自主可控的区块链底层平台 Hyperchain，为大型核心企业的上下游、垂直领域 B2B 平台上的中小企业及供应商提供供应链金融解决方案。西美链致力于打通上市公司与其上下游供应商之间的资金流和信息流，将上市公司的信用传递给中小微企业，真正解决中小微企业融资难、融资贵的问题。

相对于传统供应链金融，西美链的参与主体与融资渠道更为多元化，信息流转效率更为高效，凭借基于核心企业信用的应收账款凭证，供应商可以便捷地将应收账款进行拆分、流转和融资，有效惠及除一级供应商外的多级供应商，并实现了应

收账款资产收集尽调、封包、到期回款、提醒预警等功能。此外，西美链的优势在于支持多保理商入驻平台提供保理服务，根据不同的企业与场景设计合适的风控模型，同时对接相应的资金方为平台上的中小供应商提供高效、综合的金融服务。资产支持证券底层资产的可穿透性和数据的不可篡改性可有效地为中小企业增信，缓解中小企业融资问题。

资料来源：https：//www. hyperchain. cn/news/100. html.

二、金融科技在存货融资中的创新运用

存货融资是指借款企业将存货质押给银行作为担保，并将质押物交给第三方仓储企业进行保管，从而获得贷款的一种融资方式。保管质押物的企业一般为第三方仓储企业，具有合法保管动产的资格，并能够对动产的价值进行评估，出具评估证明。

近年来存货融资的风险案件不断发生，通过金融智能技术可以有效防范此类案件的发生，解决库存融资中的风险事项，相关的技术包括物联网、大数据、人工智能和区块链等。

物联网将物联世界和信息世界联系在一起，实现人、货、工具、环境的有机融合，提高对货物的管控能力。人可以通过刷脸等技术实现定位锁定，货物可以通过红外线传感器、RFID 等技术进行追踪，工具可以使用 GDP 定位系统实现智能定位，智能视觉、流媒体可以对环境的具体情况进行立体化全方位监管。

大数据技术可以将物联网采集的数据和企业内部的数据进行归集融合，构建一个完整的交易数据链，统筹不同维度、不同空间节点和内外部数据。

人工智能技术主要被应用到风控领域，可以通过人机交互技术实现人脸识别、声音识别、货物识别等真假辨认，提升企业反欺诈的能力，同时能为企业提供智能方案，做决策预案，选择各种合理的融资管理策略进行库存融资。

区块链技术为存货融资提供更高水平的安全支持，同时也是一种连接技术与生态技术，形成一种互信的仓单体系。分布式账本能够对交易双方的所有信息进行稳定记录，智能合约也能提升可流转仓单体系的信任水平，极大降低仓单造假风险，优化仓库管理，同时，区块链系统上以电子凭证代替纸质票据，用 RFID、视频分析等技术监测商品进出库等动态、读取商品信息并写入区块链系统，从而降低仓库管理造假作弊风险。

未来的智能技术主要会被运用到存货融资这一领域，重点在构建库存数字信用、线上线下存货监管和存货智能风控三个方面。

1. 构建库存数字信用

库存数字信用是供应链金融平稳运行的基础，维护好平台内部的信用体系建设能够通过连接物理空间和信息空间，提高平台的真实、可信化。

物联网技术提供对物理空间的感知，包括对货物的智能化感知和全流程追踪管理，实现智能识别、智能评估、智能物流等功能；大数据技术主要实现对信息空间

的感知，对仓库管理系统的信息数据和事实情报进行处理；区块链技术作为链块结构；物联网技术和大数据技术所采集的物理空间与信息空间数据会上传至各个节点中，构建一个稳定的数字信用平台。

2. 构建线上线下存货监管

未来，供应链金融的核心竞争力将体现在对供应链的全链条构建能力上，由于存货的物理属性及容易监管和获取，存货融资是供应链金融中的重要环节。

利用物联网的感知技术，企业可以在标准仓库中设置 AI 摄像头、传感器和 GPS 定位器等智能传感设备，解决线上线下的信息不对称问题，实现线上订单和线下订单的统一，从而实现同步进行物理仓单和电子仓单的对账处理。对于一些风险较大的订单可以进行智能匹配，利用企业内部交易数据库的比对分析对仓单的风险水平进行画像评级，根据风险层级的不同进行不同等级的仓单管理，实现标准仓的物联监测并提升边缘风控能力。区块链技术的嵌入能让企业内部线上线下的存货监管延伸为全国性乃至全球性的可流转存货监管，在区块链技术的支撑下，整个供应链内上下游的各个主体都会参与分布式账本的记账工作，通过推动存货仓单化、仓单电子化，再对订单进行智能化比对，金融机构可以建立起全国性的线上线下监管体系。

3. 构建存货智能风控

各种智能技术赋予了企业进行更精细管理的算力，能够将企业的仓单管理从被动转为主动，事后预防转为事先预防，从而提高存货融资的可靠性。也正是基于此，以往存货融资管理中的六大风险和困境，即评估难、监管难、数据难、确权难、处置难和标准难也迎刃而解。

评估难和监管难的问题可以用物联网技术中的各种感应器，如扫描仪、AI 摄像头等进行实时监管来解决；数据难的问题通过物联网感知系统和大数据系统的归集来解决；根据区块链技术的可追溯性实现对货物的动态追踪，构建出一个统一的仓单登记平台，解决确权难的问题；通过 API 等智能营销手段匹配、找到合适的交易方，压缩交易成本，促进货物的快速处置解决处置难的问题；标准难的问题需要通过逐步完善仓库准入标准化、存货监管标准化、仓单流转标准化来解决，实现存货融资的准入、作业与流转规范。通过对上述风险的有效管控，金融机构可以构建一个更加稳定、可靠的存货融资体系。

中国企业实践

苏宁“区块链＋物联网”动产质押融资平台

苏宁“区块链＋物联网”动产质押融资平台于 2018 年 8 月上线并成功试运行，其将区块链技术和物联网技术充分应用在动产质押、存货质押融资等领域，解决原先存货融资缺乏可信监管等问题。我们可以从苏宁的汽车库存融资应用场景（见图 11-2）来观察这种融资平台的具体运行机制。

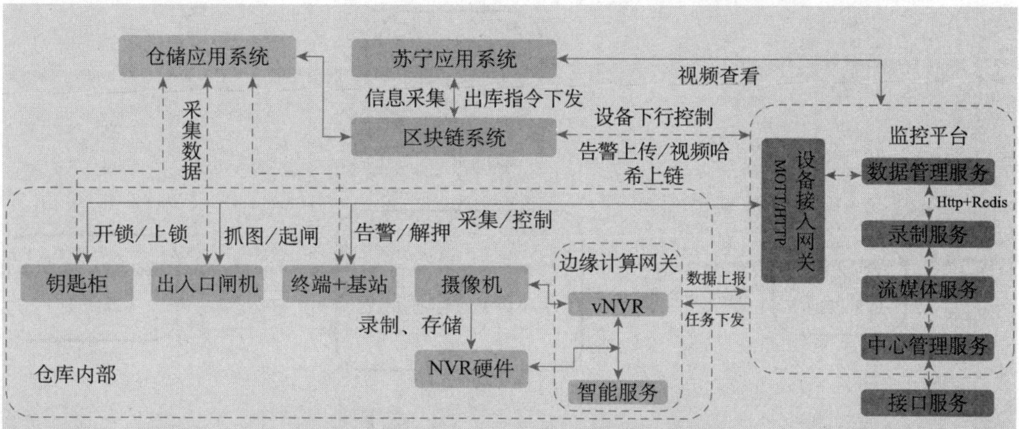

图 11-2　苏宁汽车库存融资应用场景

可以发现苏宁物联网系统连接了仓库内部的钥匙柜、出入口闸机等设备，并能利用摄像机等设备对库存进行实时的数据采集，从而对库存资产的真实价值进行合理估计，保障账实相符。区块链系统在其中负责进行分布式的记账工作，保障账账相符，为信息使用者提供真实的交易记录。再辅以流媒体等监管设备对整个系统的运行过程进行全程监控，苏宁便能打通线上线下的交易形态，规避融资方主动欺诈和库管人员渎职的不良现象，构建可信的融资平台。

资料来源：http://www.blockchain.people.com.cn/n1/2019/0301/c417685-30951720.html.

三、金融科技在资产证券化中的创新运用

资产证券化是资产被打包成证券出售的过程。被证券化的资产可以采取多种形式，但这些资产都必须能产生可预见的未来现金流。通俗来说，资产证券化的过程是用明天的钱解决今天的事，将原本缺乏流动性的资产变得具备流动性。

对企业而言，供应链金融中的许多产品都是良好的证券化标的。具体来说，供应链金融资产证券化是由券商、保理服务商、供应链中的核心企业和中小企业共同参与的一种模式。供应链金融资产证券化的意义在于，能够把企业的应收账款、应收票据、投资性房产、在建工程、固定资产等流动性较差的资产通过证券化的方式实现资金周转。

对中小企业而言，资产证券化是一种新的融资工具。企业以资产持有人分离出来的基础资产为支撑，而非以自身信用作担保。投资者购买资产支持证券（ABS）的考虑因素也是基础资产能否获得稳定且持续的现金流，而不是企业的规模等。

资产支持证券的核心交易结构如下：融资人凭借底层资产的支持，利用特殊目的实体（SPV）增信，最终投资者从 SPV 处获得证券。融资人将未来可预期资产作为基础资产进行融资，利用 SPV 增信，受托人如信托机构设立并管理 SPV，向投资者出售证券，最终将筹集的资金交给发起人（见图 11-3）。

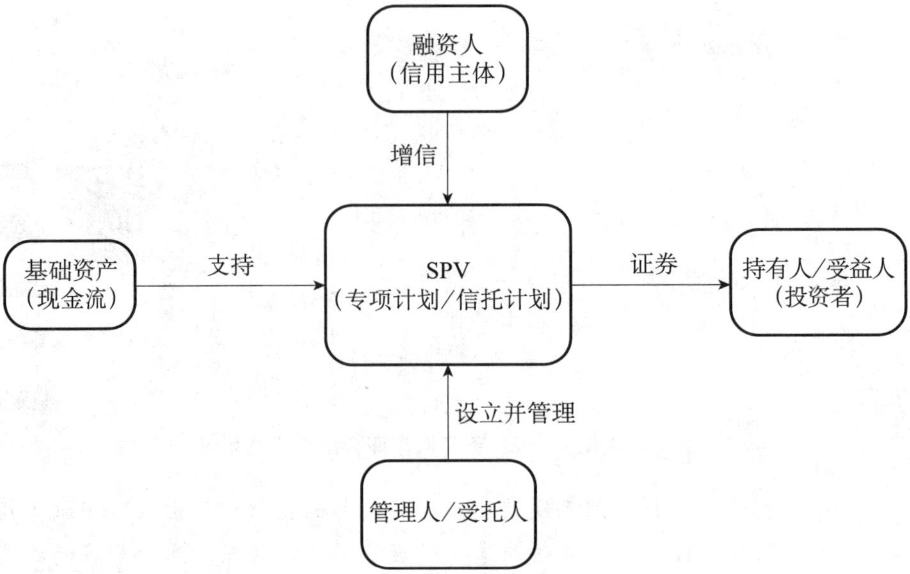

图 11-3 ABS 交易结构图

相比传统的融资方式，资产证券化的过程更加复杂。一方面，底层资产透明度低，风险定价困难，这些加重了信息不对称，使得投资者信心不足。另一方面，众多参与主体如 SPV、券商、律所等机构之间数据获取也相对困难。

目前国内资产证券化市场的痛点主要在于难以完全实现基础资产信息的真实性、透明性、及时性、流通性，因此 ABS 往往难以真正成为支持中小企业融资的有效渠道。

随着金融科技的发展，区块链、人工智能及大数据等技术能够为资产证券化的管理进行有效赋能。不少业界专家认为，区块链技术在我国资产证券化市场具有天然优势，并具有广泛的应用场景。近年来，学者们也对区块链与资产证券化展开了相关研究。有专家学者指出利用区块链特有的信息处理技术可有效消除 ABS 的结构性风险，并且认为引入区块链技术可实现 ABS 底层资产保真，增强投资人信心。

区块链技术对于供应链金融 ABS 的价值在于能够保证供应链金融资产更高效安全，提高信息传递、验证的效率和投资者的认可度。基于区块链分布式、加密技术、不可篡改、可追溯等特点，可以构建供应链金融 ABS 联盟链：基础资产端、证券化服务方、投资方共同参与维护账本，打通供应链各参与方信息孤岛，实现对底层资产从生成、打包、评级、出售、投后的全生命周期管理，实现穿透式底层资产监管（见图 11-4）。

发行 ABS 的市场利率往往根据发行主体与底层资产的情况来综合考虑，对于小而分散但数目众多的资产，底层资产的表现情况尤为关键。由于资产自证清白，区块链技术有助于构建更标准化、合规化的体系，让投资者将关注重点放在底层资产本身，弱化对发行主体的相关要求。

具体来说，从各业务流程来看，区块链对供应链金融 ABS 的价值在于以下几个方面：

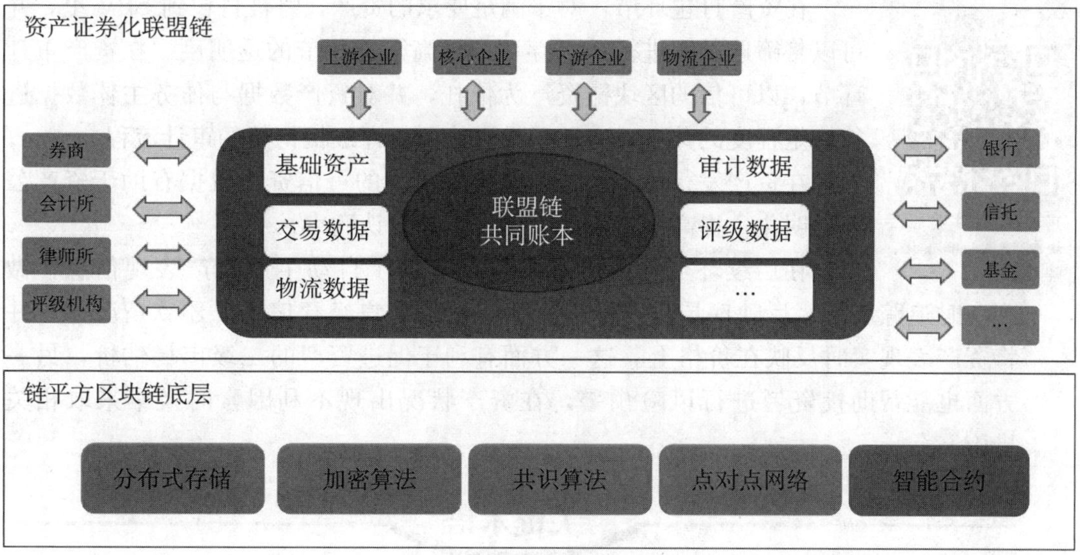

图 11-4　资产证券化联盟链的形式

在资产形成环节，通过流程节点和审核文件节点上链的方式，确保交易的真实性，建立资产创建的真实可信场景，后期可供再融资机构及审计核验。

在审计方检验时，可通过哈希值比对的方式来确认数据文件信息的真实性（见表 11-1）。

表 11-1　审计方检验数据文件真实性示例

序号	类型	内容	哈希值
1	会员 id 信息	公司信息	ea793…
2	会员 id 信息	法人信息	eb493…
3	会员 id 信息	历史交易信息	ec293…
4	会员 id 信息	平台注册信息	ed193…
5	合同信息	框架合作合同	ee293…
6	合同信息	采购类文件	ef393…
7	合同信息	融资类文件	eg793…
8	收款信息	年度保证金类信息	eh493…
9	收款信息	单笔保证金类信息	ej293…
10	收款信息	收款类信息	ek193…
11	存货信息	入库类信息	el993…
12	存货信息	出库类信息	em693…

延伸阅读

京东数科 JT^2 区块链 ABS 标准化解决方案

在资产打包环节，对于满足要求的资产，将被打包到 SPV 里，并可以将筛选过程进行链上存证，提高筛选环节的透明度。在资产审计环节，以可信的区块链资产为依托，并对资产数据与债务主体数据进行一定程度的共享，有助于推进律所、评级机构等的审计流程。

在资产发行环节，基于区块链技术的可信资产数据有助于资产公开透明化，提高投资者的吸引力，提升认购率。

在后续环节，智能合约技术有助于自动生成资产表现信息，做到实时追踪展示，反映底层资产的表现情况以及客户经营信息、还款情况等，并将资产表现实时反映在价格上。这一方面有利于促进资产的二级市场估价，另一方面也能帮助投资者进行风险预警，在资产状况出现不利因素时及早采取相关措施。

关键术语

金融科技　　智能支付　　应收账款融资

存货融资　　资产证券化

思考题

1. 传统金融有哪些痛点？什么是智能金融？
2. 谈谈企业经营为什么需要了解智能金融相关变革。
3. 智能技术在金融业有哪些应用场景？举几个例子。
4. 简述智能技术在金融业应用的前景以及目前仍存在的局限性。
5. 有哪些智能技术可以用于智能支付场景？
6. 简述供应链金融目前的发展困境以及智能技术的应用价值？
7. 电子凭证“拆转融”的价值体现在哪里？
8. 智能技术对供应链金融有哪些影响？从多方面谈谈区块链如何赋能供应链金融。

第十二章

数智时代的会计伦理

知识点脉络图

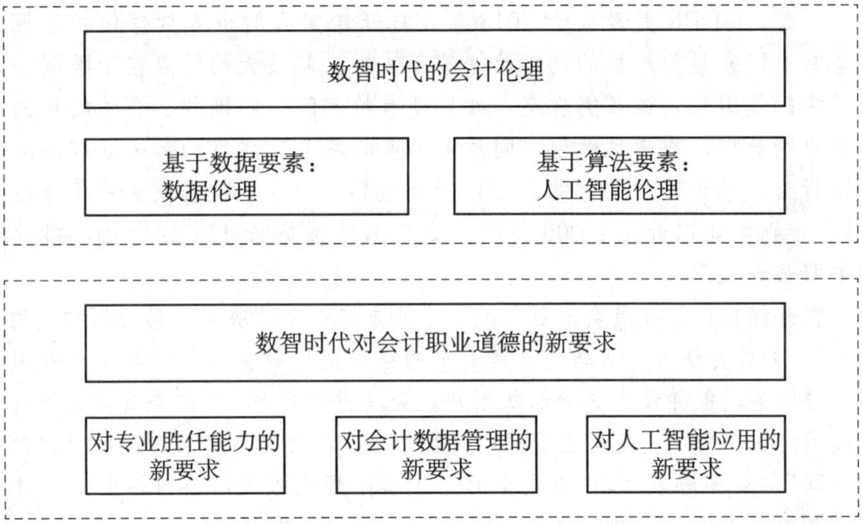

学习目标

1. 掌握会计职业道德规范；

2. 深入认识数智时代下会计从业人员可能面临的道德困境；

3. 理解数智时代对会计职业道德的新要求，掌握会计职业道德风险识别、评估和应对的思维。

素养提升

1. 树立正直、诚信、负责的会计职业价值观，提升个人道德品质；

2. 深化对会计职业价值观的理解与认同，提升个人道德判断和决策能力，塑造更加全面、成熟的人格；

3. 拓宽知识领域，深化对会计职业道德规范和伦理准则的理解，为全面提升专业素养奠定坚实基础。

引 例

亚马逊：严重数据隐私泄露事件

据彭博社2021年7月30日报道，因违反欧盟《通用数据保护条例》（GDPR），美国电商巨头亚马逊被负责监管亚马逊数据保护的卢森堡当局重罚7.46亿欧元（约合8.88亿美元，57.29亿元人民币），这是欧盟有史以来金额最高的数据隐私泄露罚款。

根据亚马逊7月30日公开的监管备案文件，7月16日，卢森堡国家数据保护委员会（以下简称“委员会”）裁定亚马逊对其用户数据保护不力，违反了《通用数据保护条例》。

据悉，GDPR是欧盟于2018年5月开始实施的个人数据保护法规，被认为是欧盟有史以来最为严格的网络数据管理法规，其最大的特点在于限制企业对个人用户数据的使用权。该条例规定，如果没有特定的、明确的、合法的目的，企业收集了用户的数据，或者虽然用户同意但企业收集并达成目的后未立即删除的，就属于违法行为。对于违反条例的公司，轻则被罚1 000万欧元或前一年全球营业收入的2%，重则被处以最高2 000万欧元或其全球销售额4%的罚款，罚款额均为“两值中取最大值”。

据外媒报道，委员会与亚马逊争论的焦点在于“决定自动分析和使用个人信息的权利”。委员会认为，亚马逊收集用户的在线使用数据，分析其模式并用于有针对性的广告服务，但并没有充分通知用户。亚马逊则辩称，“该委员会关于我们如何向客户展示定向广告的决定是主观的，并且是基于未经证实的解释，而且罚款金额也与解释不同”。亚马逊表示，“委员会的上述结论毫无依据，公司将全力为自己辩护”。

资料来源：https：//www.new.qq.com/rain/a/20210730A0E1WT00.

在上述引例中，亚马逊泄露了用户数据隐私，导致用户的隐私安全遭受侵犯。在当下互联网技术相当成熟和发达的时代，用户数据安全问题逐渐得到大众的重视。本章将围绕着数智时代的会计伦理问题展开，并讨论数智时代对于会计职业道德规范的新要求。

第一节 数据伦理

在数据收集、存储和处理过程中，个人隐私的保护是一个重要的伦理问题。企业在利用个人数据时，需要确保数据的安全性和保密性，遵守隐私法规，并尊重个人的知情权和自主权。然而，随着数据的交叉共享和分析，个人隐私的边界变得模糊，如何平衡数据利用和隐私保护成为一个挑战。企业在收集数据时，需要确保数据收集的合法性和透明度。数据主体应该知道自己被收集了哪些信息，以及这些信息将如何被使用。然而，许多企业在数据收集方面缺乏透明度，导致数据主体对自己的数据被使用的情况不清楚，引发了伦理方面的问题。

数据滥用是普遍存在的数据伦理问题。一方面，数据的收集和分析可以用于多种目的，包括广告定位、个性化推荐、行为预测等；另一方面，滥用数据可能导致对用户不道德的操纵或剥夺个人自主权。企业通过算法推荐内容、信息过滤等手段，使个人只接触符合特定立场或观点的信息，导致信息孤立和认知偏见。数据使用者需要谨慎对待数据，确保数据的使用是合法和符合伦理的。

一、数据伦理简介

数据伦理是指在收集、管理和使用数据时，为保护公民自由、最大限度地降低个人和社会的数据使用风险、实现公共利益最大化等，进行适当判断和问责的依据。2020 年 9 月，美国总务管理局（General Services Administration，GSA）发布了《数据伦理框架草案》，旨在帮助联邦机构系统地识别和评估其在数据收集、管理和使用过程中的潜在利益和风险，指导从事收集、管理和使用数据的联邦雇员做出符合道德伦理的决策，为履行其机构使命提供支撑。

《数据伦理框架草案》基本原则如表 12－1 所示。

表 12－1　《数据伦理框架草案》基本原则

名称	内容
遵守法规	数据使用人员应遵守相关的法律规定和行业要求
诚实、正直	所有联邦领导和雇员都应在数据处理过程中秉持诚实和正直原则，不应该采取不道德行为或容忍数据使用时的不道德行为
问责制	任何收集、管理或使用数据的人都应了解数据利益相关方并对其负责
公正、透明	明确与数据相关的所有活动，建立与利益相关方沟通的渠道，并及时更新数据使用的过程和结果
尊重隐私	使用数据时应尊重人的权利和自由，保护个人隐私和遵循数据使用限制，同时遵守相关法律规定
公众利益	所有联邦机构领导和雇员在从事数据活动时，应从公共利益角度出发考虑数据使用的潜在影响
掌握前沿技术	要保证所有雇员能够掌握新技术并具备数据处理能力：及时跟踪数据科学领域的进展，特别关注数据收集、管理和使用的新方法、新技术，如人工智能、机器学习、神经网络、物联网、区块链等

随着大数据逐渐融入个人生活之中，数据伦理问题也日益成为大家所关注的热点话题。数据伦理是从数据的视角对人的各种行为所进行的伦理问题探讨。数据伦理产生的原因可以简要概括为以下三点：

第一，非法采集数据。当数据在价值链中处于核心地位时，出于经济利益的考虑，企业可能会在没有征得用户、消费者或其他利益相关者同意的情况下非法采集其信息，从而侵犯用户、消费者或其他利益相关者的数据权利。

第二，数据滥用。在数智时代，“孤岛”数据的价值相对较低，而运用数据连接、数据合并等大数据技术手段整理后的数据价值相对较高。因此，将处于不同“孤岛”的数据连接起来能为企业提供巨大的潜在利益。数据滥用的问题主要源自大数据的开放共享行为和出售行为。企业所处的生态系统共享了部分财务或者业务数据，生态系统中包含了供应商、合作商、竞争对手等，企业的部分数据属于商业机密，存在泄漏风险，如果企业生态圈进行部分数据的共享，使用不当可能产生不当竞争的风险。

第三，数据霸权。一方面，少数企业凭借数据垄断优势可以轻松获取高额利润，如互联网企业通过并购实现数据“孤岛”的互联，垄断大量的数据资源；另一方面，中小型企业和普通创业人员因为没有掌握数据资源而面临经营发展的困境，有可能会导致拥有大量数据的大型企业对于行业形成垄断，进一步压缩了中小型企业的生存空间。

二、会计视角下的数据伦理问题

国际数据管理协会（DAMA International）在其出版的《DAMA 数据管理知识体系指南》一书中提到伦理准则通常侧重于公平、尊重、责任、诚信、质量、可靠性、透明度和信任等方面。违反数据伦理准则会损害组织声誉，导致组织失去客户，并给数据被泄露方带来一定的风险。从会计视角，数据伦理问题包括以下几个方面。

（一）数据权属难以界定

在企业会计数据管理的过程中，数据权属的不确定性是一个关键问题。会计数据包含企业的财务信息，对于企业内部管理和外部投资者、监管机构具有重要意义。然而，在采集这些数据的过程中，数据权属可能会面临以下不确定性。

在外部数据获取方面，企业可能从外部获取各种数据，例如市场调研数据、供应商信息等。然而，外部数据的准确性和合法性难以完全验证，这就带来了外部数据在采集过程中的数据权属不确定性问题。同样地，企业可能需要与其他企业或机构共享部分财务数据，例如与合作伙伴共享销售数据。在这种情况下，数据的共享、使用和保护涉及多方利益，但数据的最终所有者和责任界定并不总是清晰的。

在内部数据采集过程中，财务人员违法违规行为和其他不道德行为的具体表现形式有：非法提取超出自身权限的企业数据；进行数据采集时不进行加密处理导致发生数据泄漏事件；数据仓库程序设计不当使得提取的数据与需求不一致，最终导致数据误用；等等。会计数据中包含了企业的财务状况、交易信息等敏感数据，保护这些数据的隐私和机密性至关重要。数据采集过程中，应该采取必要的安全措施，如数据加密、访问控制，以防止未经授权的访问和泄露。

（二）数据质量缺乏保障

在企业的会计数据管理中，数据的准确性和完整性问题至关重要。会计数据是企业决策制定、财务报告和合规性评估的基础。在数据的准确性方面，会计数据的准确性对于财务报告的可信度至关重要。例如，在生产经营活动过程中，企业经常面临着无法清晰了解数据来源及其在系统间传递时发生变化的问题。缺乏对数据血缘的了解使得企业难以证明数据的真实性和可信度。企业应确保会计数据的来源是准确的、合法的，并能对数据进行适当的验证。可以通过对比不同来源的信息，确保数据的一致性。在数据录入和处理阶段，需要制定有效的控制措施，包括数据的双重核对、使用验证规则和逻辑检查等，以最大限度地减少人为错误。并且，企业应该对采集的数据进行清洗，识别和纠正错误、缺失、重复或者不一致的数据，以提高数据的准确性。

会计数据的完整性是财务信息得到真实反映的基础。数据采集时要确保所有相关数据都被准确地收集和记录，防止遗漏或意外删除。会计数据应该包含所有必要的信息，不能有遗漏。缺失的信息可能导致决策不正确或者财务报表不完整。会计数据的来源需要透明和可追溯，采集的数据应该明确标识其来源，确保数据的可靠性和可核实性。此外，会计数据之间的关联性非常重要。数据应该在合适的上下文中呈现，确保相关数据之间的关系被准确地反映出来。例如，财务报表中的各个项目应该在报表上得到完整的体现，而不是缺失或者被误导性地呈现。在企业数据的全链条管理中，同样要保障企业的数据在全链条上的前后完整性，所有的数据变动和处理过程都应该被详细地记录下来，包括变动的原因、处理人员等信息。这样，在发现数据问题时，可以方便地追溯数据的来源和处理过程，确保数据的完整性。在企业的数据管理过程中，保留与数据更改相关的可审计信息至关重要。即使数据修订的目的是提高数据质量，但未经审计的数据补救可能存在法律风险。因此，数据修订应始终遵循一个正式的、可审计的变更控制过程。

（三）算法偏见与算法歧视

在会计数据管理的分析过程中，算法偏见和算法歧视是两个重要而复杂的问题，涉及数据分析中的公正性、准确性和可信度。以下从会计数据管理的角度探讨算法偏见和算法歧视。

算法偏见往往源自历史数据中的偏见。如果历史数据中包含性别、种族、地区等方面的不平等对待，算法在处理这些数据时可能会放大这些偏见，导致分析结果产生偏差。在会计数据管理中，如果算法受到偏见影响，可能导致在贷款批准、信用评估等领域产生不公平和不准确的结果。例如，基于历史财务数据的算法可能对某些社会群体创办的企业更加严格，从而限制了他们的融资机会，产生了经济不平等。减轻算法偏见的关键是审查和清洗历史数据，识别并纠正其中的偏见，同时采用公平的算法设计和评估方法，确保算法的结果不会对不同社会群体产生歧视。

算法歧视指的是算法在处理数据时，对不同群体或个体采取不公平或不平等的对待，导致对特定群体的歧视性结果。在企业的财务分析过程中，算法歧视可能表现为对某些企业或个体的贷款利率设置不公平，或者在税收评估中对特定行业或地区采取不公正的税收政策，从而影响了企业的经济利益和社会地位。减轻算法歧视需要采用公平的算法模型，确保算法在处理数据时不受群体特征的影响。此外，还需要进行定期的算法审查，确保算法的输出结果不带有歧视性，并采取措施消除任何不公平对待。

第二节　人工智能伦理

随着人工智能技术的迅猛发展，我们正处于一个人类历史上前所未有的时代，人工智能已经逐渐融入我们的生活和工作中。然而，随着人工智能应用的广泛普及，我们也开始面临一系列伦理挑战。在这个数智时代，人工智能伦理问题不仅影响着个人和社会，也涉及全球治理和未来的发展方向。人工智能伦理问题涉及人类与技术的和谐共生，以及技术发展与社会进步之间的平衡。在人工智能快速渗透各个领域的过程中，必须认真思考人工智能所带来的伦理挑战，以确保其发展符合人类价值观和道德标准。因此，探讨人工智能伦理问题，成为当今世界亟须面对和解决的重要议题，也是对人类社会未来走向的深刻思考。

一、人工智能伦理简介

人工智能作为新一代科技革命的重要驱动力量，逐渐渗透到人类社会的各个方面和领域。人工智能的快速发展对于社会变革、经济发展、国际政治格局等诸多方面产生了重大而深远的影响，对于人们的日常生产生活也带来了极大的便利。随着人工智能不断地渗透到人们生活的方方面面，其中所深藏的一些风险隐患问题也不断暴露，引起人们的广泛关注与讨论。2021 年 9 月 25 日，2021 中关村论坛全体会议上发布了《新一代人工智能伦理规范》，旨在将伦理融入人工智能全生命周期，为从事人工智能相关活动的自然人、法人和其他相关机构等提供伦理指引，促进人工智能健康发展。

人工智能伦理是与人工智能相关的伦理问题，主要包括人工智能对人类社会、经济、文化、伦理等方面影响的道德考虑。人工智能伦理在如今人工智能技术快速发展和广泛应用的背景下，成了一个重要且复杂的问题。当前，全球人工智能发展进入新阶段，正在深刻改变人类社会生活、改变世界。为促进新一代人工智能健康发展，更好地协调发展与治理的关系，积极推动人工智能全球治理，亟须加强人工智能伦理问题研究与治理。

在个人层面上，人工智能对个人的安全、隐私、自主性和人格尊严产生了影响。人工智能应用给个人安全带来了一些风险。例如，涉及自动驾驶汽车和机器人的人身伤害事故在过去几年中已有发生。人工智能的发展可能会影响人类的道德和伦理。如果人工智能失控，其应用损害了公共利益、个人隐私和财产安全等，将会带来极大的社会和道德风险。此时，需要法治的保护，保障人类的个人权益和社会公共利益。

在社会层面上，人工智能的应用将会带来人类社会结构、职业分工、就业情况、社会秩序等的改变。如果人工智能实现了自我学习和自我进化，对于人类自身的意义和未来的画面可能还是未知的。这就需要人类对人工智能发展进行规划和监管，避免它对人类社会产生不利影响。

在国家层面上，全球各国在人工智能领域的竞争可能导致人工智能军备竞赛，进一步加速人工智能的发展。我们需要确定人工智能的发展目标，制定符合伦理或符合某种全球政府机构的监管机制，以规范人工智能的发展和应用。

谈及人工智能，算法是绕不开的一个话题。算法本是计算机科学中的重要概念，代表着用系统的方法描述解决问题的策略机制。随着互联网时代的到来，智能手机等新兴产品的不断普及，算法早已渗透进生活中的方方面面，改变着人们的思维模式和习惯，给人们的生产和生活带来了诸多影响。一个显而易见的趋势就是，越来越多的智能辅助设备被应用在了人们日常的行为决策之中，衣食住行等各个方面都有算法在背后为我们分担着特定的认知任务，参与和影响着我们的决策与判断。

算法伦理问题是指使用机器学习、人工智能等技术所产生的算法过程中可能涉及的伦理道德问题和社会责任问题。在数智时代，算法深刻地渗透进了人类的生活并改变了人类对于周遭环境的认知，逐渐成为人类生活世界里的一部分。由于算法常常作为智能决策的工具，因此会引发越来越多的算法伦理问题。

常见的算法伦理问题包含以下几种：

第一，隐私保护问题。算法通常需要访问大量的个人数据来进行训练和优化。因此，如何保护个人数据的隐私成为一个重要的伦理问题。例如，在医疗保健领域，医生可以使用人工智能算法来分析患者的病历数据，但必须遵守相关的隐私法规，确保患者的隐私得到保护。

第二，透明度和可解释性问题。人工智能算法通常是黑箱模型，难以理解其决策过程。这使得人们难以对其进行监督和评估。因此，如何提高算法的透明度和可解释性成为一个重要的伦理问题。例如，在自动驾驶汽车领域，必须确保车辆的决策过程是透明和可解释的，以便人们能够理解和评估其安全性和可靠性。

第三，偏见与歧视问题。算法通常基于历史数据进行训练和优化，如果历史数据存在偏见或歧视，那么训练出的算法也可能存在偏见或歧视。例如，在招聘过程中，如果历史数据中存在对某些种族或性别的歧视，那么招聘算法也可能会对这些群体进行歧视。

第四，责任承担问题。当算法出现错误或不良后果时，如何确定责任和问责制也是一个重要的伦理问题。例如，在金融领域，如果一个人工智能算法导致了投资损失，那么谁应该承担责任？如何确定责任和问责制是一个值得深入探讨的问题。

二、会计视角下的人工智能伦理问题

会计视角下的人工智能伦理问题，通常涉及会计工作者专业胜任能力伦理的相关讨论，主要是指会计师缺乏信息系统和人工智能应用与管理方面的专业技能，或缺乏数据采集、存储、处理以及输出方面的专业技能，导致数据保密、数据安全及资产保全责任不能履行以及其他不道德行为的发生。数据思维方式、会计劳动形态以及现代技术的广泛应用对会计职业行为将提出更高要求，是否具备专业知识和技能将成为会计师能否胜任会计工作的重要因素。

在大数据时代，每时每刻都在产生数据，这些数据也在改变我们的生活。大数据产业从概念逐步落地，绝大部分企业都在使用大数据，而大数据高端软件类人才的供应远不能满足时代的发展。有报告指出，数据分析师已成为当下中国互联网行业需求最大的六类人才职位之一，未来中国基础性数据分析人才缺口将达到 1 400 万人。企业开始倾向于聘请在数据存储、检索和分析方面有所专长的人才。

当前，部分会计师没有获得数智时代会计工作的专业技能，这无疑会对会计服务质量产生影响，甚至导致受雇企业数据保密、数据安全及资产保全责任不能履行以及其他不道德行为的出现。下面列举了产生数据相关专业胜任能力困境的部分情形：

第一，不具备信息系统操作的专业知识和技能。比如，会计师认为只要设置好财务软件或 ERP 软件系统密码，数据就不会泄露。事实上，只要后台数据库未设置安全措施，会计数据就有可能泄露。

第二，不具备数据采集和存储方面的专业知识和技能。比如，会计师对数据未进行备份，导致受雇企业数据丢失。

第三，不具备数据分析方面的专业知识和技能。比如，受雇企业会计数据全面电子化后，不能构建数据分析模型对企业电子数据进行处理。

第四，不具备数据安全方面的专业知识和技能。比如，通过网络手段传递未经加密的企业会计数据或非会计数据，数据被网络“黑客”所截取，或数据处理导致企业信息系统瘫痪。

第五，不具备人工智能操作方面的专业知识和技能。比如，未掌握财务机器人的操作手册或操作规则，非法操作导致财务机器人系统瘫痪，进而数据丢失。

除了在专业胜任能力方面，会计免责问题也是常见的问题。所谓会计免责，指的是当人工智能等其他技术参与会计工作和决策后，如果发生疏漏和错误，会计师可能会推脱责任，坚称应该由算法或机器负责，而不是由会计师负责。在会计免责的诱惑下，人工智能等算法可能成为会计从业人员的替罪羊。

区块链、云计算以及人工智能等现代技术对会计师的影响必将是全方位的。这种影响将会促使远程劳动、共享劳动、委托劳动和人机协同劳动等形态在会计实务工作中运用，而人机协同劳动形态将成为未来会计师执业的主要形态。人机协同劳动形态为会计师免责提供大量机会。当前，人工智能的相关法律法规还不健全，如何划分人工智能与会计师的权责尚处于探索阶段，从而导致在数智时代，会计师因潜在的免责而新增更多的基于利益驱动的不道德行为。相比传统时代，这些新增的不道德行为，可能具有更强的隐蔽性、无痕性与不可追溯性，这将在更大程度上加大识别、评价与应对相关事项对职业道德所带来的不利影响的难度。

忽略技术引起的免责问题会产生严重的后果，因为会计专业人员所依赖的信息取决于用于制定实际决策和审计意见的数据输入的完整性（PwC，2017）。会计免责问题引起了人们对谁负责数据的完整性以及谁对决策负责的关注。这进一步提高了在设计看似纯技术流程的过程中，是否以及如何将道德因素纳入考量范围的重要性。许多人认为技术的采用是解决和处理大数据问题的灵丹妙药。但是，技术如何以及在何种程度上影响会计领域的道德决策这个根本性问题更重要。

法律课堂

爱奇艺起诉字节跳动侵害信息网络传播权案

北京市海淀区人民法院对北京爱奇艺科技有限公司（以下简称“爱奇艺”）诉北京字节跳动科技有限公司（以下简称“字节跳动”）侵害《延禧攻略》（以下简称“延剧”）信息网络传播权一案做出判决。

在案中，原告爱奇艺诉称，字节跳动未经授权，在延剧热播期间，字节跳动运营的今日头条App利用信息流推荐技术，将用户上传的截取自延剧的短视频向公众传播并推荐。爱奇艺认为，字节跳动在应知或明知侵权的情况下，未尽到合理注意义务，存在主观过错，侵害了自己对延剧享有的信息网络传播权。

法院经审理认定，字节跳动具有充分的条件、能力和合理的理由知道其众多头条号用户大量地实施了涉案侵权行为，属于法律所规定的应当知道情形。字节跳动在本案中所采取的相关措施，尚未达到“必要”的程度。最终，法院认为字节跳动的涉案行为构成帮助侵权，并判定其赔偿原告爱奇艺经济损失150万元及诉讼合理开支50万元，共计200万元。

作为全国首例算法推荐案，该案引发了对提供算法推荐服务的平台应承担何种注意义务及责任的广泛探讨。毋庸置疑，明确算法推荐侵权责任，更有利于算法推荐技术的合理合法应用，同时也提醒了算法推荐服务提供者，有助于引导有关行业和平台合规运营。

资料来源：https：//www.zhuanlan.zhihu.com/p/524714456.

第三节　数智时代对会计职业道德的新要求

针对数智时代衍生出的新型财务职业道德问题，结合已有的标准，下面总结与专业胜任能力相关的道德问题、与会计数据管理相关的数据管理问题以及与人工智能应用相关的道德问题。

一、对专业胜任能力的新要求

数智时代对会计师的专业胜任能力提出了新的要求，会计师除具备会计专业知识外，还需具备数据保护和人工智能相关法律法规、信息系统管理与操作、人工智能操作等方面的知识技能，具体如下：

第一，在法律法规方面。随着大数据和数字化的普及，会计师处理和管理大量敏感信息的能力变得至关重要。会计师应该了解数据保护法律法规，例如欧洲的《通用数据保护条例》及其他国家和地区的类似法规。他们需要知道如何处理、存储和传输数据，以确保符合相关法律要求，并保护客户和企业的数据隐私。人工智能在会计领域的应用越来越广泛，例如自动化的数据分析和预测模型。会计师应该了解与人工智能相关的法律法规，如数据使用、透明度和算法决策的合规性要求。他们需要了解人工智能系统如何收集、处理和利用数据，并确保符合隐私保护、反歧视和公平竞争等方面的法律要求。

第二，在信息系统管理与操作方面。会计信息系统是财务智能化转型的基础。会计师需要熟悉相关技术、软件和系统，了解其功能和特点，以便有效地管理和操作这些系统。他们应该了解会计信息系统的数据输入、处理和输出过程，以及系统内部控制和审计功能。熟悉会计信息系统可以提高会计师的工作效率，并确保财务数据的准确性和完整性。信息系统管理和操作的领域不断发展和演变，新的技术和工具不断涌现。因此，会计师需要具备持续学习和更新技术知识的能力。他们应该主动关注行业的发展和最新趋势，参加培训和专业活动，以保持与技术前沿同步。

第三，在人工智能操作方面。会计师需要了解人工智能的基本原理和技术，如机器学习、深度学习和自然语言处理等。他们应该了解人工智能是如何通过分析大数据、学习模式和进行自主决策来提供智能化的解决方案。这将帮助会计师更好地理解人工智能在会计领域的应用和潜力。会计师需要掌握相关的人工智能工具和平台，以支持他们的工作。包括能够使用人工智能驱动的软件和系统，如自动化数据分析工具、智能记账系统和预测模型等。会计师应该了解这些工具和平台的功能、特点和使用方法，以提高工作效率和准确性。此外，会计师需要具备评估和选择适合其需求的人工智能解决方案的能力。他们应该能够识别并评估不同的人工智能应用，了解其适用性、可行性和风险。会计师还应考虑数据安全、合规性和伦理问题，确保选择的人工智能解决方案与行业标准和法规相符。

不具备专业胜任能力的会计师应通过专门培训或再教育等形式获取专业胜任能力，并通过继续教育等形式保持专业胜任能力，熟悉信息系统管理与操作、会计数据资源管理、人工智能管理以及相关领域的最新发展，将专业胜任能力保持在一定的高水平上，以确保为受雇单位和其他利益相关者提供高水平的会计专业服务。

二、对会计数据管理的新要求

财务人员应当掌握数据资源管理的整个流程构架中从数据采集、数据存储、数据分析到数据输出的具体行为规范，从而避免数据泄露、滥用等行为。

第一，在会计数据采集方面。会计师需要掌握多种数据采集渠道和方法，以获取来自不同来源的会计数据。这包括传统的手工输入、电子文档导入，以及与各种系统和软件的集成，如财务软件、电子支付系统和采购系统等。会计师应该了解不同渠道的特点和优缺点，以选择最适合的数据采集方式。随着自动化技术的发展，会计师应该了解和应用自动化数据采集技术，以提高数据采集的效率和准确性。包括使用智能扫描和识别技术自动提取数据、利用 API 和数据集成工具实现系统间的数据交换，以及利用机器学习和自然语言处理等技术从非结构化数据中提取信息。在进行数据采集时，会计师需要注意数据隐私和安全保护。他们应该遵循相关的法律法规，如数据保护法和隐私规定，确保合规性。会计师还应该采取适当的安全措施，如加密、访问控制和备份策略，以保护采集的数据免受未经授权的访问和意外损失。

第二，在会计数据存储方面。会计师需要了解和设计适当的数据存储架构，以满足会计数据的管理和访问需求。他们应该了解不同类型的数据存储技术，如关系型数据库、大数据存储和云存储等，以选择最适合的存储方案。会计师还应考虑数据存储的可扩展性、性能和安全性，以满足数据量增长和数据访问的要求。会计师需要了解数据库管理和维护的技能，以确保数据存储的稳定性和可靠性。这包括数据库的安装、配置和备份策略的制定。会计师还需要了解数据库管理工具和技术，如性能优化、容错和故障恢复等。会计师应制定有效的数据备份和恢复策略，以应对数据丢失或灾难性事件。他们需要定期备份会计数据，并测试备份的完整性和可恢复性。会计师还应制订恢复计划，以确保在数据丢失或灾难发生时能够及时恢复会计数据并保持业务的连续性。

第三，在会计数据分析方面。会计师需要将数据分析作为决策制定的重要依据。他们应该掌握数据分析工具和技术，如数据可视化、统计分析和预测建模等，以解读和分析会计数据，从中提取有价值的信息和见解。会计师可以利用数据分析来发现趋势、识别异常和提供决策支持，以帮助企业制定战略和规划业务发展。会计师还需要具备预测和建模的能力，以便根据历史数据和趋势进行预测。他们应该了解时间序列分析、回归分析和机器学习等技术，以构建准确和可靠的预测模型。通过预测和预测建模，会计师可以为企业提供财务计划、预算和风险评估等方面的支持。在进行数据分析时，会计师需要重视数据质量和准确性。他们应该了解数据清洗、验证和标准化等技术，以确保分析所使用的数据准确、一致和完整。会计师还应对数据源的可靠性和数据采集过程进行审查，以确保数据分析的结果可靠并具有合理性。

第四，在会计数据输出方面。会计师需要具备将数据可视化和撰写报告的能力，以将复杂的会计数据以清晰易懂的方式呈现给利益相关者。他们应该掌握数据可视化工具和技术，如仪表板、图表和图形化报告，以便有效地传达从会计数据中获得的洞察和分析结果。通过将数据可视化和撰写报告，会计师可以提供直观和易于理解的财务信息，帮助利益相关者做出明智的决策。会计师需要能够根据利益相关者的需求提供定制化的报告和分析。他们应该了解利益相关者的特定需求和关注点，以便为他们提供有针对性的财务信息。会计师应该能够根据利益相关者的要求，灵活地调整报告的格式、内容和展示方式。他们还要做到了解并遵守相关的法律法规和报告要求，以确保数据输出的合规性和准确性。他们应该熟悉会计准则和财务报告要求，如国际财务报告准则（IFRS）和税务报告要求。会计师需要确保数据输出符合法规，并能满足审计的要求。

三、对人工智能应用的新要求

数智时代会计人工智能应用行为首先应遵循人工智能伦理的基本原则和各国关于人工智能伦理的法律法规。根据数智时代人工智能伦理的基本原则，会计师应与人工智能构建和谐的人机关系，且会计师对人工智能的应用不能违背人类社会的价值观和伦理。按照人工智能伦理的基本原则，会计师应用人工智能应遵循如下规定：

第一，人工智能不应被赋予会计主体资格或审计主体资格，即不应赋予财产权，不应拥有著作权，不应拥有会计决策的投票权等。对于该问题，学术界大致有三种观点：一是反对人工智能具有道德能动性，其主要代表是坚持“技术工具论”的学者。他们认为，技术仅仅是工具而已，本身不具有伦理属性，其好坏取决于使用的方式。二是肯定人工智能具有道德能动性，其主要代表是机器伦理的研究者。他们认为，具有智能的技术人工物具有类似于人的自主性和意向性，因此可以作为独立的道德能动者。三是中间立场，即认为人工智能不具有类似于人的道德能动性，但人工智能不是价值中立的，它能够影响人的道德选择和行动。无论哪种立场，我们都应认识到，人工智能在会计领域的应用不能危及会计师的生存和企业经营管理的安全。

第二，会计师与人工智能的人机关系应建立在受会计师指引的基础上。人工智能应树立与会计师相同的价值观；人工智能自主学习产生的优良职业道德“反哺”会计职业道德应符合人类社会的价值观；人工智能不能采取直接或间接伤害会计师或危及企业经营管理决策的行为。这样才能避免人工智能发展给会计师及企业经营管理决策等带来伤害的情况，或者避免触发会计职业领域不道德行为的产生。

第三，人工智能的应用不能成为会计师免责的替代品，即会计师不得滥用人工智能危及会计数据的安全以及企业经营管理的安全等，会计师要为滥用人工智能行为承担相应的法律责任。人工智能的非理性行为应由发出人工智能指令的会计师承担责任，会计师操作人工智能的行为应当在法律法规、社会伦理和伦理观等允许的范围之内。

关键术语

数据伦理　　人工智能伦理　　会计免责
会计职业道德　　算法偏见

思考题

1. 传统会计职业道德的原则分别是基于什么考量而制定的？

2. 数智时代下会计职业道德面临哪些冲突？这些冲突会导致什么样的现实困境？举例说明。

3. 举例论述在特定新技术的影响下，应该制定什么样的道德规范。

4. 未来会计职业道德的原则是否会有根本变化？原因是什么？

综合案例 A

欧普照明：大刀阔斧促改革 智能费控开新篇*

作为中国标杆性整体照明解决方案提供者，欧普照明很早就开始在财务数字化转型之路上踔厉奋发。2012 年，公司着手财务共享服务中心的建设，制定了财务共享服务中心的第一个三年规划，目标在于集中搭建整体的框架，把业务流程打通。该财务共享服务中心先从账务集中切入，将前后端规则理顺，业务打通，然后再接入资金结算和税务。2015 年，公司将财务与 IT 进一步融合，实现了凭证电子化、影像化、智能识票、供应商协同、信用报销等功能。2019 年，公司开启财务共享服务中心 3.0 时代，将建设重心转移到管理增效、数据赋能方面，财务智能化水平显著提升，其中最为典型的是智能费控体系的迭代创新。欧普如何在短短几年内就将智能费控建设起来？这要从下面的故事开始说起……

一、费控转型，势在必行

在费控体系变革前，欧普照明的业务部门和财务部门经常由于财务报销、费用审核等问题产生争议，双方相互抱怨。

（一）场景一：市场费用审核

市场部马总怒气冲冲地走进财务部的办公室，急切地问道："月初提交的广告费报销单，为什么到月中还没支付出去？广告公司已经扬言要停止新广告投放了。"财务部韩总不满地反驳说："这都是你们业务人员先斩后奏，这些市场资源投入活动很多没有事先进行费用申请，我们到付款才知道有这笔支出，这让我们措手不及，而且这笔费用早就超出部门预算了，我们不予支付。"

马总听完反驳说："首先，我们的费用申请线下流程冗长，有时事务紧急我们只能事后补申请。其次，市场费用预算本身在制定时是粗略估算的，预算制定不合理、市场变化太快难免出现超预算的问题。再者，现在是抢占市场的关键阶段，财务应该全力支持业务，但实际情况是财务流程僵化，无法快速响应业务变化，这会让我们错失良机。"

---

* 本案例由浙江大学管理学院的陈俊、朱茶芬、董望、沙金、黄勤以及欧普照明的王海燕撰写，案例的知识产权归属作者及所在单位所有。感谢欧普照明对本案例编写工作的支持。

本案例源自企业调研，由于企业保密的要求，在本案例中对有关数据等做了必要的掩饰性处理。

本案例仅限于本科生和研究生的课堂教学使用，不得用于盈利活动及其他目的，也无意暗示或说明某种管理/实践行为是否有效。

韩总面露愠色："广告投入等市场费用过高、投入产出比低的问题一直存在，公司降本增效压力大，市场费用预算必须严格控制；而且你们对市场费用的预算申请资料没有充分的数据分析支撑，我们也不掌握重要支出的投入产出详细数据，财务的事前、事中和事后控制都很难有效开展……"双方各执一词，僵持不下。

（二）场景二：员工费用报销

"怎么我的报销单又被退回了？"销售代表小刘拿着退回来的报销单抱怨道，"这已经是我第二次递交了，我都花了一个小时填写报销信息，粘贴各类发票，还垫支一万多块，下周又要出差了，还得垫付……你们财务部报销付款怎么处理得这么慢？"

费用会计小张忍不住打断道："小刘，你的报销单填写不规范，内容填写不完整，票据上没有盖发票专用章，还有你的住宿费和火车票超标了，超标部分无法报。每份费用报销审核的要素较多，人工审核慢，加上年底这么多报销单积压，报销周期至少要两周以上，我们也是加班加点地赶。"

小刘不满地说："报销流程这么烦琐耗时，我天天跑客户业务，哪有这么多时间浪费在上面……"

随后，财务部韩总走了过来，"小张，今天都 20 号了，上个月的费用分析报告还没做出来。"小张硬着头皮说道，"这个月报销业务积压严重，无暇抽身做费用分析，而且报销系统的支出数据和预算系统的数据没有打通，分析较为麻烦。"

韩总无奈地摇头，什么时候财务才能从这些机械烦琐的报销工作中解放出来，真正做些能支持业务决策的费用管理和分析工作呢？

（三）场景三：业财矛盾频发

总经理办公室里，王董事长皱起眉头，用略带严厉的语气问道："我看了财务部呈递上来的报告，为什么今年我们的多项费用一直超预算？"

财务部韩总面露难色，回应道："业务部的人都是先斩后奏，没有严格遵循费用事前申请审批流程，同时，年末预算用光了，但重要的市场活动不得不支出，只能做特批调增预算。"

业务部马总说："财务部也有一定的责任，他们每月没有将各部门的费用发生额和预算进度数据及时同步给我们，我们也不清楚自己的费用支出详细情况，财务的费用分析无法提供给我们有价值的决策信息，而且财务报销流程烦琐冗长，一笔报销要两周，还要自己垫付，业务人员抱怨颇多。"

韩总立马反驳道："我们都是按章办事，严格审核每一笔费用支出，每月投入十来个人加班加点处理，辛苦不说，反招埋怨。"

王董听着他们的争执，意识到传统的费用管理痛点太多，必须进行彻底的革新。"我们不得不承认，目前的费用管理模式和流程存在很多痛点，业务人员希望报销流程更便捷、费用管控提前预警，财务人员希望财务审核更轻松、费用管控深入前端。如何实现这样的美好期望呢？"

财务部韩总若有所思："华为等领先公司已经将智能技术与费控场景进行结合，打造出智能化、移动化、生态化、高效化的费控系统，我们可以尝试这样的变革。”

王董似乎看到了希望的曙光，高兴地说：“想要改变现状，智能化费控系统的建设已经迫在眉睫，财务部、业务部和信息中心要科学筹划，大胆尝试，积极推进费控系统智能化建设。”

二、大刀阔斧，推进改革

经过深入的内外调研和跨部门专家探讨，韩总制定了费控体系变革的整体实施思路：结合欧普照明的费用业务场景特征，通过智能技术应用、流程高度自动化、数据聚合利用，实现费用管理系统的升级再造，达到更智能、更便捷、更高效、更低风险的综合成效。

欧普照明的费用支出主要包括市场资源投入和员工商旅支出。市场资源投入包括广告费、促销费、线上平台推广费、网络直播费等多种形式，单笔金额在数十万到数百万间，频率不高，总金额占比较大；员工商旅支出则具有高频、单笔小额的特点。因此，结合公司费用管理的业务特点，变革分为对市场资源投入的全流程管理和对员工商旅报销的全流程管理两大路径协同推进。

（一）市场资源的全流程协同管理

原有市场资源费用管理中，预算失效、费用超支、数据不同步、流程不透明问题非常突出。基于费用类流程透明和有效管控的需求，公司自主研发了市场费用管理系统，简称 MM 系统，对市场费用进行全流程整合（见图 A-1），从事前申请、投入产出评价、活动执行、核销审核、支付进行全流程管理，并将经营预算、业务操作、会计处理进行协同管理。通过构建开放、透明、标准的费控平台，公司建立了统一化、在线化、实时化、全流程的预算管控体系。在系统对接层面，公司将市场费用管理系统与 SAP、ERP、资金支付系统、业务系统连接，实现数据实时交互，强化了费控系统的实时管控和数据分析能力。

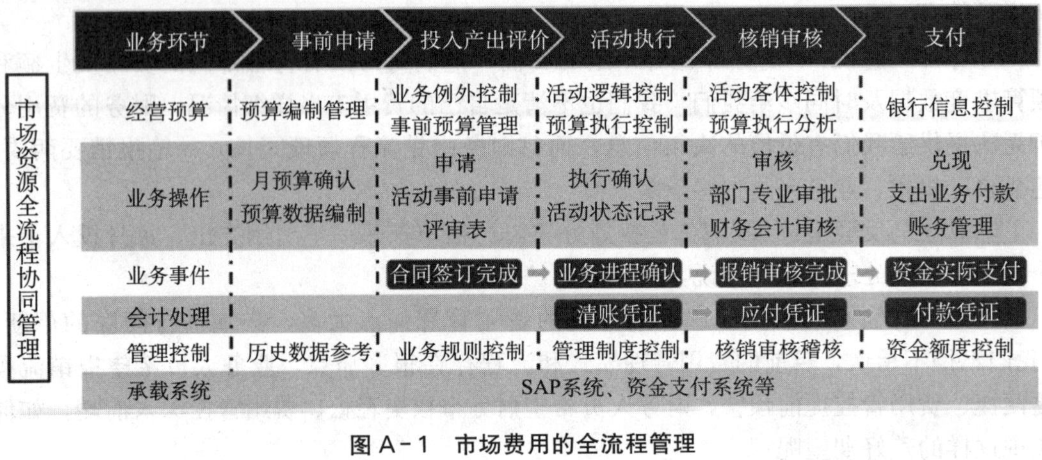

图 A-1　市场费用的全流程管理

1. 费控前移

无预算不列支，公司通过实施预算管理模式，将全面预算管理贯彻到每个预算单元。费控前移要求每笔业务的费用申请必须有对应的预算，对于无预算的报销项目将无法被提交。同时，在建立预算管理体系的基础上，公司专门制定了市场资源的投入产出管理标准，要求业务负责人在事前申请时对该项市场资源投放的投入产出率（ROI）进行预估。在市场推广活动执行过程中，根据不同活动对应的权限审批，对业务逻辑和预算执行进行控制。在审核阶段则对市场活动的效果进行分析，由业务财务人员对市场活动的 ROI 进行复核，如果实际的 ROI 效果明显低于申请时的预估值，将直接影响业务部门的预算考核和下次的费用申请。由此，公司将市场资源投入预算从流于形式变为实际的事前管控，解决预算与实际割裂、费用投入产出低效的原有难题，实现事前有计划、事中有控制、事后能评价的管理流程，帮助公司实现有效费控和全面预算管理的落地。

2. 业财融合

新的费用管理流程中，公司打通企业内部流程壁垒，以预算、申请、核销、支付、账务系统的闭环，实现了信息的集成与共享，有效实现业务与财务信息互通。公司将会计核算处理和管理控制制度融入业务的各个环节，通过系统实施有效控制。

3. 流程透明

流程透明一方面使得员工可以通过可视化看板了解自己的单据审批状态，及时发现审批流程存在的问题，另一方面则有效推动财务人员提升财务服务效率。同时，借助流程透明可视，欧普照明在公司内部构建信任文化，用公司对员工的信任换取员工对公司的忠诚，在提升企业效率的同时也给予员工更多的尊重。

4. 多维分析

欧普照明将费用进行细化分解，从产品、时间、终端类别、区域和费用投向等多维度对费用数据进行整理分析（见图 A-2）。比如在产品角度，将费用按照产品线、大产品品类、产品系列以及 SKU 的顺序逐级分解，不同终端类别按专卖店、流通渠道、商超、项目分类分析，还可以按照不同的维度进行组合汇总，以满足公司不同层级的管理经营需要，实现财务精细化、颗粒化管理。例如，产品线经理可以深入了解不同产品品类（或产品系列）的市场费用投入情况和销售提升效果，市场部经理可以快速了解不同终端的市场资源的投放情况和投放效果；对一家专卖门店经理来说，将该门店产生的促销费用和该门店相应时期的销售额匹配，可以分析促销活动的效果。

费用维度数据如何采集呢？业务人员进行市场推广活动的事前申请环节，就要求在 MM 系统的申请表单中填报这些多维度信息。MM 系统将这些多维度数据收集并沉淀，形成灵活多样的多维费用看板，方便各级经营层进行精细化深度分析和决策优化，而且系统每月自动出具各种多维度管理报表，供经营层查阅。

（二）员工报销生态的全流程管理

原有的员工商旅费用管理中，流程低效烦琐、财务审核工作繁重、违规报销问题较

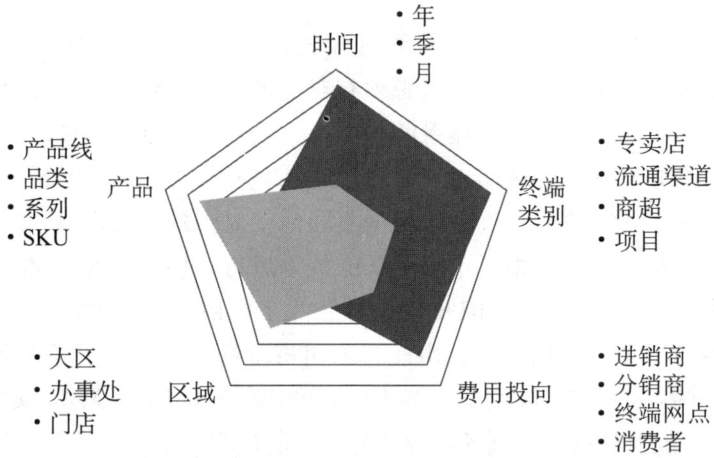

图 A-2 市场资源管理立体化分析维度

为突出。基于商旅费控流程便捷高效、提升合规性的需求，欧普采用与每刻科技合作的方式推进商旅费控的智能化改革。每刻科技作为智能云财务的知名服务商，在员工商旅费控方面有行业领先的软件解决方案——“每刻报销”，欧普和每刻科技合作，在每刻报销的基础上做了定制化和功能创新。每刻报销系统通过连接各类商旅服务商、第三方支付平台、税务系统等外部生态，打通出差申请—商旅活动—报销—支付的全链路，构建了线上化、一体化、自动化、智能化的商旅报销流程，为员工提供高效便捷的报销体验，为企业提供有效的内控管理，并充分解放财务人员的精力。

1. 智能费用报销管理

借助智能时代的新技术，欧普照明对报销流程的各个环节进行了全面的流程优化和智能升级。

- 事前申请，领导审批。当员工进行出差申请时，员工只要打开手机 App“每刻报销”，通过人脸/声纹识别登录，然后开启语音交互（如“我要去××出差，预算××元，出差事由：××”，系统将自动生成出差申请单，一键提交。财务人员在系统中提前设置具体的报销标准，包括不同部门、不同职级、不同省市等多维度不同场景下住宿、餐饮、交通、通信等活动的报销和补贴标准，当员工的申请超过报销标准时，系统将自动预警或限制超标申请单的提交，协助企业有效做好事前管控。
- 差旅报销，智能填单。当员工完成出差，进行报销时，报销系统能实现智能填单。OCR 智能识票技术能够将发票影像上的信息转化为报销申报表中所需的信息字段，融合了会计经验的 AI 软件能够自动提取发票的结构性数据，根据开票项关键词自动匹配费用类型（交通、住宿、通信等），自动填报费用单据，转换的平均准确度能达到 98%左右。
- 智能审核，发票查验。当报销单流转到会计审核环节时，报销系统借助 RPA 技术能实现智能审核。系统会自动对报销单据进行业务真实性检验，根据费用类型（交通、住宿、通信等）匹配规则检验，确认报销单据符合费用标准政策和申请单额度控制。对于增值税发票，系统能够通过智能识票技术进行查重验真，具体包括如发票购买方公司抬头与当前单据公司抬头一致性检验、发票购买方公司抬头与购买方纳税人识别号一致性检验、发票超期检验、发票加盖专用章检验、发票连号检验等票据合规性检验。

• 统一公对公结算，实现免票报销。每刻报销系统与第三方消费平台（如携程、美团、滴滴打车等）打通，能够实现将员工的费用消费数据如机票、出行用车、住宿、餐饮等自动导入报销系统，并实行公对公月结。由此，对企业来说，员工因公消费发生的费用真实性得到保证且数据完整透明；对员工来说，通过接入支持统一结算的第三方消费平台，员工可凭借消费数据实现免票报销，减少垫资。此前，欧普照明公司总费用约60%的部分属于第三方消费平台费用，平台互联帮助公司大幅度提高了财务部门以及员工工作效率。

• 新的费用模式创新。欧普和每刻科技合作开发了一些新功能，以日常出行的私车公用场景为例，员工可以在上下车时在手机 App 上打卡定位，报销系统记录途经点，基于定位信息自动生成里程补贴，费用真实透明，方便员工随时随地进行报销。新报销系统在简化流程的同时能够更大程度地保证费用支出合规透明。

2. 员工信用报销体系

欧普照明在员工费用报销系统中还创新性地引入了员工信用积分体系（见表 A-1），让信用好的员工在报销环节的流程进度更快，引导员工诚信报销。系统设定员工初始信用分为 80 分，后续针对合规报销的员工在每单结束给予信用分奖励，对虚假报销或不合规报销等行为进行扣分惩罚，基于个人行为数据对员工进行信用评价。

在此信用体系下，高信用分员工能够享受优先报销的便利，系统会自动缩短和简化高信用分员工的审批流程；低信用分员工的报销则需要经过层层审核，并且打款顺序靠后，整体流程时间相对较长（见表 A-2）。并且，公司会对员工信用报销进行针对性培训，培养员工规范报销意识，管理层则可以在信用台账和信用报表中查看全体员工的信用状况。信用体系的引入可以有效规范报销行为，增强互信，减少违规报销频率，从而提升报销的合规性和流程效率。

表 A-1　部分员工信用得分调整规则

调整原因	调整分值
虚假报销	−20
违规报销禁止报销的费用	−15
假发票、无效发票或发票金额不足	−10
手续及报销附件不完整	−5
承担部门和承担人选择错误	−2
票据金额少于系统申请报销金额	−1
报销单据粘贴不符合《报销单据粘贴规范操作指引》要求	−1
发票盖章名称与发票开具单位不一致	−1
发票抬头未开具公司全称或开具错误	−1

表 A-2 不同信用类别员工报销对应权益和抽审比例

信用类别	对应权益	抽审比例	加减分规则
A类	次日付款，无票报销	低	扣分＝违规次数×扣分分数 加分：一个自然月内无违规报销，月末自动加分
B类	周付款，无票报销	中	
C类	月付款，发票必要	高	
D类	冻结账户，罚款	100%	

3. 员工行为预警模型

随着智能报销系统的上线使用和财务共享服务中心其他系统的完善，公司已经沉淀大量交易级、结构化的数据基础，接下来要做的是，通过大数据技术对基础数据进行梳理和再利用，形成智能化的经营分析理念，应用于内控合规、财务风险管控、经营分析等领域，最大程度地发挥数据资产的价值。

在丰富数据积累的基础上，欧普公司开发了基于员工行为的舞弊预警算法模型，识别员工差旅标准超标、地点不符等财务报销违规信息，再结合员工其他维度，例如考勤、会议、业绩达成等数据，通过业务行为网络分析等技术组合配置，构建丰富的预警模型，展开大量复杂场景下的敏感性分析，模拟还原与真实业务行为相仿的业务场景。比如报销地点和考勤系统的打卡地点冲突、差旅时间和会议时间冲突、差旅行为和对应区域的销售业绩达成缺乏相关性等潜在舞弊行为，将通过算法模型自动识别。

财务人员可以借助预警模型验证业务部门资源投入的真实性，同时能够展开更为立体、多元的资源投入和业绩达成的相关性分析，从而使得财务有能力对业务行为进行评价，更有助于财务支持业务，真正实现数据价值的挖掘及管理增效。

4. 优化费用采购决策

基于大量的费用数据积累，欧普利用大数据优化费用采购决策，借助智能费控系统能够通过集中比价做出最优的费用采购选择，从源头控制费用支出，有效降低公司运营成本。比如财务人员通过数据分析发现，员工们倾向于订购某一酒店集团的住宿服务，财务部就协同采购部门，争取该酒店集团的协议价，集中采购该酒店服务。

三、关山难越，披荆斩棘

（一）智能化费用管理体系推进难点

1. 员工观念转化慢

在智能费控体系的实践过程中，新系统嵌入了很多流程控制节点和规则控制，若不符合规则要求就无法提交单据，员工在初次使用平台系统时对各项操作和流程并不熟悉，尚未改变原有的申报习惯，导致推行初期出现不畅。

2. 费控前移增加业务端工作量

与传统费控体系相比，智能费控平台要求业务人员在费用申请阶段就填列费用的详细信息，比如 ROI 预估、费用归属的多维信息等；在费用的使用阶段和月末则需要对市场活动的开展状态、费用投放的进度在系统上及时记录。这些规范化的操作保证系统能够对费用进行自动的归类分摊，为费用的多维分析提供数据基础，并实现后端的财务自动入账，但是对各个事业部的业务人员来说，实际的填报工作量较传统费控体系下增加许多，而且系统实现了财务对业务的预算强管控，减少了业务花钱的便利性和自主性，部分业务人员认为财务在束缚业务活动。

3. 标准化费控降低出差积极性

在使用智能费控平台后，员工的因公消费行为更加透明，业务领导及管理层能够在智能费控平台中随时掌握员工个人的费用报销行为。在此情况下，原有费控模式下员工的部分“隐形福利”空间被压缩，标准化的费控体系一定程度上影响了员工出差选择的自由度。

（二）智能化费用管理体系改进措施

1. 系统改进和培训操作

对于员工不熟悉新系统的情况，公司充分关注员工对系统的使用反馈，并借助IT部门的信息技术开发能力，将财务制度标准指引、业务流程指引、表单填写示范等内嵌至系统的表单填写页面里，以点击链接的方式快速跳转到最相关的知识上，大大缩短了人找知识的时间，这不仅方便了员工的自助式操作，也提高了业务人员的提单准确率。财务则在系统里进行统一的规则管理和知识管理，在交互层面做到规则透明可视，从而构建起开放、透明、可视、标准的业务运营及费用管理平台。以表单示范为例，财务人员就在系统里内置了300多张各类示范性表单。

在系统上线的早期，公司还采取了业务员工操作培训、财务人员协作业务人员填报申请等过渡性措施，引导员工深刻认识费控改革的重要性，快速上手新系统。经过3个月的过渡期，公司员工基本适应新系统的规范流程，智能费控的便利性逐渐显现。

2. 费控平台输出分析服务

对费控前移增加了业务端的工作量这一问题，公司通过共享服务中心向各个业务层输出数据服务来提高业务部门的满意度。通过明细化的多维数据积累，财务服务共享服务中心的费控平台能够为各个项目组、业务条线提供详细的费用投入产出效益复盘分析，业务层能够更好地总结业务经营情况，优化经营决策。另外，费控前移将费控管理工作在费用发生之初就进行控制，最终有利于提高费用的投入产出比，提高业务部门的绩效达成。

3. 员工共享费用节约效益

对于出差积极性可能会降低的潜在风险，公司提前采用了将费用节约部分与员工分享以及会员或积分等权益归属员工的措施。举例说明，假如员工出差时需要从机场到市区，可以选择打车或乘坐机场大巴，打车费用为180元，乘坐机场大巴费用为20元，那么可能员工在两者都能报销的情况下会选择更为舒适的打车方案。当公司使用智能费控系统进行分析后，可以采用优化方案，即如果员工选择机场大巴，可以奖励员工 80 元差旅补贴，这样既可以给员工带来福利，又有效地为公司节约差旅开支。

四、成效显著，亮点纷呈

智能费控体系借助云平台、OCR、RPA 等智能识别和大数据分析技术，重构以业财融合为主线的费控全流程，有效解决费用预算超支、费用投入产出效率难衡量、报销流程长、会计处理效率低等原有痛点问题，发挥财务专业性和智能技术的优势，助力企业降本增效，深度赋能管理。

（一）新场景一：市场费用管理

市场部的小吴兴致勃勃地向马总汇报道："马总，这是财务部门为市场部统计的上月各区域、各品牌广告投入情况，所有的广告投入产出比均达标，不仅如此，上月市场部预算还有结余。"

马总仔细看着广告费分析报告，欣慰地说道："公司智能费控改革成效显现，过去广告费支出成效全靠我们经验估计，部门预算总是超支。如今，我们从事前申请环节控制费用支出，要求负责人填报预计投入产出比，我们进行事前评价，大大降低了预算管理难度。通过多维大数据看板，我们能清晰地查看各区域、各品牌、各渠道广告费投入产出比情况，多维深度分析帮助我们优化营销方案，实现科学决策。"

（二）新场景二：员工费用报销

市场部：

智能费控体系上线运行后，销售代表小刘高兴地与同事们交流道："现在的报销既高效又快捷，拿个手机几分钟就能搞定报销提单。"

"是啊，像机票、火车票、打车费等甚至做到了免票报销，无需垫付资金，公司还将差旅费节约部分的一半以差旅补贴的形式奖励给我们，真是省时省力省钱。"销售部小李激动地回复道。

财务部：

费用会计小张月初 2 号就将上月的费用分析报告交给财务部韩总，韩总认真阅读后，面露喜色："小张，这次的报告提交很及时啊，与改革前比较，公司私车公用降低用车成本 60%以上，差旅交通成本、酒店住宿成本降低 10%以上，降本增效成果显著。报告中费用按部门、产品、地区、费用类型等多维度进行汇总，赋能业务的精细化管理。"

小张笑逐颜开："这一切还要归功于智能费控平台。新系统大幅减少财务人员在传统费控体系下的审核工作、记账工作和业务人员的反复退单情况。目前员工单据提交的退回率已经从原先的 20%下降至 5%，财务部门用于发票查验的时间减少约 90%，报销审核的时间减少约 80%，我们终于有精力进行财务数据分析与经营决策支持。"

图 A-3 总结列示了智能费控体系实施前后各项工作的数据对比。

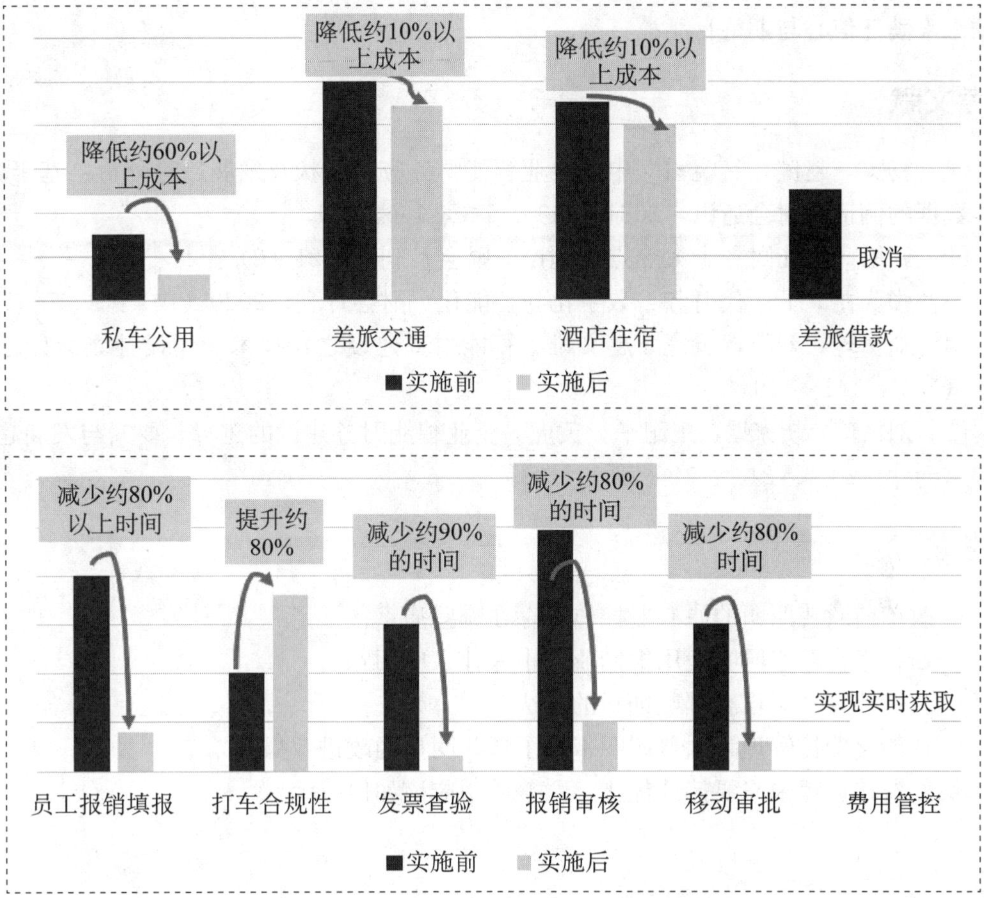

图A-3　智能费控体系的降本增效作用

五、总结经验，畅想未来

智能费控体系正式上线后，企业召开了一个总结大会，王董笑容满面地说道："智能费控体系建设取得了阶段性成功，不仅解决了沉疴旧疾，还做到了降本增效，提高了公司整体的费控水平。首先，我要感谢大家为智能费控建设所做出的辛勤付出和努力。其次，也希望大家及时总结经验，为我们公司费控体系的优化升级再提提意见。"

财务部负责人韩总微笑着说："我先来谈谈建设经验。第一点，管理层与员工的双侧监督在建设中发挥了重要作用。自上而下的战略性重视是智能费控平台建设的重要推动力。员工层面，我们一年至少开展两次员工使用意见的调研活动，不断收集员工的反馈建议，这对费控体系的优化有重要意义。第二点，智能费控体系做到了持续功能迭代。在建设过程中，我们要求系统具有很强的可延展性，根据新的需求逐渐优化费控平台的功能，以较高的灵活性适用于不同的业务场景、新的业务场景。"

王董总结道："这的确是好经验，值得继续推广。虽然我们的费控体系建设取得了一定的成功，但智能化程度还远远不够，大量的数据资产仍在沉睡中。智能费控建设任重而道远，我们要坚持不懈持续推进，加强业财融合，助力公司全价值链运营能力提升。”王董话音一落，会议室响起了热烈的掌声。大家干劲十足，对欧普照明财务数字化的未来满怀信心与期待！

参考文献

[1] 杨寅，赵健，吕晓雷．中国企业智能财务应用现状及发展趋势分析：基于调查问卷数据的例证．财会通讯，2021（11）：140－146，151.

[2] 张敏．智能财务十大热点问题论．财会月刊，2021（2）：25－30.

[3] 张庆龙．下一代财务：数字化与智能化．财会月刊，2020（10）：3－7.

[4] 刘梅玲，刘凯，黄虎，赵文雄．智能财务建设之新技术运用设计．会计之友，2020（16）：141－149.

[5] 刘梅玲，胡家煜，王纪平，黄虎．企业智能财务建设的逻辑、要素与发展趋势．财务与会计，2020（21）：18－21.

思考题

1. 改革前欧普照明的原有费控体系存在哪些痛点？
2. 新技术在欧普照明费用报销业务中有什么应用？
3. 新费控管理流程有哪些创新的做法？
4. 智能化费控管理为欧普照明带来了哪些明显的改进效果？
5. 新费控流程未来要持续优化，欧普照明应该如何着手？

综合案例 B

中台为基、博采众长：圣奥集团财务中台的建设之路*

作为办公家具的龙头企业，圣奥集团很早就开始在信息化、数字化转型之路上锐意进取，从 2010 年 ERP 全面上线，到 2017 年财务共享理念初起，到 2020 年财务中台初步建成，其财务数字化建设一直在同行中遥遥领先。作为一家典型的家具制造企业，圣奥如何在短短几年内就将财务中台建立起来？这要从下面的故事开始说起……

一、背景介绍

圣奥集团创始人倪良正先生木匠起家，1991 年他怀揣着 2 700 元独闯杭州，凭借精耕家具行业的赤子之心和工匠精神，将圣奥从一家小型家具加工厂发展成为办公家具行业的龙头。2021 年，圣奥集团已拥有员工 4 000 多人，营收规模达 30 多亿元。

圣奥集团作为中国办公家具行业的引领者，其综合实力连续 10 年稳居国内办公家具第一位。在“国内领先、国际争先”的发展目标引领下，圣奥产品远销世界 110 个国家和地区，服务的客户不乏世界 500 强企业，如美国强生、阿里巴巴、中石化、工商银行、腾讯等。

二、财务转型迫在眉睫

2017 年 3 月 1 日，圣奥集团董事长倪良正逐一召集各个部门负责人进行例行的月度碰头会。一踏进会议室大门，财务部朱总就看到了信息中心的赵总，在其他部门负责人汇报时，他也在电脑上快速记录着什么。联想到最近公司一直讨论得很火的话题——数字化转型，朱总闻到了一丝变革的味道。

“小朱啊，我听完你们财务部的工作报告，感觉大量的人力都还是从事会计的基础工作。”

“是的，倪总，现在集团发展壮大了，业务往来更多了，开票、收票、报销、整理单据的工作量成倍增多，占用了财务人员大量的精力，财务人员无暇分身去从事更有价

---

* 本案例由浙江大学管理学院的陈俊、朱茶芬、董望、张韵竹以及圣奥集团的张文文撰写，案例的知识产权归属作者及所在单位所有。感谢杭州市每刻科技有限公司和浙江圣奥家具集团对本案例编写工作的支持。

本案例源自企业调研，由于企业保密的要求，在本案例中对有关数据等做了必要的掩饰性处理。

本案例仅限于本科生和研究生的课堂教学使用，不得用于盈利活动及其他目的，也无意暗示或说明某种管理/实践行为是否有效。

值的经营分析工作。”

“这样的财务模式可长久不了，要积极谋求转型啊!”倪总抬头看向窗外波澜壮阔的钱塘江水，语重心长地说，“当前，大数据、人工智能、移动互联网、云计算、区块链等新技术蓬勃发展，数字化转型就如同钱塘江奔腾汇入大海一样，成为不可阻挡的潮流。我早在10年前就说过，数字化做得好的企业未必就能成功，但数字化做得不好的企业肯定不能成功。圣奥必须坚定不移地推进数字化转型，让数字化能力成为我们的核心竞争力。现在公司各个业务部门都在积极推进数字化建设，财务部门的转型是企业数字化转型的重要构件，不能落下！小朱，你有什么想法吗?”

“今年1月的时候，我去参加了一个财务智能化发展论坛。海尔、蒙牛、中石油等大型集团企业分享了建设财务共享服务中心的经验和成效。财务共享服务中心将不同地域标准化、重复性的财务工作进行集中化处理，通过流程再造和智能技术应用，实现了降本增效、加强管控、提高财务规范性等效果。财务共享建设可以将财务人员从繁重的交易处理工作中解放出来，形成战略财务、业务财务和共享财务的专业化分工，更好地赋能业务的发展。但是财务共享是重大的组织变革，影响面大，投资很大，我不确定我们要不要建设?”

“这些你不用担心。”倪总坚定地说道，“圣奥集团要坚定地走全面数字化之路，资源投入这方面不要怕花钱，当然投入时也要注重数字化项目的效益，不搞形式主义，不能为了数字化而数字化。你和信息部赵总一起去深入了解一下财务共享建设成功的企业，制定一个可行的建设规划，我们一起研讨。”

踏出会议室大门的时候，财务部朱总不禁感慨倪总的远见卓识和推行财务转型的坚定决心，这也不是倪总第一次有这样的魄力了，她的思绪不禁飘浮到7年前，集团上下一心、全面推行ERP系统的时候……

三、ERP系统全面上线

（一）ERP上线，领跑同行

朱总清晰地记得2010年春天的一个下午。彼时，信息化和上线ERP成为全集团热议的话题。倪总召集各部门的负责人连续开了几场关于信息化的研讨会，大家群策群力。

对于ERP系统的选择，有的人认为SAP比较好，因为它名气大、功能强，很多世界500强和国内上市公司都在使用，但是有的人认为鼎捷更适合圣奥，因为它能够开放源代码，后期定制化实施和升级的成本较低，对生产制造有灵活要求的同行企业都在使用。

最终，董事长倪总拍板，选择与鼎捷合作。他说：“集团现在急需信息化转型，上ERP只是转型的第一步，而鼎捷ERP开源的特点能更好适配圣奥的管理特色和未来发展，助力集团信息化向纵深推进。我决定，圣奥将投入重金，采购鼎捷ERP系统的各个模块：销售、生产、财务、物流等，实现信息化的全面覆盖。我们要把它定位为彻底的管理改革，以最坚定的决心和最强的执行力，快速提升我们集团的信息化水平。”

圣奥集团全面铺开ERP系统的建设并非易事，自2010年以来，圣奥集团花了整整四年时间，逐步消化ERP系统所带来的内部管理变革，实现业务全面在线化。这期间，圣奥还陆续上线了泛微OA、金税等30多个业务信息系统。

想起多年前公司实施ERP时上下一心、攻坚克难的难忘经历，朱总不禁感慨，信息化让圣奥迈出了业务在线化、数据化的重要一步，财务核算实现了从手工记账到线上自动化核算的华丽转变，ERP其他业务模块的交易发生时自动抛账给财务模块，核算、出报表的自动化程度大大提高。但近几年，随着公司业务的蓬勃发展，财务人员却仍面临繁重、低价值的交易处理工作，如发票认证、开票、费用报销、对账、税务申报等。财务共享建设真的能解放财务人员吗？朱总不禁开始期待新的变革。

（二）业务繁忙，痛点多多

在财务共享建设前夕，信息部门牵头组织了一场财务痛点的“吐槽大会”。

费用会计小钱可是逮着了“诉苦水”的机会：“圣奥的客户遍布海内外，销售员经常要出差去谈业务，但是出差后，报销流程烦琐又复杂，我们经常‘折腾’业务员重填报销单，业务员也‘折腾’我们重贴发票单据。”

出纳小林也抱怨道：“圣奥作为典型的‘to B’企业，常常需要应各行各业客户的要求在其指定银行进行资金结算，因而开了很多的银行账户，资金划转结算就特别复杂，我管理的银行U盾就有60多个……”

“圣奥这几年发展特别迅速，月均销售收入已超1.6亿元，销售开票的工作量大幅增加，因为手工操作，销售开票的会计也被戏称为‘手工’会计。”

…………

“吐槽大会”一直持续到了深夜，由此可见，当前的ERP等信息系统已远远不能满足财务的要求，财务人员的精力被大量琐碎的基础会计和税务会计占据，推进财务共享建设已经刻不容缓。

四、财务中台蓝图绘制

财务共享建设已如弦上之箭蓄势待发，信息中心的赵总走进了朱总办公室。

“朱总，信息中心肯定会全力配合财务共享建设，但是我觉得，最好先有一个建设理念和战略规划。”

“赵总有何高见？”

“集团的数字化转型是以中台战略为引领，因为中台技术架构更为先进。传统的企业信息系统都是烟囱式的单体架构，企业为了迎合业务发展不停地打造各种业务系统，导致各业务系统间的重复功能建设和数据孤岛。阿里等领先企业已经在打造业务中台和数据中台，将不同业务系统中共性的、通用的业务功能沉淀到业务中台，实现企业范围内业务能力的复用和共享；另外，数据中台可将数据资产进行集中治理和再利用，赋能业务前台的创新。”赵总停顿了一下，说道：“2016年开始，圣奥全面提出了‘1+N’

数字化中台战略（见图 B-1），已成功构建了数据中台和多个业务中台，如营销中台、研发中台、设计中台，我想财务共享平台也可以延续这种中台理念和技术架构，集成共性的财务功能形成财务中台，与其他业务中台共同支撑集团‘1＋N’数字化中台战略。而且，据我所知，基于中台技术架构的财务中台被认为是财务共享 4.0 的升级模式，是目前最先进的财务共享构建模式。”

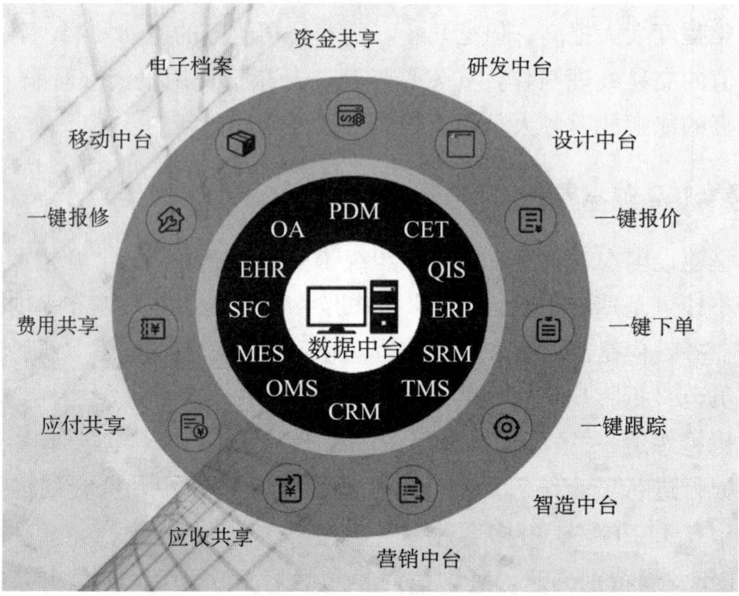

图 B-1 圣奥集团“1＋N”数字化中台战略

注：“1＋N”战略中，1 为数据中台，N 为各个业务中台。

朱总兴奋地赞同道：“太棒了！基于中台的先进理念和技术架构，圣奥的财务共享可以比其他公司的财务共享更为先进。我们还可以充分利用公司已有的数据中台和业务中台，实现更好的数据交互，做到前后端流程贯通，实现业财一体化。接下来，我们需要讨论下财务中台应包含哪些功能模块，除了差旅报销外，应收、应付、资金支付等也应该包括在内，这些财务处理工作耗时耗力，重复性强，标准化程度高，容易进行共享，共享后降本提效的效果也最明显。”两个部门负责人一起深入商讨了建设规划，形成了财务中台规划蓝图（见图 B-2）。

在建设规划中，业务前台是业务端用户及其使用的业务信息系统。财务后台则是财务总账、报表、预算等专业财务系统，通过管控规则实现管理需求。财务中台是企业业务前台和财务后台间的枢纽，通过联通业务系统汇集、筛选、转换业务数据，自动生成财务数据，并传输到后台的总账系统。财务中台通过对逻辑明确、可复用、标准化的共性财务服务进行共性沉淀，形成费用报销、销售应收、采购应付、资产管理、资金结算、税务处理中心等六大服务中心。整个财务中台包括共享服务中心、会计凭证中心、会计电子档案和运营管理四个部分。会计凭证中心用于自动生成会计凭证，会计电子档案存储相关档案，运营管理提供共享服务中心的综合运营管理服务。数据中台作为数据底座，与财务中台以及其他业务中台互联，以实现不同中台之间的数据交互。

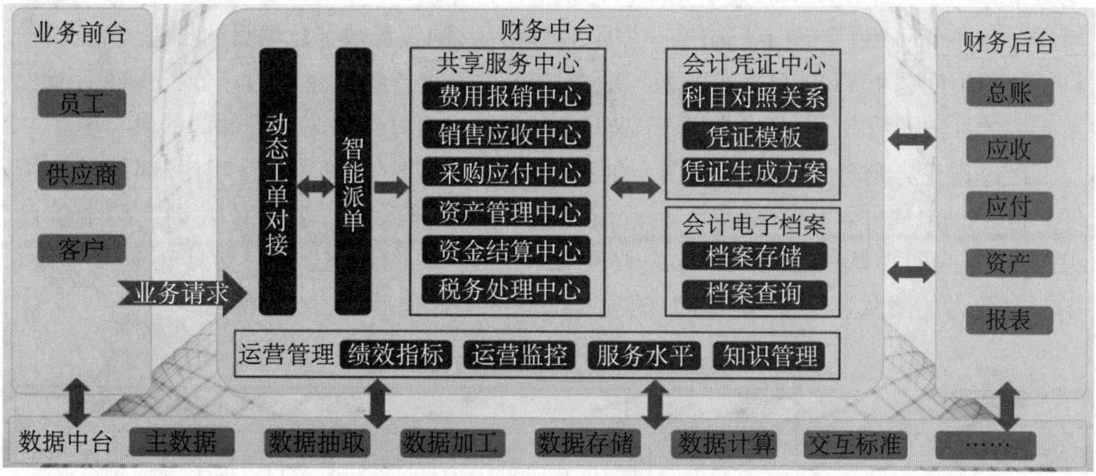

图 B-2　财务中台规划蓝图

五、IT 与财务携手变革

（一）双 PM 制，管理创新

信息中心要和财务部共建财务中台的消息很快便在公司传播开来，两个部门的核心人员一起召开了项目启动会。

财务部朱总首先抛出难题："财务和 IT 都是很专业的领域，财务不懂 IT 语言，IT 也不懂财务逻辑，两方怎么有效沟通？早期我们在上 ERP 时，就与信息中心打过多次交道，双方很难沟通，IT 人员无法真正理解我们的财务逻辑，给出的解决方案总是达不到我们的诉求，双方也常常针对一个新的业务需求要不要改动 ERP 设置争论不休。想起上 ERP 时的种种不快经历，我都担心这次的财务中台项目这么宏大，能否落地。"财务部其他员工也深有体会，纷纷附和。

赵总笑着说："以前的信息中心，是存在这样的突出问题。为了有效推进公司的数字化转型，信息中心在 2016 年末调整了组织架构，打破原来大一统的设置，围绕业务模块分设 9 个 IT 专业小组，以强化 IT 和业务的紧密联系，比如营销 IT 组、采购 IT 组等，小组的 IT 成员一般都是双栖人才。比如这次我们将建立财务小组，选择 5 名有财务背景的 IT 员工。我的助理小张可是个全才，既有 IT 背景，又懂些财务，沟通协调能力还很强，由他担任财务小组组长再合适不过啦！这样我们合作起来相对轻松，就不会发生'鸡同鸭讲'的问题。"

朱总一听，总算放下了心中的重担："这样最好了。财务部这边，我会派几个年轻能干的员工，相对来说，他们对 IT 更了解一些，学习能力强，沟通起来会顺畅一些。后续我们还可以通过联合培训，快速了解交叉领域的知识。"

项目组人员已敲定，但跨部门的项目管理模式怎么设计？遇到意见冲突，怎么解决？赵总说："常规的项目管理只设一个项目经理。在数字化项目中，IT 在技术方面更擅长，但业务部门在业务逻辑、流程梳理上更擅长，所以双方的分工协作对项目的成败至关重要。圣奥经过多年的数字化项目建设，已经摸索出一套双PM制的项目管理创新模式，业务部门和IT部门各选出一位项目经理，共同负责数字化项目的推进（见表B-1）。技术类问题由IT项目经理拍板，业务类问题听业务项目经理的，分工明确后减少不必要的扯皮矛盾。”朱总点头说：“双PM制还可以更好地提高业务部门的参与度。”

经过讨论，财务中台项目设两个项目经理，由信息中心的张总和财务部的朱总担任。除项目经理外，IT部派出4名开发人员，财务部派出4名会计人员，整个项目组10人。项目团队组建完毕，朱总终于松了一口气：有了这样一支具有交叉背景、年轻有活力的团队，有了双PM制的项目明确分工，往后的工作便轻松多了！

表B-1 圣奥双PM项目管理体系

	业务PM	IT PM
项目计划	考虑业务模式、组织形式、业务资源情况等因素，与IT PM共同拟定项目路线图、项目计划	考虑技术平台、技术实现路径、IT资源等因素，与业务PM共同拟定项目路线图、项目计划
项目资源管理	管理与保证业务相关项目成员在项目各阶段的参与度，从而顺利推进项目	引进和管理顾问、开发人员，配合内部IT成员保证项目的顺利推进
状态管理和汇报	与IT PM共同确定项目状态，更新项目卡，如实反映项目状况和风险	与业务PM共同确定项目状态，更新项目卡，如实反映项目状况和风险
风险 & 问题解决	甄别项目风险，特别是业务风险，并努力协调解决瓶颈约束和风险	甄别项目风险，特别是项目技术风险，并努力协调解决技术瓶颈和技术风险
流程 & 变革管理	保证业务流程讨论的顺利进行，推动业务负责人对未来业务流程的确定，保证业务流程变革的可控和落地	管理IT成员参与业务流程和逻辑讨论，保证未来的系统功能能够很好支持未来业务流程的运转
跨部门协同	协调组织跨部门讨论和跨部门流程确定	管理IT成员参与和支持跨部门讨论
项目收尾和验收	组织了解业务操作人员对项目和系统功能的反馈，从而支持项目满意度调查及未来改善	组织满意度调查、根因分析，确定未来改善点，项目文档验收，供应商付款

（二）阿米巴制，激发活力

自2018年起，圣奥便在集团内广泛实行了阿米巴制度，信息中心转型成为独立的利润中心，部门和员工的收入主要来自数字化项目创造的业务效益分成。

将信息中心部门收入与数字化项目的增值效益挂钩，一方面是为了贯彻董事长的思想——“IT与业务融合”，推动IT项目真正解决业务的需求痛点，提高项目的实效，避免为了数字化而数字化；另一方面也是要求信息中心做好数字化项目事前的效益预估，筛选重要的需求项目来做，将有限的 IT 资源用到刀刃上。

通过数字化项目的实践积累，信息中心逐步构建和完善了一套数字化项目效益的科学评估体系，能够对项目的效益进行全面的量化评价。比如，费用报销项目创造的效益包括费用会计工时的减少，还包括业务报销人员平均花在报销上的时间减少，这些收益可以折算成货币价值。费用报销项目降本增效越明显，其经济效益就越大，IT 项目组的收入就越高。正是 IT 团队和项目效益的强利益绑定，极大激发了 IT 人员的效益意识和积极性，IT 人员主动去挖掘项目机会，积极与业务部门沟通，圣奥也打造出一支积极、专业的数字化建设队伍。

六、财务中台高效落地

（一）费用共享，报销智能

按照财务中台的规划蓝图，项目组决定按照模块循序渐进建设，先从日常财务审核工作量最繁重的费用报销模块入手。

费用报销流程牵涉各级员工的商旅活动和财务处理，主要环节包括差旅申请—主管审批—差旅预订—费用报销—财务审批—出纳结算—会计记账—归档。原先主要是线下化流程，业务人员线下申请、主管线下审批、财务人员手工录入报销申请单，经常由于报销单错误返回重填，造成员工报销体验差；财务部门人工审核发票、记账、归档，造成财务工作繁重。圣奥每月的费用报销高达 2 万多笔，每笔金额不大，但很高频，费用处理流程耗时耗力，占用了财务人员大量的时间。

“经过详细调研和多方对比，我们了解到每刻科技的费控产品（见图 B-3）能够提供专业的企业级费用管理 SaaS 服务，功能领先，智能化程度高。它通过连接第三方消费平台、银行系统、第三方支付平台、企业内部各信息系统等，应用 RPA、OCR、税企直联等多种智能技术，打通了费控从差旅申请到凭证入档的全流程，大大提高费用报销的效率。每刻科技拥有和名企合作的丰富经验，可以考虑合作，将其产品集成到我们的财务中台来。”财务部朱总正在和信息中心张总热切地讨论如何推行费用共享。

新的报销流程见图 B-4，其中智能化应用包括：

● 智能填单：应用了 OCR 技术自动采集纸质发票的非结构化数据，实现智能填单；通过与美团、携程等商务平台联通，自动导入差旅消费数据，实现免发票报销。

● 智能审核：通过税企直联对发票进行验真查重，自动识别假票、重复票、过期票、连号票等，实现智能审核。

● 智能管控：通过规则引擎嵌入部门预算校验和员工差旅标准校验，实现超标报销预警、预算告警、自动计算差旅补助等功能，实现智能管控。

● 信用管理：引入员工信用体系管理，报销记录好的员工信用分高，只要通过系统的智能审核就能快速收到报销款，无需人工审核，这有利于引导员工诚信报销，从根本上减少人工审核的工作量。

● 线上化流程：员工线上申请、主管线上审核，方便快捷。

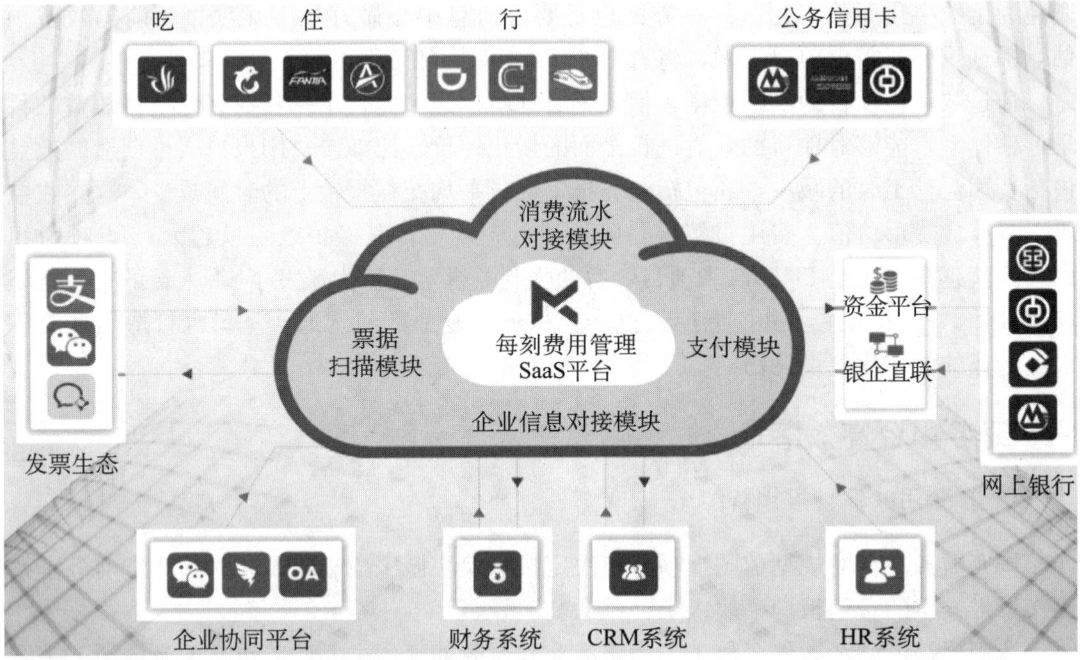

图 B-3　每刻科技的费用共享软件

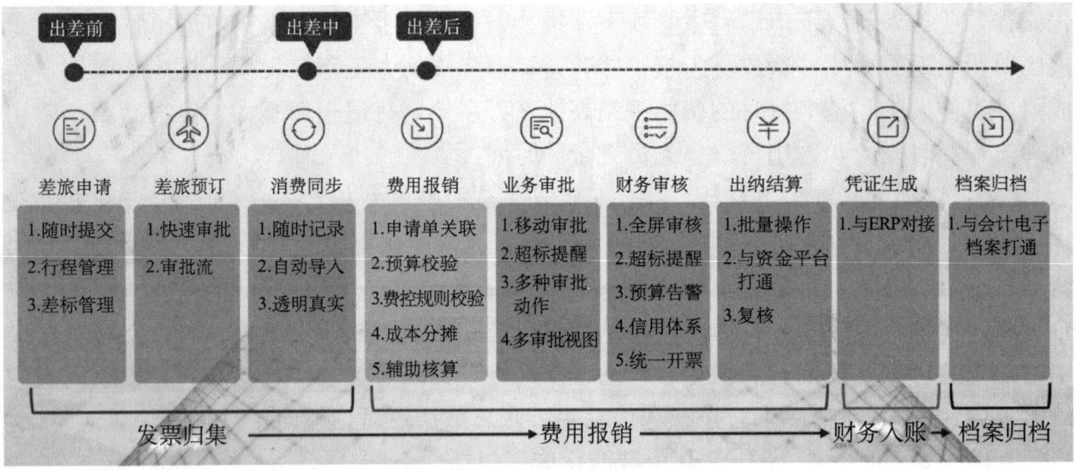

图 B-4　差旅报销新流程

● 自动化：通过与 ERP、资金平台和电子档案系统打通，实现自动化记账、批量支付、自动化分类归入电子档案，大大解放财务人力。

2018 年 5 月，每刻报销云平台在圣奥开始运行，受到业务部门和财务部门的一致好评。报销云平台打通了整个费控流程，让差旅、报销和费控管理变得更轻松。

刚出差回来报销的小王兴奋地说："出差申请、订酒店、变更行程、领导审批、提交报销单等都能在手机端的每刻报销 App 上便捷操作。报销速度今非昔比，我这周一刚发生的差旅，周三就收到了钱。最方便的是智能填单，只要手机拍下发票，发票数据就自动填入报销单，再也不用手工填写，太智能了。"会计小钱补充道："报销平台也解放了会计。发票自动验真查重、智能审核、批量支付、自动化记账、自动化存档，让会计轻松多了；员工信用体系建立后，50%的报销都交给了系统进行自动化审核。”

2019年，财务部门的费控流程效率显著提升，单笔报销提单环节处理效率提高了6倍，费用会计由5人降至2人，降本提效明显（见表B-2）。

表B-2　费用共享项目效益

效益指标	使用前	使用后
单个报销平均周期（从提单至收款）	15个工作日	9个工作日
月均单据量	1 200单	2 200单
费用会计人数	5人	2人
单笔报销提单环节处理时间（贴票＋填单）	30分钟	5分钟
单笔费用综合处理成本（人力成本＋水电＋办公场地＋IT系统建设＋档案存放）	5元	3元

（二）资金共享，一键支付

想要实现“一键式财务”，还得打通支付环节的资金共享。圣奥集团常年合作的招商银行已经有了较为成熟的跨银行资金管理系统CBS。CBS相当于管理不同银行众多账户的统一平台，只要对接CBS，圣奥集团就能轻松实现跨银行的账户统一管理和操作，实现银企直联，并利用招行提供的金融级安全体系，确保资金和数据安全。在浙江省内，成功运用CBS系统的企业已有近百个。综合考虑之后，张总和朱总决定采用招商银行的资金管理CBS系统。2018年6月，圣奥的财务中台正式对接招商银行的CBS，建设过程见表B-3。

表B-3　资金共享建设任务分工

建设阶段	单位	工作任务
第一期：建立公用设置、银企直联、银行账户管理、支付结算等功能模块	招行	CBS功能开发及后台部署、系统安装、银企直联接口联调
	圣奥	硬件环境准备、申请用户数字证书、银企直联申请及子公司授权、ERP对接开发、系统试运行
	双方	成立项目组、签订协议书、准备基础数据资料、系统培训推广、上线验收
第二期：建立票据管理、预算管理、报表统计分析、信贷管理等功能模块	双方	根据第一期的建设情况和效果进行预研

第一期的上线离不开各项系统之间的数据对接工作，以CBS为枢纽平台，对外与需要直联的银行进行接口联调，对内与泛微OA、每刻报销、ERP、会计电子档案进行对接开发（见图B-5）。

“上线后，不仅将我们银行U盾的管理量从60多个整合为一个，实现了账户统一管理，而且资金结算效率提升显著，单笔付款平均时长从原来的5分钟缩短为30秒，

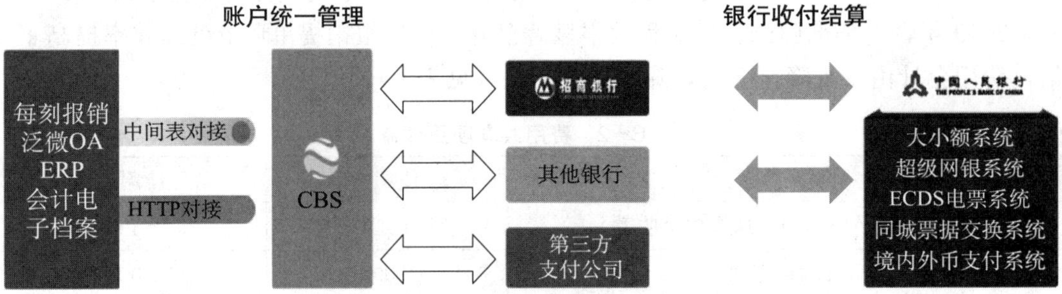

图 B-5　资金共享示意图

收款从 3 分钟降为 1 分钟（见表 B-4）。”朱总高兴地说，“此外，CBS 系统还能做到智能精准的交易流水对账、银企对账，自动对账的效率比人工的效率提升了不知多少倍。”

“第二期系统的建设已在路上，未来还能实现票据管理、信贷管理等更多强大的财资管理功能！”张总由衷感慨。

表 B-4　资金共享项目效益

效益指标	使用前	使用后
单笔付款平均经办时长（从复核付款单至银行支付）	5 分钟	30 秒
月均银行支付流水笔数	6 250 笔	6 500 笔
单笔收款平均经办时长（从银行收款至凭证入账）	3 分钟	1 分钟
月均银行收款流水笔数	3 750 笔	4 000 笔
出纳人数	8 人	4 人

（三）电子档案，一键查询

会计凭证的电子化已是大势所趋。2020 年 3 月财政部发布了《关于规范电子会计凭证报销入账归档的通知》，明确规定，符合档案管理要求的电子会计档案与纸质档案具有同等法律效力，可不再另以纸质形式保存。传统的档案管理已无法支撑企业数字化转型。

但在推进过程中，张总发现市面上还没有成熟的电子档案产品，考虑到与每刻科技良好的合作基础，张总最终决定由圣奥 IT 团队和每刻科技以共创的方式，共同开发电子档案系统。

2019 年，圣奥和每刻科技联合开发了电子档案系统。以圣奥的数据中台为基础，从鼎捷 ERP、CBS 资金平台等多信息系统实时获取各类业务单据、发票和会计凭证，将其同步存储到电子档案系统，同时，电子档案系统向 ERP、OA 等系统提供查询接口，开放档案查询能力（见图 B-6）。

在纸质档案的电子化存档中，对于纸质档案先进行影像采集，存入电子档案；同时将影像数据与纸档建立关联，实现电子档案到纸质档案的可追溯。

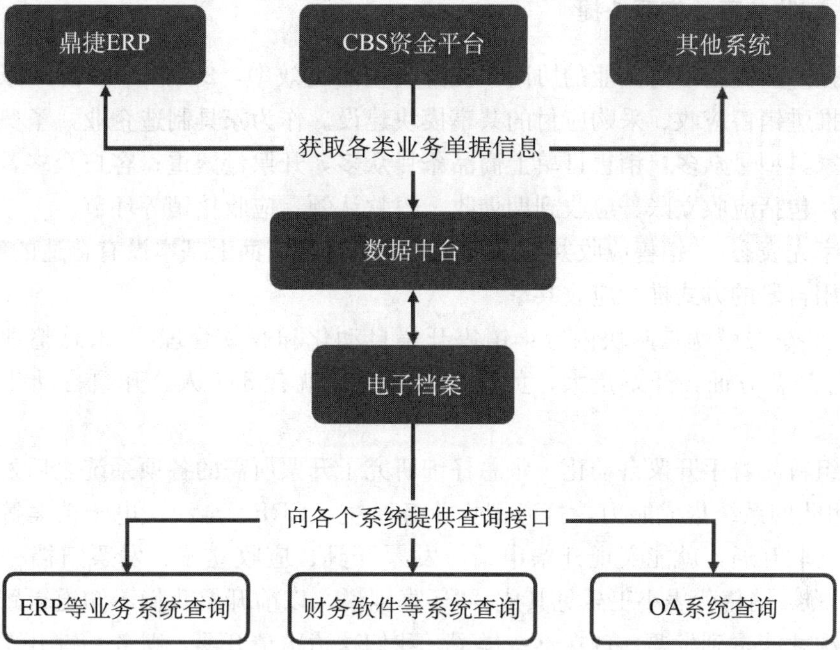

图 B-6　会计电子档案与各系统的互联互通

在归档中，电子档案系统借助自然语言处理 NLP、OCR 等技术，能做到不同类型单据的自动化分类归档，以及同一纸质单据的多次电子影像间的前后一致性审核，提效明显，档案管理人员压缩了一半以上。

在建立会计电子档案后，业务和财务人员能“一键式查询”各类业务单据（见图 B-7），快速便捷。同时，集团也节省了纸张、油墨、档案柜和档案室租金等管理费用，年成本节约额高达 152 万元。

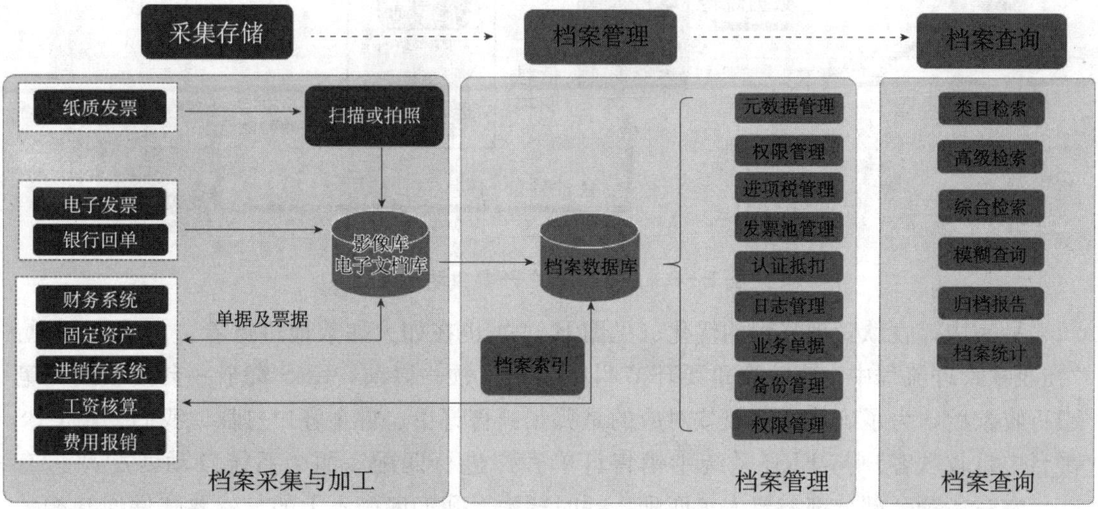

图 B-7　会计电子档案核心流程

（四）应收共享，方便快捷

为加强产业链上下游企业的协同，提升公司运营效率，2019 年 12 月，张总和朱总开始着手推进销售应收、采购应付的共享模块建设。作为家具制造企业，圣奥的销售活动高频，家具型号众多，销售订单上商品条目众多，开票量繁重；客户众多，收款管理工作复杂，包括应收立账、应收到期催收、收款认领、应收核销等环节。

张总率先表态："销售应收共享这方面我了解过，市面上基本没有合适的解决方案。我建议采用自研的方式推行应收共享。"

"应收共享关键就是两块内容：销售开票自动化和收款管理。"朱总整理了一下思绪，"销售开票方面，开票量大，负责开票的会计就有 5 个人。开票自动化已经迫在眉睫。"

项目组首先着手开票自动化。张总仔细研究了开票所需的各项系统之后发现，只要发挥 IT 团队的系统集成能力，打通销售业务系统、ERP、金税、电子档案等系统，做到数据的互联互通，就能实现开票申请、发票开具、应收立账、发票归档一体化管理（见图 B－8）。销售代表小王乐见其成："还真别说，以前开票我们不知道得跟财务部门沟通多少次才能拿到发票。现在不一样了，我们这边申请开票，财务一键开票，开票速度快了不少。"

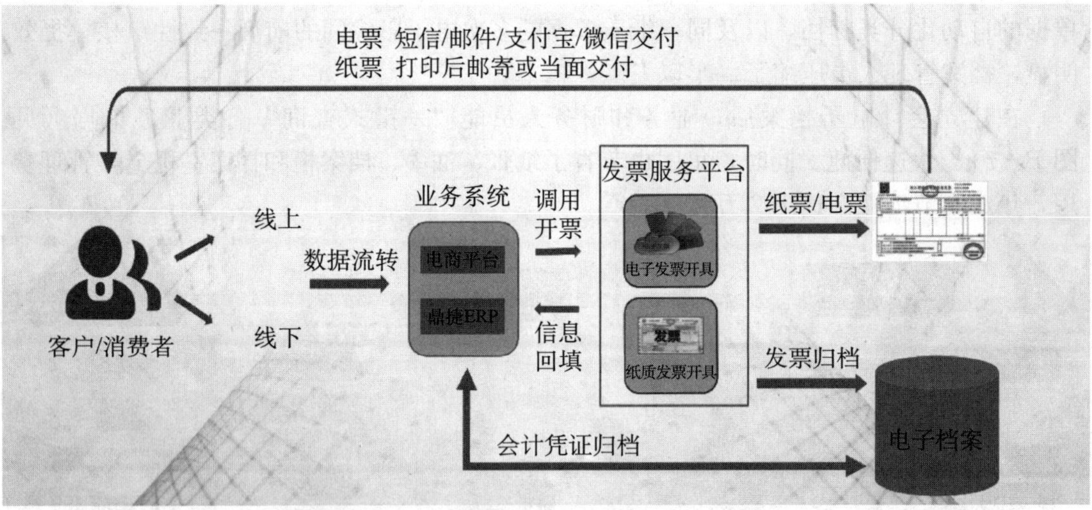

图 B－8 应收共享之开票自动化流程

另一边，收款管理流程的优化（见图 B－9）也在如火如荼地进行着。出纳小刘说："在收款管理流程中，有一个重要环节叫做收款认领。以前，CBS 资金平台接收到一笔银行收款后，为了确认这笔收款对应的是哪张销售订单、哪个客户打款，我们要在 CBS 平台中将收款客户与 ERP 系统中销售订单客户进行匹配。两个系统自动匹配率只有 60%左右，剩余部分都需要人工匹配，耗时耗力。我们匹配不上的，就要邮件通知相关营销员进行人工匹配，这也称为收款的手工认领。营销员天上地下的跑根本没时间匹配，销售收款的认领及时性就很差了。"

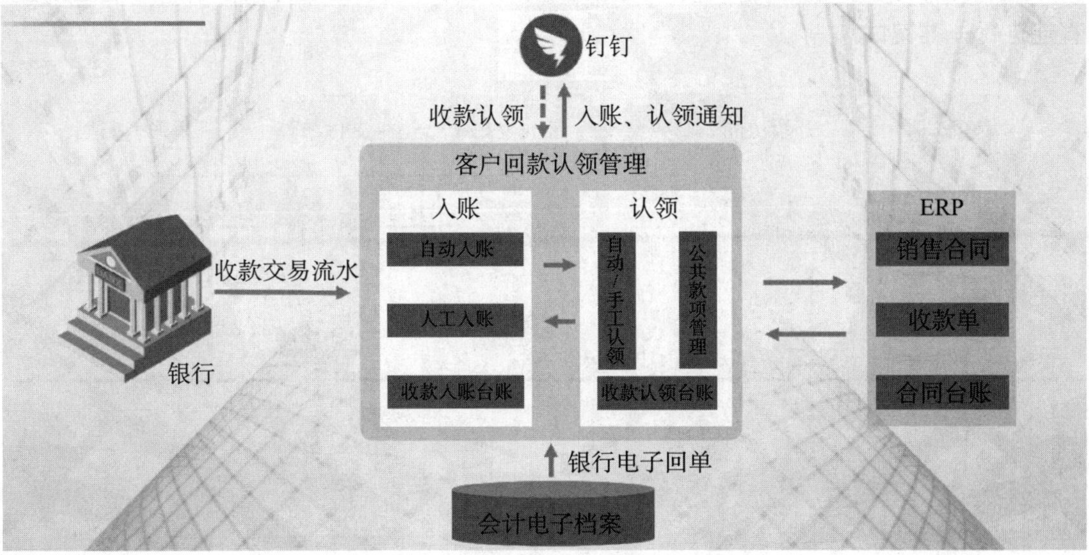

图B-9　应收共享之收款管理流程

收款管理流程改进的关键在于对现有CBS资金平台和ERP系统的功能整合，利用机器学习等技术优化两个系统中收款客户名与订单客户名的匹配算法，提高自动化匹配率；结合营销人员需求，接入钉钉平台实现订单收款到账提醒、收款认领通知的实时推送。

“系统优化之后，自动匹配率提升到95%左右，需要人工匹配的收款已经很少了。”会计小钱表示很满意，营销员小胡也很开心：“钉钉推送功能上线后，不仅收入认领的及时性提升了，我们还能随时查询到合同的最新收款情况，方便了我们的客户回款管理工作。”

（五）应付共享，协同共赢

作为家具制造企业，圣奥的采购活动高频、复杂，采购的原材料型号高达上万种，供应商遍布国内外，采购应付流程的效率很重要。采购应付流程包括采购下单、供应商发货、供应商开票、对账、发票签收、三单匹配（采购订单、入库验收单和供应商发票的匹配）、应付记账、支付货款等环节。在采购应付共享模块上，圣奥决定继续携手每刻科技，共同建设采购应付共享平台，2020年5月，系统成功上线，应付共享的整体流程见图B-10。

（1）云平台对账。供应商送货和圣奥收货数据可以同步到云平台上，系统自动对账。供应商对账确认后，将预制的发票提交给圣奥审核。在圣奥确认发票信息无误后，供应商实现在线开票，同时，将纸质发票线下寄送给圣奥。

（2）发票签收。圣奥收到发票，通过连接发票扫描仪，批量扫描发票并进行自动验真，实现快速签收。

（3）三单匹配。在发票签收后，圣奥借助RPA机器人自动化完成三单匹配，匹配成功后自动立账，确认应付账款。

（4）自动付款。利用规则引擎，系统在账期到期时自动生成付款申请单，通过银企直连进行一键支付。

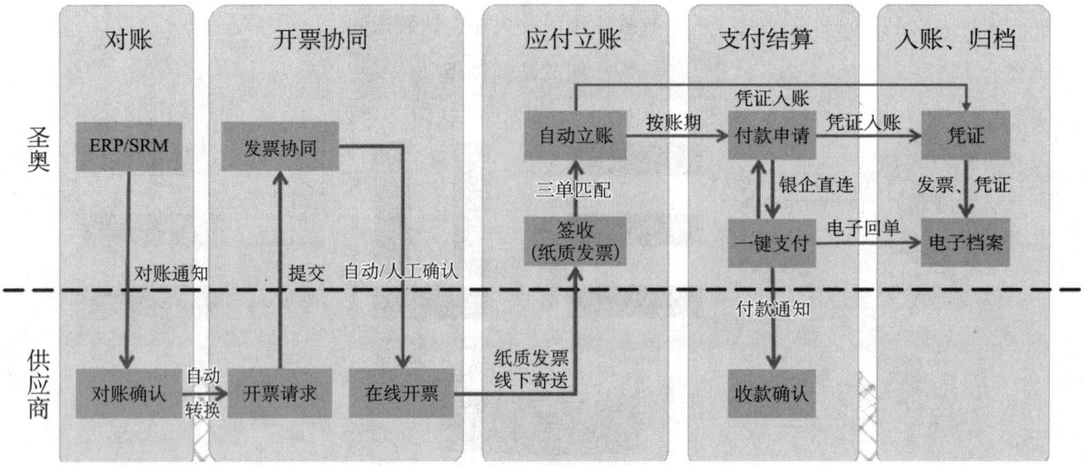

图 B-10 圣奥集团应付共享流程

会计小刘赞不绝口："就对账环节来说，之前都是我们与供应商人工对账。现在送货和收货数据可以同步到云平台上，系统自动对账。再说说开票环节，之前供应商开的发票五花八门，不合格的发票还要作废重开。现在双方可以在系统中预制发票，没有意见后再在平台上在线开票，开票准确性大大提高。发票签收环节，之前收到供应商发票还需要人工审核并签收，现在批量扫描发票，实现快速签收。另外，三单匹配、记账和付款工作也实现了自动化，我们部门的对账和发票审核人员现在减少了一半呢，新系统的自动化效果太牛了！"

应付共享项目完成后，整个应付流程的效率大大提升，而且财务共享服务中心从财务后端审核核算的功能也延伸到业务前端的采购协同，实现了功能拓展。

（六）资产管理，智能物联

关于资产盘点的难题，朱总说："今天负责资产管理的小徐找到我，说现在公司每到年底固定资产盘点的时候，都需要人工用盘点机对着资产上的条形码标签一一扫码核对，投入了大量人力，但盘点效果却不是很好。你看这怎么解决呢？"

张总很快给出了答复："我们可以推行 RFID 盘点方法，这是物联网技术的重要应用，我之前在很多大型企业调研的时候也亲眼见过。每项资产装上 RFID 标签，在资产管理系统建立盘点清单，找到盘点的物品存放区域，使用手持枪环绕四周一圈，即可生成盘点报表，不仅耗时短，而且盘点效率极高。"朱总兴奋地说："好主意，我们可以开发 RFID 资产管理系统满足资产管理的需求，做到资产生命周期的动态管理，不仅提高资产的安全性和资产金额的准确性，还能盘活闲置资产，提高资产周转效率。"

圣奥开发的资产管理系统具有资产登记、资产调拨、资产盘点、查询统计等重要功能（见图 B-11），有助于实现资产的智能物联和全生命周期的动态管控。

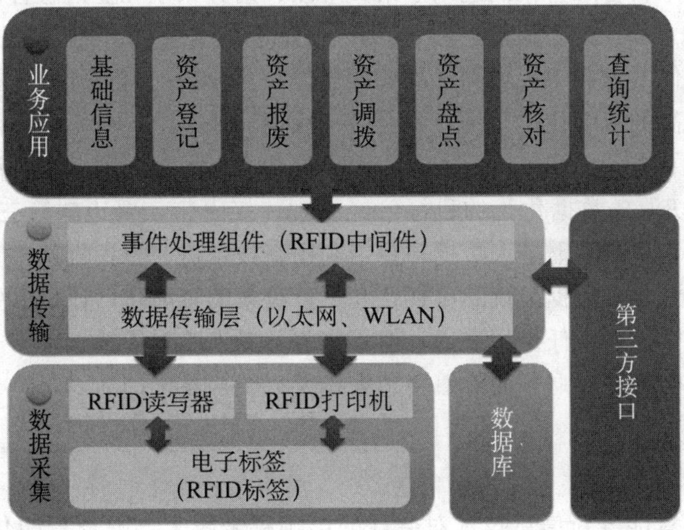

图 B-11　资产管理模块

七、变革显效，畅想未来

各项共享模块均已上线运行后，信息中心又和财务部门围绕“助力财务转型，挖掘数据价值”的财务数字化转型召开了一个展望会。不同于财务中台建设前期的“吐槽大会”，大家明显轻松了许多，他们热烈讨论着财务共享给大家带来的便利，感慨一路走过来的艰辛历程（见图 B-12）。

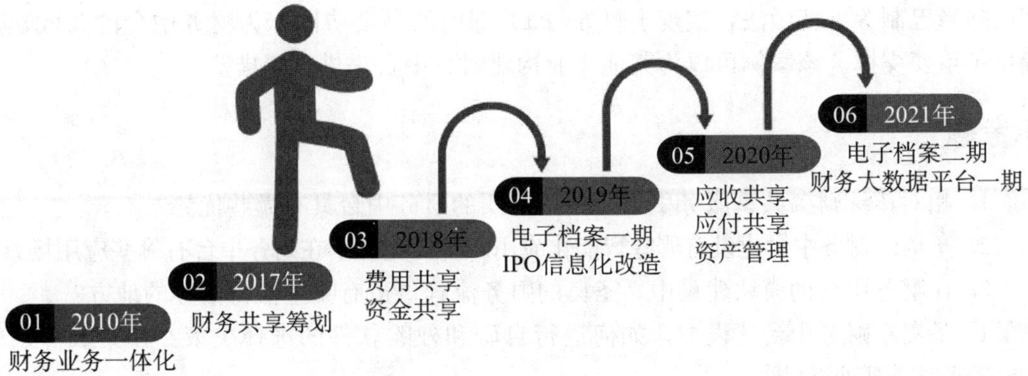

图 B-12　财务中台项目历程

朱总脸上布满了笑容。“经过为期 4 年的艰苦奋斗，财务中台 1.0 版成功运行，降本增效显著，从事基础会计的人员规模缩减了一半以上，而支持业务决策的管理会计人员增长了一倍，而且这种趋势还将持续！在此，我向奋战在项目一线的同志们表示衷心的感谢！”朱总话音刚落，会议室就响起了热烈的掌声。

“不过，财务数字化建设是一个长期的过程。”赵总笑着说道，“鼎捷 ERP 的全面上线使圣奥迈过了财务信息化的第一阶段，实现了业务管理规范化和财务核算标准化。近几年打造的财务中台标志着我们进入了第二阶段：财务共享和业财融合。借助微服务化中台技术、OCR、物联网、机器学习、NLP 等先进技术应用，同时依托集团数据中台的良好基础，我们的财务中台做到了高标准建设，从业务到财务的流程被完全贯通，重要流程实现了很高的自动化，凭证自动化率达到了 90%以上，实现了智能审核、一键开票、一键支付、电子档案、机器人对账等先进功能。另外，财务中台沉淀了丰富的业财大数据，'一切业务数据化'的目标已经实现。接下来，要迈向第三阶段智能财务，我们将在财务中台里搭建财务大数据平台，利用新技术进一步挖掘这些数据的价值，实现数据分析的场景化、数据呈现的可视化和财务决策的智能化，让财务更好赋能业务！"

虽然财务数字化建设任重而道远，但是这些圣奥人脸上依然充满了干劲和希望，因为他们相信明天会更好，财务的价值会越来越大！

八、总结

当前，人工智能等新信息技术对会计的影响越来越大，财务智能化和数字化变成重要的发展趋势。在智能技术的影响下，财务共享模式不断升级，财务中台被认为是财务共享 4.0 版本，备受瞩目，实务中阿里、腾讯等不少互联网企业纷纷建设财务中台，以全面提升财务效能。但传统制造型企业如何高效建设财务中台，鲜有案例深入研究。

本案例详细介绍了圣奥集团财务中台的建设历程和方法。圣奥集团的财务中台建设是一次较为成功的创新性实践，实现了流程高度自动化、数据采集精细化，取得了降本增效突出成效。在建设方法上，圣奥注重应用智能技术、打通业财流程、博采众长集成众多优秀软件；在组织管理上，圣奥采用了以中台战略为引领、双 PM 制项目管理、IT 部门阿米巴制等独特做法，实现了财务与 IT 部门的高度协同，为财务中台的高效建设提供了重要支撑。该案例可以为其他企业构建财务中台提供重要借鉴。

思考题

1. 相对传统财务共享服务中心，圣奥集团的财务中台具有哪些优势？

2. 圣奥的财务中台建设有哪些智能化应用？智能化技术在财务中台有哪些应用场景？

3. 在财务中台的模块建设中，圣奥的财务流程再造有哪些值得借鉴的地方？

4. 圣奥在财务中台建设中，如何进行自研和外购软件的选择决策？在集成外购软件时需要注意哪些问题？

5. 圣奥在财务中台建设中，IT 和财务部面临哪些跨部门协同上的挑战？圣奥如何实现 IT 和财务部的高效协同？

参考文献

［1］巴曙松，侯畅，唐时达．大数据风控的现状、问题及优化路径［J］．金融理论与实践，2016（2）：23-26．

［2］布赖恩·伯杰伦．共享服务精要［M］．北京：中国人民大学出版社，2004．

［3］陈俊，董望．智能财务人才培养与浙江大学的探索［J］．财会月刊，2021（14）：23-30．

［4］陈汉文，韩洪灵．商业伦理与会计职业道德［M］．北京：中国人民大学出版社，2020．

［5］陈汉文，韩洪灵．注册会计师职业道德准则之变迁：基于公共合约观的描述与分析［J］．审计研究，2005（3）：10-17．

［6］陈虎，董皓．财务共享服务［M］．北京：中国财政经济出版社，2009．

［7］陈平．财务共享服务［M］．成都：西南财经大学出版社，2020．

［8］陈伟，Smieliauskas Wally．大数据环境下基于数据可视化技术的电子数据审计方法［J］．中国注册会计师，2017（1）：85-89．

［9］陈玉罡，刘彧．ValueGo估值机器人：大数据时代给投资者赋能的金融科技［J］．金融科技时代，2018（3）：12-14．

［10］程平，陈珊．基于云会计的财务共享服务中心货币资金管理［J］．会计之友，2016（14）：129-132．

［11］程平，赵敬兰．大数据时代基于云会计的财务共享中心绩效管理［J］．会计之友，2017（4）：130-133．

［12］房超，李正风，薛颖，尤政．基于比较分析的人工智能技术创新路径研究［J/OL］．中国工程科学，2020（4）：1-7．

［13］付豪，迟丽华．大数据时代会计信息化对企业内部控制的影响研究［J］．经济研究导刊，2021（29）：121-123．

［14］高锦萍，白羽新，高居平，等．人工智能时代的会计伦理：内涵、转向与考量［J］．会计研究，2022（3）：17-27．

［15］高奇琦，张鹏．论人工智能对未来法律的多方位挑战［J］．华中科技大学学报（社会科学版），2018，32（1）：86-96．

［16］葛家澍，等．会计大典：第八卷［M］．北京：中国财政经济出版社，1999．

［17］龚强，班铭媛，张一林．区块链、企业数字化与供应链金融创新［J］．管理世界，2021，37（2）：22-34，3．

［18］郭夨. 金融科技重塑应收账款融资［J］. 中国金融，2018（22）：63－64.

［19］郭炯. 人工智能对管理会计的作用［J］. 财会学习，2020（8）：160，162.

［20］郭卫泳，李敏，刘美琪. 计算机网络技术与局域网组建简明教程［M］. 北京：清华大学出版，2009.

［21］海渥. 会计史［M］. 北京：中国商业出版社，1991.

［22］韩华锋，孙颖睿. 火电厂基于实时成本管理的经营决策体系研究［J］. 中国总会计师，2019（8）：130－131.

［23］韩向东，屈涛. 基于数据中台的管理会计信息化框架及创新应用［J］. 管理会计研究，2020（1－2）：116－124，136.

［24］何瑛，李塽爽，于文蕾. 基于机器学习的智能会计引擎研究［J］. 会计之友，2020（5）：52－58.

［25］加里·J. 普雷维茨，皮特·沃顿，皮特·沃尼泽. 世界会计史：财务报告与公共政策 欧亚大陆、中东与非洲卷［M］. 上海：立信会计出版社，2015.

［26］加里·J. 普雷维茨，皮特·沃顿，皮特·沃尼泽. 世界会计史：财务报告与公共政策 欧洲卷［M］. 上海：立信会计出版社，2015.

［27］加里·J. 普雷维茨，皮特·沃顿，皮特·沃尼泽. 世界会计史：财务报告与公共政策 美洲卷［M］. 上海：立信会计出版社，2015.

［28］贾小强，郝宇晓，卢闯. 财务共享的智能化升级：业财税一体化的深度融合［M］. 人民邮电出版社，2020.

［29］李德仁，关旭，饶佳悦. 创新成本管理体系助推企业快速发展：北汽战略导向型卓越成本管理体系应用实践［J］. 中国管理会计，2019（2）：87－99.

［30］李健，王亚静，冯耕中，汪寿阳，宋昱光. 供应链金融述评：现状与未来［J］. 系统工程理论与实践，2020（8）：1977－1995.

［31］李金，郑云鹏，田博，张旭辉. 资金管理智慧化探索与实践［J］. 中国总会计师，2020（9）：68－69.

［32］李彤，贾小强，季献忠. 企业数字化转型：技术驱动业财融合的实践指南［M］. 北京：人民邮电出版社，2021.

［33］刘杰. 国外信息系统审计职业道德规范简介及借鉴思考［J］. 财会月刊，2011（6）：84－86.

［34］刘杰. 信息系统审计规范的制度形成机制与体系结构［J］. 财会月刊，2012（9）：61－64.

［35］刘粮，王刚，邓欣晨，赵志威. 集团型企业数字化、智能化司库管理探析［J］. 财务与会计，2019（13）：60－63.

［36］刘沛佩. 我国证券市场智能投顾发展的监管思考［J］. 证券市场导报，2019（1）：62－69.

［37］刘启星，张进. 5G 在智慧税务中的应用与探索［J］. 税务研究，2020（2）：85－91.

［38］刘勤，杨寅. 改革开放 40 年的中国会计信息化：回顾与展望［J］. 会计研

究，2019（2）：26-34.

[39] 刘勤，杨寅. 智能财务的体系架构、实现路径和应用趋势探讨 [J]. 管理会计研究，2018（1）：84-90，96.

[40] 刘勤. ChatGPT 及其对会计工作的影响探讨 [J]. 会计之友，2023（6）：158-161.

[41] 刘雪松. 积极推进业财融合助力公司价值创造 [J]. 中国总会计师，2014（1）：78-81.

[42] 吕新民，王学荣. 数据挖掘在审计数据分析中的应用研究 [J]. 审计与经济研究，2007（6）：35-38.

[43] 彭娟，等. 数字财务 [M]. 北京：清华大学出版社，2020.

[44] 钱志鸿，王义君. 物联网技术与应用研究 [J]. 电子学报，2012（5）：1023-1029.

[45] 李扬，孙国峰. 中国金融科技发展报告（2018）[M]. 北京：社会科学文献出版社，2018.

[46] 秦荣生. 人工智能与智能会计应用研究 [J]. 会计之友，2020（18）：11-13.

[47] 邵俊. 人工智能在金融监管应用的思考 [J]. 金融科技时代，2018（1）：68-69，72.

[48] 审计署审计科研所. 信息系统审计内容与方法 [M]. 北京：中国时代经济出版社，2008.

[49] 石东华. 论财务共享的发展趋势与职能实现 [J]. 经济研究导刊，2020（22）：69-70.

[50] 石贵泉，宋国荣. 智能财务共享 [M]. 北京：高等教育出版社，2021.

[51] 史晓芳. 基于区块链的新型智慧税务稽查系统构建 [J]. 财会月刊，2022（17）：122-127.

[52] 宋彪，朱建明，李煦. 基于大数据的企业财务预警研究 [J]. 中央财经大学学报. 2015（6）：55-64.

[53] 宋华，陈思洁. 供应链金融的演进与互联网供应链金融：一个理论框架 [J]. 中国人民大学学报，2016，30（5）：95-104.

[54] 宋敏，周鹏，司海涛. 金融科技与企业全要素生产率："赋能"和信贷配给的视角 [J]. 中国工业经济，2021（4）：138-155.

[55] 孙保学. 人工智能算法伦理及其风险 [J]. 哲学动态，2019（10）：93-99.

[56] 孙洁. 企业财务危机预警的智能决策方法研究 [D]. 北京：中国社会科学出版社，2013.

[57] 孙彦丛. 财务云：从共享服务到财务数字化 [J]. 财务与会计，2022（9）：20-25.

[58] 孙耀. 我国财务软件的现状及其发展 [J]. 中国会计电算化，2000（6）：11-14.

[59] 谈宜斌. 寻找算盘发展的历史轨迹 [J]. 武汉财会，1988（12）：44.

[60] 汤谷良，张守文. 大数据背景下企业财务管理的挑战与变革. 财务研究，

2015 (1)：59-64.

[61] 唐建荣. 企业财务共享中心机器人流程自动化应用研究 [J]. 财会通讯，2020 (12)：164-168.

[62] 唐勇，胡先伟. 共享服务模式下企业财务数字化转型探讨 [J]. 会计之友，2019 (8)：122-125.

[63] 田高良，陈虎，孙彦丛，刘扬. "大智移云物"背景下的财务转型研究 [J]. 财会月刊，2019 (20)：3-7.

[64] 田高良. 财务共享理论与实务 [M]. 北京：高等教育出版社，2020.

[65] 汪莉，叶健彪. 基于OCR的审计技术创新与实现 [J]. 中国内部审计，2019 (4)：44-47.

[66] 王景新. 计算机在我国会计工作中应用的发展变化 [J]. 会计研究，2000 (5)：43-45.

[67] 王景新. 我国会计电算化事业的发展与回顾 [J]. 会计研究，1994 (6)：53-56.

[68] 王婧婧. 基于云会计下以智库为基础搭建企业司库的问题探讨 [J]. 中国注册会计师，2017 (5)：111-114.

[69] 王敏，彭敏娇. 大数据时代全面预算绩效管理面临的机遇和挑战分析 [J]. 经济纵横，2019 (5)：58-66，4.

[70] 王卫星，余天文，张欢. 财务共享理论发展轨迹与未来研究展望 [J]. 财会通讯，2021 (12)：14-18.

[71] 翁武耀，倪淑萍. 人工智能促进税收征管现代化的方式与影响 [J]. 税务研究，2018 (6)：19-24.

[72] 吴世农，林晓辉，李柏宏等. 智能财务分析与诊断机器人的开发及实证检验：来自我国A股上市公司的经验证据 [J]. 证券市场导报，2021 (2)：62-71，78.

[73] 谢诗芬. 会计信息化：概念、特征和意义 [J]. 湖南财政与会计，1999 (11)：34-36.

[74] 徐晨阳，王满，沙秀娟，马影，于增彪. 财务共享、供应链管理与业财融合：中国会计学会管理会计专业委员会2017年度专题研讨会 [J]. 会计研究，2017 (11)：93-95.

[75] 徐玉德，马智勇. 我国会计信息化发展演进历程与未来展望 [J]. 商业会计，2019 (7)：7-12.

[76] 许嘉扬，郭福春. 基于区块链技术的供应链金融创新研究 [J]. 浙江金融，2020 (8)：61-69，50.

[77] 许晓蕾，杨阳. 财务预算的自动分析和智能测算研究 [J]. 企业管理，2017 (S1)：78-79.

[78] 严行方. 会计简史：从结绳记事到信息化 [M]. 上海：上海财经大学出版社，2017.

[79] 严亦宽，薛巍立. 基于机器学习的信用评级调整研究 [J]. 南大商学评论，2018 (3)：88-100.

[80] 杨虎，易丹辉，肖宏伟. 基于大数据分析的互联网金融风险预警研究. 现代管理科学，2014（4）：3－5.

[81] 杨周南. 漫卷诗书会计迷 壮心知来至人情：纪念追随父亲杨纪琬先生创建会计信息化事业之路 [J]. 会计研究，2017（6）：17－19.

[82] 叶陈刚，等. 企业伦理与会计道德 [M]. 大连：东北财经大学出版社，2016.

[83] 叶焕倬，杨青，汪勇华. 智能财务危机预警与原因诊断方法研究：基于自适应贝叶斯网络模型 SABNM 的探析 [J]. 审计与经济研究，2013（3）：74－82.

[84] 于增彪. 略论我国会计职业道德 [J]. 会计研究，1996（10）：10－15.

[85] 俞勇. 金融科技与金融机构风险管理 [J]. 上海金融，2019（7）：73－78.

[86] 袁磊，郭亚雯. 智慧司库解决方案：多业态集团型企业资金集中管理实践 [J]. 财务管理研究，2019（1）：19－33.

[87] 张红建. 智能财税一体化探讨 [J]. 纳税，2020（32）：25－26.

[88] 张晶，李雅琴，王博文. 光学字符识别（OCR）技术在内部审计中的实践应用 [J]. 纳税，2020（1）：275.

[89] 张敏. 智能财务十大热点问题论 [J]. 财会月刊，2021（1）：25－30.

[90] 张能鲲，张军. 业财一体化：从应用路径到顶层战略规划 [M]. 北京：机械工业出版社，2023.

[91] 张庆龙，董皓. 财务共享服务模式探讨及其选择 [J]. 中国注册会计师，2012（2）：66－69.

[92] 张庆龙，张延彪. 我国财务信息化的发展历程与趋势 [J]. 新理财，2020（10）：29－32.

[93] 张庆龙. 数字经济背景下集团财务组织架构转型趋势分析 [J]. 财会月刊，2020（14）：10－14.

[94] 张涛. 人类追求计算自动化历程的重要物证：莱布尼茨十进制四则运算手摇机械计算器 [J]. 自然科学博物馆研究，2019（6）：75－83，96.

[95] 张雪伍，李艳平. 大数据时代基于云会计的中小企业投资决策 [J]. 会计之友，2019（8）：125－129.

[96] 郑骞，牛健. 数字化企业：资金管理逐渐趋近数字孪生 [J]. 中国总会计师，2020（7）：14－15.

[97] 中国会计学会. 会计史专题（2015）[M]. 北京：经济科学出版社，2017.

[98] 中国信息通信研究院. 区块链与供应链金融白皮书（2018）[R]. 2018.

[99] 周立群，李智华. 区块链在供应链金融的应用 [J]. 信息系统工程，2016（7）：49－51.

[100] 周林，袁蕴. 智能财务分析的发展现状研究 [J]. 财务管理研究，2020（10）：48－52.

[101] 周茂森，张庆宇. 竞争环境下考虑供应链透明度的大数据投资决策 [J]. 系统工程理论与实践，2018（12）：2993－3009.

［102］朱文莉，任洁. 中外会计电算化软件的比较研究［J］. 经济研究参考，2015（22）：41－44.

［103］朱志红，高洁，王玉翠，生艳梅. 大数据背景下会计专业应用型人才胜任力评价研究［J］. 纳税，2018（23）：198.

［104］庄倩，陈良华. 财务困境理论的预测动态性改进与应用［J］. 审计与经济研究，2014（5）：69－76.

［105］Amani F A，Fadlalla A M. Data mining applications in accounting：a review of the literature and organizing framework. *International Journal of Accounting Information Systems*，2017（24）：32－58.

［106］Appelbaum D，Kogan A，Vasarhelyi M A. Big data and analytics in the modern audit engagement：research needs. *Auditing：A Journal of Practice & Theory*，2017，36（4）：1－27.

［107］Beaulieu P R. Contract-based cost analytics. *Journal of Emerging Technologies in Accounting*，2020，17（1）：11－19.

［108］Gaa J C，Thorne L. An introduction to the special issue on professionalism and ethics in accounting education. *Issues in Accounting Education*，2004，19（1）：1－6.

［109］Gray G L，Debreceny R S. A taxonomy to guide research on the application of data mining to fraud detection in financial statement audits. *International Journal of Accounting Information Systems*，2014，15（4）：357－380.

［110］Gray J，Rumpe B. Models for the digital transformation. *Software & Systems Modeling*，2017，16（2）：307－308.

［111］Gunz S，Thorne L. Thematic symposium：the impact of technology on ethics，professionalism and judgement in accounting. *Journal of Business Ethics*，2020，167（2）：153－155.

［112］Haber S，Stornetta W S. *How to time-stamp a digital document*. Springer，1991.

［113］Hammer M. Reengineering work：don't automate，obliterate. *Harvard Business Review*，1990，68（4）：104－112.

［114］Heath J. An adversarial ethic for business：or when Sun-Tzu met the stakeholder. *Journal of Business Ethics*，2007，72（4）：359－374.

［115］Heilig L，Lalla-Ruiz E，Voβ S. Digital transformation in maritime ports：analysis and a game theoretic framework. *Netnomics Economic Research and Electronic Networking*，2017，18（2－3）：227－254.

［116］Huang Z. Discussion on the development of artificial intelligence in taxation. *American Journal of Industrial and Business Management*，2018，8（8）：1817.

［117］Huang Z，Liu J，Lin C. A comparative study on the cutting-edge methods in identifying financial statement fraud of listed companies based on machine learning. *Journal of Systems Science and Mathematical Sciences*，2020，40（10）：1882.

[118] Johnson D G. Technology with no human responsibility? . *Journal of Business Ethics*, 2015, 127 (4): 707 - 715.

[119] Karimi J, Walter Z. The role of dynamic capabilities in responding to digital disruption: a factor-based study of the newspaper industry. *Journal of Management Information Systems*, 2015, 32 (1): 39 - 81.

[120] Kokina J, Mancha R, Pachamanova D. Blockchain: emergent industry adoption and implications for accounting. *Journal of Emerging Technologies in Accounting*, 2017, 14 (2): 91 - 100.

[121] Moller P. Implementing shared services in Europe. *Treasury Management International*, 1997, 6 (7): 121 - 123.

[122] Nichols P M. Bribing the machine: protecting the integrity of algorithms as the revolution begins. *American Business Law Journal*, 2019, 56 (4): 771 - 814.

[123] O'Leary D E. The virtual close and continuous monitoring at Cisco. *Journal of Emerging Technologies in Accounting*, 2012, 9 (1): 111 - 126.

[124] Petkov R. Artificial intelligence (AI) and the accounting function—a revisit and a new perspective for developing framework. *Journal of Emerging Technologies in Accounting*, 2019, 17 (1): 99 - 105.

[125] Rogers D L. *The digital transformation playbook: rethink your business for the digital age*. Columbia University Press, 2016.

[126] Simoyama F D O, Grigg I, Bueno R L P, Oliveira L C D. Triple entry ledgers with blockchain for auditing. *International Journal of Auditing Technology*, 2017, 3 (3): 163.

[127] Warner K S, Wäger M. Building dynamic capabilities for digital transformation: an ongoing process of strategic renewal. *Long Range Planning*, 2019, 52 (3): 326 - 349.

[128] Zhang C. Intelligent process automation in audit. *Journal of Emerging Technologies in Accounting*, 2019, 16 (2): 69 - 88.

中国人民大学出版社　管理分社

教师教学服务说明

中国人民大学出版社管理分社以出版工商管理和公共管理类精品图书为宗旨。为更好地服务一线教师，我们着力建设了一批数字化、立体化的网络教学资源。教师可以通过以下方式获得免费下载教学资源的权限：

★ 在中国人民大学出版社网站 www.crup.com.cn 进行注册，注册后进入“会员中心”，在左侧点击“我的教师认证”，填写相关信息，提交后等待审核。我们将在一个工作日内为您开通相关资源的下载权限。

★ 如您急需教学资源或需要其他帮助，请加入教师 QQ 群或在工作时间与我们联络。

中国人民大学出版社　管理分社

教师 QQ 群：648333426(工商管理)　114970332(财会)　648117133(公共管理)
教师群仅限教师加入，入群请备注(学校+姓名)

联系电话：010-62515782，82501868，82501048，62514760

电子邮箱：glcbfs@crup.com.cn

通讯地址：北京市海淀区中关村大街甲 59 号文化大厦 1501 室（100872）

管理书社　人大社财会　公共管理与政治学悦读坊